『付属ノートで実践する　高校生の語彙と漢字　ゴイカン』訂正表

分類	章	頁	箇所	誤り内容	×訂正前	○訂正後
本冊	漢字の章 準2級漢字演習問題②	p.137	下段 問9	解答	③・由緒	②・凡庸
本冊	漢字の章 準2級漢字演習問題②	p.137	下段 問9	解答	①庶民 ②処遇 ③一緒 ④部署	①擁立 ②中庸 ③抑揚 ④容積
本冊	語彙の章 文学的語彙	p.207	P205 問三の解答	解答	①カ②ウ ③イ④ア ⑤オ⑥エ	①ウ② ③ア④ ⑤エ

⑥ 急なカーブの続く峠道。（とうげみち）
⑦ 入賞圏外に脱落した選手。（けんがい）
⑧ 仏教の戒律を堅く守る僧。（かいりつ）

漢字　4級

7

問二 文中のカタカナを漢字に直しなさい。

① 液体が布にシントウする。（浸透）
② 計画をソッコク実行に移す。（即刻）
③ 保存中の食品がフハイする。（腐敗）
④ ダンマクを張って敵軍に近づく。（弾幕）
⑤ 日本でキモンといわれる方角。（鬼門）
⑥ モウレツな勢いで階段を上がる。（猛烈）
⑦ 前任者の方法をトウシュウする。（踏襲）
⑧ インエイを際立たせた写真。（陰影）

関東地方では、10日未明から12日明け方にかけ、バクダン低気圧の④エイキョウにより大雪が降る予報。沿岸部では、瞬間的に30m/sをこえる台風のような暴⑤風のおそれもある。⑥シュトケンでは、電車の運転見合わせや高速道路の通行止めが発生する可能性もある。

P037 問三の解答：(a)遊戯　油脂　歓喜　破壊　(b)濃淡　栄枯　着脱

039

…用的な題材で、漢字の問題演習ができます。

⑨ **問題ジャンルアイコン**
問三の問題ジャンルをアイコンで示しています。（詳しくは本冊8～10ページ参照）

⑩ **プログレスバー**
各級の学習進捗状況が一目で確認できます。

⑪ **前ページ問三解答**
前ページ掲載の問三問題の解答を確認できます。

効果的な使い方

本書は、「構成」で示したページのほかに、演習問題や総合問題、別冊ノートがあります。それらをしっかりと活用することによって、より効果的に漢字や熟語を身に付けることができます。

見出し漢字を含む熟語を、文章を読みながら学習しましょう。その際、語の隣に意味が示してあるので、文意も同時に押さえることができます。

そして、別例文で復習することで、より強固な知識が身に付きます。さらに、新聞記事や会話文での現れ方を学ぶことで、実生活に役立つ知識の習得が可能です。チェックシートを活用して、何度も反復しましょう。

合間に掲載されている演習問題・総合問題に取り組みましょう。そこまでに学習した熟語を含む文章を読み、共通テスト形式問題や実用的な問題に挑戦できます。

付属の書き取り演習ノートを使い、右ページ例文内の熟語を実際に書いて、しっかりと覚えましょう。

また、本冊掲載語を用いて、実際に文章を書いて答える問題に挑戦できます。実用的な場面でどのように漢字を使いこなし、自分の意見を伝えるか、設定された場面に合わせて実践してみましょう。

付属ノートで実践する

高校生の語彙と漢字

ゴイカン

桐原書店編集部 編

目次

各章にプログレスバー付き。

進捗を確認しながら、最後まで頑張ろう！

桐原書店

アイコン別索引

本書では、思考力・判断力・表現力に繋がる「話す・聞く」「書く」「読む」の活動の際に有用な語にアイコンを付けています。それらをアイコン別一覧にまとめました。

話す 聞く

日常会話の中で自分自身が使用したり、他者の発言の中に現れたりしやすい言葉に付しています。普段の会話のほか、インタビューやディスカッション、面接や発表の際に用いやすく、相手に伝わりやすい語を集めました。

書く

会話の中に用いることは少なくても、文章を介して相手に思いを伝える際に有効な語をまとめました。かしこまった手紙やメールを書く場合や、小論文や感想文、自己アピール内に使用すると、他と差が付く語を集めています。

読む

話したり書いたりする際に使用することは少なくても、文章を読む際に知っていると有効な語にはこのアイコンを付しています。論説文や文学的文章のほか、新聞記事や条例・法規を読む際に現れやすい語も合わせてまとめています。

問題種別索引

本書では、各ページ問三に実用的な場面を設定したり、ことばについて問うたりといったさまざまな形式の問題を掲載しています。それらを、索引として一覧にまとめました。

案内マップ

商店街や観光地の案内図を見ながら、図中の漢字や語彙について学習できます。

お知らせ・説明書

外部から情報を通知する際に用いられる語を、形式に沿って確認してみましょう。

会話

友達との日常会話や、話し合いの場面で現れる語を学習しましょう。

学校新聞

在校生の活躍をしらせる学校新聞を見ながら漢字の学習ができます。

広告・チラシ

企業がキャンペーンやイベントをしらせるチラシに含まれている漢字を、視覚からも覚えましょう。

自己アピール

受験や就職試験で自分を売り込むための文章を読み、語彙力だけでなくアピール力も養いましょう。

熟語の構成

熟語がどのような組み合わせで成り立っているかをパズル感覚で学習できます。

紹介文

好きなものを相手に勧める際にどうアピールすると効果的か、多くの熟語が盛り込まれた紹介文を読んで学びましょう。

新聞

新聞記事を読んで、客観的な文章に慣れていきながら漢字も身につけましょう。

手紙・メール

手紙の書き出しや感謝の気持ち・近況報告のまとめ方のほか、用件を伝えるメールの書き方もあわせて学べます。

パズル

共通の漢字を含む熟語や、慣用表現を表すイラストなどを楽しく習得できます。

部首

共通の部首を持つ漢字を組み合わせてできる熟語について学習できます。

プレゼンテーション

専門的内容についての発表資料を見て、漢字と語彙についても知識を深めましょう。

漢字の章

漢字検定4級～2級で出題される全漢字と、その漢字を含む熟語が掲載されています。全熟語に例文が付いているので、文中での使われ方と意味も合わせて確認でき、より実践的な力を身に付けることができます。

また、学習した熟語が実用的な場面でどのように現れているかも学べます。この章を通して、実生活に根差した漢字力をしっかりと習得しよう。

目次

吹
スイ
ふ(く)

姉は**スイソウ**楽部に所属している。
管楽器をかなでること
吹奏

今日は春の**イブキ**を感じる気候だ。
呼吸。生気や活気があること
息吹

菓
カ

小麦粉でお**カシ**を作る。
間食として食べる食べ物
菓子

セイカの専門学校に通う。
間食用の食べ物を作ること
製菓

俗
ゾク

ゾクブツ的な考えをきらう。
名声や利益などにこだわり、風流でない人物
俗物

セゾクに染まった生活をする。
よの中。社会的な風習や習慣
世俗

浸
シン
ひた(る・す)

風によって**シンショク**された岩。
水や風などが岩石や地面をけずりとること
浸食

台風による**シンスイ**に備える。
水が入ってくること。水にひたること
浸水

敷
フ
し(く)

道路を**フセツ**する。
広くもうけること
敷設

あの**ヤシキ**はとても広い。
家が建っている土地やその家
屋敷

彩
サイ
いろど(る)

彼は**タサイ**な経歴の持ち主だ。
種類が豊富ではなやかな様子
多彩

ユサイ画をえがく。
あぶら絵の具を用いた絵。その技法
油彩

曇
ドン
くも(る)

昨日から**ドンテン**が続いている。
雲で太陽がさえぎられた空
曇天

メガネがごはんの湯気で**クモ**る。
雲で陽光が届かない状態。はっきり見通せない状態
曇

汚
オ
けが(す・れる・らわしい)
よご(す・れる)
きたな(い)

オメイを打ち消そうとする。
よくない評判
汚名

オショク事件が明らかになる。
地位を利用して不正な行いをすること
汚職

妙
ミョウ

話していると**ミョウアン**がうかぶ。
すばらしい考え
妙案

ゼツミョウなパスを出す選手。
非常にたくみであること
絶妙

甘
カン
あま(い・える・やかす)

厳しい注意を**カンジュ**する。
やむを得ないものとして、逆らわず受け入れること
甘受

季節の**カンミ**を楽しむ。
あまい食べ物
甘味

髪
ハツ
かみ

危機**イッパツ**で時間に間に合った。
いっぽんのかみの毛のようにわずかな時間や空間
一髪

気分に合わせて**カミガタ**を変える。
かみの形。ヘアースタイル
髪型

堤
テイ
つつみ

近くの川の**テイボウ**でつりをする。
海や川などの水が入るのを防ぐための構築物
堤防

チョウテイに沿って植えられた桜。
ながく築かれたつつみ
長堤

迎
ゲイ
むか(える)

時代の流れに**ゲイゴウ**する。
自分の考えを曲げてでも、周囲の意向にあわせること
迎合

車で**ソウゲイ**してもらう。
人をおくり、むかえること
送迎

雄
ユウ
お
おす

彼は**ユウシ**をいだいている。
勇ましく立派な心意気
雄志

戦いに勝利して**エイユウ**になる。
才知、武勇にすぐれ、大きな事業を成しとげた人
英雄

紫
シ
むらさき

シガイセンを吸収するマスク。
可視光線より短く、X線より長い不可視の電磁波
紫外線

ムラサキイロの花を買う。
赤と青を混ぜてできるいろ
紫色

舞
ブ
ま(う)
まい

夢は大きな**ブタイ**に立つことだ。
ステージ。かつやくの場所
舞台

決勝進出が決まり、**ランブ**する。
入りみだれておどりくること
乱舞

問一 傍線部の漢字の読みを答えなさい。

① 生命の息吹を帯びた絵画を見る。（いぶき）
② 出世にしか興味のない俗物。（ぞくぶつ）
③ 水道の敷設工事を行う。（ふせつ）
④ 雨天や曇天が続く六月。（どんてん）
⑤ 作品への厳しい批判を甘受する。（かんじゅ）
⑥ 川の堤防に沿って歩く。（ていぼう）
⑦ ホテルの送迎バスを利用する。（そうげい）
⑧ 紫色の花を植える。（むらさきいろ）

問二 文中のカタカナを漢字に直しなさい。

① 店へ**セイカ**材料を買いに行く。（製菓）
② 台風で住居が**シンスイ**する。（浸水）
③ **タサイ**な品ぞろえの雑貨店に行く。（多彩）
④ 政治家の**オショク**事件の記事。（汚職）
⑤ **ゼツミョウ**な力加減。（絶妙）
⑥ 間**イッパツ**のところで助かった。（一髪）
⑦ 戦国時代の**エイユウ**の物語。（英雄）
⑧ 光線が部屋の中を**ランブ**する。（乱舞）

問三 次は、文化祭のポスターを見ながら高校生が会話している場面である。傍線部①～⑥のカタカナをそれぞれ漢字に直しなさい。

K高校
文化祭
たべもの屋台
アトラクション
ステージ発表
文化部展示品
PTAのバザー
10月4日(金) 9:00~17:00
5日(土) 9:00~16:00

生徒A　いよいよ今週末から文化祭だね。
生徒B　放課後毎日準備してきたし、成功するといいな。
生徒A　あなたのクラスは①カンミ屋さんだよね。
生徒B　そう。おしることかおだんごとか、和②ガシを作るよ。それから、私は③スイソウ楽部だから④ブタイ発表があるの。
生徒A　当日はクラスに部活に、出番が多くて大変だね。私は美術部で⑤ユサイの展示をするけど、当日は部活動での当番はないもの。ステージ発表、かならず聞きに行くね。
生徒B　絵を完成させるのも大変だったでしょう。美術部の展示、見に行くね。あと、二人でお化け⑥ヤシキに行こうよ。

漢字	読み	例文	熟語
繁	ハン	両親の店は**ハンジョウ**している。（人がたくさん来てにぎわい栄えること） **ハンザツ**な作業を次々とこなす。（物事が多くてめんどうな様子）	繁盛 繁雑
召	ショウ め(す)	兄は**オウショウ**して戦地に行った。（呼び出しに従うこと。特に軍事に参加すること） 寒いので、コートを**おメ**し下さい。（物や状態を身に受け入れる意の尊敬語）	応召 召
離	リ はな(れる・す)	**リサン**した家族が再会する。（いっしょにいたものが別れ別れになること） 民衆の感情が国王から**ハイリ**する。（逆らって遠ざかること）	離散 背離
縁	エン ふち	**エンコ**をたよって就職する。（人どうしの特別な関わりやつながり） **リョウエン**を得て幸せになる。（ふさわしい相手と夫婦になること）	縁故 良縁
鉛	エン なまり	**エンピツ**で絵の下書きをする。（木のじくにしんを入れた書く道具） **コクエン**はグラファイトのことだ。（炭素から成る鉱物の一つ）	鉛筆 黒鉛
盾	ジュン たて	有力な**ウシ**ろ**ダテ**があると心強い。（かげで助けたり守ったりすることや、その人）	後・盾
詳	ショウ くわ(しい)	旅行の**ショウサイ**な計画を立てる。（こまかいところまでくわしい様子） この和歌は作者**ミショウ**だ。（まだ正確に分かっていないこと）	詳細 未詳
僧	ソウ	正座して**コウソウ**の法話を聞く。（出家した人で、知徳や行いのすぐれた人）	高僧
更	コウ さら ふ(ける・かす)	日本記録を**コウシン**して優勝する。（あらためること） 暗証番号を定期的に**ヘンコウ**する。（以前からあるものをやめて別のものにすること）	更新 変更
嘆	タン なげ(く・かわしい)	助勢してくれるよう**タンガン**する。（事情を説明して熱心にたのむこと） 修学旅行中止で**ヒタン**に暮れる。（かなしくて心が痛むこと）	嘆願 悲嘆
巨	キョ	**キョダイ**な看板を制作する。（非常におおきい様子） **キョガク**の資金を投入する。（金銭の量が非常に多いこと）	巨大 巨額
恋	レン こ(う) こい こい(しい)	**レンアイ**について相談する。（たがいにこいしく思い合うこと） **ハツコイ**の人に再会する。（はじめて他者に特別の思いを寄せること）	恋愛 初恋
盗	トウ ぬす(む)	**トウヒン**とは知らずに買う。（ぬすんだ物） **ゴウトウ**犯をつかまえる。（乱暴したりおどしたりして人の金品をうばうこと）	盗品 強盗
般	ハン	**ショハン**の事情により欠席する。（いろいろ。さまざま） 歴史**ゼンパン**に興味がある。（ある事物について、すべてのこと）	諸般 全般
恥	チ はじ は(じる・じらう・ずかしい)	組織の**チブ**をあばく。（人に知られたくない、みにくいところ） この犯人はずるがしこく、**ムチ**だ。（はじを知らず、はじだと思わないこと）	恥部 無恥
旬	ジュン シュン	今月**ゲジュン**から桜が開花する。（月の二十一日から末日までの約十日間） 来月**ショジュン**に資料を配付する。（月のはじめの十日間）	下旬 初旬

問一 傍線部の漢字の読みを答えなさい。

① 医師には**応召**の義務がある。（おうしょう）
② **縁故**をたどって訪ね歩く。（えんこ）
③ 作者**未詳**の物語を読む。（みしょう）
④ 日本に仏教の教えを広めた**高僧**。（こうそう）
⑤ 工事を止めるよう**嘆願**する。（たんがん）
⑥ **恋愛**小説を読む。（れんあい）
⑦ 厚顔**無恥**な発言をする人。（むち）
⑧ 七月**下旬**は祭りが多い。（げじゅん）

問二 文中のカタカナを漢字に直しなさい。

① 商売**ハンジョウ**をいのる。（繁盛）
② 村民の多くが**リサン**した。（離散）
③ 入学時に**エンピツ**を買う。（鉛筆）
④ 権力者の**ウシろダテ**を得る。（後・盾）
⑤ ホームページを**コウシン**する。（更新）
⑥ **キョダイ**なオブジェを作る。（巨大）
⑦ 店に**ゴウトウ**が入る。（強盗）
⑧ 家事**ゼンパン**を得意とする。（全般）

問三 次は、担任の先生から保護者向けに書かれたお知らせであるが、漢字の誤りが四か所ある。それらを指摘し、正しい字に改めなさい。

令和4年7月1日

島ヶ崎高等学校保護者各位

島ヶ崎高等学校1年9組
担任　戸田和広

保護者会延期のお知らせ

保護者の皆さまにおかれましては、ますますご清栄のこととお喜び申し上げます。平素より、本校の活動にご理解とご協力を下さり、心より感謝申し上げます。

さて、今月初順にご案内を差し上げました保護者会ですが、諸版の事情により日程を変候させていただきたく存じます。障細は追ってご連絡差し上げますので、おそれいりますが今後のご連絡をお待ち下さい。

皆さまの貴重なお時間をいただきますが、ぜひご出席下さいますようよろしくお願い申し上げます。

P013 問三の解答：①甘味　②菓子　③吹奏　④舞台　⑤油彩　⑥屋敷

環
カン
地球**カンキョウ**問題について学ぶ。
まわりを取り巻き、影響をあたえるもの
見学の**イッカン**で講義を受ける。
全体として密接な関係を持つ物事の中の一部分
環境 一環

逃
トウ
に(げる・がす)
のが(す・れる)
国外への**トウボウ**をくわだてる。
つかまらないように、身をかくすこと
トウソウ中の犯人を追いかける。
つかまらないように、はしって去ること
逃亡 逃走

陣
ジン
味方の**ジンエイ**を立て直す。
党派などのちがいにより対立する勢力の、一方の側
テキジンに単身で乗りこむ。
対立勢力がよりどころとしている場所
陣営 敵陣

煙
エン
けむり
けむ(る・い)
コンロから**コクエン**が立ち上る。
くろいけむり
スナケムリが巻き上がる。
すなが風で舞い上がり、けむりのように見えるもの
黒煙 砂煙

雅
ガ
ガガクは古典芸術の一つだ。
奈良時代ごろから宮中で演奏されてきたものの総称
ユウガな生活にあこがれる。
上品で洗練された様子
雅楽 優雅

侵
シン
おか(す)
シンリャク戦争を否定する。
他国に入りこみ、領土や金品をうばいとること
となりの国と**フカシン**条約を結ぶ。
他人の権利をおかすことを許さないこと
侵略 不可侵

越
エツ
こ(す・える)
エッキョウして隣国へ逃れる。
国や地域などのさかいをこえること
私は**ユウエツ**感に浸っていた。
他と比べてすぐれていること
越境 優越

称
ショウ
兄は博士の**ショウゴウ**を得た。
資格などを表す呼び名。かた書き
青魚は背が青い魚の**ソウショウ**だ。
ある種類にふくまれるものをまとめた呼び名
称号 総称

盤
バン
CDの**バンメン**に傷がつく。
平たく丸いものの表側
試合は**ジョバン**から盛り上がった。
物事の始めの段階
盤面 序盤

瞬
シュン
またた(く)
決定的**シュンカン**を見逃す。
きわめて短いとき。せつな
イッシュンのすきを突く。
まばたきするくらいの、きわめてわずかなとき
瞬間 一瞬

膚
フ
消毒液で**ヒフ**があれる。
動物の体の表面をおおうかわ
カンプなきまで論破する。
無傷のはだ
皮膚 完膚

握
アク
にぎ(る)
かたい**アクシュ**をかわす。
互いに手をにぎりあうこと
歌集『**イチアクの砂**』を読む。
ひとにぎり。ほんのわずかなこと
握手 一握

柄
ヘイ
がら
え
オウヘイな口調に反発する。
えらそうな態度で、無礼な様子
昔からの親しい**アイダガラ**。
にんげん関係
横柄 間柄

尋
ジン
たず(ねる)
裁判官が証人を**ジンモン**する。
取り調べとして口頭でたずねること
センジンの谷を臨む。
とても高いこと。とても深いこと
尋問 千尋

芝
しば
あの俳優は**シバイ**がうまい。
役者などの演技
庭の**シバフ**に水をまく。
しばを観賞や運動などのために植えた場所
芝居 芝生

沢
タク
さわ
宿題が**タクサン**出た。
数量が多いこと
コウタクのある紙に印刷する。
物質の表面のつや
沢山 光沢

問一　傍線部の漢字の読みを答えなさい。

① 学習の**一環**としての観劇。（いっかん）
② **黒煙**を上げる工場。（こくえん）
③ 千年以上の歴史を持つ**雅楽**。（ががく）
④ レコードの**盤面**に針を落とす。（ばんめん）
⑤ **完膚**なきまで打ちのめす。（かんぷ）
⑥ 犯人を**尋問**する警察官。（じんもん）
⑦ 公園の広場に**芝生**を植える。（しばふ）
⑧ **光沢**のある生地を選ぶ。（こうたく）

問二　文中のカタカナを漢字に直しなさい。

① 犯行現場から**トウソウ**する。（逃走）
② 二つの**ジンエイ**に分かれる。（陣営）
③ 大国に**シンリャク**された国。（侵略）
④ **エッキョウ**して国から亡命する。（越境）
⑤ 王の**ショウゴウ**に値する人物。（称号）
⑥ その**シュンカン**、みんな笑った。（瞬間）
⑦ 試合後に選手が**アクシュ**する。（握手）
⑧ **オウヘイ**な態度を取る店員。（横柄）

問三　次の空欄①〜⑩に当てはまる漢字を、後の漢字群から一つずつ選びなさい。なお、線で結ばれた箇所には同じ漢字が入る。

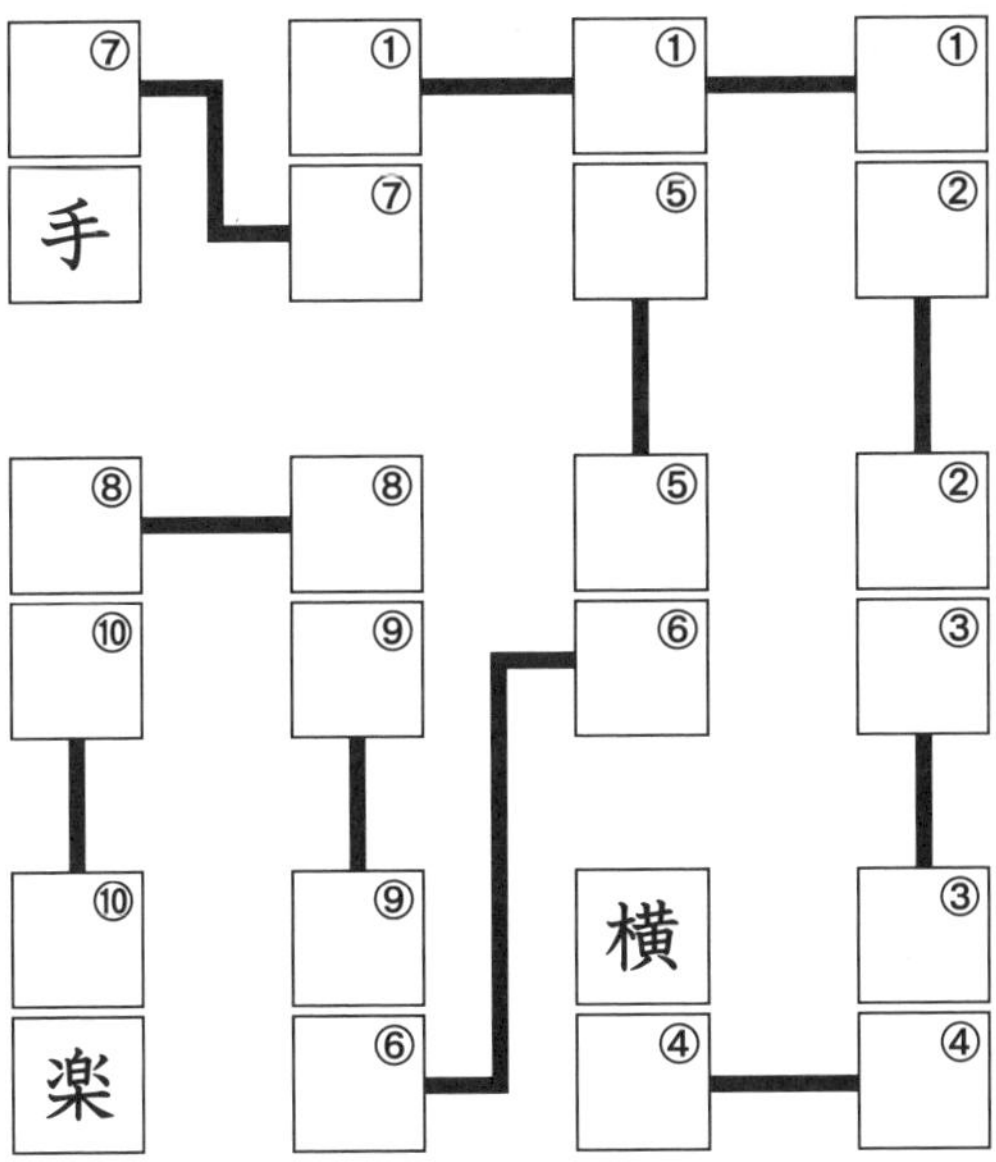

【漢字群】
優　間　一　環　雅　握　境　瞬　越　柄

P015 問三の解答：順→旬　版→般　候→更　障→詳

拓

タク

石板の文字の**タクホン**をとる。
物に刻まれた文字や模様を紙に写しとったもの

新たな市場を**カイタク**する。
新しい分野などをひらくこと

拓本　開拓

訴

ソ　うった(える)

ソジョウを裁判所に提出する。
裁判所の判断を求める内容をしるした文書

学生が学長に**ジキソ**する。
正規の手続きを経ずに、権力者に判断を求めること

訴状　直訴

載

サイ　の(せる・る)

投書が新聞に**サイロク**される。
印刷物などに書いてのせること

議論の過程を報告書に**キサイ**する。
書類に書いて残すこと

載録　記載

箇

カ

こわれた**カショ**を写真にとる。
特定の小さな部分

今日の作業を**カジョウ**書きにする。
いくつかに分けて並べた一つ一つの事柄

箇所　箇条

薄

ハク　うす(い・める・まる・らぐ・れる)

これは**ハクリ**多売の商売だ。
もうけが少ないこと

二位の選手が首位に**ニクハク**する。
相手にするどくせまること

薄利　肉薄

端

タン　はし　は　はた

祖母は**タンセイ**な字を書く。
姿形や動作などがきちんとしている様子

事の**ホッタン**は一本の電話だった。
物事の始まりや起こり

端正　発端

遣

ケン　つか(う・わす)

幕末に**ケンガイ**使節に任命された。
他国へ使いとして送ること

専門家を現地へ**ハケン**する。
人をある場所へ送り出すこと

遣外　派遣

抗

コウ

血液中の**コウタイ**の量を調べる。
からだの中に入った異物に反応して作られる物質

権力に**ハンコウ**する。
逆らうこと

抗体　反抗

拠

キョ　コ

コンキョを示して論じる。
言動や議論などのよりどころ

事件解決の**ショウコ**がそろう。
事実を裏付ける上でまちがいのない材料

根拠　証拠

欄

ラン

橋の**ランカン**に寄りかかる。
橋などにつけられた、転落防止やかざりのてすり

クウランに言葉を書き入れる。
文字を書きこむために何も書かれていない部分

欄干　空欄

較

カク

カメラの性能を**ヒカク**する。
二つ以上のものをくらべあわせること

比較

緯

イ

モスクワは東京より**イド**が高い。
赤道に平行な、地球の表面を南北に測る座標

制作の**ケイイ**を説明する。
物事のこれまでの筋道。こみいった事情

緯度　経緯

拍

ハク　ヒョウ

演奏者を**ハクシュ**で迎える。
両方のてのひらを打ち合わせて鳴らすこと

リズムに合わせて**ヒョウシ**を取る。
音楽において周期的に反復されるもの

拍手　拍子

介

カイ

武力による**カイニュウ**を防ぐ。
物事に当事者以外の者が強引に関わること

物品の売買を**チュウカイ**する。
二つのものの間に入りなかだちをすること

介入　仲介

徴

チョウ

部費を**チョウシュウ**する。
金銭などを強制的に集めること

トクチョウのある文字を書く。
他とくらべてことさらに目立つ点

徴収　特徴

濃

ノウ　こ(い)

ノウシュクしたジュースを飲む。
液体のこさを高くすること

牧場で飲む牛乳は**ノウコウ**だ。
色や味などがこい様子

濃縮　濃厚

問一 傍線部の漢字の読みを答えなさい。

① 北海道**開拓**の歴史を学ぶ。（かいたく）
② 領主に**直訴**する農民。（じきそ）
③ 大会記録に**肉薄**する。（にくはく）
④ **空欄**に正しく文字を書く。（くうらん）
⑤ 地図で都市の**緯度**を調べる。（いど）
⑥ 足で**拍子**を取りながら歌う。（ひょうし）
⑦ 家庭の問題に**介入**する。（かいにゅう）
⑧ 毎月会費を**徴収**する。（ちょうしゅう）

問二 文中のカタカナを漢字に直しなさい。

① 地図に**キサイ**されていない道。（記載）
② ひび割れた**カショ**を調べる。（箇所）
③ **タンセイ**な顔立ちの青年。（端正）
④ 専門家を**ハケン**して調査する。（派遣）
⑤ 親に**ハンコウ**的な態度をとる。（反抗）
⑥ 彼が犯人だという**ショウコ**。（証拠）
⑦ 人間と動物を**ヒカク**する。（比較）
⑧ このウニは**ノウコウ**な味わいだ。（濃厚）

問三 次は、C班が作成したプレゼンテーション資料である。発表資料中の傍線部①～⑥のカタカナをそれぞれ漢字に直しなさい。

〈関東と関西の味付けヒカク①〉

■ 調査に至ったケイイ②

【コンキョ③】
大阪旅行の際、ホテルで食べたカップうどんの味がいつもと違うことに気がついた。

【仮説】
関東と関西では好みの味や味つけのしかたが異なるのではないか。

■ だしのトクチョウ④

関東
・かつお節
・しょう油
・コ⑤い味つけ

関西
・こんぶ
・塩
・ウス⑥い味つけ

監
カン

生徒会の会計**カンサ**委員になる。
取りしまり、調べること

有名店**カンシュウ**のカップめん。
編集責任者として名前を出すこと

監査　監修

抜
バツ　ぬ(く・ける・かす・かる)

弟は運動神経が**バツグン**だ。
多くのものの中で、とりわけすぐれていること

センバツされて試合に出る。
多くの中から、よいものをえらびだすこと

抜群　選抜

豪
ゴウ

不安を**ゴウカイ**に笑い飛ばす。
力にあふれていて、気持ちのよい様子

世界の**キョウゴウ**と戦う。
つよくて手ごわいこと。またその人

豪快　強豪

劣
レツ　おと(る)

どたん場で**レッセイ**をはね返す。
いきおいがよくない状態。おとっていること

二者の**ユウレツ**を論ずる。
まさっていることとおとっていること

劣勢　優劣

斜
シャ　なな(め)

山の**シャメン**にみかん畑が広がる。
かたむいているところや、かたむいた地形

石炭産業は**シャヨウ**産業といえる。
時勢の変化で勢いを失っていくことのたとえ

斜面　斜陽

為
イ

イセイ者の言動を注視する。
国を治める活動をすること

ジンイ的に災害が引き起こされる。
ひとの力で行うこと。ひとの手を加えること

為政　人為

蓄
チク　たくわ(える)

チクセキした経験を生かす。
たくわえること。たくわえたもの

倉庫に飲料水を**ビチク**する。
万一のために物品やエネルギーをたくわえておくこと

蓄積　備蓄

扱
あつか(う)

トリアツカいに注意が必要だ。
物を手で動かすこと。物事を処理すること

取・扱

互
ゴ　たが(い)

敵と**ゴカク**のたたかいをする。
両者の力が同じくらいであること

ソウゴに助け合う約束をする。
おたがい。両方が同じように働きかけること

互角　相互

鎖
サ　くさり

折れた**サコツ**を固定する。
首の下とかたをつなぐ、左右一対のほね

負の**レンサ**をたちきる。
物同士がくさりのようにつながり合うこと

鎖骨　連鎖

援
エン

災害時に**エンジョ**活動をする。
困っている人に手を差しのべること

自校のサッカー部を**オウエン**する。
当事者を元気づけたりはげましたりすること

援助　応援

砲
ホウ

敵の**ホウカ**から身を守る。
大ほうを発射したときに出る火。また、発射したたま

シュホウが試合で本領を発揮する。
野球で、チームの中心となる強打者

砲火　主砲

迫
ハク　せま(る)

ハクシンの演技に感動する。
表現などがいかにもそのものらしいこと

提出期日が**セッパク**する。
期限などが間近にせまること

迫真　切迫

紹
ショウ

伝統芸能を**ショウカイ**する。
知られていない物事などを広く知らせること

紹介

維
イ

明治**イシン**の資料を集める。
物事が改められてあたらしくなること

運動して健康を**イジ**する。
同じ状態を保つこと

維新　維持

烈
レツ

彼は**レッカ**のごとくおこった。
勢いよく燃えるほのお

ツウレツに批判される。
非常にはげしく手厳しい様子

烈火　痛烈

問一 傍線部の漢字の読みを答えなさい。

① 会社の監査役をつとめる。（かんさ）
② 強打者の豪快なスイング。（ごうかい）
③ 急な斜面にある建物。（しゃめん）
④ 王や為政者の発言を調べる。（いせい）
⑤ 水害地へ援助金を送る。（えんじょ）
⑥ 相手軍と砲火を交える。（ほうか）
⑦ ステージで迫真の演技を見せる。（はくしん）
⑧ 急に烈火のごとくおこりだした。（れっか）

問二 文中のカタカナを漢字に直しなさい。

① 性能のバツグンによい車。（抜群）
② ユウレツの付けづらい作品。（優劣）
③ 一年分の米をビチクする。（備蓄）
④ 機器のトリアツカいに注意する。（取・扱）
⑤ ソウゴに意見をやりとりする。（相互）
⑥ 食物レンサの頂点に位置する鳥。（連鎖）
⑦ 友人に家族をショウカイする。（紹介）
⑧ 成績をイジするために勉強する。（維持）

問三 次は、自校の野球部の試合結果について報じている学校新聞記事と、それを見ながらK高の生徒が話している場面である。傍線部①～⑦のカタカナを漢字に直しなさい。

K
K高校新聞
5月10日（月）
発行所 K高新聞部

①レッセイはねのけ勝利

②シュホウ田原の三塁打

去る四月二十九日（木）県営球場にて、我が校野球部とY高校の試合が行われた。

③ツウレツな一打を放った田原（遊）

部長インタビュー

編集後記
素晴らしい試合を見せてくれてありがとうございました。

A この前の野球部の試合、勝ったんだね。
B しかもY高って、県内有数の④キョウゴウ校だよね。たしか、去年の春の⑤センバツ大会にも出場していたすごい学校だよ。
A そんな高校と⑥ゴカクの試合をするなんて、K高の野球部もどんどん力を付けているんだね。
B 私たちのクラスメイトにも野球部がいるし、今度⑦オウエンしに行こうよ。

P019 問三の解答：①比較 ②経緯 ③根拠 ④特徴 ⑤濃 ⑥薄

紋
モン

着物に**モンヨウ**をほどこす。（かざりとしてつけられた図がら。もよう）

政治家の発言が**ハモン**を起こす。（あることに関連して周囲におよんでいく反応）

紋様　波紋

沼
ショウ　ぬま

コショウで魚をつる。（みずうみやぬまなどの総称）

ヌマチには多くの生物がいる。（しめっぽく、どろの深いところ）

湖沼　沼地

澄
チョウ　す（む・ます）

秋の**チョウメイ**な空をながめる。（空気や水などがすみきっている様子）

山の**セイチョウ**な空気に包まれる。（きよらかでにごりがない様子）

澄明　清澄

避
ヒ　さ（ける）

住民が安全な場所に**ヒナン**する。（わざわいをさけて他の場所へ移ること）

現実**トウヒ**は解決にならない。（困難などをさけてにげること）

避難　逃避

伺
シ　うかが（う）

中学校の先生の元へ**ウカガ**う。（聞く・問う・訪れる・尋ねるのへりくだった表現）

伺

範
ハン

試験の**ハンイ**が発表される。（特定の領域。一定の広がり）

社会の**キハン**に従う。（行動や判断などの基準となるもの）

範囲　規範

踊
ヨウ　おど（る・り）

人々が手をたたいて**ヨウヤク**した。（とびはねること。喜びでおどりあがること）

美しい日本**ブヨウ**に見とれる。（おどり。ダンス）

踊躍　舞踊

床
ショウ　ゆか　とこ

不正の**オンショウ**となる。（よくない風潮が育ちやすいところ）

ユカシタに収納庫をつくる。（ゆかのした）

温床　床下

殖
ショク　ふ（える・やす）

ショクサン興業政策をとる。（国や地方の事業をさかんにすること）

トキの**ハンショク**に成功する。（動植物が生まれてふえること）

殖産　繁殖

威
イ

イリョクを発揮する。（他人をおさえつける強いちから）

ケンイ主義に逆らう。（他人を支配し、服従させる強いちから）

威力　権威

尽
ジン　つ（くす・きる・かす）

友達のために**ジンリョク**する。（あることのために苦労し、働くこと）

コートを縦横**ムジン**に走りまわる。（限りがなく、つきないこと）

尽力　無尽

抵
テイ

決めつけには**テイコウ**を感じる。（すなおに受け入れにくいこと。逆らうこと）

タイテイのことは自分でできる。（ほとんど）

抵抗　大抵

桃
トウ　もも

オウトウの品種を調べる。（バラ科サクラ属の木。その果実を「さくらんぼ」と呼ぶ）

桜の花が**モモイロ**にいろづく。（薄い紅いろ。あわい赤）

桜桃　桃色

恵
ケイ　エ　めぐ（む）

自然の**オンケイ**をこうむる。（情け。いつくしみ）

年寄りの**チエ**はあなどれない。（物事の道理をわきまえ、適切に判断するちから）

恩恵　知恵

誉
ヨ　ほま（れ）

祖父は**メイヨ**を重んじる人だ。（世間からすぐれていると認められること）

身に余る**エイヨ**を受ける。（たいへんすぐれているという評判）

名誉　栄誉

盆
ボン

ボンチの夏は特に暑い。（まわりを山地で囲まれた平らなところ）

今年は祖母の**ハツボン**だ。（人が死んだあとはじめてむかえるぼん）

盆地　初盆

問一 傍線部の漢字の読みを答えなさい。

① 着物の**紋様**が気に入る。（もんよう）
② **沼地**に生息する生き物。（ぬまち）
③ 山の**澄明**な空気を吸う。（ちょうめい）
④ 明日ご自宅に**伺**います。（うかが）
⑤ 日本**舞踊**の公演を観る。（ぶよう）
⑥ ＳＮＳが犯罪の**温床**となる。（おんしょう）
⑦ 選手の育成に**尽力**する。（じんりょく）
⑧ 春に白い花をつける**桜桃**。（おうとう）

問二 文中のカタカナを漢字に直しなさい。

① 地域の**ヒナン**訓練に参加する。（避難）
② 生活の**キハン**となる思想。（規範）
③ **ハンショク**力の強い植物。（繁殖）
④ 武器の**イリョク**の大きさを知る。（威力）
⑤ 日曜日は**タイテイ**家にいる。（大抵）
⑥ メンバー全員で**チエ**をしぼる。（知恵）
⑦ **メイヨ**ある賞をいただく。（名誉）
⑧ **ボンチ**は昼夜の寒暖差が激しい。（盆地）

問三 次の〈例〉にしたがって、それぞれに共通の部首を後の選択肢から選び、熟語を完成させなさい。

〈例〉楽早＋（カ）＝薬草

① 因亩＋（　）＝□□
② 青登＋（　）＝□□
③ 妥兆＋（　）＝□□
④ 氏亢＋（　）＝□□
⑤ 胡召＋（　）＝□□
⑥ 兆辟＋（　）＝□□

同じ部首が入るもの・・・（　）と（　）

ア．てへん　イ．さんずい　ウ．したごころ
エ．きへん　オ．しんにょう　カ．くさかんむり

P021 問三の解答：①劣勢　②主砲　③痛烈　④強豪　⑤選抜　⑥互角　⑦応援

柔
ジュウ　ニュウ　やわ(らか・らかい)

- おばは**オンジュウ**な性格だ。（おだやかでやさしい様子）
- **ニュウワ**な態度を心がける。（人柄や態度が優しくておだやかである様子）

温柔　柔和

彼
ヒ　かれ　かの

- 秋の**ヒガン**におはぎを食べる。（春分の日と秋分の日を真ん中にした、各七日間）
- **カノジョ**は夢をかなえた。（話し手と聞き手以外の女性を指す語）

彼岸　彼女

叫
キョウ　さけ(ぶ)

- 痛みのため**キョウゴウ**する。（さけぶこと）
- お化け屋敷で**ゼッキョウ**する。（出せる限りの声でさけぶこと）

叫号　絶叫

御
ギョ　ゴ　おん

- 機械に自動**セイギョ**装置を付ける。（機械などが目的通り動くように操作すること）
- **ゴヨウ**学者と批判される。（権力者の意向に従って働く者をさげすんでいう言葉）

制御　御用

浮
フ　う(く・かれる・かぶ・かべる)

- 別の可能性が**フジョウ**する。（表面に現れてくること）
- **ウキヨ**の風は厳しい。（今のよの中。現実社会）

浮上　浮・世

慮
リョ

- 父は**シリョ**深い性格だ。（注意深く考えをめぐらせること）
- 初対面でも**エンリョ**なく発言する。（人に対してひかえめな言動をとること）

思慮　遠慮

舟
シュウ　ふね　ふな

- 離島へ**シュウコウ**する便に乗る。（ふねで各地をまわること）
- 連休は利根川**シュウユウ**をしたい。（ふねに乗ってレクリエーションをすること）

舟航　舟遊

怒
ド　いか(る)　おこ(る)

- 外から**ドセイ**が聞こえてきた。（おこったこえ）
- 話を聞いて**ゲキド**する。（はげしくおこること）

怒声　激怒

況
キョウ

- 手紙で**キンキョウ**を伝える。（ちかごろの様子）
- **ジョウキョウ**を正しく判断する。（変化する物事のそのときどきのありさま）

近況　状況

翼
ヨク　つばさ

- 機体に**シュヨク**を取りつける。（飛行機の全重量を支えるつばさ）
- ペンギンにも**ツバサ**がある。（鳥が空を飛ぶためのもの。はね）

主翼　翼

途
ト

- 作業の**トチュウ**でひと息入れる。（物事がまだ終わらないうち）
- 君は**ゼント**ある若者だ。（将来。ゆくさき）

途中　前途

丈
ジョウ　たけ

- 子どもが**ジョウブ**に育つ。（病気になりにくく、元気な様子）
- 母は**キジョウ**にふるまった。（きもちがしっかりしている様子）

丈夫　気丈

疲
ヒ　つか(れる)

- よくねて**ヒロウ**を回復する。（くたびれること）

疲労

芋
いも

- **イモムシ**がキャベツの葉を食べる。（チョウやガの幼虫の総称）
- **ムラサキイモ**でお菓子を作る。（むらさき色のいも）

芋虫　紫芋

鮮
セン　あざ(やか)

- 昔のことを**センメイ**に覚えている。（色や形があざやかで、はっきりした様子）
- **シンセン**な野菜を買う。（あたらしくていきがよい様子）

鮮明　新鮮

押
オウ　お(す・さえる)

- 書類の**オウイン**が不要となる。（はんこをおすこと）
- 税関が密輸品を**オウシュウ**する。（裁判所などが、品物をさしおさえること）

押印　押収

問一　傍線部の漢字の読みを答えなさい。

① 母の**温柔**な人柄にあこがれる。（おんじゅう）
② 自動で機械を**制御**する。（せいぎょ）
③ テレビで**舟航**の旅番組を見る。（しゅうこう）
④ 観客から**怒声**を浴びる選手。（どせい）
⑤ **主翼**が飛行機を浮かせる。（しゅよく）
⑥ 体が**丈夫**な子に育つ。（じょうぶ）
⑦ 長時間の作業で**疲労**する。（ひろう）
⑧ 署名と**押印**をお願いする。（おういん）

問二　文中のカタカナを漢字に直しなさい。

① **カノジョ**の美しい歌声。（彼女）
② 悲鳴が**ゼッキョウ**に変わる。（絶叫）
③ 未来都市構想が**フジョウ**する。（浮上）
④ **シリョ**の足りない発言があった。（思慮）
⑤ 現在の**ジョウキョウ**を確認する。（状況）
⑥ 会議の**トチュウ**で席を立つ。（途中）
⑦ **ムラサキイモ**が特産品の町。（紫芋）
⑧ **シンセン**な魚を料理する。（新鮮）

問三　次は、卒業生が元担任の先生に向けて送った手紙であるが、漢字の誤りが六か所ある。誤りを指摘し、正しい漢字に改めなさい。

L高等学校　藤井隆広先生

暑さ寒さも彼岸までと申しますが、暑さもおさまってまいりましたね。高校時代の楽しかった思い出がよみがえり、お手紙を書かせて頂きました。

新生活が始まり、慣れないことが多く落ち込むこともありますが、ときどき先生の乳和な人柄を思い出しては元気を頂いています。卒業式で、私の前徒を案じながらも、笑顔で送り出して下さったことを戦明に思い出します。

来月にでも、近境を報告しに学校へ遊びに行きたいと思いますので、その際は高校時代のように遠旅なくご指導下さるとうれしいです。先生も、お身体に気をつけて元気にお仕事なさって下さい。これからもよろしくお願いいたします。

L高等学校・元三年二組　阿部慎二

P023 問三の解答：①ウ・恩恵　②イ・清澄　③エ・桜桃　④ア・抵抗　⑤イ・湖沼　⑥オ・逃避
②と⑤（順不同）

惨
サン　ザン　みじ(め)

- 現場の**サンジョウ**に目をそむける。（いたいたしい様子）
- **ヒサン**な光景に胸を痛める。（見ていられないほどいたましい様子）

惨状　悲惨

泊
ハク　と(まる・める)

- 医者が**ガイハク**の許可を出す。（よそにとまること）
- 週末は祖父の家に**ト**まる。（自分の家以外の場所で一晩過ごす）

外泊　泊

悩
ノウ　なや(む・ます)

- **クノウ**の日々を送る。（どうすべきかと考えくるしむこと）
- 卒業後の進学先に**ナヤ**む。（どうしたらよいものかと分からずに考えこむ）

苦悩　悩

隣
リン　となり　とな(る)

- **リンセキ**の友達に相談する。（となりのせき）
- **キンリン**諸国と友好的に付き合う。（ちかいところ。となりきんじょ）

隣席　近隣

闘
トウ　たたか(う)

- 労働組合が賃金**トウソウ**をする。（要求を通すためにあらそうこと）
- **ケットウ**は命がけの行為だ。（約束した方法であらそうこと。はたしあい）

闘争　決闘

替
タイ　か(える・わる)

- 提案に対する**ダイタイ**案を挙げる。（ほかの物にかえること）
- 給食当番を**コウタイ**する。（入れかわること）

代替　交替

弐
ニ

- 主君に、**ニシン**のないことを示す。（逆らう気持ち。うたがい）
- のしぶくろに**ニマンエン**と書く。（日本の通貨で、千えんの二十倍の金額）

弐心　弐万円

茂
モ　しげ(る)

- 庭に**ハンモ**した雑草をぬく。（草木がおいしげること）
- 初夏に青葉が生い**シゲ**る。（枝葉が生え、重なり合った状態になる）

繁茂　茂

坊
ボウ　ボッ

- 新語が**ボウカン**でもてはやされる。（町のなか。世間）
- 参拝後に**シュクボウ**に行く。（寺を訪れた人のためのやど）

坊間　宿坊

乾
カン　かわ(く・かす)

- **カンキ**は、火災に注意が必要だ。（一年の中で特に雨の少ないとき）
- 庭に干した洗たく物が**カワ**く。（そのものが持つ水分が無くなること）

乾期　乾

獲
カク　え(る)

- 練習を重ねて勝利を**カクトク**した。（努力して自分のものにすること）
- 日本の**ギョカク**量を調べる。（水産物をとること）

獲得　漁獲

溶
ヨウ　と(ける・かす・く)

- 酸性の**ヨウエキ**で処理をする。（複数の物質が混ざり、とけて均一になっているえき）
- 鉄が熱で**ヨウカイ**する。（とかすこと。とけること）

溶液　溶解

姓
セイ　ショウ

- 書類に住所と**セイメイ**を書く。（名字と名前）
- この辺りは**ドウセイ**の人が多い。（おなじ名字）

姓名　同姓

噴
フン　ふ(く)

- 石油が**フンシュツ**する。（強くふきでること。ふきだすこと）
- 海でクジラが潮を**フ**く。（中から勢いよく外へ出る）

噴出　噴

胴
ドウ

- 防寒のため**ドウギ**を身につける。（上着と下着の間につける衣類。ベスト）
- **ズンドウ**のなべで料理する。（上から下まで同じような太さであること）

胴着　寸胴

凡
ボン　ハン

- **ボンサイ**なりに努力する。（ありふれた能力。また、その人）
- **ヒボン**な人にあこがれる。（ふつうよりはるかにすぐれている様子）

凡才　非凡

問一 傍線部の漢字の読みを答えなさい。

① 戦地の**惨状**を目の当たりにする。（さんじょう）
② ゴールキーパーを**交替**させる。（こうたい）
③ 一泊**弐万円**のホテル。（にまんえん）
④ 草木が一面に**茂**る島。（しげ）
⑤ 多くの参拝者が利用する**宿坊**。（しゅくぼう）
⑥ 雨期と**乾期**のはっきりした地域。（かんき）
⑦ **同姓**同名のクラスメイト。（どうせい）
⑧ 防寒用の**胴着**を着用する。（どうぎ）

問二 文中のカタカナを漢字に直しなさい。

① 親から**ガイハク**の許可が出る。（外泊）
② 友達に忠告すべきか**ナヤ**む。（悩）
③ **リンセキ**の乗客と話をする。（隣席）
④ 貴族が一対一で**ケットウ**する。（決闘）
⑤ **ギョカク**高が日本一の港。（漁獲）
⑥ 実験に使う**ヨウエキ**を並べる。（溶液）
⑦ 地中からマグマが**フ**き出す。（噴）
⑧ **ヒボン**な才能を持つ詩人。（非凡）

問三 後の漢字群から似たような意味の漢字を二字ずつ組み合わせ、①～⑧の意味を表す熟語を作りなさい。

① 草や木がたくさん生えしげること。
② 努力や苦心を重ねて手に入れること。
③ 物質が液体中によく混ざりとけこむこと。固体が熱のためにとけて液状になること。
④ 解決できないことがあって、どうしたらよいものかと迷い考えあぐねること。
⑤ 強くふきだすこと。ふきでること。
⑥ 距離がはなれておらず、同じ区画に属していたり接していたりすること。
⑦ 要求を通すべくあらそうこと。
⑧ 本来使う物ではなくほかの物をまにあわせにすること。

①	②	③	④	⑤	⑥	⑦	⑧

【漢字群】
解　獲　出　近　苦　噴　争　替
代　闘　得　悩　繁　茂　溶　隣

P025 問三の解答：被→彼　乳→柔　徒→途　戦→鮮　境→況　旅→慮

網
モウ / あみ

葉の**モウジョウ**の筋を葉脈という。（あみの目のような形）
畑の周りを**カナアミ**で囲う。（はりがねなどで編んだあみ）

網状　金網

雷
ライ / かみなり

大雨の中、**ライメイ**がとどろく。（かみなりがなりひびく音）
シュンライが発生する。（はるになるかみなり）

雷鳴　春雷

郎
ロウ

一族**ロウドウ**が集まって祝う。（部下、家来）
シンロウが花よめをむかえる。（はなむこ。夫婦となったばかりの男性）

郎党（等）　新郎

滴
テキ / しずく / したた(る)

窓の**スイテキ**をふきとる。（みずのしずく）
服からみずのしずくが**シタタ**る。（みずなどがしずくとなって落ちること）

水滴　滴

吐
ト / は(く)

問題が解決し、**トイキ**をもらす。（安心や失望などを感じたときに思わず出るいき）
深呼吸で大きく息を**ハ**く。（口の中の物を勢いよく外に出す）

吐息　吐

騒
ソウ / さわ(ぐ)

話し合いで**ソウドウ**をしずめる。（たくさんの人がさわぎたてること）
ブッソウな世の中をうれえる。（悪いことが起こりそうで、世間が落ち着かない様子）

騒動　物騒

踏
トウ / ふ(む・まえる)

けわしい山道を**トウハ**する。（困難な道のりを歩き通すこと）
ミトウの密林を探検する。（まだ足をふみいれた人がいないこと）

踏破　未踏

項
コウ

結果を**コウモク**ごとに整理する。（内容を小さく分けたときの一つ一つ）
希望者に参加**ヨウコウ**が配られる。（欠くことができない大切な事柄）

項目　要項

需
ジュ

ジュヨウと供給のバランスを保つ。（物や事柄を求めること）
トクジュで景気が一時的に上向く。（軍事面など、ある方面において必要とされること）

需要　特需

罰
バツ / バチ

条例で**バッソク**を設ける。（法律などにそむいた者にばつをあたえるための規定）
法に反した者を**ショバツ**する。（ばつをあたえること）

罰則　処罰

玄
ゲン

ゲンカンから外へ出る。（建物の正面に設けた出入り口）
健康のために**ゲンマイ**を食べる。（もみがらを取っただけで、精白していないこめ）

玄関　玄米

屈
クツ

クッキョウな若者が見張りに立つ。（たくましくて力がつよい様子）
雑談で**タイクツ**をまぎらわす。（することがなくてつまらないこと）

屈強　退屈

肩
ケン / かた

あの外野手は**キョウケン**で有名だ。（かたがつよいこと。特に、投球力がすぐれていること）
ここでは**カタガ**きは役に立たない。（社会的な地位や身分を表す称号）

強肩　肩書

渡
ト / わた(る・す)

ツルがシベリアから**トライ**する。（外国からわたってくること）
歴史の**カト**期には混乱が見られる。（古いものから新しいものに移っていく途中）

渡来　過渡

冒
ボウ / おか(す)

勇者が**ボウケン**の旅に出る。（あぶないことや成功の保証がないことを行うこと）
総合**カンボウ**薬を服用する。（主にウイルスで引き起こされる呼吸器系の病気の総称）

冒険　感冒

撃
ゲキ / う(つ)

侵略者を**ゲキタイ**する。（敵などを追いはらうこと）
事件を**モクゲキ**して通報した。（たまたまその場にいて実際に見ること）

撃退　目撃

問一　傍線部の漢字の読みを答えなさい。

① 金網を使って肉を焼く。（かなあみ）
② 新郎の友人のスピーチを聞く。（しんろう）
③ 安心して吐息をつく。（といき）
④ 前人未踏の領域に入る。（みとう）
⑤ 犯罪者を処罰する立場。（しょばつ）
⑥ 屈強な精神を持つ若者。（くっきょう）
⑦ 組織の中の役割を示す肩書き。（かたが）
⑧ 大陸から渡来する鳥。（とらい）

問二　文中のカタカナを漢字に直しなさい。

① 遠方から**ライメイ**が聞こえる。（雷鳴）
② 屋根から**スイテキ**が落ちる。（水滴）
③ 教室で**ソウドウ**を起こす生徒。（騒動）
④ 必要な**コウモク**だけメモする。（項目）
⑤ 野菜の**ジュヨウ**が増える。（需要）
⑥ **ゲンカン**のとびらを開く。（玄関）
⑦ 太平洋を船で**ボウケン**する。（冒険）
⑧ 交通事故を**モクゲキ**する。（目撃）

問三　次の空欄①〜⑨に当てはまる漢字を後の漢字群からそれぞれ選び、〈例〉にならってしりとりを完成させなさい。

〈例〉浮世→世俗→俗物→物騒→騒動

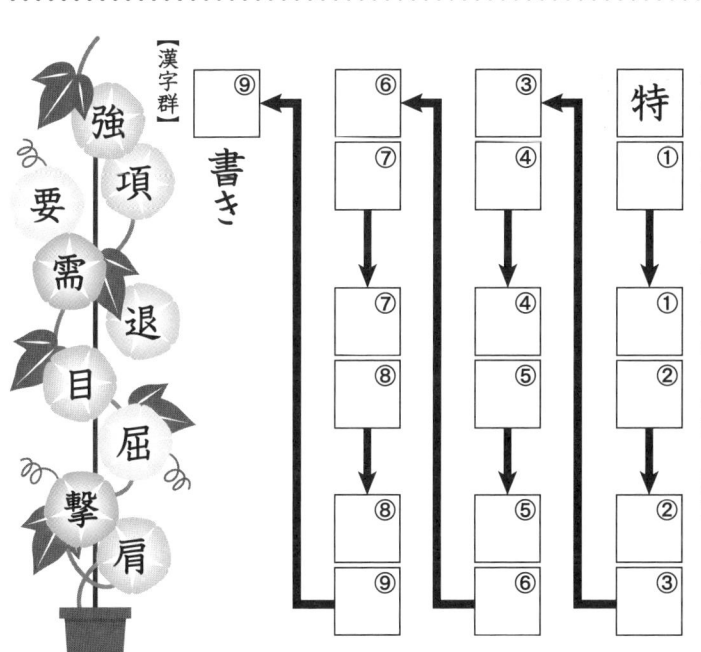

特 ①
↓
① ②
↓
② ③
→
③ ④
↓
④ ⑤
↓
⑤ ⑥
→
⑥ ⑦
↓
⑦ ⑧
↓
⑧ ⑨
→
⑨ 書き

【漢字群】

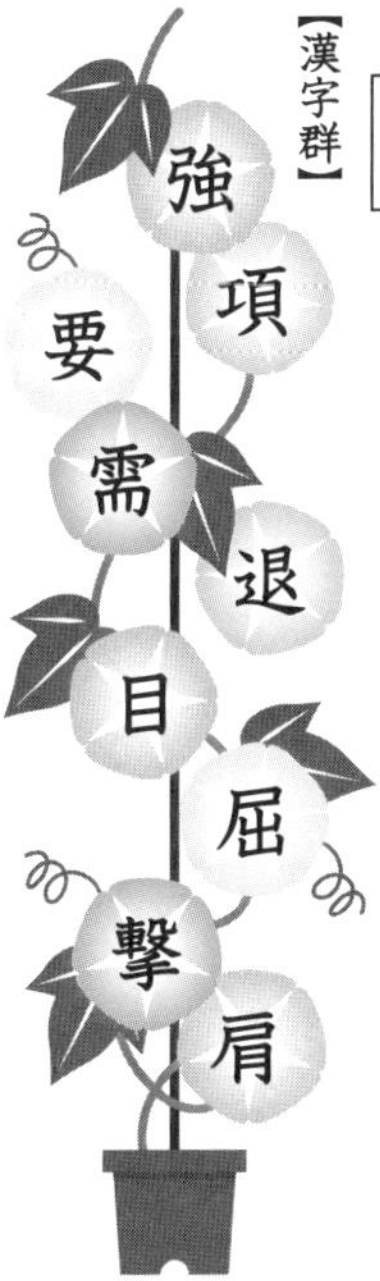

P027 問三の解答：①繁茂　②獲得　③溶解　④苦悩　⑤噴出　⑥近隣　⑦闘争　⑧代替

執
シツ / シュウ / と(る)

生徒会の**シッコウ**部に属する。　実際におこなうこと
シュウネンで難事件を解決した。　あることを深く思いつめる気持ち

執行　執念

頼
ライ / たの(む・もしい) / たよ(る)

ブライの徒を集める。　決まった職を持たず、道徳に外れた行いをすること
シンライできる友達がいる。　しんじてたよりにすること

無頼　信頼

眠
ミン / ねむ(る・い)

当番が交替で**カミン**をとる。　一時的にねむること
春の日ざしは**ネムケ**をさそう。　ねむりに引きこむ力。ねむりたい感じ

仮眠　眠気

朱
シュ

神社で**シュイン**を押してもらう。　赤い色料を使って押した判
シュニクを使ってはんこを押す。　印を押すときに使う赤色を染みこませたもの

朱印　朱肉

鑑
カン / かんが(みる)

蔵の品物を**カンテイ**してもらう。　物事の価値などを見きわめること
動物について**ズカン**で調べる。　絵や写真などを用いて物事を説明した書物

鑑定　図鑑

黙
モク / だま(る)

文章を**モクドク**して要約する。　声に出さないでよむこと
アンモクのうちに真意を察する。　だまって意思表示をしないこと

黙読　暗黙

堅
ケン / かた(い)

ケンジツな生活態度を見習う。　確かで、あぶなげのない様子
信念を**ケンジ**する強い男性。　自分の考えや態度が正しいとして、ゆずらないこと

堅実　堅持

隠
イン / かく(す・れる)

インジャのように引きこもる。　世間と関係を絶ち、かくれて暮らす人
節制のためお菓子を**カク**す。　他人に見つからないようにしまいこむ

隠者　隠

脚
キャク / キャ / あし

思い出を**キャクショク**して話す。　事実に手を加えて、話をおもしろくすること
責任を問われて**シッキャク**する。　しくじって地位や立場をうしなうこと

脚色　失脚

兼
ケン / か(ねる)

このかさは、晴雨**ケンヨウ**だ。　一つのものを複数の目的に役立たせること
副会長と書記を**ケンム**する。　複数の仕事をあわせもつこと

兼用　兼務

儀
ギ

おごそかに**ギシキ**をとりおこなう。　一定の作法に従っておこなわれる行事
相手に対する**レイギ**を守る。　社会が望ましい状態を保つために、人が守るべき作法

儀式　礼儀

丹
タン

タンセイをこめて育てた野菜。　心をこめて物事をおこなうこと
タンネンに調査する。　細かいところまでていねいにおこなう様子

丹精　丹念

傾
ケイ / かたむ(く・ける)

大学入試の**ケイコウ**を調べる。　ある方向にかたよること。かたむき
この坂は**ケイシャ**がゆるやかだ。　かたむくこと。ななめになること

傾向　傾斜

鈍
ドン / にぶ(い・る)

彼はとても**ドンカン**だ。　感覚や反応などがにぶい様子
私はどうにも方向感覚が**ニブ**い。　反応が遅かったり、刺激を感じなかったりする様子

鈍感　鈍

皆
カイ / みな

毎年**カイキン**賞をもらっている。　一定の期間中、休まずに出ること
結果は**カイモク**見当がつかない。　(下に打ち消しの語をともなって)全く(……ない)

皆勤　皆目

跳
チョウ / は(ねる) / と(ぶ)

チョウバで美しい演技をする。　体操競技の種目の一つ

跳馬

問一 傍線部の漢字の読みを答えなさい。

① **無頼**派と呼ばれる作家の小説。（ぶらい）
② **朱肉**を使って印を押す。（しゅにく）
③ 見られたくない写真を**隠**す。（かく）
④ 原作を**脚色**したドラマ。（きゃくしょく）
⑤ 左右**兼用**のリストバンド。（けんよう）
⑥ 母が**丹精**こめて作った料理。（たんせい）
⑦ 何が起きたのか**皆目**分からない。（かいもく）
⑧ 体操の**跳馬**を得意とする。（ちょうば）

問二 文中のカタカナを漢字に直しなさい。

① 彼女は**シュウネン**深い性格だ。（執念）
② 昼に三十分だけ**カミン**をとる。（仮眠）
③ 植物**ズカン**をながめる。（図鑑）
④ 部屋で小説を**モクドク**する。（黙読）
⑤ これまでの方針を**ケンジ**する。（堅持）
⑥ 古代の**ギシキ**を再現する。（儀式）
⑦ 大げさに考える**ケイコウ**がある。（傾向）
⑧ 疲れで動きが**ニブ**くなる。（鈍）

問三 次は、生徒が書いた自己アピール文である。傍線部①〜⑥の表現はどのような熟語に置き換えられるか、後の語群からそれぞれ選びなさい。

私の長所は、①行動や考え方が手がたく、安全第一を心がけるところです。

その長所を生かし、高校三年生のときに体育祭の②さまざまな業務をとりおこなう委員に選出されました。また、そのほかに応援団長も③同時にこなすことをしていました。役割が多く大変でしたが、すべての仕事に④心をこめてていねいに取り組み、体育祭当日は学校全体が一丸となってとても盛り上がりました。

また、中学生の頃から野球部員として部活動にも力を注いできましたので、体力と根性には自信があります。ほかに、⑤相手に敬意を表す作法も身に付きました。

高校三年間は一度もかぜを引くことなく、⑥一日も休まず登校し、賞を受賞しました。

兼務／皆勤／堅実／礼儀／丹念／執行

P029 問三の解答：①需　②要　③項　④目　⑤撃　⑥退　⑦屈　⑧強　⑨肩

4級漢字演習問題①

問 次の文章中の傍線部と同じ漢字を用いるものを、後の選択肢から選びなさい。

1 官僚制はカリスマやエイユウのような個人的な魅力とは無関係に、法の手順に従って手続き的に統治を進める権力のあり方である。
〈桂英史「世界の植民地化と個の刷新」〉

① 最上川でシュウユウする。
② ガクユウを信頼している。
③ ユウダイな自然に感動する。
④ 念願のユウショウを手にする。

③・英雄　P12

舟遊　学友　雄大　優勝

2 昼は昼食、夜は一泊、行くさきざきのエンコのある寺でそれを願って行って、西は遠く長崎の果までも旅したという。
〈島崎藤村「食堂」〉

① えんとつからコクエンが出る。
② 客席からセイエンが聞こえる。
③ エンゲイ農業が盛んな地域。
④ エンギの良い初夢を見た。

④・縁故　P14

黒煙　声援　園芸　縁起

3 「二〇世紀の恋人」という自動車に与えられたショウゴウは、トラクターにはふさわしくないかもしれない。
〈藤原辰史「トラクターの世界史」〉

① ショウメイ書を発行する。
② 左右タイショウの図形。
③ 事件のショウサイを調べる。
④ 物語のジョショウを読む。

②・称号　P16

証明　対称　詳細　序章

4 政治の大衆化のホッタンは十八世紀後半の二つの近代市民革命、アメリカ独立戦争（一七七五―八三）とフランス革命（一七八九―九九）だった。
〈長谷川櫂「俳句の誕生」〉

① 状況をタンテキに説明する。
② 冷たいタンサン水を飲む。
③ 秘境へタンケンに行く。
④ タントウの人に確認する。

①・発端　P18

端的　炭酸　探検（険）　担当

5 伝統的に、こうしたジンイにおける繰り返しは〈自然〉のそれと区別するかたちで〈慣習〉と呼び慣わされてきた。
〈大黒岳彦「〈繰り返し〉と情報社会」〉

① その地域だけのトクイな習慣。
② ヘイイでわかりやすい文章。

④・人為　P20

特異　平易

③ これは私の物にソウイない。
④ 迷惑なコウイは慎むべきだ。

相違
行為

6

目という感覚器官を有するすべての生物種は、多くの場合、自らの生存やハンショクにおいて重要なものに視線を向ける。

〈遠藤利彦「発達心理学からみた共視現象」〉

① ヨウショクのうなぎを食べる。
② 皆既ニッショクを観測する。
③ ショクニン技に感嘆する。
④ イッショク即発の危機。

① ・繁殖
養殖
日食
職人
一触

P22

7

なぜ、この風景がいつまでもシンセンな映像となって残っているのだろうか。

〈東山魁夷「日本の美を求めて」〉

① クラス代表をセンシュツする。
② 部長が開会センゲンをする。
③ センメイに覚えている言葉。
④ 近所のセントウへ行く。

③ ・新鮮
選出
宣言
鮮明
銭湯

P24

8

会社の〇〇課の椅子に座っていたA氏は、私にとって第三人称的存在である限りにおいて、ダイタイ可能である。

〈村上陽一郎「生と死への眼差し」〉

② ・代替

P26

9

① 関係者をユウタイする。
② 監督が選手コウタイをする。
③ 市内のチンタイ物件を探す。
④ 工業チタイが広がっている。

優待
交替
賃貸
地帯

当時、日本はバブル崩壊後のいわゆる「失われた一〇年」に突入していた。建築用材のジュヨウもますます低迷し、中島さんの会社は初めての赤字を経験。

〈藻谷浩介「里山資本主義」〉

① 届け出がジュリされる。
② 卒業証書をジュヨする。
③ サッカートクジュが起こる。
④ 校庭にショクジュする。

③ ・需要
受理
授与
特需
植樹

P28

10

DNAカンテイによると、目撃者によって犯人だといわれた人が間違いである確率は七五％（！）にも及ぶといいます。

〈清水勝彦「経営意思決定の原点」〉

① 先生の苦言をカンジュする。
② カンブツの栄養価を調べる。
③ カンキョウにやさしい燃料。
④ 誕生日にズカンをもらう。

④ ・鑑定
甘受
乾物
環境
図鑑

P30

爆
バク

落語を聞いて**バクショウ**する。
大勢の人が同時にどっとわらうこと

キバクする時間を決める。
火薬をばく発させること

爆笑　起爆

齢
レイ

実力があれば**ネンレイ**は関係ない。
生まれてからのとしの数

出産の**テキレイ**期を知っておく。
あることをするのにふさわしいとしごろ

年齢　適齢

祈
キ
いの(る)

大学合格を**キガン**する。
神仏に望ましいことの実現を求めること

世界平和を**キネン**する。
神仏に心をこめてねがうこと

祈願　祈念

剤
ザイ

病人に**ヤクザイ**を処方する。
目的に合わせて調合されたくすり

手にやさしい**センザイ**を使う。
物のよごれをあらいおとすのに用いるもの

薬剤　洗剤

占
セン
し(める)
うらな(う)

古代中国の**センジュツ**が伝わる。
現象を観察して運命などを判断する方法。うらない

新人歌手が人気を**ドクセン**する。
自分だけのものにすること

占術　独占

陰
イン
かげ
かげ(る)

「**コウイン**矢のごとし」と言う。
月日や年月

真夏日に**コカゲ**で休む。
枝葉が茂る、日の当たらない場所

光陰　木陰

露
ロ
ロウ
つゆ

祭りの日には**ロテン**が出る。
道ばたで、しなものを置いて売るみせ

窓の**ケツロ**を防ぐシートをはる。
空気中の水分が冷えた物体に水滴となってつくこと

露店　結露

恒
コウ

コウジョウ的に人手がたりない。
決まっていていつも変わらない様子

コウレイの行事に参加する。
物事がいつも決まった形式で行われること

恒常　恒例

壱
イチ

昔と今は**イチエン**の価値が異なる。
現代日本の通貨の最小単位

壱円

響
キョウ
ひび(く)

新聞記事が**ハンキョウ**を呼んだ。
ある出来事に応じて別の現象が引き起こされること

オンキョウ効果を考えて設計する。
おとのひびき

反響　音響

慎
シン
つつし(む)

山道を**シンチョウ**に運転する。
注意深くて、軽はずみに行動しない様子

慎重

飾
ショク
かざ(る)

シュウショクせず、そのまま話す。
ことばなどを美しくかざること

文化祭の**ソウショク**を担当する。
美しくかざること

修飾　装飾

振
シン
ふ(る・るう・れる)

伝統文化の**シンコウ**をはかる。
学業や産業などを奮い起こし、物事を盛んにすること

食欲**フシン**の原因をつきとめる。
勢いが出ないこと

振興　不振

跡
セキ
あと

戦争の**イセキ**を保存する。
文化や歴史的事件のあった場所や、人類の生活のあと

山でクマの**アシアト**を見つける。
動物が歩いたあとに残るあしの形

遺跡　足跡

隷
レイ

レイゾク状態から解放される。
他者の支配下にあること

隷属

販
ハン

通信**ハンバイ**の利用が増える。
商品をうること

ブッパンに力を入れる。
形のある商品をうること

販売　物販

58%

問一 傍線部の漢字の読みを答えなさい。

① 家族の健康を**祈念**する行事。（きねん）
② 公園の**木陰**にあるベンチ。（こかげ）
③ 冬になると窓が**結露**する。（けつろ）
④ **恒常**的に数値を確認する。（こうじょう）
⑤ 財布には**壱円**しか入っていない。（いちえん）
⑥ 何をするにも**慎重**に事を運ぶ。（しんちょう）
⑦ 成績**不振**の原因を調べる。（ふしん）
⑧ 強国に**隷属**を強いられた過去。（れいぞく）

問二 文中のカタカナを漢字に直しなさい。

① 火薬を**キバク**させる装置。（起爆）
② 入場には**ネンレイ**制限はない。（年齢）
③ 少量の**センザイ**で汚れが落ちる。（洗剤）
④ 利権を**ドクセン**する業者。（独占）
⑤ **オンキョウ**にこだわったホール。（音響）
⑥ 名詞を**シュウショク**する形容詞。（修飾）
⑦ 近所に縄文時代の**イセキ**がある。（遺跡）
⑧ 会場に**ブッパン**ブースを設ける。（物販）

問三 次は、ある商店街の案内リーフレットである。傍線部①～⑦のカタカナをそれぞれ漢字に直しなさい。

脱
ダツ／ぬ(ぐ・げる)

やみにまぎれて**ダッシュツ**する。（にげだすこと。ぬけでること）
弟の衣服の**チャクダツ**を手伝う。（取りつけたりはずしたりすること）

脱出　着脱

凶
キョウ

キョウサクに備えて米を蓄える。（米や野菜などの出来が非常に悪いこと）
公害の**ゲンキョウ**といわれた工場。（悪いことのおおもととなるもの）

凶作　元凶

沈
チン／しず(む・める)

その場を**チンモク**が支配した。（口をきかずにだまりこむこと）
戦争で船が**ゲキチン**される。（船をうちしずめること）

沈黙　撃沈

歓
カン

優勝して**カンキ**の声をあげる。（気持ちが高まりよろこぶこと）
姉妹校と**コウカン**会を行う。（互いに打ちとけあって楽しむこと）

歓喜　交歓

寝
シン／ね(る・かす)

新しい**シング**を買う。（ふとん、まくらなど、ねるときに使う用具の総称）
毎晩九時に**シュウシン**する。（床につくこと。眠ること）

寝具　就寝

脂
シ／あぶら

シシツの少ない肉を食べる。（生体を構成する重要な成分の一つ）
天然**ユシ**からできた石けんを使う。（動植物からとったあぶら）

脂質　油脂

戯
ギ／たわむ(れる)

新しい**ギキョク**を発表する。（演劇を上演する目的で書かれた台本）
子どもたちが**ユウギ**を楽しむ。（あそびたわむれること。子どものあそび）

戯曲　遊戯

雌
シ／め／めす

カタツムリは**シユウ**同体だ。（めすとおす）
マツの**メバナ**が受粉する。（めしべだけのはな）

雌雄　雌花

淡
タン／あわ(い)

彼は**タンパク**な性格だ。（あっさりしている様子）
鉛筆で絵に**ノウタン**をつける。（色や味などのこさとうすさ）

淡白　濃淡

枯
コ／か(れる・らす)

氷点下が続き、木が**コシ**する。（草木がかれること）
エイコ盛衰について考える。（さかえることとおとろえること）

枯死　栄枯

浜
ヒン／はま

カイヒン公園でイベントを行う。（うみべ。はまべ）
ハマベを散歩する。（かいがん。はまのほとり）

海浜　浜辺

軒
ケン／のき

住宅街にある**イッケンヤ**で暮らす。（独立したいえ）
ノキサキにつららが下がる。（屋根の張り出した部分のはしのほう）

一軒家　軒先

匹
ヒツ／ひき

プロに**ヒッテキ**する実力がある。（おおよそ対等であること）
親友は犬を**イッピキ**飼っている。（動物の単数を表す語）

匹敵　一匹

壊
カイ／こわ(す・れる)

風車の**ソンカイ**を防止する。（こわれてくずれること）
フロンがオゾン層を**ハカイ**する。（うちこわすこと。こわれること）

損壊　破壊

狩
シュ／か(る・り)

モミジガリの名所に行く。（山野に出かけて、もみじを見て楽しむこと）

紅葉狩

腰
ヨウ／こし

祖父は**ヨウツウ**に悩まされている。（こしのいたみ）
受験勉強に**ホンゴシ**を入れる。（しんけんに物事に取り組む姿勢）

腰痛　本腰

問一　傍線部の漢字の読みを答えなさい。

① 事件の元凶を特定する。（げんきょう）
② 教室は沈黙に包まれた。（ちんもく）
③ 演者と観客の交歓会が行われる。（こうかん）
④ 脂質は三大栄養素のひとつ。（ししつ）
⑤ イチョウの雌花がさく。（めばな）
⑥ 災害で家屋が損壊する。（そんかい）
⑦ 秋は紅葉狩りに出かける。（もみじが）
⑧ 本腰を入れて英語を学ぶ。（ほんごし）

問二　文中のカタカナを漢字に直しなさい。

① **ダッシュツ**するためのトンネル。（脱出）
② 十二時には必ず**シュウシン**する。（就寝）
③ 海外の**ギキョク**を読む。（戯曲）
④ **タンパク**な味わいの魚料理。（淡白）
⑤ **コシ**した大木を切りたおす。（枯死）
⑥ 早朝、**ハマベ**を散歩する。（浜辺）
⑦ **ノキサキ**に店の看板を出す。（軒先）
⑧ 年間の予算に**ヒッテキ**する金額。（匹敵）

問三　次の漢字を使って、（a）（b）に示した構成の熟語を作りなさい。

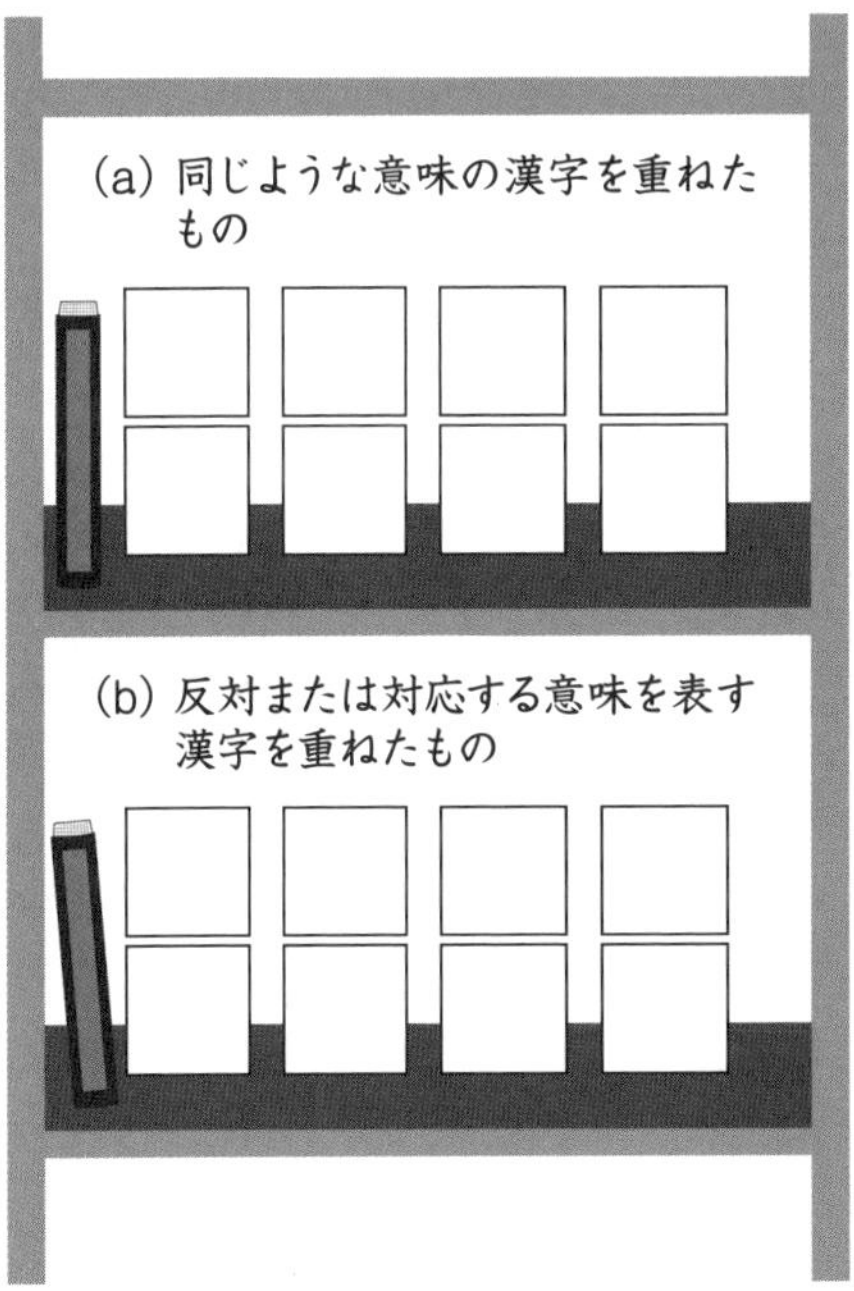

(a) 同じような意味の漢字を重ねたもの
(b) 反対または対応する意味を表す漢字を重ねたもの

P035 問三の解答：①祈願　②販売　③恒例　④露店　⑤振興　⑥反響　⑦装飾

賦
フ

天から**フヨ**された画才を生かす。（分けあたえること）
家具を**ゲップ**で買う。（ある金額を、つきごとに分けて行う支払い）

賦与　月賦

透
トウ　す（く・かす・ける）

手続きの**トウメイ**性を確保する。（物事の見通しが明らかなこと。すきとおっていること）
考えが世界中に**シントウ**する。（広くいきわたること）

透明　浸透

即
ソク

責任者が**ソッコク**判断を下す。（すぐさま。ただちに）
重大なことは**ソッケツ**しない。（その場ですぐに判断すること）

即刻　即決

腐
フ　くさ（る・れる・らす）

食べ物の**フハイ**を防止する。（くさること。わるい状態になること）
トウフを使った料理を食べる。（だいずを加工した食品）

腐敗　豆腐

奥
オウ　おく

武道の**オウギ**をきわめる。（学術などの最も深いところにある大事な事柄）
シンオウに熱い思いを秘める。（こころのおく深くのところ）

奥義　心奥

奴
ド

大統領が**ドレイ**解放宣言を出す。（人間としての権利を認められず、他人に所有される人）
ノウドの解放に尽力する。（中世ヨーロッパ社会で領主に従属する農民）

奴隷　農奴

稲
トウ　いね　いな

スイトウの品種を改良する。（みずを引き入れた耕地で育てるいね）
この辺りは**イナサク**がさかんだ。（いねを育てること）

水稲　稲作

弾
ダン　ひ（く）　はず（む）　たま

ダンマクをくぐり抜けて逃げる。（多くのたまを続けて発射し、すき間がないこと）
バクダンの製造を禁止する。（火薬を用いた、投下してはれつさせる兵器）

弾幕　爆弾

暇
カ　ひま

夏期**キュウカ**は沖縄に行く予定だ。（きゅう日以外の、制度として認められているやすみ）
スンカをおしんで勉強する。（ほんのわずかのひま）

休暇　寸暇

鬼
キ　おに

彼にとって英語は**キモン**だ。（行くとよくないことがある場所。苦手な人や事柄）
アッキのような形相でつめよる。（人にたたるようかい）

鬼門　悪鬼

峠
とうげ

車で**トウゲミチ**を走る。（とうげをこえるみち）

峠道

猛
モウ

前の選手を**モウゼン**と追い上げる。（勢いが激しい様子）
少年が**モウレツ**な速さで走りだす。（程度や勢いがとても激しい様子）

猛然　猛烈

襲
シュウ　おそ（う）

敵の**シュウゲキ**に備える。（相手を不意にせめること）
前政権の立場を**トウシュウ**する。（それまでのやり方をそのまま受けつぐこと）

襲撃　踏襲

圏
ケン

この場所は通話**ケンガイ**だ。（ある事柄のおよぶ範囲のそと）
人口が**シュトケン**に集中する。（日本では、東京都を中心とした地域）

圏外　首都圏

戒
カイ　いまし（める）

カイリツを守って生活する。（宗教上の規則）
水害に対して**ケイカイ**が必要だ。（予測されうる損害に対処する姿勢をとること）

戒律　警戒

影
エイ　かげ

強風の**エイキョウ**で電車が止まる。（他に働きがおよんで、反応が引き起こされること）
絵に**インエイ**をつける。（光が当たらない部分。ニュアンス）

影響　陰影

問一 傍線部の漢字の読みを答えなさい。

① 人間だけに**賦与**された能力。（ ふよ ）
② 現代人の**心奥**にある感情。（ しんおう ）
③ かつて**奴隷**制が存在した社会。（ どれい ）
④ **水稲**栽培に適した土をつくる。（ すいとう ）
⑤ **寸暇**をおしんで働く。（ すんか ）
⑥ 急なカーブの続く**峠道**。（ とうげみち ）
⑦ 入賞**圏外**に脱落した選手。（ けんがい ）
⑧ 仏教の**戒律**を堅く守る僧。（ かいりつ ）

問二 文中のカタカナを漢字に直しなさい。

① 液体が布に**シントウ**する。（ 浸透 ）
② 計画を**ソッコク**実行に移す。（ 即刻 ）
③ 保存中の食品が**フハイ**する。（ 腐敗 ）
④ **ダンマク**を張って敵軍に近づく。（ 弾幕 ）
⑤ 日本で**キモン**といわれる方角。（ 鬼門 ）
⑥ **モウレツ**な勢いで階段を上がる。（ 猛烈 ）
⑦ 前任者の方法を**トウシュウ**する。（ 踏襲 ）
⑧ **インエイ**を際立たせた写真。（ 陰影 ）

問三 次の新聞記事内の傍線部①～⑥のカタカナをそれぞれ漢字に直しなさい。

大寒波関東地方を**シュウゲキ**①

低気圧がモウ②発達　暴風や高潮にケイカイ③を

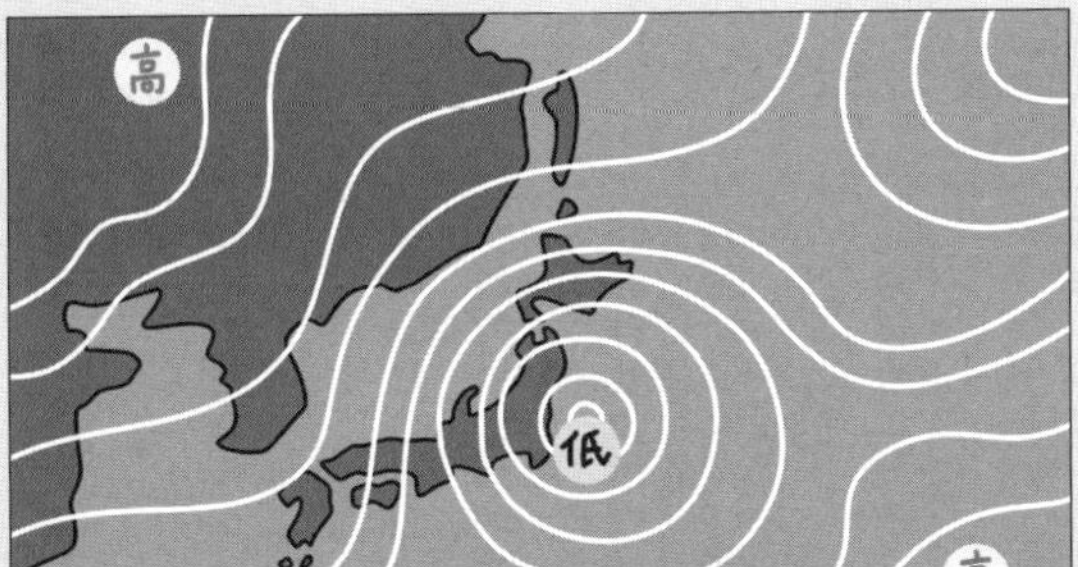

関東地方では、10日未明から12日明け方にかけ、バクダン④低気圧のエイキョウ⑤により大雪が降る予報。沿岸部では、瞬間的に30m/sをこえる台風のような暴風のおそれもある。シュトケン⑥では、電車の運転見合わせや高速道路の通行止めが発生する可能性もある。

P037 問三の解答：(a)遊戯　油脂　歓喜　破壊　(b)濃淡　栄枯　着脱　雌雄（順不同）

尾
ビ／お

素行調査の対象者を**ビコウ**する。
気づかれないように人のあとをつけること

手紙の**マツビ**に署名する。
終わりの部分

尾行／末尾

狂
キョウ／くる(う・おしい)

悲しみで半**キョウラン**になる。
正気を失い、異常な振る舞いをすること

絶望のあまり**ハッキョウ**しそうだ。
精神的にふつうでなくなること

狂乱／発狂

肪
ボウ

シボウ分の少ない食事をとる。
動植物にふくまれる、常温では固体のあぶら

脂肪

摘
テキ／つ(む)

手術で胃の一部を**テキシュツ**する。
つまみだすこと。取りだすこと

文章中の誤字を**シテキ**する。
注意すべき点を取り上げて、さし示すこと

摘出／指摘

傍
ボウ／かたわ(ら)

争いを**ボウカン**する。
そのことに関わらずに、そばでただ見ていること

ロボウの雑草に目をとめる。
道のはし。みちばた

傍観／路傍

恐
キョウ／おそ(れる・ろしい)

あいさつされて**キョウシュク**する。
身がちぢまるほどおそれいること

今夏は**オソ**ろしいほどの暑さだ。
程度をこえる状態が自分の身におよび、不安である

恐縮／恐

添
テン／そ(える・う)

説明書に領収書を**テンプ**する。
書類などに、他のものをつけ加えること

バスに**テンジョウ**する。
世話をするためにつきそってのりものにのること

添付／添乗

扇
セン／おうぎ

センドウ的な演説をする。
他人がある行動をするように仕向けること

センプウキの電源を入れる。
小型モーターによって、かぜを起こすきかい

扇動／扇風機

仰
ギョウ／コウ／あお(ぐ)／おお(せ)

真相を知って**ギョウテン**した。
とてもおどろくこと

オオギョウに騒ぎ立てる。
おおげさな様子

仰天／大仰

燥
ソウ

ぬれた服を**カンソウ**させる。
水分がなくなること

乾燥

矛
ム／ほこ

彼の話には**ムジュン**がある。
論理が合わないこと。つじつまが合わないこと

非難の**ホコサキ**を向ける。
ほこのきっさき。せめる方向

矛盾／矛先

忙
ボウ／いそが(しい)

事務作業に**ボウサツ**される。
追い立てられるように、とてもいそがしいこと

仕事が重なり、**タボウ**をきわめる。
することがおおくて、とてもいそがしいこと

忙殺／多忙

咲
さ(く)

見事に**カエリザ**きを果たす。
おとろえたものが再び勢いを得ること

返・咲

敏
ビン

彼女はにおいに**ビンカン**だ。
感覚がするどい様子

彼は**キビン**な対応をした。
頭や体をすばやく働かせる様子

敏感／機敏

絡
ラク／から(む・まる・める)

話に**ミャクラク**がない。
物事のつながりやすじみち

転校した友達と**レンラク**をとる。
つながりがあること。情報を知らせること

脈絡／連絡

荒
コウ／あら(い)／あ(れる・らす)

コウヤを切り開く。
あれはてた平地

世間の**アラナミ**を乗り切る。
強く大きななみ

荒野／荒波

問一 傍線部の漢字の読みを答えなさい。

① 文字列の末尾にカンマをつける。（まつび）
② 悲報を聞き狂乱状態となる。（きょうらん）
③ 摘出手術が無事成功する。（てきしゅつ）
④ 恐ろしい事件の話を聞く。（おそ）
⑤ 旅行に添乗員として同行する。（てんじょう）
⑥ ささいなことが大仰に騒がれる。（おおぎょう）
⑦ 批判の矛先が自分に向けられる。（ほこさき）
⑧ 暴風により舟は荒波にもまれた。（あらなみ）

問二 文中のカタカナを漢字に直しなさい。

① シボウ分を多く含む食物。（脂肪）
② 事態をボウカンするしかない。（傍観）
③ 革命家が国民をセンドウする。（扇動）
④ 冬は空気がカンソウする。（乾燥）
⑤ 体育祭の準備にボウサツされる。（忙殺）
⑥ 王座にカエりザきしたボクサー。（返・咲）
⑦ フロアをキビンに動き回る店員。（機敏）
⑧ ミャクラクなく発言する。（脈絡）

問三 次は、大学生が教授あてに送ったメールである。傍線部①〜⑤のカタカナをそれぞれ漢字に直しなさい。

卒業論文に関するご相談。

Kazumi Sasaki <kazumi.sasaki@xxxxxxx.co.jp>
To 島田太郎先生

T大学経済学部　島田太郎先生

いつもご指導いただき、ありがとうございます。
T大学経済学部国際経済学科３年　佐々木和美です。

先日はご①タボウな中、卒業論文についてご指導下さり、ありがとうございました。
その際に先生がご②シテキ下さった点に注意しまして、書き直したものをお送りいたします。当メールに③テンプしていますので、たいへん④キョウシュクですが、ご確認下さいますと幸いです。

また、何か気になるところがございましたら、お手数をおかけいたしますがご⑤レンラク下さると助かります。
どうぞよろしくお願いいたします。

==
T大学経済学部国際経済学科３年　佐々木和美
メール：kazumi.sasaki@xxxxxxx.co.jp　電話：090-XXXX-XXXX
==

P039 問三の解答：①襲撃　②猛　③警戒　④爆弾　⑤影響　⑥首都圏

普
フ

フダンから災害に備える。
いつもの状態

私はごく**フツウ**の高校生だ。
たいてい。ありふれていること

普段　普通

釈
シャク

発言について**シャクメイ**する。
誤解や非難に対し、事情を述べて理解を求めること

彼の発言を善意に**カイシャク**する。
物事や言葉の意味をときあかすこと

釈明　解釈

勧
カン
すす(める)

台風で避難**カンコク**がだされた。
物事を実行するように説きすすめること

カンギョウ博覧会が開かれた場所。
生産などの活動を発展させるようすすめること

勧告　勧業

塔
トウ

新しい**テットウ**を建てる。
てつを素材とした建造物

文学史に**キンジトウ**を打ちたてる。
後世に長く伝わるようなすぐれた業績や記録

鉄塔　金字塔

抱
ホウ
だ(く)
いだ(く)
かか(える)

部長としての**ホウフ**を語る。
心の中にある決意や計画

けが人をやさしく**カイホウ**する。
(病人などを)助けて世話をすること

抱負　介抱

歳
サイ
セイ

長い**サイゲツ**を経て再会する。
としつき

サイシュツをおさえる。
国家などの一会計年度内の支出の総計

歳月　歳出

贈
ゾウ
ソウ
おく(る)

ゾウトウ用に包装してもらう。
物品をおくることと、そのお返しをすること

著書を図書館に**キゾウ**する。
物品を他人におくりあたえること

贈答　寄贈

輩
ハイ

多くの一流選手を**ハイシュツ**する。
すぐれた人物が続いて世にでること

ネンパイ者を対象とした講座。
世間のことによく通じているとしごろ

輩出　年輩

趣
シュ
おもむき

様々な**シュコウ**をこらす。
おもしろみをだすための工夫。そのおもしろみ

この花が**キョウシュ**を添えている。
味わいのある、深いおもしろみ

趣向　興趣

秀
シュウ
ひい(でる)

彼女は**シュウサイ**だ。
学問やさい能がすぐれていること

ユウシュウな成績を収める。
非常にすぐれている様子

秀才　優秀

杯
ハイ
さかずき

カンパイの音頭を取る。
さかずきの酒を飲み干すこと

目標達成に**シュクハイ**をあげる。
いわいの酒をつぐためのさかずき

乾杯　祝杯

剣
ケン
つるぎ

ケンドウの試合を観る。
防具を身につけ、竹刀を用いて行う競技

シンケンな表情で本を読む。
まじめに物事に取り組む様子

剣道　真剣

繰
く(る)

同じ映画を**クリカエ**し見る。
同じことを何度も行うこと

繰・返

含
ガン
ふく(む・める)

恩師の言葉は**ガンチク**がある。
内容が豊かで、深い意味をふくみもっていること

多様な文化を**ホウガン**する。
中にふくみもつこと

含蓄　包含

攻
コウ
せ(める)

敵の**コウゲキ**を防御する。
相手におそいかかること

大学で天文学を**センコウ**する。
ある学問分野をもっぱら研究すること

攻撃　専攻

鼓
コ
つづみ

コテキを鳴らして行進する。
たいことふえ

祭りで**タイコ**をたたく。
打楽器の一つ。胴に革を張り、打ち鳴らすものの総称

鼓笛　太鼓

79%

問一 傍線部の漢字の読みを答えなさい。

① 休むよう会社から**勧告**を受ける。（かんこく）
② 台風で送電用の**鉄塔**が倒れた。（てっとう）
③ 家で病人を**介抱**する。（かいほう）
④ **贈答**用の果物を買う。（ぞうとう）
⑤ 聞き手の**興趣**を引く話し方。（きょうしゅ）
⑥ 勝利のあとで**祝杯**をあげる。（しゅくはい）
⑦ 哲学者たちの**含蓄**のある対話。（がんちく）
⑧ 校舎から**鼓笛**の音が聞こえる。（こてき）

問二 文中のカタカナを漢字に直しなさい。

① 試合でも**フダン**どおりに動く。（普段）
② 複数の**カイシャク**ができる作品。（解釈）
③ 解決まで三年の**サイゲツ**を経た。（歳月）
④ 名選手を**ハイシュツ**した学校。（輩出）
⑤ 将来を期待される**シュウサイ**。（秀才）
⑥ **ケンドウ**のけいこをする。（剣道）
⑦ けん玉を**ク**り**カエ**し練習する。（繰・返）
⑧ 背後から**コウゲキ**を受ける。（攻撃）

問三 次の学校新聞記事内の傍線部①～⑦のカタカナをそれぞれ漢字に直しなさい。

G高専新聞

3月7日（月）
発行所
G高専新聞部

去る二月二十六日、幕張にて行われた全国ロボットコンテストに、我が校からもロボット工学①センコウの生徒が出場し、②シュコウをこらしたロボットが多く参加するなか、③ユウシュウな成績を収めた。

④キンジトウを打ち立てたい

⑤シンケンな表情でこれからの⑥ホウフを語る田中哲也くん（右）

今後について、「皆さんが楽しんで、喜んでくれるロボットを作っていきたい」と田中くん。

なお、コンテストで会場を盛り上げたロボットは、地元の児童館へ⑦キゾウされる。

P041 問三の解答：①多忙　②指摘　③添付　④恐縮　⑤連絡

輝
キ / かがや(く)

- この物語は**コウキ**を放つ名作だ。（ひかりかがやくこと）
- 雨上がりの空に星が**カガヤ**く。（まぶしい光が放たれて美しく見える）

光輝 / 輝

憶
オク

- **オクソク**での議論を避ける。（根拠なく、無責任におしはかること）
- 戦争の**キオク**を語りつぐ。（経験したことなどを忘れないでいること。その内容）

憶測 / 記憶

捕
ホ / と(らえる・らわれる・る) つか(まえる・まる)

- クモが虫を**ホショク**する。（生物が他の生物をつかまえてたべること）
- 彼は**ホシュ**で四番バッターだ。（野球におけるキャッチャー）

捕食 / 捕手

込
こ(む・める)

- もうすぐ完成する**ミコ**みだ。（予想。将来性）

見込

幾
キ / いく

- **キカ**学模様の服を着る。（数学の一分野。一般に空間の性質を研究する学問）
- 雲が**イクエ**にもかさなる。（たくさんかさなっていること）

幾何 / 幾重

違
イ / ちが(う・える)

- 飲酒運転は**イホウ**である。（ほうりつに反すること）
- 考え方の**ソウイ**が明らかになる。（二つのものの間にちがいがあること）

違法 / 相違

突
トツ / つ(く)

- 敵に向かって**トツゲキ**する。（勢いよく進んでおそいかかること）
- 二つのチームが**ゲキトツ**する。（はげしくぶつかること）

突撃 / 激突

躍
ヤク / おど(る)

- **ヤクドウ**的な演技をする。（力にあふれて、生き生きと動く様子）
- ベテラン選手が**カツヤク**する。（さかんに行動すること。すばらしい成果を上げること）

躍動 / 活躍

麗
レイ / うるわ(しい)

- 男装の**レイジン**と言われる。（容姿が美しい女性）
- 山の**シュウレイ**な姿をながめる。（ぬきんでて美しい様子）

麗人 / 秀麗

偉
イ / えら(い)

- 後世に残る**イギョウ**をなしとげる。（すばらしい仕事）
- 十八世紀の**イジン**について学ぶ。（立派な成果を収めた尊敬すべき人物）

偉業 / 偉人

遅
チ / おく(れる・らす) おそ(い)

- 目覚ましが鳴らずに**チコク**した。（定められた時間におくれること）
- 大雪で電車が**チエン**する。（時刻がおくれたり、完成が長引いたりすること）

遅刻 / 遅延

触
ショク / ふ(れる) さわ(る)

- 曲に**ショクハツ**されて詞を書く。（しげきをあたえて、意欲などを引き起こすこと）
- ひんやりとした**カンショク**がある。（手やはだでさわったかんじ）

触発 / 感触

被
ヒ / こうむ(る)

- 台風の**ヒガイ**を受ける。（不利益を受けること）
- そろいの**ハッピ**に身を包む。（職人などが着る、屋号などを染め抜いた上着）

被害 / 法被

慢
マン

- **マンシン**せずに努力する。（思い上がったり、おごりたかぶったりすること）
- 遊びたいのを**ガマン**する。（つらさや欲求をこらえること）

慢心 / 我慢

鋭
エイ / するど(い)

- 時代の変化を**エイビン**に察知する。（感覚や頭の働きがするどい様子）
- **キエイ**の学者たちが語り合う。（いきごみが強いこと）

鋭敏 / 気鋭

到
トウ

- それは**トウテイ**受け入れられない。（とても（……ない）。どうしても（……ない））
- **シュウトウ**な準備をする。（用意がすみずみまで行き届いている様子）

到底 / 周到

問一　傍線部の漢字の読みを答えなさい。

① 包帯を**幾重**も巻き付けた足。（いくえ）
② 生命の**躍動**をテーマにした歌。（やくどう）
③ **秀麗**な顔立ちをした少年。（しゅうれい）
④ **偉人**や英雄のエピソードを知る。（いじん）
⑤ 店員はみな同じ**法被**を着ている。（はっぴ）
⑥ 足が痛いのを**我慢**して走る。（がまん）
⑦ **気鋭**の若手研究者を集める。（きえい）
⑧ 兄はいつも用意が**周到**だ。（しゅうとう）

問二　文中のカタカナを漢字に直しなさい。

① 薬指に**カガヤ**く宝石。（輝）
② 多くの**オクソク**を生んだ出来事。（憶測）
③ 鳥がミミズを**ホショク**する。（捕食）
④ 成功する**ミコ**みのある作戦。（見込）
⑤ 裁判所が**イホウ**と判断する。（違法）
⑥ 大型車同士が**ゲキトツ**する。（激突）
⑦ 待ち合わせの時間に**チコク**する。（遅刻）
⑧ 先生の言葉に**ショクハツ**される。（触発）

問三　次は、K高等学校の先生が卒業生に向けて送った手紙である。傍線部①～⑥のカタカナをそれぞれ漢字に直しなさい。

吉田智史様

お元気ですか。以前智史さんが通学していたK高校の元三年五組担任・石原です。お久しぶりですね。

先日、智史さんが①イギョウを果たしたとのニュースを見たので、お手紙を書きました。外国のサッカーチームへの所属が決まったとのこと、本当におめでとう。

私の②キオクに③ソウイがなければ、智史さんはいつも「将来はプロサッカー選手になりたい」と言っていましたね。しっかりその夢をかなえるなんて、だれもができることではありませんし、ここまでに私が④トウテイ想像もできないような多くの努力を重ねてきたことでしょう。本当に素晴らしいです。

これから、新しい環境での生活やプレッシャーも多いことと思いますが、智史さんの⑤カツヤクを楽しみにしています。⑥マンシンすることなく、がんばって下さいね。心から応援しています。

K高等学校　石原美智子

P043 問三の解答：①専攻　②趣向　③優秀　④金字塔　⑤真剣　⑥抱負　⑦寄贈

掘
クツ / ほ(る)

石油を**サイクツ**する。
地中から鉱物などをほり出すこと

ハックツ調査をする。
うもれているものを見つけ出すこと

採掘 / 発掘

丘
キュウ / おか

サキュウから海を臨む。
風に運ばれたすなが積もってできた小高い地形

砂丘

濁
ダク / にご(る・す)

「が」は「か」の**ダクオン**だ。
仮名に点をつけて表す音

川の**オダク**が問題となる。
にごってきたなくなること

濁音 / 汚濁

奇
キ

全員助かったのは**キセキ**だ。
常識では考えられないようなふしぎな出来事

スウキな人生を伝記にする。
運命がいろいろと変化すること。不運

奇跡 / 数奇

帽
ボウ

日ざしが強いので**ボウシ**をかぶる。
頭にかぶるもの

物作りへの情熱に**ダツボウ**する。
相手に感心して、尊敬の気持ちを持つこと

帽子 / 脱帽

微
ビ

ビミョウな色の違いを見分ける。
複雑で簡単に言い表せない様子

被害は**ケイビ**なものだった。
程度がわずかな様子

微妙 / 軽微

刺
シ / さ(す・さる)

友達の話に**シゲキ**を受ける。
外から働きかけて何らかの反応を起こさせること

世相を**フウシ**した詩を作る。
遠回しに批判する

刺激 / 風刺

誇
コ / ほこ(る)

コダイ広告だと批判される。
実際よりもおおげさなこと

特徴を**コチョウ**した似顔絵をかく。
実際の物事よりおおげさに表現すること

誇大 / 誇張

是
ゼ

一票の格差を**ゼセイ**する。
よくないところを改めること

先生の言うことなら**ゼヒ**もない。
良いか悪いか

是正 / 是非

払
フツ / はら(う)

商品の在庫が**フッテイ**する。
すっかりなくなること

今月分の水道料金を**シハラ**う。
代金や料金をはらいわたす

払底 / 支払

朽
キュウ / く(ちる)

ロウキュウ化した建物を改築する。
古くなって役に立たなくなること

フキュウの名作として知られる。
くちることなく後世まで残ること

老朽 / 不朽

描
ビョウ / えが(く) / か(く)

心情をていねいに**ビョウシャ**する。
言葉や絵などで物の形や状態などを表現すること

有名な作品の**ソビョウ**を展示する。
鉛筆などでおおまかに物の形をかくこと。デッサン

描写 / 素描

旨
シ / むね

手紙の**シュシ**を読み取る。
目的やねらい。またはいおうとしている事柄

ロンシのわかりやすい文章を書く。
意見の主要な点

趣旨 / 論旨

薪
シン / たきぎ

シンスイの労にむくいる。
燃料と飲みみず。転じて、食物をにたきすること

シンタンの生産で町がにぎわった。
たきぎとすみ

薪水 / 薪炭

婚
コン

コンカの商売を手伝う。
けっこんにより、夫または妻がせきを入れたいえ

お見合いから**セイコン**に至る。
けっこんがなりたつこと

婚家 / 成婚

依
イ / エ

事件の調査を**イライ**する。
人に物事をたのむこと

彼は仏道に**キエ**した。
神仏を信仰して、その教えに従って生きていくこと

依頼 / 帰依

問一 傍線部の漢字の読みを答えなさい。

① 古代の遺跡が**発掘**される。（はっくつ）
② **砂丘**に生息する植物。（さきゅう）
③ 地域間の格差を**是正**する。（ぜせい）
④ 生活のための物資が**払底**する。（ふってい）
⑤ **老朽**化したビルを破壊する。（ろうきゅう）
⑥ 鉛筆を使って**素描**する画家。（そびょう）
⑦ **薪炭**供給のために作られた林。（しんたん）
⑧ 皇太子ご**成婚**のパレード。（せいこん）

問二 文中のカタカナを漢字に直しなさい。

① 清音と**ダクオン**を区別する。（濁音）
② **キセキ**的に難を逃れる。（奇跡）
③ おそろいの**ボウシ**をかぶる。（帽子）
④ **ビミョウ**に曲がった道。（微妙）
⑤ 針で足に**シゲキ**を与える。（刺激）
⑥ 事件を**コチョウ**して伝える。（誇張）
⑦ **ロンシ**の明快な文章。（論旨）
⑧ 政府から**イライ**された仕事。（依頼）

問三 次は、高校生が川端康成の小説『古都』について話し合っている場面である。傍線部①～⑤のカタカナをそれぞれ漢字に直しなさい。

渡辺　この物語は、生き別れになったふた子の姉妹の①スウキな運命が書かれた作品だね。

土屋　海外での評価も高くて、ノーベル文学賞の授賞対象作にもなったそうだよ。

長瀬　そんなに絶賛された作品なんだ。日本人としてうれしいけど、それ以上にそんな作品を書ける作者の才能に②ダツボウしちゃうな。

渡辺　登場人物の心情だけでなく、四季の風景や京都の街並みの③ビョウシャもとても美しいね。

土屋　時代をこえて何度も映画化やドラマ化がされているし、まさに④フキュウの名作だね。

長瀬　作者自身、この作品には次第に失われていってしまう伝統や文化を書いておきたかったそうだね。

渡辺　人や社会のあり方を批判的に書いた⑤フウシ小説も興味深いけど、この作品のように存在するものの美しさが書かれた小説もおもしろいね。

P045 問三の解答：①偉業　②記憶　③相違　④到底　⑤活躍　⑥慢心

珍
チン
めずら(しい)

たくさんの**チンピン**を集める。
普通でないめずらしいなもの

前代未聞の**チンジ**が起こる。
めったにないめずらしいできごと

珍品　珍事

療
リョウ

化学**リョウホウ**を受ける。
病気をなおすためのやり方

チリョウのため通院する。
病気やけがをなおすために手当てすること

療法　治療

搬
ハン

ホールに楽器を**ハンニュウ**する。
はこびいれること

貨物をトラックで**ウンパン**する。
物や人をはこぶこと

搬入　運搬

継
ケイ
つ(ぐ)

伝統芸能を**ケイショウ**する
地位や権利・義務などをうけつぐこと

駅伝の**チュウケイ**点で待つ。
二つのものの間でうけつぐこと

継承　中継

稿
コウ

コウリョウを受け取る。
著作物などのもとになるものに対して支払われる対価

新聞記者が**ゲンコウ**を書く。
著作物などのもとになる文書や写真など

稿料　原稿

煮
シャ
に(る・える・やす)

ニマメを作る。
まめをしょう油やさとうなどでよくにたもの

正月に家族で**ゾウニ**を食べる。
もちを他の具とともににた、しるもの。正月の料理

煮豆　雑煮

獣
ジュウ
けもの

飼いねこを**ジュウイ**にみてもらう。
動物をしんりょうするいしゃ

ヤジュウから身を守る。
山などに生育するけもの

獣医　野獣

謡
ヨウ
うたい
うた(う)

ヨウキョクのけいこをする。
能楽の台本。それに節をつけてうたうこと

子どもたちが**ドウヨウ**を口ずさむ。
子どものために作られた歌や詩

謡曲　童謡

畳
ジョウ
たたみ
たた(む)

ジョウゴについて研究する。
同じ言葉を重ねてつくった言葉

ハンジョウほどの広さがある。
たたみ一枚分の広さの二分の一

畳語　半畳

唐
トウ
から

トウトツに話題を変えられる。
不意に動く様子。前ぶれがなくて不自然な様子

カラクサの模様が描かれた布。
つるや葉がからみ合っている形をかいた模様

唐突　唐草

幅
フク
はば

正しい**シンプク**を測る。
物がゆれ動いているときの、ゆれはばの半分

広い**ホハバ**であるく。
あるくときに、ひとあしで進む長さ

振幅　歩幅

涙
ルイ
なみだ

美しい歌声に**カンルイ**する。
心が深く動いて流すなみだ

電話口の母は**ナミダゴエ**だった。
悲しくて泣きだしそうなこえ。泣きごえ

感涙　涙声

壁
ヘキ
かべ

巨大な**ヘキガ**を制作する。
建築物のかべや天じょうなどに描いた絵

多くの**ショウヘキ**を乗りこえる。
間を仕切ったり、へだてたりするもの。さまたげ

壁画　障壁

征
セイ

近隣の国を**セイフク**する。
武力でうちまかして従えること

シュッセイする兄を見送る。
軍隊の一員として戦場へ行くこと

征服　出征

粒
リュウ
つぶ

ちりの**リュウシ**がただよう。
物質を構成する微細なつぶ

コツブの果実を摘み取る。
つぶのちいさいこと

粒子　小粒

霧
ム
きり

船の**ムテキ**が響く。
きりが深いとき、安全のために船などが鳴らすふえ

今朝、**ノウム**注意報がでた。
見通しがきかないくらい深くたちこめたきり

霧笛　濃霧

問一 傍線部の漢字の読みを答えなさい。

① 正月におせちと**雑煮**を食べる。（ぞうに）
② **野獣**のような叫び声。（やじゅう）
③ 趣味で**謡曲**を習う祖父。（ようきょく）
④ 「人々」などの語を**畳語**という。（じょうご）
⑤ 子どもの**歩幅**に合わせて歩く。（ほはば）
⑥ 手紙を読み**感涙**にむせぶ母。（かんるい）
⑦ 他国の**征服**を目的とした戦争。（せいふく）
⑧ **霧笛**を鳴らして航路を知らせる。（むてき）

問二 文中のカタカナを漢字に直しなさい。

① 学校をゆるがす**チンジ**。（珍事）
② 腕の傷を**チリョウ**する。（治療）
③ 船で荷物を**ウンパン**する。（運搬）
④ 職人の技を**ケイショウ**する。（継承）
⑤ 新聞記事の**ゲンコウ**を書く。（原稿）
⑥ **トウトツ**に話を切り出す。（唐突）
⑦ 言語が交流の**ショウヘキ**となる。（障壁）
⑧ 細かい**リュウシ**の砂。（粒子）

問三 次の【a群】【b群】からそれぞれ一字ずつ漢字を選び、修飾＋被修飾の構成になるように組み合わせ、二字熟語を八つ作りなさい。

【a群】
煮　獣　小　珍　唐　童　濃　壁

【b群】
医　画　草　豆　品　霧　謡　粒

P047 問三の解答：①数奇　②脱帽　③描写　④不朽　⑤風刺

駆
ク / か(ける・る)

- モーターを**クドウ**する。（エネルギーをあたえてうごかすこと）— 駆動
- 彼は生物学の**センク**者だ。（他にさきだって物事をすること）— 先駆

距
キョ

- 一定の**キョリ**を空けて並ぶ。（二つの地点の間のへだたり）— 距離

与
ヨ / あた(える)

- 彼は**ヨトウ**からの立候補者だ。（政とう政治において、政権を担当している組織）— 与党
- 政策決定には**カンヨ**しない。（物事にかかわること）— 関与

致
チ / いた(す)

- その病気の**チシ**率は低い。（しなせてしまうこと）— 致死
- 両者の目的が**ガッチ**した。（ぴったりあうこと）— 合致

震
シン / ふる(う・える)

- 縦ゆれの**シンドウ**を感じる。（大地などがふるえうごくこと）— 震動
- 深夜に**ゲキシン**が町を襲う。（家屋が倒壊するほどのはげしいゆれ）— 激震

驚
キョウ / おどろ(く・かす)

- **キョウイ**的な強さを見せる。（ふつうでは考えられないことに対するおどろき）— 驚異
- 若者の急成長に**キョウタン**する。（とてもおどろいて感心すること）— 驚嘆

舗
ホ

- 道路をアスファルトで**ホソウ**する。（道路の表面を堅い材料で固めて整えること）— 舗装
- 多くの**テンポ**が並ぶ通りを歩く。（商品を売るための建物）— 店舗

峰
ホウ / みね

- 北アルプスの**レンポウ**が見える。（いくつも続いている山のみね）— 連峰
- **ミネ**は雪におおわれている。（山の山頂に近いところ）— 峰

寂
ジャク / セキ / さび / さび(しい・れる)

- 会場は**セイジャク**に包まれた。（物音がせず、ひっそりとしていること）— 静寂
- この寺院は**セキゼン**としている。（ひっそりとしてものさびしい様子）— 寂然

暦
レキ / こよみ

- 観光客数は**レキネン**で過去最高だ。（こよみで定めた一年）— 暦年
- **セイレキ**と元号を対照する。（キリストが誕生したとされる年を元年としたこよみ）— 西暦

刈
か(る)

- 家族総出で**イネカリ**をする。（秋に、実ったいねをかりいれること）— 稲刈

及
キュウ / およ(ぶ・び・ぼす)

- 入学試験に**キュウダイ**する。（テストなどに合格すること）— 及第
- 新製品の**フキュウ**をはかる。（広く一般にいきわたること）— 普及

殿
デン / テン / との / どの

- 皇太子**デンカ**のご即位を祝う。（皇太子など、皇族の敬称）— 殿下
- **シンデン**を再建する。（かみをまつった建物）— 神殿

耐
タイ / た(える)

- **タイキュウ**力がある。（長い間もちこたえること）— 耐久
- 薬に対して**タイセイ**がつく。（薬物などに対して、生物が得た抵抗力）— 耐性

狭
キョウ / せま(い) / せば(める・まる)

- 言葉を**キョウギ**に解釈する。（同じ言葉に複数の語意があるときのせまい範囲の意味）— 狭義
- 荷物が増えて部屋が**テゼマ**になる。（家などが使用するのにせまい様子）— 手狭

汗
カン / あせ

- 初歩的なミスで**カンガン**の至りだ。（非常に恥ずかしく感じること）— 汗顔
- **ハッカン**により体温がさがる。（あせをかくこと）— 発汗

問一 傍線部の漢字の読みを答えなさい。

① 予想と結果が**合致**する。（がっち）
② ビルの中に**店舗**や事務所が入る。（てんぽ）
③ 雲間に二つの**峰**が並んだ風景。（みね）
④ 夜の**静寂**を破るエンジン音。（せいじゃく）
⑤ 学年末試験で**及第**点を取る。（きゅうだい）
⑥ 寒さに対して**耐性**のある植物。（たいせい）
⑦ **手狭**な会議室から移動する。（てぜま）
⑧ 体温を調整するための**発汗**。（はっかん）

問二 文中のカタカナを漢字に直しなさい。

① 四輪**クドウ**の自動車。（駆動）
② 月と地球までの**キョリ**。（距離）
③ 事件に**カンヨ**した疑いがある。（関与）
④ 日本全国に**ゲキシン**が走る。（激震）
⑤ 成長の早さに**キョウタン**する。（驚嘆）
⑥ **セイレキ**二〇〇〇年生まれ。（西暦）
⑦ **イネカ**りの時期は忙しい。（稲刈）
⑧ 皇太子**デンカ**のご講演。（殿下）

問三 次の新聞記事内の傍線部①～⑥のカタカナをそれぞれ漢字に直しなさい。

高速リニア、平野を**カ**①ける

一日も早く身近なものに

五月一日より、電導リニアの体験乗車が開始された。富士山や南アルプス**レンポウ**②の雄大な景色を臨むことができる体験乗車は、希望者が殺到し、その倍率は一三〇倍だった。

体験乗車に参加した長野県の山崎さんは「**キョウイ**③の速さだが、**シンドウ**④は感じない。乗り心地が良い」と感想を述べた。また、技術者の松田さんによると「**タイキュウ**⑤性に優れた車体で、乗客も安心。たくさんの方に乗ってもらえるよう、一日も早い**フキュウ**⑥に向けて開発を進めていきたい」と意気込んだ。

P049 問三の解答：煮豆　獣医　小粒　珍品　唐草　童謡　濃霧　壁画（順不同）

4級漢字演習問題②

問　次の文章中の傍線部と同じ漢字を用いるものを、後の選択肢から選びなさい。

1
公演が終った夜に、全部の座員が湯呑茶碗に一ぱいくらいずつの冷酒を飲むのは、コウレイのようになっていた。
〈原田康子「挽歌」〉

① コウセイの位置を算出する。
② 発表のコウセイを話し合う。
③ 荒れ地をコウセイさせる。
④ コウセイに残る名作を読む。

①・恒例
恒星　構成　更生　後世
P34

2
こうした小説界の動向を受けて、敵討批判をテーマとするギキョク・映画も、次々に上演されはじめた。
〈出口逸平「研辰の系譜　道化と悪党のあいだ」〉

① ギネンが晴れてすがすがしい。
② 生徒会の方針をギロンする。
③ 弟のおユウギ会へ行く。
④ 父は平和シュギの考えだ。

③・戯曲
疑念　議論　遊戯　主義
P36

3
彼らは奇声を発して啀み合うばかりか時どきモウレツな格闘をやる。
〈中勘助「猫の親子」〉

① 彼が助かるならホンモウだ。
② モウジョウ脈をもつ植物。
③ モウゼンと勉強を始める。
④ ジュンモウのセーターを着る。

③・猛烈
本望　網状　猛然　純毛
P38

4
栄養の供給が滞ってはいけないので、たくさんのシボウをあらかじめ蓄えて人間の赤ちゃんは生まれてくるのです。
〈山極寿一「こころの起源」〉

① シユウ同体の生物。
② ジュシが原料のせっけん。
③ 文章のヨウシをまとめる。
④ 先生とはシテイ関係がある。

②・脂肪
雌雄　樹脂　要旨　師弟
P40

5
〈自分の小説に関する辛口な指摘について私は〉むしろ親切で正確なシテキだと思ったくらいである。
〈リービ秀雄「日本語の勝利」〉

① ねずみのテンテキ。
② ケイテキを鳴らす。
③ 大海のイッテキ。
④ 不正をテキハツする。

④・指摘
天敵　警笛　一滴　摘発
P40

6

ヴァイオリニストのJ・ハイフェッツは、たくさんの弟子をとったが、新たなソリストをハイシュツさせることには成功しなかったという。

〈酒井邦嘉「科学者という仕事」〉

① 大会初戦でハイタイした。
② 優しいセンパイにあこがれる。
③ 近所の寺院へサンパイする。
④ 祖父はハイクが趣味だ。

7

矢張り観察と分析と推理の正確シュウトウを必要とするのは云う迄(まで)もないことである。

〈寺田寅彦「科学者とあたま」〉

① 目的地にトウチャクする。
② 前人ミトウの偉業をとげる。
③ 新しい文化がシントウする。
④ 学級トウロン会を開く。

8

イギリスのフウシ画家ウィリアム・ホガース（William Hogarth, 1697—1764）の作品に、『ジン横丁』（Gin Lane）という有名な銅版画がある。

〈大屋雄裕「自由か、さもなくば幸福か？」〉

① シエキ表現を用いた文章。
② 本屋でザッシを購入する。
③ 英語のツイシを受ける。
④ 敵陣からシカクが送られる。

6: ②・輩出　P42
敗退　先輩　参拝　俳句

7: ①・周到　P44
到着　未踏　浸透　討論

8: ④・風刺　P46
使役　雑誌　追試　刺客

9

〈日本人にとって自然は〉セイフクすべき対象ではなく、〈生活の〉中にあって親和関係を保つべきものであった。

〈山本健吉「日本の庭について」〉

① 日程をチョウセイする。
② 海外エンセイを取りやめる。
③ 敵にセンセイ攻撃を加える。
④ 母のキュウセイは珍しい。

10

ランナーの身体も、アスファルトホソウをふくめた、都市の人工環境に適合する運動をとおして作られているだろう。

〈港千尋「風景論 変貌する地球と日本の記憶」〉

① 家をタンポにお金を借りる。
② 言葉足らずをホソクする。
③ 新テンポがオープンする。
④ ホシュが投手にサインを送る。

9: ②・征服　P48
調整　遠征　先制　旧姓

10: ③・舗装　P50
担保　補足　店舗　捕手

漢字	読み	例文（意味）	熟語
怖	フ こわ(い)	**キョウフ**に打ち勝つ。（おそろしいという気持ち。こわいこと） **コワ**い話を聞いたせいで眠れない。（おそろしい）	恐怖 怖い
詰	キツ つ(める・まる・む)	犯行の動機を**キツモン**する。（相手の非を責めて厳しくたずねること） 試合のミスを**メンキツ**される。（顔を合わせて相手をとがめること）	詰問 面詰
腕	ワン うで	**ワンパク**な子どもたちに手を焼く。（活発で言うことをきかない様子。そのような子ども） 彼は**ビンワン**弁護士として有名だ。（物事を手際よくさばく能力があること）	腕白 敏腕
漫	マン	母は**マンダン**を聞くのが好きだ。（大衆演芸の一つ。とりとめもない話） **ホウマン**な態度でいるのは失礼だ。（しまりのない様子。やりっぱなしでいいかげんな様子）	漫談 放漫
倒	トウ たお(れる・す)	強調のため、**トウチ**法を用いる。（言葉の順序を普通と逆にすること） **ゼットウ**するような喜劇を観た。（感情が極限に達してたおれること。笑いころげること）	倒置 絶倒
惑	ワク まど(う)	太陽系には八つの**ワクセイ**がある。（恒星の周囲を公転している天体の総称） 思わぬ出来事に**コンワク**する。（どうしたらよいか分からずこまること）	惑星 困惑
巡	ジュン めぐ(る)	劇団が地方を**ジュンギョウ**する。（それぞれの土地で興行をして回ること） 派出所に**ジュンサ**が勤務する。（警察官の階級の中で、最も下のもの）	巡業 巡査
却	キャク	かれの提案は**キャッカ**された。（他人の意見や願いをしりぞけてもどすこと） 図書館に本を**ヘンキャク**する。（借りたものをもどすこと）	却下 返却

3級

漢字	読み	例文（意味）	熟語
娘	むすめ	**マゴムスメ**が遊びに来る。（女の子のまご）	孫娘
伏	フク ふ(せる・す)	**フクセン**が散りばめられた小説。（後の展開に備え、前もってそれとなく述べる事柄） **キフク**のゆるやかな山に登る。（高くなったり低くなったりすること）	伏線 起伏
痘	トウ	牛から**トウビョウ**を作る。（予防接しゅのために弱毒化させた天然とうのウイルス） ジェンナーは**シュトウ**を発明した。（天然とうの予防接しゅ）	痘苗 種痘
佳	カ	物語が**カキョウ**に入る。（興味深く、面白いところ。景色の素晴らしい場所） 読書感想文が**カサク**に選ばれる。（入選に次ぐ出来の良い作品）	佳境 佳作
刑	ケイ	**ケイジ**に話を聞かれる。（容疑者を探したり、つかまえたりする警察官） **ジッケイ**判決は厳しすぎる。（執行ゆうよなしで現実に受ける罰）	刑事 実刑
逮	タイ	空き巣の犯人が**タイホ**された。（警察などが被疑者をつかまえること）	逮捕
勘	カン	居酒屋の**カンジョウ**を払う。（店に払う代金） 問題を**ヤマカン**で答える。（かんを働かせること）	勘定 山勘
排	ハイ	**ハイキ**のための管をつける。（容器や建物の中のくうきを外へだすこと） 二酸化炭素**ハイシュツ**量を減らす。（内部の不要物を外へ押しだすこと）	排気 排出

FINISH 6%

問一 傍線部の漢字の読みを答えなさい。

① **腕白**な子の面倒をみる。（わんぱく）
② **倒置**表現を用いた詩の一節。（とうち）
③ 東北を**巡業**する劇団の舞台を観る。（じゅんぎょう）
④ 若者の要求が**却下**される。（きゃっか）
⑤ 感情の**起伏**を抑えるよう努める。（きふく）
⑥ **種痘**の普及に尽くした医師。（しゅとう）
⑦ **実刑**判決が言い渡された。（じっけい）
⑧ **勘定**を済ませて食堂を出た。（かんじょう）

問二 文中のカタカナを漢字に直しなさい。

① 不安と**キョウフ**にとらわれる。（恐怖）
② 失敗の理由を**キツモン**される。（詰問）
③ 演芸場へ**マンダン**を聞きに行く。（漫談）
④ 突然のことに**コンワク**する。（困惑）
⑤ **マゴムスメ**と公園で遊ぶ祖母。（孫娘）
⑥ 合唱祭で**カサク**の評価を得る。（佳作）
⑦ 犯人はすぐに**タイホ**された。（逮捕）
⑧ 有害物質を**ハイシュツ**する。（排出）

問三 次は、映画のポスターを見ながら友人同士で会話している場面である。傍線部①～⑥のカタカナをそれぞれ漢字に直しなさい。

A この映画、好きな俳優さんが出演しているから観たいんだ。
B けっこう話題の作品だよね。何の役で出ているの？
A 主人公の①ケイジ役だよ。
B そういえば、昨日テレビ番組にこの俳優さんが出演してて、②タイホした悪者が千人を超える③ビンワンケイジだって紹介していたような気がする。
A そうそう。でも、笑えるコメディ映画なんだよね。
B たしかに、ポスターにも抱腹④ゼットウって書いてある。面白そう。
A この前映画評論家が、物語が⑤カキョウに近づくにつれてどんどん面白くなるって言ってたし。

GIGA
包囲網
抱腹ゼットウ
ストーリー

B あ、このジュ⑥ンサ役の人、好きなアイドルグループのメンバーだ。
A 私も観たいな。よし、今週末一緒に観に行こうよ。

P051 問三の解答：①駆　②連峰　③驚異　④震動　⑤耐久　⑥普及

漢字	読み	例文	意味	語
斥	セキ	磁石の同じ極に**セキリョク**が働く。	二つの物体が互いに遠ざけようとするちから	斥力
		異文化の**ハイセキ**運動が起きる。	受け入れられないとしてこばみ、しりぞけること	排斥
掛	か(ける・かる) かかり	勇ましい**カ**け**ゴエ**が聞こえる。	人に呼びかけるこえ	掛・声
		人形が動く**シカ**けを調べる。	目的のために工夫した装置	仕掛
催	サイ もよお(す)	新たな**サイジ**を企画する。	特別なもよおしもの	催事
		球技大会を**カイサイ**する。	会合やもよおしをひらくこと	開催
択	タク	二者**タクイツ**を求められる。	二つのうちからひとつをえらぶこと	択一
		センタクが正しいと信じる。	目的に適したものをえらぶこと	選択
弧	コ	**コジョウ**の道に沿って木を植える。	弓なりに曲がった形	弧状
		スケートで**エンコ**を描く。	えんの一部	円弧
湾	ワン	雪の重みで柱が**ワンキョク**する。	弓のようにまがること	湾曲
		ワンガン地帯に工場が建つ。	海が陸に入り込んだ地形に沿った陸地	湾岸
駐	チュウ	店の前に**チュウシャ**する。	自動しゃなどをとめておくこと	駐車
		従業員を**ジョウチュウ**させる。	つねに一定の場所にとどまること	常駐
脅	キョウ おびや(かす) おど(す・かす)	台風の**キョウイ**を感じる。	強い力によるおどしや、そのおどしに対するおそれ	脅威
		犯人に**キョウハク**される。	おどして、相手に無理に何かをさせること	脅迫

漢字	読み	例文	意味	語
陳	チン	裁判所で**チンジュツ**した。	考えや意見を口頭でのべること	陳述
		遅刻したことを**チンシャ**する。	事情を話してあやまること	陳謝
抽	チュウ	**チュウショウ**的でわかりにくい。	ものごとから共通する点などを抜き出してとらえる様子	抽象
		チュウセンで旅行券が当たる。	くじ引き	抽選
譲	ジョウ ゆず(る)	父から子へ財産を**ジョウト**する。	権利や財産などをゆずりわたすこと	譲渡
		ブンジョウ住宅を見学する。	土地や建物をいくつかにわけて売ること	分譲
抑	ヨク おさ(える)	犯罪を**ヨクシ**する効果がある。	おさえてとどめさせること	抑止
		言論の自由を**ヨクアツ**する。	活動や欲望などを無理やりおさえつけること	抑圧
換	カン か(える・わる)	休み時間に教室の**カンキ**をする。	建物などの内部のくうきを入れかえること	換気
		電球を**コウカン**する。	取りかえること。やり取りすること	交換
婿	セイ むこ	彼女の家の**ムコヨウシ**になる。	女性の親とようし縁組をして、女性と結婚すること	婿養子
		結婚式で**ハナムコ**が大泣きした。	結婚したばかりの男性	花婿
坑	コウ	**コウドウ**を掘り進める。	鉱山などの地下に作られた通路	坑道
		祖父は**タンコウ**で働いていた。	せきたんを掘るために地下に掘った穴	炭坑
匠	ショウ	彼は和食界の**キョショウ**だ。	その道で優れた業績を上げた権威となる人	巨匠
		イショウをこらした絵画。	造形的な作品などで工夫をこらすこと	意匠

問一 傍線部の漢字の読みを答えなさい。

① 日本製品の**排斥**運動が起こった。（はいせき）
② **催事**場は連日にぎわっていた。（さいじ）
③ 二者**択一**の回答を迫られる。（たくいつ）
④ 地球温暖化は生物にとって**脅威**だ。（きょうい）
⑤ あいまいな**陳述**は避けるべきだ。（ちんじゅつ）
⑥ 土地などの資産を**譲渡**する。（じょうと）
⑦ 結婚式で**花婿**があいさつした。（はなむこ）
⑧ この島にはかつて**炭坑**があった。（たんこう）

問二 文中のカタカナを漢字に直しなさい。

① 自動的にふたが閉まる**シカ**け。（仕掛）
② 画用紙にきれいな**エンコ**を描く。（円弧）
③ **ワンガン**に沿った高速道路。（湾岸）
④ 管理人が**ジョウチュウ**するビル。（常駐）
⑤ **チュウショウ**的な説明に終わる。（抽象）
⑥ **ヨクアツ**された少女時代を送る。（抑圧）
⑦ 部屋の窓を開けて**カンキ**する。（換気）
⑧ 近代日本画の**キョショウ**の絵画。（巨匠）

問三 次は、あるハウスメーカーのチラシである。傍線部①～⑤のカタカナをそれぞれ漢字に直しなさい。

北あかり市・とうや町ブンジョウ地①
建物内覧イベントカイサイ②
3/13(土)
3/14(日)
4LDK
2,680万円～
全7区画
1 2 3 4 5 6 7
車でお越しのお客さま
チュウシャ場は⑤こちら
P
会場
〒
13号
1 住まいの何でも相談会
予算
設計・間取り
金利
ライフスタイル
2 大チュウセン会③
商品券もらえます
3 センタクできる④
来場者プレゼント

P055 問三の解答：①刑事　②逮捕　③敏腕　④絶倒　⑤佳境　⑥巡査

怪
カイ　あや(しい・しむ)

- 彼女は怖い**カイダン**話が苦手だ。
  お化けやゆうれいなどが出てくる気味の悪い話
- 旅先の旅館で**キカイ**な体験をした。
  普通では考えられないほどあやしく不思議な様子

怪談　奇怪

怠
タイ　おこた(る)　なま(ける)

- 部員の**タイマン**を注意する。
  なまけて、やるべきことをやらないこと
- 社員の**キンタイ**を管理する。
  出勤と欠勤。仕事に励むこととなまけること

怠慢　勤怠

貫
カン　つらぬ(く)

- トンネルの**カンツウ**を喜ぶ。
  ある物の中をつらぬきとおること
- **トッカン**工事で納期に間に合う。
  一気に進めること

貫通　突貫

卸
おろ(す)　おろし

- 魚の**オロシウリ**をする会社。
  商品を仕入れて小うり店に品物をうること
- **オロシネ**に利益を乗せてうる。
  仕入れた品物を小売店にうるときのねだん

卸売　卸値

衰
スイ　おとろ(える)

- 日照りで植物が**スイジャク**する。
  気力や活力が失われ、やせおとろえること
- 産業が**スイタイ**の一途をたどる。
  少しずつ機能がおとろえたり活力が失われたりすること

衰弱　衰退

憎
ゾウ　にく(む・い・らしい・しみ)

- ひどい言葉に**ゾウオ**の念を抱く。
  ひどく嫌ってにくむこと
- **アイゾウ**の入り交じった感情。
  あいすることとにくむこと

憎悪　愛憎

錯
サク

- あまりの驚きに**サクラン**する。
  感情や思考が入りみだれて異常な精神状態になること
- **トウサク**した愛情を向けられる。
  本能や感情が本来とは異なるゆがんだ形で表れること

錯乱　倒錯

免
メン　まぬか(れる)

- 調理師の**メンキョ**を取得する。
  ある特定のことを行うのに、官公庁などがゆるすこと
- 疑いが晴れて**ホウメン**された。
  心身のこうそくを解いて自由にすること

免許　放免

隻
セキ

- 片言**セキゴ**ももらさずに聞く。
  少しだけの短い言葉
- 町中には**セキエイ**すら見えない。
  ただ一つの物のかげ

隻語　隻影

乙
オツ

- 危険物取扱者の**オツシュ**の資格。
  何段階かに分けたときの二番目
- 夢見がちな**オトメ**のようだ。
  若い未婚のじょせい

乙種　乙女

炉
ロ

- 古民家の**ロバタ**でくつろぐ。
  いろりのそば
- **ダンロ**に薪をくべる。
  火をたいて部屋をあたためる装置

炉端　暖炉

了
リョウ

- 生徒会の**リョウショウ**を得る。
  事情を理解して聞き入れること
- 試合**シュウリョウ**の笛が鳴った。
  物事がすべておわること

了承　終了

穫
カク

- 都道府県別の米の**シュウカク**量。
  農作物を取り入れること

収穫

廊
ロウ

- **ロウカ**のぞうきんがけをする。
  部屋と部屋をつなぐ通路
- **ガロウ**の主人に認められる。
  美術品を展示したり販売したりする場所

廊下　画廊

伸
シン　の(びる・ばす・べる)

- **シンシュク**性のある素材のシャツ。
  のびたり、ちぢんだりすること
- 準備運動でひざを**クッシン**する。
  曲げたり、のばしたりすること

伸縮　屈伸

昇
ショウ　のぼ(る)

- エレベーターが**ショウコウ**する。
  あがることと、下がること
- 気温が**ジョウショウ**する。
  よりたかい位置や程度にあがっていくこと

昇降　上昇

問一 傍線部の漢字の読みを答えなさい。

① 卸値を販売価格の八割とする。（おろしね）
② 罪を犯すことを心から憎悪する。（ぞうお）
③ 悩んで錯乱し始めた頭を休める。（さくらん）
④ 姉は教員免許取得を目指している。（めんきょ）
⑤ 湖には虫一匹の隻影も見えない。（せきえい）
⑥ 難関資格の乙種に合格した。（おつしゅ）
⑦ 暖炉の火が赤々と燃えていた。（だんろ）
⑧ 運動を始める前に屈伸をしよう。（くっしん）

問二 文中のカタカナを漢字に直しなさい。

① **カイダン**物の映画を見る。（怪談）
② **タイマン**による失敗はしない。（怠慢）
③ 鉄道が街の中心を**カンツウ**する。（貫通）
④ 皇帝失脚により**スイタイ**した国。（衰退）
⑤ 申し出を**リョウショウ**する。（了承）
⑥ 秋は芋の**シュウカク**の季節だ。（収穫）
⑦ **ロウカ**を走ることを禁止する。（廊下）
⑧ 物価が**ジョウショウ**気味だ。（上昇）

問三 次の漢字を使って、(a)(b)に示した構成の熟語を作りなさい。

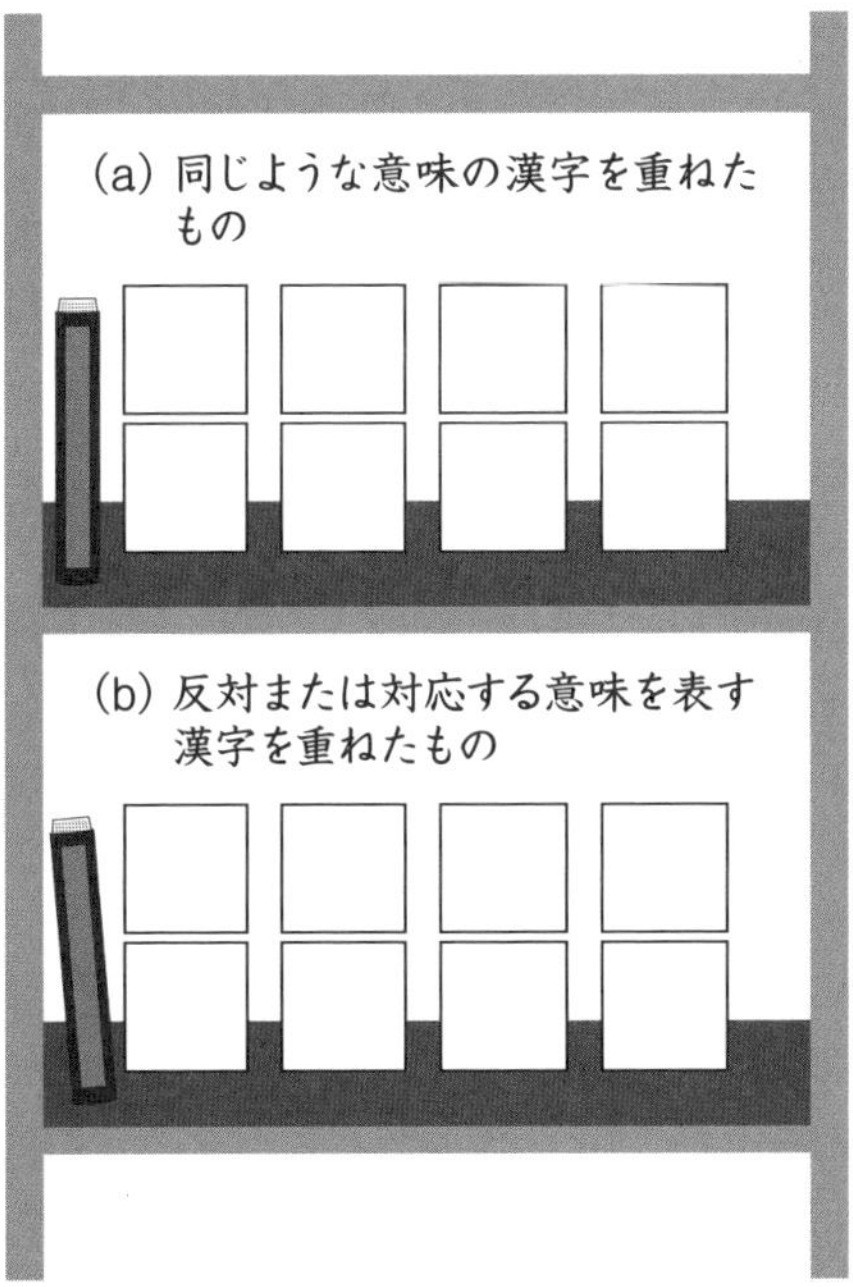

(a) 同じような意味の漢字を重ねたもの
(b) 反対または対応する意味を表す漢字を重ねたもの

P057 問三の解答：①分譲　②開催　③抽選　④選択　⑤駐車

寿
ジュ　ことぶき

日本人の平均**ジュミョウ**が延びる。（あらかじめ決まっているいのちのながさ）
幼少期から続く**チョウジュ**番組。（なが持ち、なが続きすること。なが生きすること）

寿命　長寿

倣
ホウ　なら(う)

子どもが親を**モホウ**する。（他のもののまねをすること）
先輩のやり方に**ナラ**う。（すでにある物事を見本にしてまねる）

模倣　倣

架
カ　か(ける・かる)

近所の**カキョウ**工事が終わる。（はしをかけること）
けがをして**タンカ**で運ばれる。（病人やけが人を運ぶための道具）

架橋　担架

胞
ホウ

ホウシによって増える植物。（コケ植物などが増えるために作る粉状のさいぼう）
ヒトの体**サイボウ**を研究する。（生物体を作る単位）

胞子　細胞

欧
オウ

明治時代初期の**オウカ**政策。（思想や風俗をヨーロッパ風にすること）
セイオウの考え方が浸透する。（ヨーロッパ）

欧化　西欧

訂
テイ

作文の誤字を**テイセイ**する。（誤りをただしくあらためること）
国語辞典の**カイテイ**版を買う。（書物などの内容をあらためること）

訂正　改訂

覆
フク　おお(う)　くつがえ(す・る)

まさに「**フクスイ**盆に返らず」だ。（容器がひっくり返ってこぼれたみず）
ボートが**テンプク**する。（船や車などがひっくり返ること）

覆水　転覆

墜
ツイ

ツイラクの原因を調査する。（高い所からおちること）
あの会社の信用は**シッツイ**した。（名誉や権威をうしなうこと）

墜落　失墜

嫁
カ　よめ　とつ(ぐ)

責任**テンカ**はやめてほしい。（責任や罪を人になすりつけること）
孫の**ハナヨメ**姿を楽しみにする。（結婚式の服装の女性）

転嫁　花嫁

辱
ジョク　はずかし(める)

彼とは**ジョクチ**の間柄だ。（しり合いであることを、へりくだって言う言い方）
クツジョクに耐えて努力した。（服従させられて、恥ずかしい思いをさせられること）

辱知　屈辱

鐘
ショウ　かね

ショウロウの影にたたずむ。（寺院にある、かねをつるした建物）
環境問題への**ケイショウ**を鳴らす。（危険を知らせ、用心をうながすもの）

鐘楼　警鐘

焦
ショウ　こ(げる・がす・がれる)　あせ(る)

話し合いの**ショウテン**をしぼる。（人々の注意や興味、関心が集まるところ）
逆転されて**ショウソウ**を感じる。（あせっていらだつこと）

焦点　焦燥

酵
コウ

コウソの働きを知る。（体内で作られ、消化などの化学反応を助ける物質）
大豆を**ハッコウ**させてみそを作る。（有機化合物を微生物が分解し、物質を生産すること）

酵素　発酵

聴
チョウ　き(く)

チョウシュウを満足させる演奏。（講演や音楽を聞くために集まった人々）
シチョウ率の高い人気番組。（見ることと聞くこと）

聴衆　視聴

犠
ギ

一試合で四つの**ギダ**を記録する。（野球で、自身がアウトになるバッティング）

犠打

摂
セツ

ビタミンを**セッシュ**する。（栄養などを体内にとり入れること。吸収すること）
人間は生物に**ホウセツ**される。（より一般的な範囲の中につつみ込むこと）

摂取　包摂

FINISH　22%

問一 傍線部の漢字の読みを答えなさい。

① 負傷した選手を**担架**に乗せる。（ たんか ）
② 日本人の食事は**欧化**傾向にある。（ おうか ）
③ 沖合いで漁船が**転覆**した。（ てんぷく ）
④ **墜落**事故防止の対策をとる。（ ついらく ）
⑤ 自然破壊に**警鐘**を鳴らす本。（ けいしょう ）
⑥ **焦点**をしぼって提案する。（ しょうてん ）
⑦ **犠打**を成功させ得点につなげた。（ ぎだ ）
⑧ 植物は生物に**包摂**される。（ ほうせつ ）

問二 文中のカタカナを漢字に直しなさい。

① 一般にカメの**ジュミョウ**は長い。（ 寿命 ）
② 好きな画家の作品を**モホウ**する。（ 模倣 ）
③ 人体は多くの**サイボウ**から成る。（ 細胞 ）
④ 間違いはすぐに**テイセイ**しよう。（ 訂正 ）
⑤ 失敗の責任を**テンカ**する。（ 転嫁 ）
⑥ 初戦敗退の**クツジョク**を味わう。（ 屈辱 ）
⑦ フルーツには**コウソ**が多い。（ 酵素 ）
⑧ 大勢の**チョウシュウ**が集まる。（ 聴衆 ）

問三 次は、健康と食事についてグループで話し合いをしている場面である。会話文中の傍線部①〜⑥のカタカナをそれぞれ漢字に直しなさい。

生徒A　健康的な食生活を送るとき、意識してセッシュ①できると良いものって何があるかな。
生徒B　新鮮な食材が体に良いんじゃないかな。
生徒C　それももちろんだけど、ハッコウ②食品も体に良いイメージがあるよ。
生徒A　ハッコウ食品といえば、みそとしょうゆ、納豆が思い浮かぶね。日本食に多いのかな。
生徒B　日本食以外にも、チーズとヨーグルトがそうだよね。ワインやバターもそうだし、セイオウ③料理にも多いね。
生徒C　ハッコウ食品はうま味が増して長期保存ができるし、いろんな国で取り入れられているかもしれないね。
生徒A　健康面から考えると、食材の栄養価をアップさせて、さらにサイボウ④を活性化する働きもあるんだって。
生徒B　すごい。ハッコウ食品をしっかり食べればチョウジュ⑤もかなうかも。
生徒C　世界初のハッコウ食品は紀元前に生まれたと言われているんだって。先人にナラ⑥って、私たちも健康な食生活を送ろうね。

P059 問三の解答：(a)奇怪（怪奇）　終了　衰弱　突貫　(b)愛憎　伸縮　勤怠　昇降（順不同）

尿
ニョウ

ニョウカンは腎臓からでている。
にょうを腎臓からぼうこうに送るくだ

コーヒーには**リニョウ**作用がある。
にょうをでやすくすること

尿管　利尿

託
タク

夢で**タクセン**をくだされた。
神が夢や人の口を介して、その意思を伝えること

クッタクのない笑顔に安心する。
一つのことを気にかけて、くよくよすること

託宣　屈託

冗
ジョウ

彼の**ジョウダン**に場が和んだ。
ふざけておもしろおかしくした話

あいさつが**ジョウチョウ**になった。
話や文章がながくて無駄が多いこと。またその様子

冗談　冗長

吉
キチ
キツ

優勝の**キッポウ**が届く。
良い知らせ

なんとなく**フキツ**な予感がする。
何か悪いことが起こりそうなこと。またその様子

吉報　不吉

袋
タイ
ふくろ

商品を**カミブクロ**につめる。
かみで作ったふくろ

正月に**フクブクロ**を買う。
中身がわからないように商品をつめて売り出すふくろ

紙袋　福袋

緩
カン
ゆる(い・やか・む・める)

痛みを**カンワ**する薬を飲む。
厳しさの程度をゆるめること

動きが**カンマン**な動物。
動きなどがゆるやかなこと

緩和　緩慢

華
カ
ケ
はな

カドウの師範の免状をいただく。
いけばな

近所の**チュウカ**料理店に入る。
中国が自分の国をほめて言った呼び方

華道　中華

騎
キ

兄が**キバ**隊に所属している。
うまに乗っている人

武将が**タンキ**で敵陣にきり込む。
ただ一人、うまに乗って行くこと

騎馬　単騎

概
ガイ

研究の**ガイヨウ**をまとめる。
ものごとのおおすじ

キガイにあふれた新入社員。
困難にあってもくじけない強い心

概要　気概

赴
フ
おもむ(く)

今春から名古屋に**フニン**する。
勤め先のある地に行くこと

調査のために現地に**オモム**く。
目的の方へ行く

赴任　赴

塗
ト
ぬ(る)

庭のさくに**トリョウ**をぬる。
着色やさびどめなどのために、物の表面にぬるもの

薬を一日二回**トフ**する。
薬やペンキなどをぬりつけること

塗料　塗布

穏
オン
おだ(やか)

問題の処置を**オンビン**に済ませる。
おだやかなこと。またその様子

故郷で**ヘイオン**なくらしを送る。
おだやかで、なにごともないこと。またその様子

穏便　平穏

魔
マ

彼女は**マショウ**の女と言われる。
人の心を惑わせるようなたち

アクマのゆうわくに打ち勝った。
人に災いをもたらし、惑わせるもの

魔性　悪魔

喫
キツ

駅前の**キッサ**店で待ち合わせる。
おちゃやコーヒーなどを飲むこと

二泊三日の旅行を**マンキツ**する。
心行くまで楽しんで、まんぞくすること

喫茶　満喫

啓
ケイ

国王が神の**ケイジ**を受ける。
神が教えしめす、人間には知りえない真理

手紙を、「**ハイケイ**」から書く。
手紙の最初に書くあいさつの言葉

啓示　拝啓

埋
マイ
う(める・まる・もれる)

石油の**マイゾウ**量を予測する。
天然資源などが地中にうまっていること

証拠の品が地中に**マイボツ**する。
うまっていて見えないこと

埋蔵　埋没

問一　傍線部の漢字の読みを答えなさい。

① 利尿作用のある飲み物。（りにょう）
② 昨日からなぜか不吉な予感がする。（ふきつ）
③ カメの緩慢な動きが可愛らしい。（かんまん）
④ 大陸を支配した騎馬民族。（きば）
⑤ 感情の赴くまま自由に振る舞う。（おもむ）
⑥ 木片に接着剤を塗布する。（とふ）
⑦ 穏便な解決方法を考える。（おんびん）
⑧ 石炭の埋蔵量には限りがある。（まいぞう）

問二　文中のカタカナを漢字に直しなさい。

① 子どもは**クッタク**がない。（屈託）
② **ジョウダン**を言って笑わせる。（冗談）
③ 年明けに**フクブクロ**を販売する。（福袋）
④ **チュウカ**料理の店を営む。（中華）
⑤ 事業計画の**ガイヨウ**を確認する。（概要）
⑥ 天使と**アクマ**を描いた絵画。（悪魔）
⑦ **キッサ**店でナポリタンを食べる。（喫茶）
⑧ 天からの**ケイジ**を受ける。（啓示）

問三　次は、W高等学校の生徒が転勤した先生に向けて送った手紙であるが、漢字の誤りが六か所ある。それらを指摘し、正しい字に改めなさい。

拝経

暑さも乾和されて参りました。盛岡先生におかれましては、お元気にお過ごしのことと存じます。

新しく符任された学校でのお仕事はいかがでしょうか。盛岡先生がW高校を転勤されることを知ったときはとても残念でしたが、勤め先が変わっても決して忘れないと言って下さったこと、とてもうれしかったです。先生の言葉のおかげで、私も高校生活を満吉し、自分自身の成長を実感できるような努力を重ねていきたいと思いながら過ごしています。

平温ながらも充実した毎日を送り、卒業するころには先生に詰報がお届けできれば幸いです。これからも、どうか見守っていて下さい。よろしくお願いいたします。

敬具

W高等学校二年八組　山口静香

盛岡由香子先生

P061 問三の解答：①摂取　②発酵　③西欧　④細胞　⑤長寿　⑥倣

遂
スイ / と(げる)

- 人命救助の任務を**スイコウ**する。（最後までやりとげること）
- 与えられた任務を**カンスイ**する。（すべてやりとげること）

遂行 / 完遂

岳
ガク / たけ

- **ガクフ**は長年教員を務めた。（妻の男親）
- 世界に名だたる**サンガク**地帯。（高く険しいやまが集まっているところ）

岳父 / 山岳

郭
カク

- **ジョウカク**を修復する。（しろを守るために設けた囲い）
- 顔の**リンカク**が似ている。（物の形を表す外側の線）

城郭 / 輪郭

豚
トン / ぶた

- **ヨウトン**で有名な地域。（にくなどを得るためにぶたを育てること）
- 店で**ブタニク**を買う。（食用のぶたのにく）

養豚 / 豚肉

隔
カク / へだ(てる・たる)

- 社会から**カクゼツ**される。（かけ離れていること）
- **エンカク**地に住む親せきに会う。（とおくはなれていること）

隔絶 / 遠隔

篤
トク

- 師範の**トクジツ**な人柄にひかれる。（情け深く真心がこもっていること。またその様子）
- 祖母が**キトク**だと知らせが入った。（病気やけがが重くて生命のあやういこと）

篤実 / 危篤

膨
ボウ / ふく(らむ・れる)

- **ボウダイ**な量の単語を覚える。（程度や量が非常におおきいこと。またその様子）
- 熱によって金属が**ボウチョウ**する。（物体の長さや体積が増えること）

膨大 / 膨張

幻
ゲン / まぼろし

- **ゲンソウ**的な風景を収めた写真。（現実から離れた、ゆめを見ているような様子）
- 主人公が**ムゲン**の世界に迷い込む。（ゆめとまぼろし）

幻想 / 夢幻

廉
レン

- 家電は**レンカ**版の性能で十分だ。（安い値段）
- 政治家には**セイレン**さを求める。（心がきよらかで私欲がないこと）

廉価 / 清廉

嬢
ジョウ

- **アイジョウ**が立派に育つ。（かわいがり大切にしている娘）
- あの女性は社長**レイジョウ**だ。（他者を敬って、その娘のことを言う語）

愛嬢 / 令嬢

翻
ホン / ひるがえ(る・す)

- 将来は**ホンヤク**家になりたい。（ある言語で書かれたものを、別の言語に直すこと）
- 退職を**ホンイ**するよう説得する。（一度決心したことをひるがえすこと）

翻訳 / 翻意

滅
メツ / ほろ(びる・ぼす)

- 国のために**メッシ**奉公する。（自分の利益や欲望をおさえてつくすこと）
- **カイメツ**的な被害を受けた地域。（すっかりこわれること。またその様子）

滅私 / 壊滅

虐
ギャク / しいた(げる)

- 動物**ギャクタイ**に反対する。（むごい扱いをすること）
- **ザンギャク**な場面から目を背ける。（殺し方や傷つけ方がひどくむごい様子）

虐待 / 残虐

錬
レン

- 実戦力を**レンセイ**する。（心身や技術をきたえて、立派なものにすること）
- 武道の**シュウレン**を積む。（人格や能力の向上のために心身をきたえること）

錬成(練) / 修錬(練)

衝
ショウ

- 小説の結末に**ショウゲキ**を受ける。（激しく心をゆさぶられること。激しい力）
- 交通の**ヨウショウ**として発達する。（交通上、産業上などで大切な地点）

衝撃 / 要衝

帝
テイ

- **テイコク**主義的な考え方をする。（こうていが治めるくに）
- **コウテイ**の即位を祝う。（くにの君主の称号）

帝国 / 皇帝

FINISH 33%

問一 傍線部の漢字の読みを答えなさい。

① 夏休みの学習計画を**完遂**する。（かんすい）
② **岳父**は博識でとても知的だ。（がくふ）
③ 家族で**養豚**業を営む。（ようとん）
④ **危篤**状態から一転、快方に向かう。（きとく）
⑤ 材料を**廉価**で大量に手に入れる。（れんか）
⑥ 動物の**虐待**を防止する。（ぎゃくたい）
⑦ 実戦に備え特殊部隊を**錬成**する。（れんせい）
⑧ 交通の**要衝**として栄える街。（ようしょう）

問二 文中のカタカナを漢字に直しなさい。

① 山の**リンカク**を描く。（輪郭）
② 機械を**エンカク**操作する。（遠隔）
③ 物質が熱で**ボウチョウ**する。（膨張）
④ **ゲンソウ**的な光景が広がっていた。（幻想）
⑤ 貴族の**レイジョウ**として育った。（令嬢）
⑥ 先輩の説得により**ホンイ**した。（翻意）
⑦ 敵軍を**カイメツ**させる作戦。（壊滅）
⑧ 広大な領土の**テイコク**を築いた。（帝国）

問三 次は、生徒が書いた自己アピール文である。傍線部①～⑤の漢字の読みをそれぞれ答えなさい。

私が高校生活の中で最も思い出に残っていることは、部活動を通しての経験です。

私は、三年間山岳部①に所属していました。登山競技は、安全に登山をするために必要な技術・体力・知識がどれほど身についているかが重要です。また、一人ではなく複数人で登山をするため、自身の責務を最後まで遂行②する責任感と、チームメイトを思いやる篤実③さが必要です。このような、集団生活を送るうえで必要な力を、部活動での修錬④を通して身につけることができました。

そして、部活動を通じていろいろな方と関わるうちに、たくさんの人同士が国境を越えたコミュニケーションを取るサポートができる翻訳⑤家になりたいという夢も持てました。

以上のことから、多くの学びを得られた部活動での経験は、私の高校生活の宝物です。

P063 問三の解答：経→啓　乾→緩　符→赴　吉→喫　温→穏　詰→吉（順不同）

裂
レツ / さ(く・ける)

事故にあい**レッショウ**を負う。
皮膚がさけて出来たきず

風船が**ハレツ**する。
内部からの圧力で物が割れたりはじけたりすること

裂傷　破裂

肝
カン / きも

カンジンの書類を忘れてしまった。
最も大切なこと

新記録に**ドギモ**を抜かれる。
「きも」を強めていう言葉

肝心　度肝

芳
ホウ / かんば(しい)

コーヒーの**ホウコウ**を感じる。
とてもよいかおり

ホウメイ帳を用意する。
相手のなまえを敬って言う語

芳香　芳名

苗
ビョウ / なえ / なわ

ビニールハウスで**イクビョウ**する。
なえをそだてること

春が来たら**ナワシロ**を作る。
稲の種をまいてなえをそだてる田

育苗　苗代

宴
エン

エンカイに親せき一同が集まった。
大勢の人が飲んだり食べたりして楽しむ集まり

結婚の**シュクエン**に招かれる。
いわうために開くうたげ

宴会　祝宴

棄
キ

けがをして競技を**キケン**する。
物事に対する自分のけんりを捨てて使わないこと

担当者が責任を**ホウキ**する。
投げ捨てて顧みないこと

棄権　放棄

封
フウ / ホウ

道路を**フウサ**して検問する。
出入りできないように閉じること

エースが**カンプウ**勝利を収めた。
野球で投手が最後まで敵に点を与えないこと

封鎖　完封

悦
エツ

美食の**エツラク**に浸る。
喜びたのしむこと

社長はいたくご**マンエツ**だ。
喜びに浸ってみたされること。またその様子

悦楽　満悦

暫
ザン

ザンジ休憩とする。
少しの間。しばらくの間

ザンテイ的に会長を務める。
正式に決まるまでの間、仮に決める様子

暫時　暫定

緊
キン

試験の前は**キンチョウ**する。
心や態度が引き締まること

キッキンの課題に取り組む。
差し迫って重要なこと

緊張　喫緊

濫
ラン

薬物の**ランヨウ**を防止する。
むやみやたらと使うこと

熱帯林の**ランバツ**が問題だ。
無計画に山林の樹木を切り倒すこと

濫用(乱)　濫伐(乱)

控
コウ / ひか(える)

さまざまな**コウジョ**を受ける。
金額などを差し引くこと

彼には**コウソ**する権利がある。
上級の裁判所に、裁判のやり直しを求めること

控除　控訴

冠
カン / かんむり

英作文で**カンシ**をつけ忘れた。
英語などの西洋言語で名詞の前につけて意味を加える語

人生最高の**エイカン**を手にする。
輝かしい成功などのほまれ

冠詞　栄冠

葬
ソウ / ほうむ(る)

雨の中長い**ソウレツ**ができた。
死んだ人を見送る人の連なり

本人の希望の通り**ミッソウ**にする。
身内だけでひそかにほうむること

葬列　密葬

炎
エン / ほのお

エンテン下での運動は避ける。
夏の燃えるように暑い空

酒を飲んで**キエン**を吐く。
意気込んで、威勢がいい言葉を言う

炎天　気炎

某
ボウ

三月**ボウジツ**に撮影した番組。
はっきりひづけを言わないときに使う語

都内**ボウショ**で会見する。
はっきりわからない場所や、ぼやかすときに使う語

某日　某所

FINISH
39%

問一 傍線部の漢字の読みを答えなさい。

① 彼の発想には毎回**度肝**を抜かれる。（どぎも）
② 飾られた花が**芳香**を放っていた。（ほうこう）
③ **苗代**で育てたなえを田植えする。（なわしろ）
④ **暫定**的に営業を再開する。（ざんてい）
⑤ 職権の**濫用**をしてはならない。（らんよう）
⑥ 王の**葬列**はゆっくりと進んだ。（そうれつ）
⑦ 決戦の前に**気炎**をあげる。（きえん）
⑧ 九州の**某所**で暮らす。（ぼうしょ）

問二 文中のカタカナを漢字に直しなさい。

① 何かが**ハレツ**した音が聞こえた。（破裂）
② 全国大会優勝の**シュクエン**を開く。（祝宴）
③ 相続の権利を**ホウキ**する。（放棄）
④ 政府は国境の**フウサ**を決定した。（封鎖）
⑤ 彼は勝利にご**マンエツ**だった。（満悦）
⑥ 人前で話すのは**キンチョウ**する。（緊張）
⑦ 判決を不服として**コウソ**する。（控訴）
⑧ 勝利の**エイカン**を手にする。（栄冠）

問三 次の学校新聞記事内の傍線部①～⑥のカタカナをそれぞれ漢字に直しなさい。

Y高校新聞

9月3日（月）
Y高新聞部

八月①ボウジツ、市内で開催された野球の公式試合で、我が校野球部がS高との準決勝に臨んだ。気温三十八度を超える②エンテン下での厳しい試合となったが、二年生のエース・桜井投手の③カンプウ勝利という最高の形で④エイカンを手にした。

復帰戦でチームワークを発揮

⑤キンチョウの面持ちでインタビューに答える投手・桜井くん（2年）

三月に肩を壊してから、治療に専念してきた桜井投手。試合を⑥キケンすることも頭をよぎったが、チームメイトに支えられて今回の結果を得られたと語った。

P065 問三の解答：①さんがく　②すいこう　③とくじつ　④しゅうれん　⑤ほんやく

掲
ケイ　かか(げる)

テスト範囲が**ケイジ**される。（人に伝えることを紙などに書いてはりだすこと）

ベッケイの資料を参照する。（べつのところにかかげること）

掲示　別掲

励
レイ　はげ(む・ます)

手洗いを**レイコウ**する。（規則や決めたことを努力しておこなうこと）

出場する選手を**ゲキレイ**する。（はげまし元気づけて、奮い立たせること）

励行　激励

哀
アイ　あわ(れ・れむ)

夫婦として**アイカン**を共にする。（かなしみとよろこび）

その様子に人生の**ヒアイ**を感じる。（しみじみかなしくあわれなこと）

哀歓　悲哀

匿
トク

トクメイの手紙が届いた。（自分のなまえを明らかにしないこと）

ヒトク情報が公表される。（人に知られないようひみつにしておくこと）

匿名　秘匿

菊
キク

キクバンの本が出版される。（紙や書籍の大きさの一つ）

なべに**シュンギク**を入れて食べる。（食用のキク科の一年草または二年草）

菊判　春菊

崩
ホウ　くず(れる・す)

爆弾で建物が**ホウカイ**した。（くずれてこわれること）

裏山のがけが**ホウラク**する。（くずれおちること）

崩壊　崩落

奪
ダツ　うば(う)

とりでを**ダッシュ**する。（うばいとること）

現金を**ゴウダツ**された事件。（暴力などにより、無理やりうばうこと）

奪取　強奪

姫
ひめ

かわいらしい**ヒメギミ**が生まれた。（身分の高い人の娘の敬称）

世界各国の**マイヒメ**の競演。（踊りを踊るじょせい）

姫君　舞姫

敢
カン

自転車での旅を**カンコウ**する。（むずかしいと知りながら思い切っておこなうこと）

強敵に**カカン**にチャレンジした。（思い切りよく積極的に物事をおこなう様子）

敢行　果敢

侍
ジ　さむらい

名のある貴族に仕える**ジジョ**。（身分の高い人の身の回りの世話をするおんなの人）

長年**ジジュウ**として仕える。（天皇などのそばに仕える人）

侍女　侍従

滞
タイ　とどこお(る)

ホテルに**タイザイ**して観光する。（よその土地へ出かけて行って、ある期間とどまること）

梅雨前線が**テイタイ**している。（物事が一か所にとどまって動かないこと）

滞在　停滞

墨
ボク　すみ

ボクジュウを筆に含ませる。（筆につけてすぐに使えるように作った黒い液）

先生が**ハクボク**で漢字を書いた。（チョーク）

墨汁　白墨

削
サク　けず(る)

表の一部を**サクジョ**する。（文章などの一部をけずってとりのぞくこと）

小論文を**テンサク**してもらう。（文章や答案をけずったり書き加えたりして直すこと）

削除　添削

飽
ホウ　あ(きる・かす)

現代は**ホウショク**の時代だ。（たべものに不自由せず、あきるほどたべられること）

都市の人口が**ホウワ**状態になる。（最大限までいっぱいになった状態のこと）

飽食　飽和

凝
ギョウ　こ(る・らす)

まばたきもせずに**ギョウシ**する。（目を見開いてじっと見つめること）

思いを**ギョウシュク**した言葉。（ばらばらとしたものをある一点に集中させること）

凝視　凝縮

乏
ボウ　とぼ(しい)

鉄分が**ケツボウ**する。（必要なものが不足すること）

ビンボウだが気楽な生活を送る。（収入や財産が少ないために生活が苦しいこと）

欠乏　貧乏

問一 傍線部の漢字の読みを答えなさい。

① 詳細は**別掲**の資料の通りだ。（べっけい）
② 早寝早起きを**励行**したため健康だ。（れいこう）
③ 人生の**哀歓**を表現する曲。（あいかん）
④ **春菊**は独特の香りと苦味がある。（しゅんぎく）
⑤ この山は**崩落**の危険がある。（ほうらく）
⑥ 銀行から現金を**強奪**した。（ごうだつ）
⑦ 女王に**侍女**として仕える。（じじょ）
⑧ **飽和**水蒸気量を計算で求める。（ほうわ）

問二 文中のカタカナを漢字に直しなさい。

① **トクメイ**で寄付をする。（匿名）
② 美しい**ヒメギミ**の衣装。（姫君）
③ 高い目標に**カカン**に挑戦する。（果敢）
④ フランスに十日間**タイザイ**した。（滞在）
⑤ **ボクジュウ**で書き初めをする。（墨汁）
⑥ **テンサク**された答案を返却する。（添削）
⑦ うまみが**ギョウシュク**したスープ。（凝縮）
⑧ 必要な物質が**ケツボウ**する。（欠乏）

問三 後の漢字群から似たような意味の漢字を二字ずつ組み合わせ、①〜⑧の意味を表す熟語を作りなさい。

① 調子よく進まず、手間取っている様子。
② 文章などの一部をけずり取ること。
③ 知らせるべき事柄を広く伝えるため、人の目につくところにかかげること。
④ 建物や組織がこわれて、そのものとしての機能が失われること。
⑤ 相手のものを無理にでも自分のものにすること。
⑥ 他者に知られないように隠しておくこと。
⑦ しみじみとしたかなしさ。
⑧ 経済的なゆとりがなく、生活が苦しいこと。

【漢字群】

哀	停
壊	匿
掲	取
削	悲
示	秘
除	貧
滞	崩
奪	乏

P067 問三の解答：①某日　②炎天　③完封　④栄冠　⑤緊張　⑥棄権

妨
ボウ
さまた(げる)

営業**ボウガイ**を訴える。
ものごとのじゃまをして困らせること

進行を**サマタ**げる原因になる。
ものごとのじゃまをする

妨害　妨

繕
ゼン
つくろ(う)

家具を**シュウゼン**して大切に使う。
壊れたところをつくろい直すこと

上着の糸のほつれを**ツクロ**う。
破れや壊れを直す。または人前で体裁を良くする

修繕　繕

請
セイ
シン
こ(う)
う(ける)

立て替えた代金を**セイキュウ**する。
正当な権利として、相手に一定の行為をもとめること

老後に備えて家を**フシン**した。
家や橋などの建造物を作ったり、修理したりすること

請求　普請

誘
ユウ
さそ(う)

甘いものの**ユウワク**に負ける。
人の心を迷わせ、良くないことにさそいこむこと

新入部員を**カンユウ**する。
あることをするように、すすめさそうこと

誘惑　勧誘

辛
シン
から(い)

戦後の生活で**シンサン**をなめた。
つらく苦しいことやその経験

ライバルに**シンショウ**した。
競技などで、苦労の末かろうじてかつこと

辛酸　辛勝

斗
ト

その詩人は**トシュ**百篇(べん)と評された。
大量のさけ

ホクトに向かって進路をとる。
ほくと七星

斗酒　北斗

債
サイ

サイム超過の状態になっている。
金銭などを借りた人が貸した人に返すぎむ

貯えの一部で**コクサイ**を買う。
くにが歳入の不足を補うために発行する有価証券

債務　国債

慨
ガイ

最近の風潮を**ガイタン**する。
ひどく腹を立ててなげくこと

友達との再会は**カンガイ**深い。
深く身に染みてかんじること

慨嘆　感慨

牲
セイ

大きな**ギセイ**を払う。
自身の意志にかかわらず、災害などで被害にあうこと

犠牲

鶏
ケイ
にわとり

夜が明けて**ケイメイ**が聞こえる。
にわとりがなくこと。明け方

おじが**ヨウケイ**を営んでいる。
肉や卵を取るために、にわとりを飼育すること

鶏鳴　養鶏

顧
コ
かえり(みる)

コキャク管理は大切な仕事だ。
店などをひいきにしてくれる利用者

子ども時代を**カイコ**する。
過ぎ去った出来事を振り返ること

顧客　回顧

慕
ボ
した(う)

先輩に**ボジョウ**を抱く。
恋いしたう気持ち

亡き母への**シボ**の念がつのる。
なつかしくおもいしたうこと。恋しく思うこと

慕情　思慕

惜
セキ
お(しい・しむ)

卒業式で**セキベツ**の涙をながす。
わかれをおしむこと

子犬に**アイセキ**の情がわく。
人やものをあいして大切にすること

惜別　愛惜

漏
ロウ
も(る・れる・らす)

ロウスイしたところを直す。
みずがもれること

万事**イロウ**のないように準備する。
必要なことが抜け落ちること

漏水　遺漏

凍
トウ
こお(る)
こご(える)

路面が**トウケツ**していて危ない。
こおりつくこと

牛肉を**カイトウ**して料理する。
こおっているものをとかすこと

凍結　解凍

胎
タイ

タイナイに宿るいのち。
赤ちゃんがいる女性のおなかの中

ボタイへの影響が心配される。
おなかの中に赤ちゃんがいる女性のおなかの中

胎内　母胎

FINISH
50%

問一 傍線部の漢字の読みを答えなさい。

① **国債**を発行して公共事業を行う。（こくさい）
② 努力が実って**感慨**深い気持ちだ。（かんがい）
③ 母の故郷では**養鶏**業が盛んだ。（ようけい）
④ 開業以来の歴史を**回顧**する。（かいこ）
⑤ 離れた恋人に**思慕**の念を抱く。（しぼ）
⑥ **惜別**の情をこめてあいさつした。（せきべつ）
⑦ **遺漏**なく対応を進める。（いろう）
⑧ 当時私は母の**胎内**にいた。（たいない）

問二 文中のカタカナを漢字に直しなさい。

① 会議の進行を**ボウガイ**する。（妨害）
② くつ下のほころびを**ツクロ**う。（繕）
③ 商品代金の**セイキュウ**書を送る。（請求）
④ 新入生を部活に**カンユウ**する。（勧誘）
⑤ 強豪校との試合に**シンショウ**した。（辛勝）
⑥ 冬の夜空に**ホクト**七星が輝く。（北斗）
⑦ 成功のため多くを**ギセイ**にした。（犠牲）
⑧ 刺身用エビを流水**カイトウ**する。（解凍）

問三 次の建設会社の広告中にある傍線部①〜⑤のカタカナをそれぞれ漢字に直しなさい。

コキャク満足度 ①
No.1!
お家のことならなんでも
お気軽にご相談下さい
有限会社安心建設
TEL／00-0000-0000
屋根のフシン ②
外壁のシュウゼン ③
カーポートの新設
水道管のトウケツ ④
台所、洗面所のロウスイ ⑤
内装：
フローリングに
変えたい

P069 問三の解答：①停滞　②削除　③掲示　④崩壊　⑤奪取　⑥秘匿　⑦悲哀　⑧貧乏

揺
ヨウ
ゆ(れる・る・らぐ・るぐ・する・さぶる・すぶる)

- ささいなことに**ドウヨウ**する。（心や気持ちがゆれうごくこと）
- 進路について心が**ユ**れる。（不安定になる）

動揺　揺

峡
キョウ

- **キョウコク**にかかる鉄橋。（幅の狭い、ふかく険しいたに）
- **カイキョウ**でうず潮を見る。（陸地にはさまれた狭いうみ）

峡谷　海峡

没
ボツ

- **ボツラク**した貴族の館。（それまで栄えていたものが衰えること）
- **チンボツ**した船を引き上げる。（船などが水中にしずむこと）

没落　沈没

喚
カン

- 保護者に注意を**カンキ**する。（呼びおこすこと）
- 裁判所が証人を**ショウカン**する。（人を呼び出すこと）

喚起　召喚

墳
フン

- 公園内に**フンキュウ**がある。（墓にするため、土や石を盛り上げてつくったおか）
- **コフン**からの出土品を展示する。（土を盛り上げておかのように造った昔の墓）

墳丘　古墳

滝
たき

- 川が**タキグチ**に差しかかる。（たきが落ち始めるところ）
- 美しい**シラタキ**を観光する。（しろい布を垂らしたように水が流れ落ちるたき）

滝口　白滝

湿
シツ
しめ(る・す)

- **シツゲン**に咲くミズバショウ。（じめじめとして水分がおおい草げん）
- 日本の夏は高温**タシツ**だ。（しめり気がおおいこと。またその様子）

湿原　多湿

帆
ハン
ほ

- **ハンセン**の模型を飾る。（ほに風を受けて進むふね）
- 汽笛を鳴らして**シュッパン**する。（ふねが港をでること）

帆船　出帆

瀬
せ

- 船で**セト**を渡る。（向かい合った陸地の間の特に狭いうみ）
- **アサセ**で潮干狩りをする。（川やうみのあさいところ）

瀬戸　浅瀬

畔
ハン

- **カハン**に立って流れを見つめる。（かわのほとり）
- **コハン**の宿に泊まる。（みずうみのほとり）

河畔　湖畔

穂
スイ
ほ

- **シュッスイ**期のイネを管理する。（イネやムギなどのほがでること）
- 黄金色の**イナホ**が垂れるたんぼ。（イネのほ）

出穂　稲穂

卓
タク

- **タクエツ**した才能に舌を巻く。（他よりもずばぬけてすぐれていること）
- ノートを集めて**キョウタク**に置く。（授業のときに教師が使う机）

卓越　教卓

陵
リョウ
みささぎ

- **リョウボ**を訪ね歩く。（天皇、皇后および皇族を葬るところ）
- **キュウリョウ**地帯に出かける。（あまり高くない山）

陵墓　丘陵

憩
ケイ
いこ(う)
いこ(い)

- このあとに**キュウケイ**がある。（しごとや運動の合間にやすむこと）
- **ショウケイ**して疲れを取る。（すこしの間やすむこと）

休憩　小憩(少)

邪
ジャ

- **ジャネン**を払って勉強する。（ゆがんだよこしまな考え）
- 子どもの**ムジャキ**な笑顔。（あどけなく、かわいらしいこと。またその様子）

邪念　無邪気

碑
ヒ

- **ヒブン**からかつての様子を知る。（せきひに彫りつけたぶんしょう）
- 公園に**セキヒ**が建てられた。（業績やできごとを記念するいし）

碑文　石碑

FINISH
56%

問一

傍線部の漢字の読みを答えなさい。

① **海峡**を船で横断する。（かいきょう）
② 山道のコースに**白滝**がある。（しらたき）
③ 大型の**帆船**が港を出た。（はんせん）
④ **河畔**に建つレストラン。（かはん）
⑤ 父は**卓越**した技術を持つ職人だ。（たくえつ）
⑥ 途中で**小憩**をはさむ予定だ。（しょうけい）
⑦ **無邪気**な質問に困惑した。（むじゃき）
⑧ **碑文**に残された地域の歴史。（ひぶん）

問二

文中のカタカナを漢字に直しなさい。

① 突然の知らせに**ドウヨウ**した。（動揺）
② かつての名家が**ボツラク**する。（没落）
③ 住民へ注意を**カンキ**する。（喚起）
④ **コフン**の発掘調査を進める。（古墳）
⑤ 高温**タシツ**の環境を好む植物。（多湿）
⑥ **セト**大橋は本州と四国を結ぶ。（瀬戸）
⑦ 秋になって**イナホ**が実る。（稲穂）
⑧ なだらかな**キュウリョウ**地帯。（丘陵）

問三

次は、ある観光地の案内リーフレットである。傍線部①〜⑥のカタカナを漢字に直しなさい。

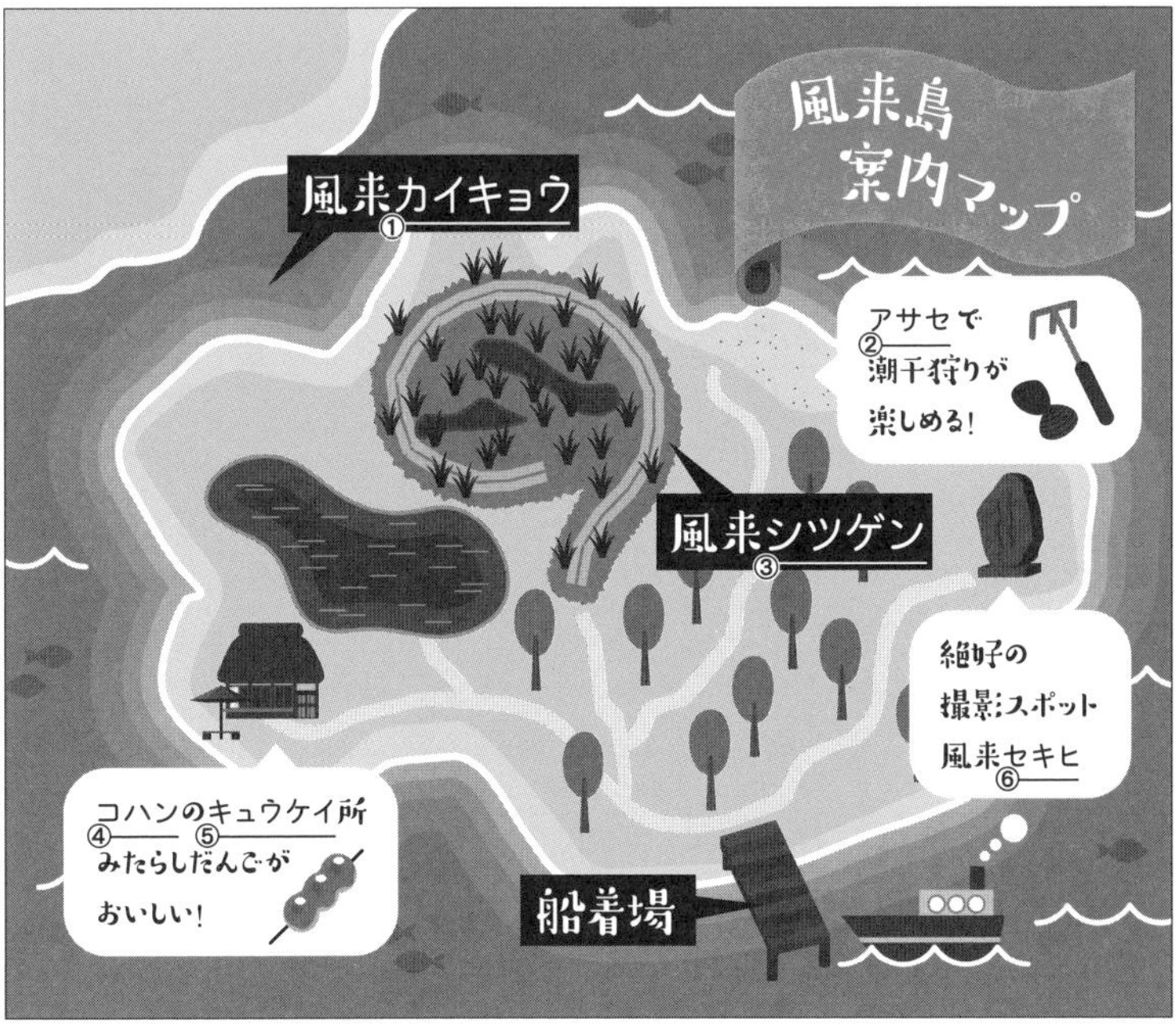

P071 問三の解答：①顧客　②普請　③修繕　④凍結　⑤漏水

3級漢字演習問題①

問 次の文章中の傍線部と同じ漢字を用いるものを、後の選択肢から選びなさい。

1

全六章のうち、前半三章は賛吉の宿での怪異体験で、いずれも後半のフクセンになっている。

〈安藤宏『「私」をつくる 近代小説の試み』〉

① フクスイ盆に返らず。
② フクシキ呼吸は健康に良い。
③ ホウフクしても意味がない。
④ キフクの激しい道を歩く。

④・伏線 P54

覆水 腹式 報復 起伏

2

夜明けとともに東の空に昇った太陽は、ゆるやかにエンコを描きながら南中し、やがて夕方には光を弱めて西の地平線に沈んでいく。

〈野家啓一「科学哲学への招待」〉

① 過度にコチョウされた広告。
② 屋根がコジョウの珍しい家。
③ パレードでタイコをたたく。
④ 犯人を示す動かぬショウコ。

②・円弧 P56

誇張 弧状 太鼓 証拠

3

「文章のよき書き手」には、受容主体や表現対象との距離をシンシュクさせる精神の柔軟さが必要である。

〈中村明「日本語の美――書くヒント――」〉

① シンタンを用いて暖を取る。
② 暴風雨でシンスイする。
③ 試合前にクッシンをする。
④ 昔は大分シンサンをなめた。

③・伸縮 P58

薪炭 浸水 屈伸 辛酸

4

ひとはたがいにモホウしあいながら欲望を形成するのである。

〈鷲田清一「だれのための仕事 労働vs余暇を超えて」〉

① 赤ちゃんをイダく聖母の絵。
② 姉にナラって早起きをする。
③ まばゆい光をハナつ宝石。
④ ユタかな自然の恩恵を受ける。

②・模倣 P60

抱 倣 放 豊

5

手術時間が短いのは中山先生の特技だそうで、二時間と言われたのは先生のジョウダンだったのかもしれない。

〈長谷川洋子「サザエさんの東京物語」〉

① ジョウチョウな説明文。
② ジョウシキ外れな発言。
③ 彼女は社長レイジョウだ。
④ 努めてキジョウに振る舞う。

①・冗談 P62

冗長 常識 令嬢 気丈

6

深刻な反省と根本からの再検討がスイコウされつつあったのだ。

〈鹿島徹『可能性としての歴史』〉

① 暴動計画はミスイに終わった。
② 名誉市民候補にスイキョする。
③ 病気で身体がスイジャクする。
④ 姉はスイソウ楽部に入部した。

① ・遂行 P64

未遂 推挙 衰弱 吹奏

7

一度も打って出て敵にまみえることなく、塵（ちり）にまみれ汗を流して後不滅のエイカンが勝ち得られる競争裡（り）から、こそこそ逃げ隠れるような、訓練されず、鍛錬されぬ、退嬰（えい）的・逃避的な美徳を、わたしは讃（たた）えることができない。

〈猪木武徳「経済学に何ができるか」〉

① カンキュウのあるメロディ。
② 中心街をカンツウする鉄道。
③ 演奏にカンタンの声をもらす。
④ カンシは日本語にはない。

④ ・栄冠 P66

緩急 貫通 感嘆 冠詞

8

たとえばアメリカを中心に展開されている、サイバー攻撃をするトクメイ集団「アノニマス」などに代表されるハクティビズムという運動があります。

〈宇野常寛『日本文化の論点』〉

① 説明を聞いてナットクする。
② 個人情報をヒトクする。
③ 彼はトクギ心のあつい人だ。
④ ドクトクな言い回しの小説。

② ・匿名 P68

納得 秘匿 徳義 独特

9

パリのような、ある瞬間の時間が保存トウケツされてしまったような街は、確かに美しいし羨ましい。

〈千葉学「人の集まり方をデザインする」〉

① カイトウ用紙に記名する。
② カイトウからの予告状。
③ 夕食のカレーをカイトウする。
④ 彼のカイトウで野球部が勝った。

③ ・凍結 P70

解答 怪盗 解凍 快投

10

ガソリン・カアはドウヨウ激しく、草に埋れたレエルを手繰り寄せるように走って行った。

〈上林暁「花の精」〉

① 木の葉がヨウラクする。
② 母の影響でカヨウ曲を聴く。
③ 日本ブヨウを習う。
④ 事件のゼンヨウが明らかになる。

① ・動揺 P72

揺落 歌謡 舞踊 全容

漢字				
悟	ゴ / さと(る)	**カクゴ**を決めて修行する。	困難を予想して心構えをすること	覚悟
		親が子を思う気持ちの深さを**サト**る。	はっきりと分かる。真理を会得した境地に達する	悟
措	ソ	落ち着いて適切な**ソチ**を取る。	事態にあわせてうまく取り計らうこと	措置
		突然の事態に**キョソ**を失う。	日常の動作における身のこなし。立ち居振る舞い	挙措
絞	コウ / しぼ(る) / し(める・まる)	**コウシュ**台にあがる。	くびをしめてころすこと	絞首
		被害者は**コウサツ**された。	くびをしめてころすこと	絞殺
陪	バイ	**バイシン**員として裁判に出る。	裁判に一般市民から選ばれた人が参加すること	陪審
随	ズイ	日本**ズイイチ**の腕前の職人。	多くあるものの中で最もすぐれていること	随一
		計画変更に**フズイ**する問題。	主体となる物事と密接に結びついていること	付随
賢	ケン / かしこ(い)	**ケンジャ**の知恵を語り継ぐ。	ものごとの道理に通じたかしこい人	賢者
		センケンの教えをひもとく。	昔の、道理をよく知っているかしこい人	先賢
諮	シ / はか(る)	行政の**シモン**機関を立ち上げる。	専門家や機関などに意見を求めること	諮問
		予算案を会議に**ハカ**る。	人に意見を求め、よしあしの見当をつける	諮
桑	ソウ / くわ	目の前には**ソウエン**が広がる。	くわを植えたはたけ	桑園
		クワバタケを示す地図記号。	くわを育てている土地	桑畑
斤	キン	紙の厚さは**キンリョウ**で表す。	はかりではかったものの重さ	斤量
		食パンを**イッキン**買う。	食パンの単位。三五〇～四〇〇グラム	一斤
擁	ヨウ	彼の発言を**ヨウゴ**する立場をとる。	かばって守ること	擁護
		再会を喜んで**ホウヨウ**する。	愛情や親しみを持ってだきしめること	抱擁
賊	ゾク	王が**ゾクシン**のわなにはまる。	主人にそむく家来	賊臣
		カイゾクが多く出る場所。	うみを往来する船を襲って金品を奪う悪者	海賊
畜	チク	**チクサン**のうかの手伝いをする。	動物を飼育して、肉や皮などをせいさんすること	畜産
		牛や馬は代表的な**カチク**だ。	人が利用するために飼われている動物	家畜
施	シ / セ / ほどこ(す)	自治体が**シサク**を打つ。	ある事柄に対処するためにほどこすべき計画	施策
		キャンペーンを**ジッシ**する。	計画や予定されていたことを本当に行うこと	実施
潤	ジュン / うるお(う・す) / うる(む)	**ジュンタク**な資源を持つ国。	物やお金などが豊富にあること。またその様子	潤沢
		シツジュンな土地に育つ植物。	しめり気が多いこと。またその様子	湿潤
郊	コウ	**コウガイ**にある住宅地に住む。	都市や市街地に隣接した地域	郊外
		都市**キンコウ**の自然を守る。	都市にちかい地域	近郊
魂	コン / たましい	何か**コンタン**があるかもしれない。	隠し持っているたくらみ	魂胆
		一球**ニュウコン**の姿勢で臨む。	精神力や熱意を注ぎ込むこと	入魂

FINISH

61%

問一

傍線部の漢字の読みを答えなさい。

① **絞殺**の疑いで捕らえられる。（こうさつ）
② **陪審**員が無罪の評決を下した。（ばいしん）
③ 人事異動に**付随**する雑務をこなす。（ふずい）
④ **諮問**委員会に意見を求める。（しもん）
⑤ この辺りは昔**桑園**だったそうだ。（そうえん）
⑥ 批判的意見を述べた人を**擁護**する。（ようご）
⑦ 手元の資金は**潤沢**に用意した。（じゅんたく）
⑧ 行動の裏に隠された**魂胆**。（こんたん）

問二

文中のカタカナを漢字に直しなさい。

① 決死の**カクゴ**で難題に取り組む。（覚悟）
② 緊急時の**ソチ**として認められる。（措置）
③ 悩みがあれば**センケン**に学ぼう。（先賢）
④ **イッキン**の食パンを切り分ける。（一斤）
⑤ **カイゾク**の被害が続出している。（海賊）
⑥ 牛は**カチク**として飼育される。（家畜）
⑦ かねてからの計画を**ジッシ**する。（実施）
⑧ **コウガイ**に広がる住宅地。（郊外）

問三

次は、D班が作成したプレゼンテーション資料である。発表資料中の傍線部①～⑤のカタカナを漢字に直しなさい。

〈八王子市の農業について〉

■ 八王子市の農業の特徴まとめ

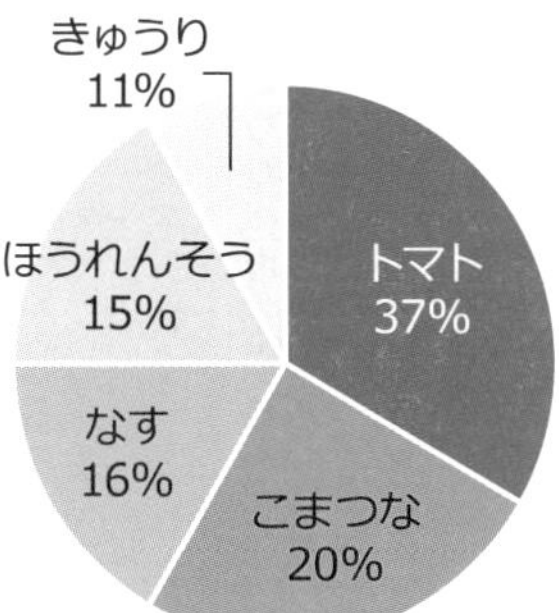

農作物別産出額
（平成 27 年度）
「平成28年 第3次八王子市農業振興計画」より

八王子市では、シツジュン①な気候を生かした農業が展開されている。また、大都市キンコウ②の立地であることの重要性に着目したシサク③を展開しており、農業生産高は関東ズイイチ④を誇る。また、グラフでは野菜の産出額が多くを占めるが、かつては養蚕業も盛んであり、クワバタケ⑤が広がっていた。

P073 問三の解答：①海峡　②浅瀬　③湿原　④湖畔　⑤休憩　⑥石碑

搾
サク / しぼ(る)

労働者が**サクシュ**される。
しぼりとること

ブドウを**アッサク**する。
つぶしてしぼること

搾取 / 圧搾

該
ガイ

文学の**ガイハク**な知識を持つ人。
広くものごとを知っていること。またその様子

トウガイの資料を参照する。
それに直接関係するものやこと

該博 / 当該

婆
バ

となり村まで**サンバ**を迎えに行く。
しゅっさんの手伝いをする女性。助さん婦の古い言い方

突然現れた**ロウバ**の姿に驚く。
年をとった女性

産婆 / 老婆

娯
ゴ

大規模な**ゴラク**施設が完成する。
人をたのしませること

娯楽

恨
コン / うら(む・めしい)

けんかの**イコン**は残さない主義だ。
いつまでも残る忘れられないうらみ

寝坊したのは**ツウコン**の極みだ。
ひどく残念におもうこと

遺恨 / 痛恨

慈
ジ / いつく(しむ)

ジアイに満ちた表情。
いつくしみかわいがること

ジンジの心をもって人に接する。
なさけ深く、思いやりがあること

慈愛 / 仁慈

募
ボ / つの(る)

読書週間の標語を**ボシュウ**する。
人や作品などをつのること

新人賞に**オウボ**する。
人や作品などをつのっているところに申し込むこと

募集 / 応募

糧
リョウ / ロウ / かて

リョウショクを全員に配付する。
貯蔵または持参したたべ物

敵を**ヒョウロウ**攻めにする。
戦時中の軍隊のたべ物

糧食 / 兵糧

雇
コ / やと(う)

あえて未経験者を**コヨウ**する。
人をやとうこと。

職務怠慢で**カイコ**される。
やとい主が、やとっていた人を辞めさせること

雇用 / 解雇

硬
コウ / かた(い)

コウヒツで文字を書く。
ふでに対して、ペンやえんぴつなど先の固いひっ記用具

キョウコウな態度を崩さない。
自分の考えをつよく主張して曲げない様子

硬筆 / 強硬

遇
グウ

タイグウのよい仕事を探す。
やとい主の、勤務者への取り扱い

恵まれない**キョウグウ**の老人。
その人が置かれた立場やかんきょう。身の上

待遇 / 境遇

契
ケイ / ちぎ(る)

アパートを賃貸**ケイヤク**する。
(法律に基づいて)やくそくすること

彼との出会いを**ケイキ**に改心した。
根拠や要因となる本質的な要素。きっかけ

契約 / 契機

塊
カイ / かたまり

カイジョウの物質を掘り出す。
物質がかたまりになっている形

私の祖父母は**ダンカイ**の世代だ。
かたまり

塊状 / 団塊

掃
ソウ / は(く)

教室をていねいに**ソウジ**する。
汚れやごみをとってきれいにすること

住民の不安を**イッソウ**する。
残らず払い去ること

掃除 / 一掃

晶
ショウ

きれいな**スイショウ**を鑑賞する。
六角柱状に、結しょうの形がはっきりした石英

エキショウテレビを買う。
分子が結しょうのように配列したえき体

水晶 / 液晶

藩
ハン

先代の**ハンシュ**にも仕えた人物。
はんのりょうしゅ。大名のこと

徳川御三家は**シンパン**の大名だ。
江戸時代、将軍のしん族で大名になった者

藩主 / 親藩

問一 傍線部の漢字の読みを答えなさい。

① ごまを圧搾してごま油を作る。（あっさく）
② 植物について該博な知識を持つ。（がいはく）
③ 当時、映画は娯楽の王様であった。（ごらく）
④ ついに味方の兵糧が尽きた。（ひょうろう）
⑤ 強硬に自説を主張する。（きょうこう）
⑥ 団塊の世代は人口が多い。（だんかい）
⑦ 安売りで在庫を一掃する。（いっそう）
⑧ 歴代藩主の中でも名君とされる。（はんしゅ）

問二 文中のカタカナを漢字に直しなさい。

① 街角に一人のロウバが立っていた。（老婆）
② 今回の失敗はツウコンの極みだ。（痛恨）
③ ジアイに満ちたまなざし。（慈愛）
④ 新人文学賞にオウボ原稿を送る。（応募）
⑤ 会社の従業員をカイコする。（解雇）
⑥ 自らのキョウグウについて語る。（境遇）
⑦ 失敗をケイキに大きく成長する。（契機）
⑧ エキショウ画面で動画を見る。（液晶）

問三 次は、社員の採用を予定している企業の求人票の一部である。書類中の傍線部①〜⑤のカタカナをそれぞれ漢字に直しなさい。

求人票

会社名	株式会社グッドラック	業種	サービス

要項	①コヨウ形態	正社員 ②ケイヤク期間の定めなし
	仕事内容	スポーツジムのパーソナルトレーナー
	③オウボ資格	未経験歓迎 明るく健康な方
④タイグウ	就業場所	本社（埼玉県さいたま市浦和区）
	就業時間	シフト制（7:00～24:00の間で8時間）
	休日・休暇	シフト制
	給与・賞与	月給190,000円〜 ※交通費全額支給 各種補助あり 賞与年2回

希望者は、⑤トウガイ事項を確認の上本社まで書類を送付してください。

P077 問三の解答：①湿潤 ②近郊 ③施策 ④随一 ⑤桑畑

双
ソウ / ふた

国内では**ムソウ**の強さを誇る。（並ぶものがないほどすぐれていること）

私の学校には**フタゴ**が三組いる。（同じ母親から、一度の出産で生まれた二人のこども）

無双 / 双子

審
シン

試合で**シンパン**をする。（競技で優劣や勝敗を決めること）

弟の行動に**フシン**な点がある。（はっきりしなくて疑わしいこと。またその様子）

審判 / 不審

又
また

マタギきの話は信じない。（話をきいた人からさらにきき知ること）

又聞

伐
バツ

大木を**バッサイ**する。（木などを切り倒すこと）

桃太郎は鬼の**セイバツ**にでかける。（敵や服従しない者を攻めうつこと）

伐採 / 征伐

壇
ダン / タン

ダンジョウから皆を見渡す。（演説したり教えたりするための少し高い所）

講師の先生が**トウダン**する。（少し高い場所にあがること）

壇上 / 登壇

炊
スイ / た(く)

スイハン器のスイッチを入れる。（ごはんをたくこと）

鍋の最後に**ゾウスイ**を食べる。（ごはんに野菜などの具をいれてかゆのように煮たもの）

炊飯 / 雑炊

諾
ダク

申し入れの**ダクヒ**を問う。（聞き入れるか聞き入れないかということ）

親に合宿参加の**ショウダク**を得る。（相手の意見や要望を聞き入れること）

諾否 / 承諾

鎮
チン / しず(める・まる)

チンコンの碑を建てる。（死者のたましいを慰めしずめること）

財界の**ジュウチン**と言われる人。（その方面で非常におもんじられる人）

鎮魂 / 重鎮

潜
セン / ひそ(む) / もぐ(る)

センスイして海底を調査する。（みずにもぐること）

交響曲の制作に**チンセン**する。（ものごとに深く打ち込むこと）

潜水 / 沈潜

孔
コウ

植物は**キコウ**を通して呼吸する。（植物にある、呼吸したり水分を出したりする小さな穴）

甘い香りが**ビコウ**をくすぐる。（はなの穴）

気孔 / 鼻孔

厘
リン

明治時代の**イチリン**銅貨。（いち円の千分のいち。長さの単位で〇・三ミリメートル）

シチリンでサンマを焼く。（煮炊きをするための土製のこんろ）

一厘 / 七厘

霊
レイ / リョウ / たま

レイカンの強い友達がいる。（れい的なものをかんじ取る力）

アクリョウがでてくる映画。（人間に害を及ぼすもののけ）

霊感 / 悪霊

甲
コウ / カン

二人の実力は**コウオツ**つけがたい。（二つのものの優劣）

カンパンに出て海をながめる。（ふねの上部にある平らで広い床）

甲乙 / 甲板

鯨
ゲイ / くじら

ゲイユからせっけんを作る。（クジラから採ったあぶら）

ホゲイに反対する国もある。（クジラをつかまえること）

鯨油 / 捕鯨

簿
ボ

ボキの資格取得をめざす。（会社などの経済活動の結果を一定の形式で書く方法）

出席者の**メイボ**を作る。（関係者のなまえなどを列記したもの）

簿記 / 名簿

癖
ヘキ / くせ

夜ふかしの**アクヘキ**を改める。（わるいくせやよくない習慣）

登校前に**ネグセ**を直す。（眠っている間に髪の毛についたくせ）

悪癖 / 寝癖

問一 傍線部の漢字の読みを答えなさい。

① 家来を従え鬼の征伐に乗り出す。（せいばつ）
② 壇上に上がりスピーチをする。（だんじょう）
③ 卵を入れた雑炊を食べて温まる。（ぞうすい）
④ 死者に鎮魂の祈りをささげる。（ちんこん）
⑤ 鼻孔を膨らませて怒る。（びこう）
⑥ 寸法に一分一厘の狂いもない。（いちりん）
⑦ 不安につけ込む霊感商法の手口。（れいかん）
⑧ 昔から捕鯨の町として知られる。（ほげい）

問二 文中のカタカナを漢字に直しなさい。

① **フタゴ**の赤ちゃんが生まれた。（双子）
② **シンパン**が試合終了を告げた。（審判）
③ **マタギ**きだから事実か分からない。（又聞）
④ 番組出演の**ショウダク**を得る。（承諾）
⑤ 海に**センスイ**して漁をする。（潜水）
⑥ 船の**カンパン**に多くの人がいた。（甲板）
⑦ クラス**メイボ**から名前を見つける。（名簿）
⑧ **ネグセ**がなかなか直らない。（寝癖）

問三 次の漢字を使って、（a）～（e）に示した構成の熟語を二つずつ作りなさい。

乙 否 油 甲 鯨 潜 炊 審 諾 双 征 沈 壇 伐 登 飯 無 不 悪 霊

（a） 同じような意味の漢字を重ねたもの
□□　□□

（b） 反対または対応する意味の漢字を重ねたもの
□□　□□

（c） 上の字が下の字を修飾しているもの
□□　□□

（d） 下の字が上の字の目的語・補語になっているもの
□□　□□

（e） 上の字が下の字の意味を打ち消しているもの
□□　□□

P079 問三の解答：①雇用　②契約　③応募　④待遇　⑤当該

掌
ショウ

民衆の心を**ショウアク**する。
自分のものとして思い通りにすること

食事の前に**ガッショウ**する。
手のひらをあわせて拝むこと

掌握　合掌

伴
ハン
バン
ともな(う)

保護者**ドウハン**で説明会に行く。
いっしょに連れだつこと

クラスの合唱の**バンソウ**をする。
主要となる声楽や器楽を引き立てる演そう

同伴　伴奏

胆
タン

予選敗退の知らせに**ラクタン**する。
がっかりすること

勝つために**ダイタン**な作戦に出る。
度胸があって思い切りのよいこと。またその様子

落胆　大胆

漂
ヒョウ
ただよ(う)

ヒョウリュウ中の船を発見する。
船などが海上をただよいながれること

毎日、ふきんを**ヒョウハク**する。
色のついたものを水や薬にさらしてしろくすること

漂流　漂白

粗
ソ
あら(い)

ソザツな扱いを受ける。
いいかげんでざつなこと。またその様子

映画の**アラスジ**を紹介する。
小説や劇などのおおざっぱな内容

粗雑　粗筋

符
フ

証言と現場の状況が**フゴウ**する。
二つ以上のものがぴったりとあうこと

オンプが五線紙の上に並ぶ。
一つ一つのおとを表す記号

符合　音符

酔
スイ
よ(う)

スイキョウが過ぎるとしかられる。
好んで人と変わった行動をとること

クラシック音楽に**シンスイ**する。
あるものごとにこころをうばわれて夢中になること

酔狂　心酔

邦
ホウ

多数の**ホウジン**が海外に居住する。
自分の国のひと。外国にいる日本じん

ロシア**レンポウ**の成立。
複数の国などが一つの主権のもとに統合した国家

邦人　連邦

髄
ズイ

武芸の**シンズイ**を極める。
そのものの最も大事なことがら

科学の**セイズイ**を集める。
ものごとの本質の部分

真髄　精髄

粘
ネン
ねば(る)

ネンチャク力の強いシールをはる。
ねばりつくこと

ネンドをこねてろくろに載せる。
焼き物などを作る、ねばりけのあるきめの細かいつち

粘着　粘土

憂
ユウ
うれ(える・い)
う(い)

今後のことを**ユウリョ**する。
なげき心配すること

心の底に**シンユウ**を抱える。
大きなうれいや悩み

憂慮　深憂

孤
コ

コドクな身の上を明かす。
頼るところがなく、ひとりぼっちである様子

その作家は**ココウ**の人だった。
人を寄せつけず、自分のたかい理想を保つこと

孤独　孤高

魅
ミ

商品の**ミリョク**を説明する。
人のこころをひきつけるようなちから

観客を**ミリョウ**する歌声。
人のこころをひきつけて夢中にさせること

魅力　魅了

如
ジョ
ニョ

情景が**ヤクジョ**として描かれた絵。
いきいきとしている様子

愛情が**ニョジツ**に表れている。
じっさいの通り。あるがままであること

躍如　如実

殴
オウ
なぐ(る)

顔面を**オウダ**される。
こぶしや物でひどく強くうつこと

サンドバッグを**ナグ**る。
こぶしや物で強くうつ

殴打　殴

締
テイ
し(まる・める)

今年**テイケツ**された協定。
条約や協定をむすぶこと

外国と同盟を**テイヤク**する。
取り決めをかわすこと

締結　締約

FINISH
78%

問一 傍線部の漢字の読みを答えなさい。

① **粗雑**に使っていたカバンが壊れた。（　そざつ　）
② 彼女の話は事実と**符合**する。（　ふごう　）
③ 海外での**邦人**の安全をはかる。（　ほうじん　）
④ 日本文化の**精髄**を極める。（　せいずい　）
⑤ 武力弾圧の可能性を**憂慮**する。（　ゆうりょ　）
⑥ 兄弟関係を**如実**に表す会話だ。（　にょじつ　）
⑦ いきなり背中を**殴打**する。（　おうだ　）
⑧ 条約が**締結**されて同盟国となる。（　ていけつ　）

問二 文中のカタカナを漢字に直しなさい。

① 軍が政権を**ショウアク**した。（　掌握　）
② ピアノの**バンソウ**を担当する。（　伴奏　）
③ **ダイタン**な色使いが目を引く。（　大胆　）
④ 無人島に**ヒョウリュウ**する物語。（　漂流　）
⑤ ある作家に**シンスイ**する。（　心酔　）
⑥ **ネンチャク**テープで補強する。（　粘着　）
⑦ **コドク**と自由は表裏一体だ。（　孤独　）
⑧ 言葉にできない**ミリョク**的な風景。（　魅力　）

問三 次は、三島由紀夫の小説『金閣寺』を紹介するスピーチ原稿である。傍線部①～⑥のカタカナをそれぞれ漢字に直しなさい。

この小説は、「幼時から父は、私によく、金閣のことを語った。」という主人公の独白から始まります。主人公はその言葉により、金閣寺を美の象徴として①シンスイしていました。

しかし、実際に金閣寺を見た時、想像よりも美しくないことに②ラクタンしますが、同時に、戦争で焼かれる金閣寺を想像し、滅びゆく美しさを感じて③ミリョウされます。そしてその後、主人公は金閣寺を燃やそうと決意するのです。

ここまでが大まかな④アラスジです。実は、この小説は一九五〇年に実際に起こった「金閣寺放火事件」をベースにしています。犯人となる主人公が、金閣寺に対して強いあこがれの気持ちを抱いていたにもかかわらず、最終的に放火事件を起こすに至るまでの心情の変化が自然に描かれていて、⑤ココウの天才と呼ばれた作者・三島由紀夫のまさに⑥シンズイといえる作品だと思います。

P081 問三の解答：(a)沈潜　征伐　(b)諾否　甲乙　(c)鯨油　悪霊　(d)炊飯　登壇　(e)無双　不審（順不同）

欺
ギ／あざむ(く)

変装して敵の目を**アザム**く。
人をだましたり惑わしたりする

欺

慌
コウ／あわ(てる・ただしい)

世界的な**キョウコウ**が起こる。
急激に経済状況が悪くなり、世の中が混乱すること

忘れ物に気づいて**アワ**てる。
思いがけないことにであって落ち着きを失う

恐慌／慌

彫
チョウ／ほ(る)

チョウコクが美しい家具。
素材をほって模様をつけたり像を作ったりすること

キボりの熊をお土産にもらう。
木をほった模様や像

彫刻／木彫

籍
セキ

市内の高校に**ザイセキ**する。
学校や団体の所属者として登録されていること

結婚すると新しい**コセキ**ができる。
家族の氏名、生年月日、関係などを書いた公文書

在籍／戸籍

房
ボウ／ふさ

画家の**コウボウ**を取材する。
美術家などの仕事場

ハナブサの香りをかぐ。
小さなはなが集まってふさのようになったもの

工房／花房

獄
ゴク

ゴクチュウで職業訓練を受ける。
刑務所などのかんごくのなか

ジゴクを描いた絵本を読む。
悪事をした人が死後に苦しみを受けるというところ

獄中／地獄

礎
ソ／いしずえ

若者が平和な国の**ソセキ**となる。
建物の土台のいし。ものごとのもと

英文法の**キソ**を復習する。
ものごとのもとになる部分

礎石／基礎

棋
キ

イベントで**キシ**と対戦した。
囲碁やしょうぎを仕事にしている人

ショウギ部が大会にでる。
八十一に区切られた盤に駒を並べて動かすゲーム

棋士／将棋

稚
チ

サケの**チギョ**を放流する。
卵からかえってすぐのさかな

ヨウチな悪ふざけはやめなさい。
おさなく、子どもっぽいこと。またその様子

稚魚／幼稚

嘱
ショク

データ入力を**ショクタク**する。
仕事を頼んで任せること

講師を外部に**イショク**する。
ある期間、他の人に特定の仕事を任せること

嘱託／委嘱

擦
サツ／す(る・れる)

車に**サッカ**したきずがついた。
物の表面をかすること

転んで**スリキズ**ができた。
こすってすりむいたきず

擦過／擦・傷

巧
コウ／たく(み)

空き巣の手口が**コウミョウ**である。
非常にたくみでうまいこと

素晴らしい**ギコウ**に目を見張る。
芸術などおいてのわざやくふう

巧妙／技巧

揚
ヨウ／あ(げる・がる)

コウヨウした気分で歩く。
気持ちがたかまること。たかめること

苦労した**アゲク**に失敗した。
ものごとを十分にした結果

高揚／揚・句（挙）

陶
トウ

母が**トウゲイ**教室に通う。
焼き物をつくる技術

美しい音色に**トウスイ**する。
自然や芸術の美しさに心を奪われてうっとりすること

陶芸／陶酔

縫
ホウ／ぬ(う)

しっかりとした**ホウセイ**の服。
ぬい合わせて洋服などを作ること

私の友達は**サイホウ**が得意だ。
布地を切って、洋服などにぬいあげること

縫製／裁縫

携
ケイ／たずさ(える・わる)

いつも雨具を**ケイタイ**している。
身に着けたり、持ち歩いたりすること

この本は高校生**ヒッケイ**の書だ。
かならず持っていなければならないこと

携帯／必携

問一 傍線部の漢字の読みを答えなさい。

① 敵を**欺**く計画を立てる。（あざむ）
② 金融**恐慌**により社会が混乱した。（きょうこう）
③ **木彫**り作品が展示されている。（きぼ）
④ 一面に**花房**が下がっている。（はなぶさ）
⑤ 柱の下に**礎石**をすえる。（そせき）
⑥ **嘱託**社員として再雇用される。（しょくたく）
⑦ 転んで足に**擦**り**傷**ができる。（す・きず）
⑧ ていねいな**縫製**で仕立てた服。（ほうせい）

問二 文中のカタカナを漢字に直しなさい。

① **コセキ**を証明する書類。（戸籍）
② 絵巻に様々な**ジゴク**が描かれた。（地獄）
③ **ショウギ**のこまを並べる。（将棋）
④ **チギョ**の生育を観察する。（稚魚）
⑤ **コウミョウ**な言い訳をする。（巧妙）
⑥ 悩んだ**ア**げ**ク**行かないことにした。（揚(挙)・句）
⑦ **トウスイ**したような表情。（陶酔）
⑧ ビジネスマン**ヒッケイ**の書。（必携）

問三 次は、美術教室の案内を見ながら会話をしている場面である。傍線部①～⑥のカタカナを漢字に直しなさい。

川島アートコウボウ①
体験教室開催中
絵画コース
トウゲイ②コース
小学生から社会人の方まで
多数ザイセキ③しています！
00-0000-0000

後藤　うちの近所に住んでいる芸術家の川島先生、体験教室を開いているんだね。

佐々木　私は、今回夏休みの課題で水彩画を描く必要があるから、参考に教えてほしいな。

後藤　私は今、美術部でチョウコク④のデッサンをしているんだけど、なかなか難しくて。それも教えてもらえるかな。

佐々木　デッサンは絵画のキソ⑤だって言うけど、陰影を付けるのが難しそうだよね。

後藤　そうなの。けっこうギコウ⑥をこらす必要があるんだよ。ねえ、良かったら一緒に体験受けてみない？

P083 問三の解答：①心酔　②落胆　③魅了　④粗筋　⑤孤高　⑥真髄

猟 リョウ
地元の**リョウシ**から肉を仕入れる。（生き物を捕らえることを職業にしている人）
採集や**シュリョウ**で生活する。（わななどで生き物を捕らえること）
猟師　狩猟

綱 コウ・つな
公務員の**コウキ**を引き締める。（国家などを治めるための大小の規律）
ヨコヅナの土俵入りを見る。（最高位の力士。または同種の中で最高位となるもの）
綱紀　横綱

墾 コン
コンデン永年私財法が定められた。（新しく切りひらいた田）
協力して**カイコン**した土地。（山や野を切りひらいて田畑にすること）
墾田　開墾

倹 ケン
ジュースを我慢して**ケンヤク**する。（むだを省いて出費を少なくすること）
日々の暮らしで**セッケン**している。（出費を抑えてしっそにすること）
倹約　節倹

餓 ガ
ガキの世界に落ちる。（生前の悪行のために、うえと渇きに苦しむ亡者）
ききんで**ガシ**する人が増えた。（うえてしぬこと）
餓鬼　餓死

遭 ソウ・あ(う)
悪天候の山で**ソウナン**しかける。（山などで命にかかわるような危ない目にあうこと）
数年ぶりに知人に**ソウグウ**する。（思いがけず出会うこと）
遭難　遭遇

阻 ソ・はば(む)
冷夏で作物の生長が**ソガイ**される。（物事の進行を妨げること）
サッカーのシュートを**ソシ**する。（邪魔をしてやめさせようとすること）
阻害　阻止

浪 ロウ
むだ話をして時間を**ロウヒ**する。（お金や時間をむだに使うこと）
世界中を巡る**ルロウ**の旅に出る。（住居を定めず、さすらい歩くこと）
浪費　流浪

縛 バク・しば(る)
ソクバクから解放される。（行動を制限して自由をうばうこと）
路上で犯人を**ホバク**する。（つかまえてしばること）
束縛　捕縛

超 チョウ・こ(える・す)
時代を**チョウエツ**した美しさ。（普通の程度をはるかにこえていること）
出口で**チョウカ**料金を払う。（時間や数量が決められたわくをこえること）
超越　超過

促 ソク・うなが(す)
植物の**ソクセイ**がうまくいく。（人工的に速く生育させること）
編集者に原稿を**サイソク**される。（早くするようにせかすこと）
促成　催促

虚 キョ・コ
クウキョな生活を送っている。（内容がなく、むなしいこと。またその様子）
ぼんやりと**コクウ**を見つめる。（くう中。何もないくう間。おおぞら）
空虚　虚空

悔 カイ・く(いる・やむ)・くや(しい)
自分のうそに**カイコン**の念を抱く。（あやまちをくやんで残念に思うこと）
いまさら**コウカイ**しても遅い。（済んだことをあとになってくやむこと）
悔恨　後悔

殊 シュ・こと
珍しく**シュショウ**なことを言う。（行いや心がけがよく、感心なこと。またその様子）
コトサラに言うことはない。（わざと。わざわざ。とりわけ）
殊勝　殊更

紺 コン
コンジョウの海に船出する。（鮮やかなあい色）
シコンの優勝旗を手にする。（濃いむらさき色）
紺青　紫紺

拘 コウ
犯人の身柄を**コウソク**する。（考えや行動などの自由を制限すること）
彼は**コウチ**所に入れられた。（人を捕まえて一定の場所に閉じ込めること）
拘束　拘置

FINISH　89%

問一　傍線部の漢字の読みを答えなさい。

① 猟師が山に入って狩りをする。（りょうし）
② 大関が横綱に昇進する。（よこづな）
③ 田畑利用のため開墾された原野。（かいこん）
④ 時間に束縛される生活が続いた。（そくばく）
⑤ 夏野菜をハウスで促成栽培する。（そくせい）
⑥ 先生の前で殊更難しい言葉を使う。（ことさら）
⑦ 紫紺の旗を振りながら応援する。（しこん）
⑧ 拘束時間の長い会議。（こうそく）

問二　文中のカタカナを漢字に直しなさい。

① お小遣いを**ケンヤク**する。（倹約）
② 食べ物が手に入らず**ガシ**する。（餓死）
③ **ソウナン**した登山者を救助する。（遭難）
④ ホルモンの働きを**ソガイ**する。（阻害）
⑤ 労力をむやみに**ロウヒ**する。（浪費）
⑥ 予算を大きく**チョウカ**する。（超過）
⑦ **クウキョ**な夢でしかない計画。（空虚）
⑧ 人生を振り返り**コウカイ**する。（後悔）

問三　次の〈例〉にしたがって、それぞれに共通の部首を後の選択肢から選び、熟語を完成させなさい。

菓

〈例〉楽早＋（キ）＝薬草

① 守巤＋（　）＝□□
② 岡己＋（　）＝□□
③ 曹禺＋（　）＝□□
④ 召戉＋（　）＝□□
⑤ 毎艮＋（　）＝□□
⑥ 崔足＋（　）＝□□
⑦ 㐬良＋（　）＝□□

ア．さんずい　イ．りっしんべん　ウ．いとへん
エ．そうにょう　オ．けものへん　カ．にんべん
キ．くさかんむり　ク．しんにょう

P085 問三の解答：①工房　②陶芸　③在籍　④彫刻　⑤基礎　⑥技巧

疾
シツ

シップウのごとくはしり去る。（激しく速く吹くかぜ）
馬に乗って**シッソウ**する。（とても速くはしること）

疾風　疾走

祉
シ

フクシ団体に所属する。（多くの人の幸せな生活を公的に実現すること）

福祉

奉
ホウ　ブ　たてまつ(る)

友達と**ホウシ**活動に参加する。（社会や人のために尽くすこと）
有名な占い師を**シンポウ**する。（ある思想や宗教をしんじ、尊ぶこと）

奉仕　信奉

謀
ボウ　ム　はか(る)

ひそかに**ボウリャク**をめぐらす。（人をだますためのはかりごと）
裏切り者の**インボウ**をあばく。（ひそかにくわだてた悪事）

謀略　陰謀

零
レイ

冬は**レイカ**になる土地。（温度が摂氏0度より低いこと）
レイサイ企業を経営する。（数量や規模が極めて小さいこと）

零下　零細

遵
ジュン

納期の**ジュンシュ**につとめる。（決まりなどをまもり、従うこと）
ジュンポウの精神を育む。（ほうりつに従い、それをまもること）

遵守　遵法（順）

隆
リュウ

海底が**リュウキ**してできた山脈。（高くもりあがること）
王国の**コウリュウ**を描いた小説。（物事がおこり、勢いが盛んになること）

隆起　興隆

哲
テツ

テツガクに興味がある。（世界や人間の大もとの理屈を研究するがくもん）
何の**ヘンテツ**もない石ころ。（普通と違っているところ）

哲学　変哲

紛
フン　まぎ(れる・らす・らわす・らわしい)

フンソウ地域を訪れる。（もめ事が解決できずあらそうこと）
世継ぎをめぐる**ナイフン**がおこる。（うちわでのあらそい）

紛争　内紛

泌
ヒツ　ヒ

ホルモンの**ブンピツ**をうながす。（細胞が特殊な生産物を作り出して外に排出する働き）
ヒニョウキ科で検査を受ける。（にょうを作って、体の外に出す器官）

分泌　泌尿器

忌
キ　い(む・まわしい)

虫が**キヒ**する成分のスプレー。（嫌ってさけること）
祖母の三**カイキ**法要を営む。（人が死んだあと、毎年まわってくる命日）

忌避　回忌

蛮
バン

バンゾクというレッテルをはる。（文明の開けていない種ぞく）
ナンバン渡来の菓子を食べる。（昔、ポルトガルやスペインなどを指して言った語）

蛮族　南蛮

企
キ　くわだ(てる)

体育祭の**キカク**を考える。（あることをするために構想を立てること）
大きな**キギョウ**に就職する。（利益を上げることを目的に経済活動を営む組織）

企画　企業

鍛
タン　きた(える)

怠ることなく**タンレン**する。（厳しく心身や技術をきたえること）
身体だけでなく精神力も**キタ**える。（金属を打ち強くする。厳しい訓練を重ね強くなる）

鍛錬（練）　鍛

詠
エイ　よ(む)

思わず**エイタン**の声がもれる。（ものごとに深く感動すること）
有名な和歌を**ロウエイ**する。（詩や和歌に節をつけて声高くうたうこと）

詠嘆　朗詠

克
コク

苦手科目の**コクフク**が課題だ。（努力して困難にうちかつこと）
これは**コクメイ**な描写の手記だ。（ささいなことでも見逃さず、こまかく念を入れる様子）

克服　克明

FINISH
94%

問一　傍線部の漢字の読みを答えなさい。

① 運動場を全力で疾走した。（しっそう）
② 公的な福祉サービスが充実する。（ふくし）
③ 新しい思想を信奉する。（しんぽう）
④ 遵法意識の徹底を図る。（じゅんぽう）
⑤ 地震で道路が隆起する。（りゅうき）
⑥ 周辺の民族を蛮族とみなした。（ばんぞく）
⑦ 素晴らしい演劇に詠嘆する。（えいたん）
⑧ 彼は克明に日記をつける。（こくめい）

問二　文中のカタカナを漢字に直しなさい。

① 王を倒す**インボウ**を企てる。（陰謀）
② **レイサイ**企業に勤める。（零細）
③ 昔から何の**ヘンテツ**もない風景。（変哲）
④ 種族間の**フンソウ**に巻き込まれる。（紛争）
⑤ 胃から消化液が**ブンピツ**される。（分泌）
⑥ 重い任務を**キヒ**する。（忌避）
⑦ 将来は大**キギョウ**に就職したい。（企業）
⑧ 屋外の運動で体を**キタ**える。（鍛）

問三　次は、生徒が書いた自己アピール文である。傍線部①〜⑤の表現はどのような二字熟語に置き換えられるか、後の語群からそれぞれ選びなさい。

私の長所は、途中で投げ出すことなく継続する粘り強いところです。この性格を生かして、取り組むことが難しかった英語の学習について①訓練を積み、困難に打ち勝つ力を付けることを重ねて、苦手意識を②努力して苦境から切り抜けることをすることができました。

また、人と協力しながら目標を達成していくことが好きです。高校三年生のとき、学校の近隣の方のために、③自分の利害ではなく人のために尽くす活動を④新しく行うために考えることをしました。仲間と準備を進める中で意見がぶつかることもありましたが、みんなが納得する方針を決めることや、全員で決めたことはしっかりと⑤言われたことや規則を守ることとする大切さを学びました。

企画／遵守／克服／鍛錬／奉仕

P087 問三の解答：①オ・狩猟　②ウ・綱紀　③ク・遭遇　④エ・超越　⑤イ・悔恨　⑥カ・催促　⑦ア・流浪

撮
サツ / と(る)

映画の**サツエイ**に参加する。（写真や映像をとること）

カメラで修学旅行の写真を**ト**る。（写真や映像として記録する）

撮影 / 撮

錠
ジョウ

食後に**ジョウザイ**を二つ飲む。（医薬品を粒状に圧縮したもの）

門が**セジョウ**されていて入れない。（かぎをかけること）

錠剤 / 施錠

膜
マク

カクマクは傷つきやすい。（眼球の表面にある透明なまく）

モウマクがはがれることがある。（眼球の最も内部にあって、光を感じて脳に像を結ぶまく）

角膜 / 網膜

窒
チツ

チッソは肥料にもなる。（空気中の体積の五分の四ほどを占める気体）

チッソクしそうになり苦しむ。（呼吸ができなくなること）

窒素 / 窒息

滑
カツ / コツ / すべ(る) / なめ(らか)

鳥が獲物めがけて**カックウ**する。（すべるようにそらを飛ぶこと）

会議が**エンカツ**に進む。（物事がすらすらと進むこと。またその様子）

滑空 / 円滑

軸
ジク

チジクの傾きが四季を生んだ。（ちきゅうが自転するときのじく）

山水画の**カ**け**ジク**がかかっている。（床の間などに飾る書画を表装したもの）

地軸 / 掛・軸

鋳
チュウ / い(る)

かつて**チュウゾウ**された貨幣。（金属を型に流し込んでものを作ること）

市内に**イモノ**メーカーの会社がある。（金属を溶かし、型に流し込んで作った器）

鋳造 / 鋳物

慰
イ / なぐさ(める・む)

従業員に**イロウ**金を支給する。（くろうをねぎらうこと）

イアン旅行を企画する。（なぐさめ楽しませること）

慰労 / 慰安

閲
エツ

図書館で新聞を**エツラン**する。（本や新聞などを調べたり、読んだりすること）

原稿を**コウエツ**する。（文書や原稿の誤りや不備を調べて正すこと）

閲覧 / 校閲

幽
ユウ

能の**ユウゲン**な世界にひたる。（奥が深く、はかりしれない趣がある様子）

深山**ユウコク**を訪ねる旅に出る。（奥深い静かなたに）

幽玄 / 幽谷

愚
グ / おろ(か)

彼は**グチョク**な人だ。（しょうじきなだけで、ゆうずうが利かない様子）

言葉で**シュウグ**を欺く。（たくさんのおろかな人々）

愚直 / 衆愚

偶
グウ

街で**グウゼン**友達に会う。（そうなる理由もなく、思いがけずそうなること）

女神と**タイグウ**をなす男神。（物事が二つで組になっていること）

偶然 / 対偶

徐
ジョ

狭い道を**ジョコウ**する。（車などが低速でゆっくりと進むこと）

空の色が**ジョジョ**に変化する。（変化が緩やかな様子）

徐行 / 徐徐

既
キ / すで(に)

キソンの設備を利用する。（以前からあること）

カイキ日食を観察する。（全面的におおいつくす現象）

既存 / 皆既

軌
キ

事業が**キドウ**に乗る。（物事の進行していくみちすじ）

ジョウキを外れた発言をする。（普通のやり方）

軌道 / 常軌

裸
ラ / はだか

ラガンの視力をはかる。（めがねやコンタクトレンズを使っていない目）

ゼンラでサウナに入る。（何も身に着けていないこと）

裸眼 / 全裸

FINISH

100%

問一 傍線部の漢字の読みを答えなさい。

① 玄関ドアは**施錠**して下さい。（せじょう）
② **角膜**を移植する手術を受ける。（かくまく）
③ もちによる**窒息**に注意する。（ちっそく）
④ 事業を**円滑**に運営する。（えんかつ）
⑤ 国が貨幣を**鋳造**する。（ちゅうぞう）
⑥ 職場の**慰安**旅行に出かける。（いあん）
⑦ **既存**のファイルに上書きする。（きそん）
⑧ **裸眼**でははっきり見えない。（らがん）

問二 文中のカタカナを漢字に直しなさい。

① 海岸で日の出の写真を**ト**る。（撮）
② **カ**け**ジク**に風神が描かれている。（掛・軸）
③ 貸出禁止の本を**エツラン**する。（閲覧）
④ **ユウゲン**の境地に誘う音色。（幽玄）
⑤ 誠実で**グチョク**な性格。（愚直）
⑥ 二人は**グウゼン**同じ場所にいた。（偶然）
⑦ 急なカーブでは**ジョコウ**する。（徐行）
⑧ 彼の行動は**ジョウキ**を外れている。（常軌）

問三 次は、F班が作成したプレゼンテーション資料である。発表資料中の傍線部①〜⑥のカタカナをそれぞれ漢字に直しなさい。

〈カイキ日食〉①

月が太陽と地球の間に入り、太陽の全体を覆い隠す現象。

【なぜ日食が起こるのか】

月と地球の公転キドウ②は、それぞれ細長いだ円形のため、地球から月や太陽までの距離はいつも変化している。また、チジク③の傾きにより、太陽・月・地球が一直線上に並ぶことはめったにない。

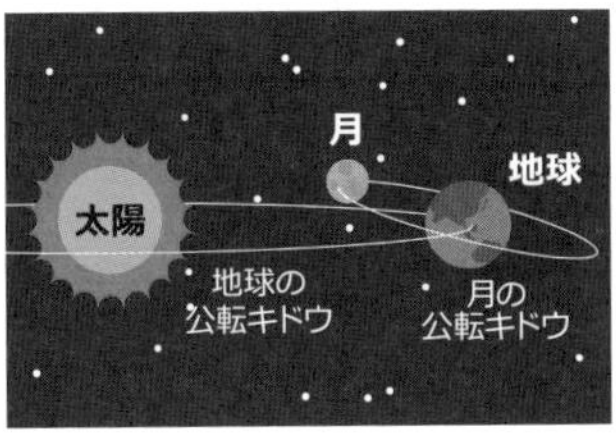

【観測・サツエイ④時の注意点】

モウマク⑤を傷つけ失明してしまう危険性があるので、決してラガン⑥で見ないようにすること。

P089 問三の解答：①鍛錬　②克服　③奉仕　④企画　⑤遵守

3級漢字演習問題②

問　次の文章中の傍線部と同じ漢字を用いるものを、後の選択肢から選びなさい。

1

また、すでに広く議論されていることだが、終末期医療における延命ソチの是非も複雑である。

〈山崎正和「二十一世紀における〝正義〟とは」〉

①市民運動のソセキを築く。
②ソザツな文章を書き改める。
③食事中のキョソが気になる。
④辛みそラーメンのガンソの店。

③・措置

P76

礎石
粗雑
挙措
元祖

2

人間に死がなければ、この世の中からほとんどの悲哀、苦悩、孤独などがイッソウされるはずである。

〈藤原正彦「数学者の休憩時間」〉

①天下ムソウと呼ばれた武将。
②河川セイソウに参加する。
③彼女のバンソウは見事だ。
④夜中に出歩くのはブッソウだ。

②・一掃

P78

無双
清掃
伴奏・伴走
物騒

3

この神とともに、わたしたち日本人は人間同士でも、信頼したりフシンをいだいたりしてきた。

〈八木雄二「哲学の始原」〉

①世間をシンドウさせるニュース。
②神のシンパンが下される。
③シンリン浴でリラックスする。
④冬用のシングを片付ける。

②・不審

P80

震動
審判
森林
寝具

4

だから犯人の苦悩も狂気も、コドクも、昏迷(こんめい)も、すべてがわれわれ読者にとって理詰めで解釈されるものでなければならない。

〈原仁司「前衛としての『探偵小説』」〉

①勝手な行動をしてコリツする。
②コショウの水質調査をする。
③コオウ表現について学ぶ。
④自分の能力をコジする。

①・孤独

P82

孤立
湖沼
呼応
誇示

5

技術的なコウミョウさ、明晰(せき)な知的判断、優れたデザイン感覚などは、当然必要な前提条件だということです。

〈高階秀爾「西洋の眼　日本の眼」〉

①親コウコウに励む。
②ジュウコウな響きの楽器。

④・巧妙

P84

孝行
重厚

③ 試験ヨウコウに目を通す。
④ ギコウをこらしたデザイン。

要項
技巧

6

江戸っ子の初物食いを制限し、ケンヤクをさせるために江戸幕府は寛文五（一六六五）年、初物の売り出し時期を制限している。〈塚谷裕一「果物の文学誌」〉

① ケンゴウの生涯を描いた小説。
② 兄とケンヨウの自転車。
③ セッケン家でやりくり上手の母。
④ 彼はキョウケンの外野手だ。

③・倹約 P86

剣豪
兼用
節倹
強肩

7

家族というのは、そういったものではなくて、見返りを求めずホウシするという組織です。〈山極寿一「こころの起源」〉

① 祖母の病がカイホウに向かう。
② ニュースソクホウが出る。
③ ホウケン制度について調べる。
④ 行儀見習いとしてホウコウする。

④・奉仕 P88

快方
速報
封建
奉公

8

それは大人にも通じる言語表現を用いることと、子どもの目によってものを見ることと、その葛藤をコクフクしてゆくことによって達成される。〈河合隼雄「子どもの本を読む」〉

① 意見がソウコクして平行線だ。
② 畑でコクモツを育てる。
③ 深山ユウコクの趣深い庭。
④ 選挙日程がコクジされる。

①・克服 P88

相克
穀物
幽谷
告示

9

キソンの国史学と日本史学が共存していて日本史学になったのではない。〈「国語学会改称の是非」平成十五年三月一日付『京都新聞』〉

① 休暇に故郷へキセイする。
② キセイ概念にとらわれない。
③ 鳥にキセイする虫。
④ 交通キセイにより通行止めだ。

②・既存 P90

帰省
既成
寄生
規制

10

それが創られたものである限り、自然の星のキドウのように、寸分の狂いも謬（あやま）りもないものではない。〈中井正一「美学入門」〉

① 体育祭でキバ戦に出場する。
② ジョウキを逸した発言。
③ 負傷のため試合をキケンする。
④ 一念ホッキして学問に励む。

②・軌道 P90

騎馬
常軌
棄権
発起

吏
リ

- 中国の**カンリ**登用制度の研究。（国の役人）

官吏

卑
ヒ　いや（しい・しむ・しめる）

- 決して**ヒクツ**になることはない。（自分を必要以上に見下げること。またその様子）
- **ヒレツ**なやり方は許さない。（することがずるくていやしいこと。またその様子）

卑屈　卑劣

粋
スイ　いき

- 要所を**バッスイ**して説明する。（必要な部分をぬき出すこと。ぬき出したもの）
- **ジュンスイ**な気持ちで応援する。（まじりけや悪い考えがないこと。またその様子）

抜粋　純粋

楼
ロウ

- 古代遺跡にそびえる**ロウカク**。（たかさのある立派な建物）
- **コウロウ**からのながめを楽しむ。（たかく造られた建物）

楼閣　高楼

赦
シャ

- **オンシャ**により減刑された。（政府により、刑罰の全部または一部を消滅させること）
- **ヨウシャ**なくたたきのめされた。（手加減をすること。許すこと）

恩赦　容赦

租
準2級

ソ

- 各国の**ソゼイ**について調査する。（国家などが経費のために国民に負担を強制するお金）
- 明治時代に**チソ**改正が実施された。（とちに対して課せられるぜい）

租税　地租

溝
コウ　みぞ

- 探査により**カイコウ**が発見された。（うみの底にある細長いみぞ状のくぼんだところ）
- 道路の**ソッコウ**を掃除する。（排水のために道路などに沿って作られたみぞ）

海溝　側溝

剖
ボウ

- 司法**カイボウ**で死因が判明する。（生物体を切り開いて、その構造などを調べること）

解剖

惰
ダ

- **ダセイ**ではなく自覚をもって学ぶ。（これまで続いてきた習慣や癖）
- **タイダ**な生活を反省する。（するべきことをせず、だらしがないこと。またその様子）

惰性　怠惰

賄
ワイ　まかな（う）

- **シュウワイ**には厳しい罰則がある。（わいろをもらうこと）
- **ゾウワイ**の罪に問われる。（わいろをおくること）

収賄　贈賄

碁
ゴ

- **ゴイシ**を盤上に置く。（ごを打つのに使われる、丸く平たいこいし）
- **イゴ**の名人戦が行われる。（黒白のいしを盤の上に交互に置いて遊ぶ室内ゲーム）

碁石　囲碁

疫
エキ　ヤク

- **エキビョウ**の終息を願う。（広く伝染するやまい）
- **メンエキ**力を高める。（びょう原体などに対して抵抗力を持つこと）

疫病　免疫

融
ユウ

- 銀行から**ユウシ**を受けた。（事業などのために使用される金銭を貸し借りすること）
- **キンユウ**機関に勤める。（おかねの動き、流れ）

融資　金融

艇
テイ

- 二位に一**テイシン**差で勝つ。（ボートの全体の長さ。ボートレースで差を表す単位）
- 巡視**センテイ**の整備をする。（大型から小型までのふねの総称）

艇身　船艇

愉
ユ

- **ユカイ**な曲に合わせて踊る。（たのしくて気持ちのよいこと。またその様子）
- 読書は素晴らしい**ユラク**の一つだ。（満たされて心からたのしむこと。たのしみ）

愉快　愉楽

謹
キン　つつし（む）

- 手紙を「**キンケイ**」で始める。（手紙の冒頭に書くあいさつの語）
- 「**キンゲン**」は改まったことばだ。（手紙の末尾に置くあいさつの語）

謹啓　謹言

問一 傍線部の漢字の読みを答えなさい。

① 彼は**官吏**として登用された。（かんり）
② 美しいたたずまいの**楼閣**に登る。（ろうかく）
③ ここは**地租**が課せられた土地だ。（ちそ）
④ 政治家の**収賄**が明るみに出る。（しゅうわい）
⑤ 彼は**囲碁**部に所属している。（いご）
⑥ **一艇身**の差で勝利を収めた。（ていしん）
⑦ 深い**愉楽**の世界に浸る。（ゆらく）
⑧ 「**謹啓**」から手紙を書き出す。（きんけい）

問二 文中のカタカナを漢字に直しなさい。

① **ヒクツ**な態度では歓迎されない。（卑屈）
② 彼女は人一倍**ジュンスイ**だ。（純粋）
③ 真夏の**ヨウシャ**ない日差し。（容赦）
④ 自転車の車輪が**ソッコウ**にはまる。（側溝）
⑤ **カイボウ**学の研究をする。（解剖）
⑥ 休日は**タイダ**な生活を送りがちだ。（怠惰）
⑦ ウイルスに対する**メンエキ**。（免疫）
⑧ **キンユウ**機関で働くのが夢だ。（金融）

問三 次の〈例〉にしたがって、それぞれに共通の部首を後の選択肢から選び、熟語を完成させなさい。

〈例〉楽早＋（キ）＝薬草

① 俞夬＋（　）＝□□
② 公廷＋（　）＝□□
③ 曽有＋（　）＝□□
④ 毎冓＋（　）＝□□
⑤ 且兑＋（　）＝□□
⑥ 殳丙＋（　）＝□□

ア．かいへん　イ．さんずい　ウ．のぎへん
エ．ふねへん　オ．やまいだれ　カ．りっしんべん
キ．くさかんむり

P091 問三の解答：①皆既　②軌道　③地軸　④撮影　⑤網膜　⑥裸眼

挿
ソウ　さ(す)

文章にグラフを**ソウニュウ**する。　さしいれること。はさんで中にいれること

新聞小説に**サしエ**をつける。　新聞・書物などの紙面にいれた、内容と関係のあるえ

挿入　挿・絵

悠
ユウ

ユウキュウの歴史を伝える。　ずっと長く続くこと

ユウヨウ迫らぬ態度を保つ。　ゆったりとして、落ち着いている様子

悠久　悠揚

唆
サ　そそのか(す)

犯罪を**キョウサ**したと疑われる。　あることをするよう、他人をそそのかすこと

彼の話は**シサ**に富んでいた。　それとなくおしえしめし、気づかせること

教唆　示唆

亜
ア

アエンと銅で電池を作る。　金属元素のひとつ。トタン板などに使われる

ハクアの洋館が目を引く。　しろい壁。チョーク

亜鉛　白亜

殻
カク　から

チカク変動を観測する。　ちきゅうの表面の層

海辺で**カイガラ**を拾う。　かいの体の外側を覆うかたいから

地殻　貝殻

履
リ　は(く)

新学期の**リシュウ**科目を登録する。　決められた学科などを学び、身につけること

ゾウリをはいて街を散策する。　わらやゴムなどで作るはき物

履修　草履

宰
サイ

サイショウの座に着く。　内閣総理大臣

学術会議を**シュサイ**する。　中心となって人々をまとめ、物事を行うこと

宰相　主宰

嚇
カク

武力による**イカク**を控える。　力を見せつけておどすこと

威嚇

廃
ハイ　すた(れる・る)

壊れたいすを**ハイキ**する。　役に立たない物として捨てること

建物が**キュウハイ**する。　古びて役に立たなくなること

廃棄　朽廃

准
ジュン

彼は法学部の**ジュンキョウジュ**だ。　大学などの先生の職務上の階級のひとつ

子どもの権利条約を**ヒジュン**する。　代表者が署名した条約を国家が最終的に確認すること

准教授　批准

奔
ホン

部員集めに**ホンソウ**する。　物事がうまくいくように駆け回って努力すること

身ひとつで故郷を**シュッポン**する。　逃げだして見つからないよう身を隠すこと

奔走　出奔

剰
ジョウ

ジョウヨ金が繰り越される。　必要量を超えたあまり。残り

自意識**カジョウ**だと、さとされる。　必要量を超えていること。多すぎること

剰余　過剰

竜
リュウ　たつ

キョウリュウの化石を見る。　中生代に生存した巨大なは虫類の総称

タツマキ注意報が発令された。　細長く強いうずまき状の空気の流れ

恐竜　竜巻

賓
ヒン

外国からの**ヒンキャク**をもてなす。　丁重に扱うべき、大切な訪問者

式の始めに**ライヒン**を紹介する。　会合などに主催者から招かれた人

賓客　来賓

蛇
ジャ　ダ　へび

ジャグチをひねって水をだす。　水道管などの先に取りつけた、金属製のくち

ダイジャを退治する。　おおきなへび

蛇口　大蛇

斉
セイ

始業式で校歌を**セイショウ**する。　多くの人が声をそろえて同時にとなえること

イッセイに拍手をする。　同時に同じことをする様子

斉唱　一斉

問一 傍線部の漢字の読みを答えなさい。

① 美しい**挿し絵**が特徴的な絵本。（さ・え）
② わらを編んで**草履**を作る。（ぞうり）
③ 親ねこが子を守るため**威嚇**する。（いかく）
④ 国をあげて平和条約を**批准**する。（ひじゅん）
⑤ **出奔**したまま行方が分からない。（しゅっぽん）
⑥ 太平洋岸で**竜巻**が起こる。（たつまき）
⑦ 入学式の**来賓**席を設置する。（らいひん）
⑧ 大団円で観客は**一斉**に拍手した。（いっせい）

問二 文中のカタカナを漢字に直しなさい。

① 彼は語り口がとても**ユウヨウ**だ。（悠揚）
② 成功の可能性を**シサ**する結果だ。（示唆）
③ **アエン**を多く含む魚を食べる。（亜鉛）
④ 浜辺で**カイガラ**を集める。（貝殻）
⑤ 一国の**サイショウ**として立つ。（宰相）
⑥ **ハイキ**物削減の取り組みを進める。（廃棄）
⑦ **カジョウ**な表現は慎むべきだ。（過剰）
⑧ 冷え込みで**ジャグチ**が凍る。（蛇口）

問三 次の新聞記事内にある、傍線部①〜⑤のカタカナを、それぞれ漢字に直しなさい。

にぎわう①キョウリュウの化石展

解明されぬロマン

四月十六日より県立博物館にてキョウリュウの化石展が開催され、学生や親子連れなど多くの観覧客でにぎわっている。毎年大好評の化石展だが、今回はティラノサウルスやプテラノドンなど、主に②ハクア紀に活動していたキョウリュウの化石をメインに展示している。

Y大学でキョウリュウの研究をしている立見③ジュンキョウジュは、「キョウリュウが絶滅した理由は解明されていないが、気候の変動や④チカク変動、大気の組成の変化などによって起こったと考えられている。⑤ユウキュウの昔の化石から、太古のロマンを感じる。」と語った。

化石展は、五月七日まで開催予定。

P095 問三の解答：①カ・愉快　②エ・船艇　③ア・贈賄　④イ・海溝　⑤ウ・租税　⑥オ・疫病

祥
ショウ

御**セイショウ**のことと存じます。
手紙文で相手が元気で幸せなことを祝うあいさつの語

ギリシアは五輪**ハッショウ**の地だ。
物事が初めて起こること

清祥　発祥

繊
セン

彼女の**センサイ**さが表れた絵だ。
かんじょうがこまやかなこと。きゃしゃで優美なこと

天然素材の**センイ**を使用する。
織物などの材料になる、ほそい糸状のもの

繊細　繊維

涼
リョウ
すず(しい・む)

せせらぎが**リョウカン**を誘う。
ひんやりとしているかんじ

コウリョウとした風景が広がる。
景色などがあれはててものさびしい様子

涼感　荒涼

把
ハ

問題点を**ハアク**することが先決だ。
確実に理解すること

オオザッパに計画を立てる。
こまかい点まではこだわらない様子

把握　大雑把

逸
イツ

人気作家の**イッピン**を公開する。
特に優れたもの

その俳優の演技は**シュウイツ**だ。
他のものより飛び抜けて優れていること

逸品　秀逸

庶
ショ

ショミンの暮らしを豊かにする。
世間一般の人々

会社で**ショム**を担当する。
書類の作成など、主として机の上でする、雑多な仕事

庶民　庶務

杉
すぎ

屋根の**スギイタ**を張り替える。
スギの木をうすく平らに切ったもの

杉板

誓
セイ
ちか(う)

結婚式で**セイヤク**をする。
必ず守ると固く取り決めること

開会式で選手**センセイ**をする。
ちかいの言葉を述べること

誓約　宣誓

肯
コウ

子どもの考えを**コウテイ**する。
そのとおりだと認めること

その意見は**シュコウ**しがたい。
もっともだと認めること。うなずくこと

肯定　首肯

顕
ケン

節電の効果が**ケンチョ**に表れた。
きわだって目立つ様子

ケンビキョウで観察する。
ごく小さな対象物をレンズで拡大して見る装置

顕著　顕微鏡

睡
スイ

スイマと戦いながら勉強する。
ひどい眠気をまものにたとえた語

ジュクスイしてすっきり起きる。
深く眠ること

睡魔　熟睡

呈
テイ

考えの未熟さが**ロテイ**する。
隠していたものが外部にあらわになること

先着十名に無料で**シンテイ**する。
物を人に差し上げること

露呈　進呈

銘
メイ

人気の**メイガラ**を食べ比べる。
商品の名称

小説の内容に**カンメイ**を受ける。
忘れられないほど、深く心を動かされること

銘柄　感銘(肝)

購
コウ

若者の**コウバイ**意欲をかき立てる。
代金を払って品物を受け取ること

参考書を書店で**コウニュウ**する。
代金を払って品物を受け取ること

購買　購入

柳
リュウ
やなぎ

世相を風刺した**センリュウ**を詠む。
俳句と同形式だが、季語などの制約が少ない短詩

川柳

析
セキ

溶液から結晶が**セキシュツ**する。
液体などから固体がぶんりしてでてくること

実験の結果を**ブンセキ**する。
複雑な事柄をわけて、構成などを明らかにすること

析出　分析

15%

問一 傍線部の漢字の読みを答えなさい。

① **荒涼**とした大地を開拓する。（こうりょう）
② **大雑把**な性格を直したい。（おおざっぱ）
③ **秀逸**なデザインの家電をそろえる。（しゅういつ）
④ 国王は**庶民**に尽くすものだ。（しょみん）
⑤ 甲子園球場で選手**宣誓**を聞く。（せんせい）
⑥ 首都圏の人口増加は**顕著**だ。（けんちょ）
⑦ テストで苦手分野が**露呈**する。（ろてい）
⑧ 母は**川柳**を詠むのが趣味だ。（せんりゅう）

問二 文中のカタカナを漢字に直しなさい。

① 京都**ハッショウ**のお菓子を買う。（発祥）
② 彼女は**センサイ**な心の持ち主だ。（繊細）
③ **スギイタ**を加工して机を作る。（杉板）
④ 彼はどんな意見でも**コウテイ**する。（肯定）
⑤ 昼食後に**スイマ**に襲われる。（睡魔）
⑥ 少女の歌声に**カンメイ**を受ける。（感(肝)銘）
⑦ **コウバイ**意欲をそそる広告。（購買）
⑧ 若者の好みの傾向を**ブンセキ**する。（分析）

問三 次は、チラシを見ながら兄弟で会話をしている場面である。傍線部①～⑥のカタカナをそれぞれ漢字に直しなさい。

特殊な①センイで良い気持ち
夏物シーツ
自信を持って
おすすめする
②イッピン
2枚ご注文の方に
今ならもう1枚
③シンテイします！

兄　昨夜は寝苦しかったね。こういう季節でもぐっすり眠れる良い方法はないかな。
弟　今朝の新聞に、こんなチラシが入っていたよ。
兄　④リョウカンシーツだって。気持ちよさそう。
弟　これなら、昨日みたいな夜でも⑤ジュクスイできるんじゃないかな。
兄　良いね。しかも、二枚⑥コウニュウでもう一枚プレゼントって書いてある。これなら、ぼくたちと妹の三人で使えるね。

P097 問三の解答：①恐竜　②白亜　③准教授　④地殻　⑤悠久

詐
サ

- **サギ**の被害を防ぐ。 うそを言って人をだまして損をさせること
- 学歴**サショウ**が明らかになる。 職業などをいつわって告げること

詐欺 詐称

渇
カツ かわ(く)

- 圧政下で自由を**カツボウ**する。 のどがかわいて水を欲するように、強くのぞむこと
- 天然資源の**コカツ**を案ずる。 物がすっかりなくなること。水分がなくなること

渇望 枯渇

厄
ヤク

- **ヤッカイ**な仕事を押しつけられる。 面倒で手間のかかること
- 様々な**サイヤク**に見舞われる。 不幸なできごと

厄介 災厄

頑
ガン

- 自説を**ガンキョウ**に主張する。 意志がつよく、簡単には屈しない様子
- 祖父は**ガンコ**な人だ。 人の話を聞かず、自分の考えを守ろうとする様子

頑強 頑固

癒
ユ い(える・やす)

- **ユチャク**の根絶に努める。 本来関係しないものが結びついていること
- 祖母の病気の**チユ**をねがう。 病気やけががよくなること

癒着 治癒

憤
フン いきどお(る)

- **フンヌ**の形相でにらむ。 激しくいかり嘆くこと
- 試合に負けて**ハップン**する。 刺激を受けて励まされ、心を引き立てること

憤怒 発憤

汁
ジュウ しる

- **タンジュウ**は脂肪の消化を助ける。 肝臓でつくられる消化液
- つぶしあんでお**シルコ**をつくる。 あんを湯で溶いたしるに、もちや白玉を入れた食べ物

胆汁 汁粉

侮
ブ あなど(る)

- 公然と人を**ブジョク**するのは罪だ。 相手をあなどって恥をかかせること
- 人権の**ケイブ**は否定されるべきだ。 見下げてばかにすること

侮辱 軽侮

併
ヘイ あわ(せる)

- **ヘイガン**する大学を決める。 受験の際、同時に複数の学校にねがいでること
- 隣の市と**ガッペイ**した。 二つ以上のものを一つにすること

併願 合併

荘
ソウ

- **ソウゴン**な音楽に心を打たれる。 堂々として立派な様子
- 避暑のため高原の**ベッソウ**へ行く。 休養などのために、本宅以外に設けた家

荘厳 別荘

傑
ケツ

- これは彼の最高**ケッサク**といえる。 芸術活動によってつくられた、すぐれたもの
- 戦国時代の**エイケツ**を描いた小説。 才知にあふれ、実行力がある人

傑作 英傑

猶
ユウ

- 刑の執行を**ユウヨ**する。 日時をおくらせること。ぐずぐずしてためらうこと

猶予

撤
テツ

- 不適切な意見を**テッカイ**する。 いったん出したものを、取り下げること
- 最前線から**テッタイ**する。 軍隊などが、陣地などを引き払ってしりぞくこと

撤回 撤退

懲
チョウ こ(りる・らす・らしめる)

- 規則違反者に**チョウバツ**を与える。 不正な行為をした人に、ばつを与えること
- 公務員が**チョウカイ**処分を受ける。 不正な行為に対して制裁を加えてこらしめること

懲罰 懲戒

旋
セン

- ツルが湖の上空を**センカイ**する。 曲線を描いてぐるりとまわること
- 政界に**センプウ**を巻き起こす。 社会に影響を与える突発的な事件。つむじかぜ

旋回 旋風

岬
みさき

- **ミサキ**に建つ灯台を見上げる。 海や湖に突き出た陸地の端

岬

問一 傍線部の漢字の読みを答えなさい。

① **詐称**行為の罪で罰せられる。（さしょう）
② 解答を導くのに**厄介**な問題。（やっかい）
③ 政界との**癒着**がうわさされる。（ゆちゃく）
④ **胆汁**は体液の一種だ。（たんじゅう）
⑤ **荘厳**な美しさをたたえた風景。（そうごん）
⑥ 締め切り日の**猶予**を求める。（ゆうよ）
⑦ **懲戒**処分の辞令が下る。（ちょうかい）
⑧ **岬**に沿って船が周遊する。（みさき）

問二 文中のカタカナを漢字に直しなさい。

① 彼は知識を**カツボウ**している。（渇望）
② 父は昔かたぎの**ガンコ**な性格だ。（頑固）
③ ライバルの活躍に**ハップン**する。（発憤）
④ 彼の態度に**ケイブ**の念を抱く。（軽侮）
⑤ 大企業二社が**ガッペイ**した。（合併）
⑥ この楽曲は彼の最高**ケッサク**だ。（傑作）
⑦ 政治家が失言を**テッカイ**する。（撤回）
⑧ 一大**センプウ**を巻き起こす商品。（旋風）

問三 後の漢字群から似たような意味の漢字を二字ずつ組み合わせ、①～⑧の意味を表す熟語を作りなさい。

① 水がかれること。ものが欠乏すること。
② ひどく腹を立てること。
③ 人を不幸におとしいれてしまう出来事。
④ 相手を見下し、はずかしめること。
⑤ 手をほどこし、その結果病気がなおること。
⑥ 団体に属する人間が犯した不当行為に対し、その団体が当事者に制裁を加えること。
⑦ 他人をだまし、損害をあたえること。
⑧ 陣地などを取り払い、その場所から立ち去ること。

【漢字群】

治　渇　枯　欺　詐　災　退　懲
撤　怒　辱　罰　侮　憤　厄　癒

P099 問三の解答：①繊維　②逸品　③進呈　④涼感　⑤熟睡　⑥購入

韻
イン

詩、短歌、俳句は**インブン**だ。
（リズムのある言語表現）

オウインはリズムを生みだす。
（詩歌で所定の位置に同じ音や似た音を置くこと）

韻文　押韻

累
ルイ

ルイセキ赤字の解消が急務だ。
（次々に重なりつもること）

ケイルイが多いと気苦労も多い。
（世話すべき家族）

累積　係累

泥
デイ
どろ

試験の結果に**コウデイ**しない。
（必要以上に気にしてこだわること）

議論が進まず**ドロヌマ**化した。
（どろぶかいぬま。ぬけだせない状況や環境）

拘泥　泥沼

囚
シュウ

シュウジンを釈放する。
（捕まえられて監獄などに入れられているひと）

囚人

宵
ショウ
よい

ヨイネをしたので朝早くめざめた。
（夜がふけないうちにねること）

コヨイは満月なので楽しみだ。
（きょうの夜）

宵寝　今宵

痢
リ

近年、**エキリ**はあまりみられない。
（かつて日本で多発した、幼児のかかる急性の伝染病）

ゲリが続くと体力がなくなる。
（液状かそれに近い状態の大便を排出すること）

疫痢　下痢

懐
カイ
ふところ
なつ（かしい・かしむ・く・ける）

作品全体に**カイコ**の情が漂う。
（昔を振り返ってなつかしむこと）

創立当時のことを**ジュッカイ**する。
（心の中のおもいなどをのべること）

懐古　述懐

頻
ヒン

機械の使用**ヒンド**が上がる。
（同じことが繰り返されるどあいや回数）

ヒンシュツ問題を解く。
（なんども現れること）

頻度　頻出

宜
ギ

ベンギ的にグループに分ける。
（都合が良いこと。その場に合った特別な計らい）

生徒の要望に**テキギ**対応する。
（状況にうまく合っていること）

便宜　適宜

酪
ラク

北海道で**ラクノウ**を営む。
（牛などを飼い、にゅう製品を製造・加工する産業）

ニュウラクを作っている。
（牛や羊などのちちから作った、バターなどの食品）

酪農　乳酪

慶
ケイ

親族が集まって**ケイジ**を祝う。
（結婚などのおめでたい祝いごと）

慶事

薦
セン
すす（める）

ジセンを含め複数の候補者を募る。
（みずから、己をよいとすすめること）

スイセン入試に合格する。
（よいとおもうひとや物を、他のひとにすすめること）

自薦　推薦

泰
タイ

子どもの成長を**タイゼン**と見守る。
（落ち着いていて、物事に動じない様子）

国の将来の**アンタイ**を願う。
（危険や心配がなく、やすらかなこと）

泰然　安泰

索
サク

音訓**サクイン**で漢字を探す。
（書物の中の語句などを簡単に探せるように工夫した表）

美について**シサク**にふける。
（筋道を立てて深く考えること）

索引　思索

升
ショウ
ます

イッショウびんの酒を買う。
（尺貫法の容量の単位で約一・八リットル）

マスメの中に言葉を書き入れる。
（四角い形のわく）

一升　升目

羅
ラ

数字を思いつくまま**ラレツ**する。
（つらなってならぶこと。ならべること）

好きな作家の著作を**モウラ**する。
（残らず集めて取り入れること）

羅列　網羅

問一 傍線部の漢字の読みを答えなさい。

① **押韻**が盛り込まれた歌詞。（おういん）
② ささいなことに**拘泥**する。（こうでい）
③ **今宵**の月は特にきれいだ。（こよい）
④ 病院で**下痢**止めの薬をもらう。（げり）
⑤ 作業が済み次第、**適宜**帰宅する。（てきぎ）
⑥ 身内の**慶事**が続く。（けいじ）
⑦ **自薦**のアピール文を書く。（じせん）
⑧ 原稿用紙の**升目**を数える。（ますめ）

問二 文中のカタカナを漢字に直しなさい。

① **ケイルイ**のない気楽な立場だ。（係累）
② **シュウジン**が主人公の映画を観る。（囚人）
③ この店は**カイコ**趣味な装飾だ。（懐古）
④ 我が家はカレーの**ヒンド**が高い。（頻度）
⑤ いとこは北海道の**ラクノウ**家だ。（酪農）
⑥ 彼がいればわが部も**アンタイ**だ。（安泰）
⑦ 将来について**シサク**する。（思索）
⑧ 思いつく人の名前を**ラレツ**する。（羅列）

問三 次は、図書委員がおすすめの本について紹介した文章である。傍線部①～⑤のカタカナをそれぞれ漢字に直しなさい。

私がおすすめする本は、『らくらく学べる英単語1500』（K書店）です。

この本は、私が大学受験に向けて学習するときに役立ち、なにより英語科の布川先生が①スイセンして下さったので、自信を持って紹介できる一冊です。

実際に使用して感じたこの本のすごいところは、大きく二つあります。

まず一つ目は、英単語が入試②ヒンシュツ順に掲載されていて、さらに過去五年間に国公立大学で出題された英単語が全て③モウラされていることです。優先して学ぶべき英単語がすぐに分かるので、効率よく学習できます。

二つ目は、④サクインページでも単語の学習ができることです。サクインには英単語と意味が並んで載っており、意味をチェックシートで隠せるので、学習の総仕上げとしての役割も果たしています。

また、この本は発売から三年で⑤ルイケイ発行部数が一〇〇万部に達しています。みなさんも、ぜひこの本で英単語の学習をしてみて下さい。

P101 問三の解答：①枯渇　②憤怒　③厄災　④侮辱　⑤治癒　⑥懲罰　⑦詐欺　⑧撤退

壮
ソウ

ソウダイな夢を思い描く。
規模がおおきく立派なこと。またその様子

キョウソウ剤を服用する。
からだが健康でつよく、勢いのあること

壮大　強壮

憾
カン

不適切発言に**イカン**の意を表する。
思い通りにならず、こころ残りがあること

遺憾

愁
シュウ
うれ(える・い)

ギターの音色が**リョシュウ**を誘う。
たび先で感じる何となく寂しい思い

潮の香りに**キョウシュウ**を覚える。
ふるさとや過去を懐かしむ気持ち

旅愁　郷愁

懸
ケン
ケ
か(ける・かる)

情報の提供に**ケンショウ**金を出す。
探し物などに、ほうびとして金品をかけること

ケンメイな努力が実を結んだ。
必死で物事に取り組むこと

懸賞　懸命

褒
ホウ
ほ(める)

自分への**ホウビ**にお菓子を買う。
ほめるために与えるもの

優勝選手に**ホウショウ**が贈られる。
すぐれた行いをほめること。ほうび

褒美　褒賞

渓
ケイ

有名な**ケイコク**を訪れる。
やまにはさまれた、川が流れているところ

長野県の大**セッケイ**に行く。
夏場もゆきでうずまる高山のたにま

渓谷　雪渓

拐
カイ

ユウカイされた子どもを保護する。
人をだましてさそい出し、よそに連れて行くこと

誘拐

陥
カン
おちい(る)
おとしい(れる)

カンボツした道路を補修する。
物の一部が落ちこんで低くなること

制度の**ケッカン**を指摘する。
機能や構造などがたりていないこと

陥没　欠陥

肢
シ

すらっとした**シタイ**をもっている。
両方の手足。両手両足とからだ

シシを伸ばして湯船につかる。
人間の両方の手足。また、動物の前後の足

肢体　四肢

砕
サイ
くだ(く・ける)

復興のため粉骨**サイシン**する。
ひどく苦労すること

機械で不燃物を**フンサイ**する。
こなごなにくだくこと

砕身　粉砕

僕
ボク

コウボクとして真面目に働く。
一般国民に奉仕する、おおやけの業務に従事する者

古くから**チュウボク**として働く。
主人にまごころをもって仕えるしもべ

公僕　忠僕

繭
ケン
まゆ

数本の**ケンシ**をより合わせる。
まゆからとったいと。まゆといと

新年に**マユダマ**を店先に飾る。
木の枝にまゆの形の縁起物をつるした正月の飾り物

繭糸(絹)　繭玉

拷
ゴウ

ゴウモンは人権侵害だ。
肉体に苦痛を与えて自白を強制すること

拷問

襟
キン
えり

白い**カイキン**シャツを着る。
えり元を外へおり返してひらくこと

エリアシを長く伸ばす。
首筋のあたりの髪の生えぎわ

開襟　襟足

衷
チュウ

チュウシンからの祈りをささげる。
まごころ。本当の気持ち

協議して**セッチュウ**案を導き出す。
複数のもののよいところを取り入れて調和させること

衷心　折衷

漆
シツ
うるし

工芸家が**シッキ**を制作する。
うるしを塗って仕上げたうつわ

カンシツの技法でうつわを作る。
仏像製作などに用いられた工芸技術の一つ

漆器　乾漆

問一 傍線部の漢字の読みを答えなさい。

① 優勝して**褒賞**金を得る。（ほうしょう）
② この**渓谷**の景色は全国で有名だ。（けいこく）
③ **四肢**を投げ出して眠る。（しし）
④ 機械が岩石を**粉砕**する。（ふんさい）
⑤ **忠僕**は主人によく尽くす。（ちゅうぼく）
⑥ **繭糸**はシルクの原料だ。（けんし）
⑦ **開襟**シャツに身を包む。（かいきん）
⑧ 奈良時代の仏像は**乾漆**像が多い。（かんしつ）

問二 文中のカタカナを漢字に直しなさい。

① **キョウソウ**な身体を保ちたい。（強壮）
② **イカン**なく力を発揮する。（遺憾）
③ 田舎を思い**キョウシュウ**に浸る。（郷愁）
④ **ケンメイ**に自身の役割をこなす。（懸命）
⑤ ついに**ユウカイ**犯が逮捕された。（誘拐）
⑥ **ケッカン**商品は交換いたします。（欠陥）
⑦ 囚人が**ゴウモン**にかけられる。（拷問）
⑧ **チュウシン**から感謝を述べる。（衷心）

問三 次は、新聞のキャンペーンチラシである。傍線部①～⑥のカタカナをそれぞれ漢字に直しなさい。

P103 問三の解答：①推薦　②頻出　③網羅　④索引　⑤累計

逓	テイ	**テイシン**省時代の切手を集める。（郵便などを、順次取りついで伝えること）	逓信
耗	モウ／コウ	**ショウモウ**品を定期的に買い足す。（使ってなくなること。使ってなくすこと）	消耗
		よく使う道具は**ソンモウ**が激しい。（使って減ること。使って減らすこと）	損耗
核	カク	問題の**カクシン**に迫る記事を読む。（物事の本質的な部分）	核心
		市民運動の**チュウカク**をになう。（物事の重要な部分）	中核
倫	リン	医療上の**リンリ**的課題を検討する。（ひととして守るべき社会生活上の道。道徳）	倫理
		その行為は**ジンリン**に背く。（ひととして守るべき社会生活上の道）	人倫
栽	サイ	とうもろこしを**サイショク**する。（草木をうえること）	栽植
		丹念に**ボンサイ**の手入れをする。（器に小型の植物を植えて、自然の趣を表現したもの）	盆栽
猫	ビョウ／ねこ	**ネコジタ**なのでお茶を冷ます。（熱い食べ物や飲み物が苦手なこと。また、そのひと）	猫舌
		ヤマネコのように素早く動く。（小型の野生のネコ）	山猫
叙	ジョ	当時のことを**ジョジュツ**する。（物事のありさまなどを順番にのべること）	叙述
		ジョジョウ的な曲を聴く。（自分の気持ちを言い表すこと）	叙情
褐	カツ	葉に**カッショク**のはん点が出る。（黒みを帯びた茶いろ）	褐色
艦	カン	**カンタイ**を組んで警備する。（複数の軍用船で編成された集団）	艦隊
		各国の**センカン**を比較する。（攻撃力・防御力ともにすぐれている大型の軍用船）	戦艦
唯	ユイ／イ	**ユイシン**論を批判する。（精神だけを真の存在として重視すること）	唯心
		丈夫なのが**ユイイツ**の取り柄だ。（それしかないこと）	唯一
捜	ソウ／さが(す)	警察が事件について**ソウサ**する。（警察などが犯罪について探り調べること）	捜査
		警察犬が遭難者を**ソウサク**する。（ひとや物をさがし求めること）	捜索
渦	カ／うず	**カチュウ**のひとに取材を申し込む。（もめごとや混乱している事件のただなか）	渦中
		故郷が**センカ**に巻き込まれる。（武力による争いによって起こる混乱）	戦渦
吟	ギン	**ギンミ**した食材を用いて料理する。（念入りに調べ確かめること）	吟味
		仲間たちと**シギン**を楽しむ。（中国の韻文の読み下し文に節をつけてうたうこと）	詩吟
塁	ルイ	決勝で**ルイシン**を務める。（野球で各ベースのそばで判定をするひと）	塁審
		ホンルイに頭から滑り込む。（野球のホームベース。より所とするとりで）	本塁
抹	マツ	不要なデータを**マッショウ**する。（跡が見えないようにけして除くこと）	抹消
		イチマツの不安が頭をよぎる。（わずかばかり。ほんの少し）	一抹
丙	ヘイ	**ヘイシュ**危険物取扱者資格を取る。（甲・乙などと分類したときの三番目）	丙種
		ヘイゴの年にまつわるめいしん。（干支のひとつで、第四十三番目。ひのえうま）	丙午

問一

傍線部の漢字の読みを答えなさい。

① 明治時代に**逓信**省が設置された。（ていしん）
② この作家の小説は**叙情**的だ。（じょじょう）
③ 世界の**戦艦**をまとめた本を読む。（せんかん）
④ 私の**唯一**の趣味は読書だ。（ゆいいつ）
⑤ 行方不明者の**捜索**が始まった。（そうさく）
⑥ 今週末、町内で**詩吟**会がある。（しぎん）
⑦ サードランナーが**本塁**へ向かう。（ほんるい）
⑧ 危険物取扱者**丙種**に合格する。（へいしゅ）

問二

文中のカタカナを漢字に直しなさい。

① 真夏日は体力が**ショウモウ**する。（消耗）
② **カクシン**を突いた物言いをする。（核心）
③ **リンリ**の教科書を購入する。（倫理）
④ 祖父の家には**ボンサイ**がある。（盆栽）
⑤ 妹は**ネコジタ**で熱いものが苦手だ。（猫舌）
⑥ 海で身体が**カッショク**に焼けた。（褐色）
⑦ 疑惑の**カチュウ**にいる人物。（渦中）
⑧ 成功するか**イチマツ**の不安がある。（一抹）

問三

次の空欄①～⑪に当てはまる漢字を、後の漢字群から一つずつ選びなさい。なお、線で結ばれた箇所には同じ漢字が入る。

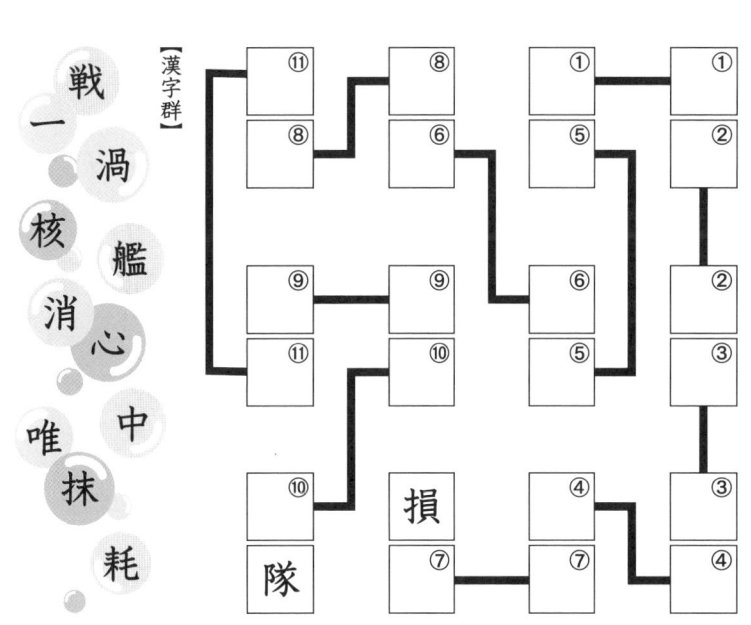

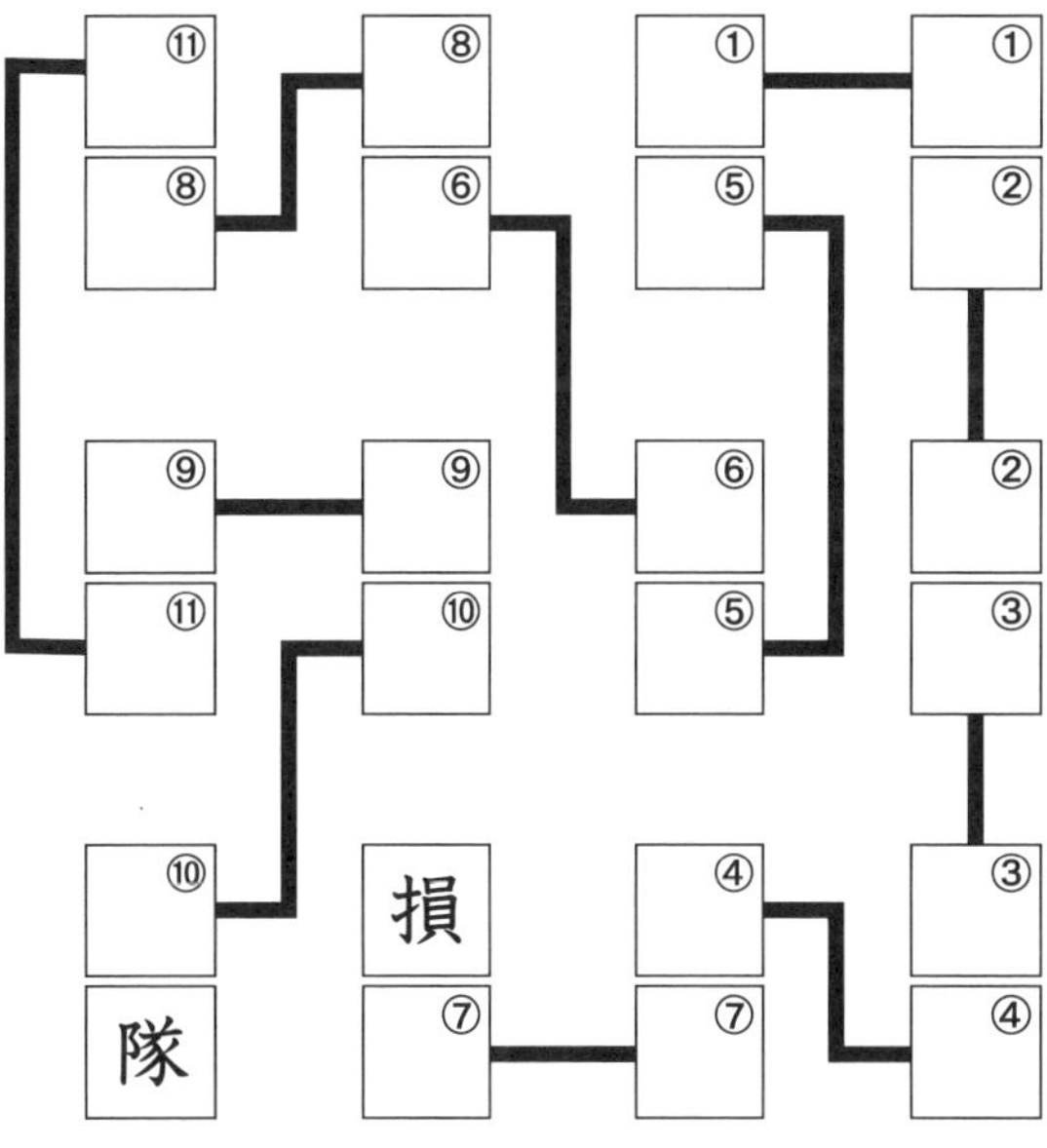

【漢字群】
戦　一　渦　核　艦　消　心　唯　中　抹　耗

江
コウ　え

- 作家の自伝が**コウコ**の評判を呼ぶ。（世の中。世間。川とみずうみ）
- **エド**時代の文化について学習する。（東京の旧称）

江湖　江戸

紡
ボウ　つむ（ぐ）

- **ボウセキ**技術が向上する。（綿花などの繊維を加工して糸にすること）
- この服は毛と綿の**コンボウ**だ。（種類が違う繊維をまぜて糸をつむぐこと）

紡績　混紡

妊
ニン

- **ニンプ**に電車の席を譲る。（みごもっているおんなのひと）
- **カイニン**の兆候が見られる。（胎児を宿すこと。みごもること）

妊婦　懐妊

禍
カ

- この世の**カフク**は予測できない。（わざわいとしあわせ）
- 地震の**サイカ**を語り継ぐ。（異常な自然現象や事故などによるわざわい）

禍福　災禍

虜
リョ

- 終戦後、**リョシュウ**を解放する。（とらわれている人。とりこ）
- **ホリョ**が収容所から脱走する。（戦争などで敵につかまった者。とりこ）

虜囚　捕虜

閥
バツ

- **ハバツ**争いからは距離を置いた。（集団の内部で、出身や利害関係などで結びついた集団）
- **ザイバツ**による富の独占を禁じる。（巨大な独占的資本家・企業家の一族一門）

派閥　財閥

雰
フン

- 新しいクラスは明るい**フンイキ**だ。（その場やそこにいる人たちの間にある感じ。ムード）

雰囲気

枠
わく

- 予算の**ワクガイ**の支出を計算する。（一定のきまりに収まらない部分）
- **ベツワク**で中途採用者を募集する。（正規のものとは分けて設けられた、他と異なる基準）

枠外　別枠

淑
シュク

- **シュクジョ**らしく振る舞う。（上品でしとやかなおんなのひと）
- **シシュク**する学者の著書を読む。（教えを直接受けてはいないが、その人を慕うこと）

淑女　私淑

琴
キン　こと

- その詩は心の**キンセン**に触れた。（心の奥に秘められた、感動しその通りだと思う心情）
- 音楽会で**モッキン**を演奏する。（きの切れ端を並べ、棒で打って鳴らす打楽器の一種）

琴線　木琴

盲
モウ

- **モウモク**的に信じてはいけない。（めが見えないこと。理性的に判断できないこと）
- **モンモウ**率を下げるため教育する。（字の読み書きができないこと。また、その人）

盲目　文盲

伯
ハク

- 両選手の力は**ハクチュウ**している。（同じくらいの力があり、優劣が付けられないこと）
- 著名な**ガハク**の個展を見る。（優れた絵描き）

伯仲　画伯

俊
シュン

- 彼は**シュンビン**な動きをする。（頭の回転が速く、行動がすばやい様子）
- 彼は**エイシュン**として有名だ。（才知がずば抜けていること）

俊敏　英俊

邸
テイ

- **テイタク**の庭を散策する。（りっぱな屋敷）
- 首相が**カンテイ**から指示を出す。（大臣や長官などに、在任中、国が提供する家）

邸宅　官邸

畝
うね

- **ウネオリ**の布で着物を仕立てる。（表面にうねが現れるようにしたおりもの）

畝織

附
フ

- **フゾク**の中学校から進学する。（主となるものについていること）
- 新たな**フズイ**業務が増える。（主体となる物事と密接に結びついていること）

附属（付）　附随（付）

問一 傍線部の漢字の読みを答えなさい。

① 江戸が舞台の時代劇を見る。（えど）
② ポリエステル混紡のスーツを着る。（こんぼう）
③ 災禍を顧みず救助に向かう。（さいか）
④ 終戦により捕虜が解放される。（ほりょ）
⑤ 彼には魅力的な雰囲気がある。（ふんいき）
⑥ 淑女と呼ぶにふさわしい女性。（しゅくじょ）
⑦ この生地は特徴的模様の畝織だ。（うねおり）
⑧ あの格好は附属中学校の制服だ。（ふぞく）

問二 文中のカタカナを漢字に直しなさい。

① 皇后ご**カイニン**の知らせを聞く。（懐妊）
② **ハバツ**争いにはうんざりだ。（派閥）
③ **ワクガイ**の注意事項に目を通す。（枠外）
④ 心の**キンセン**に触れる言葉。（琴線）
⑤ 焦ると**モウモク**になり失敗する。（盲目）
⑥ 有名**ガハク**の展覧会に行く。（画伯）
⑦ **シュンビン**に動くロボット。（俊敏）
⑧ 首相**カンテイ**の様子が中継される。（官邸）

問三 次の〈例〉にしたがって、それぞれに共通の部首を後の選択肢から選び、熟語を完成させなさい。

菓

〈例〉楽早＋（キ）＝薬草

① 工胡＋（　）＝
② 咼畐＋（　）＝
③ 付迶＋（　）＝
④ 白中＋（　）＝
⑤ 壬帚＋（　）＝
⑥ 方責＋（　）＝

ア．しめすへん　イ．にんべん　ウ．いとへん
エ．おんなへん　オ．こざとへん　カ．さんずい
キ．くさかんむり

P107 問三の解答：①唯　②一　③抹　④消　⑤心　⑥核　⑦耗　⑧中　⑨戦　⑩艦　⑪渦

叔
シュク

- **シュクフ**の元で仕事をする。（男親または女親の弟。また、その妹の夫。おじ）
- **シュクボ**と共に暮らす。（男親または女親の妹。また、その弟の妻。おば）

叔父　叔母

酷
コク

- 気圧の影響で**コクショ**となる。（あつさが厳しいこと）
- 彼の言葉はあまりにも**ザンコク**だ。（理由なく相手に苦しみをあたえても平気な様子）

酷暑　残酷

弔
チョウ　とむら(う)

- 告別式で**チョウジ**を読む。（死者をとむらう気持ちを記した文章）
- **ケイチョウ**電報を送る。（喜びごとを祝うことと、凶事をとむらうこと）

弔辞　慶弔

寛
カン

- 彼女は**カンダイ**な心の持ち主だ。（心がひろく、おおらかなこと）
- 多様性に**カンヨウ**な社会を目指す。（心がひろく、他人のあやまちを許すこと）

寛大　寛容

嫌
ケン　ゲン　きら(う)　いや

- 差別的な言動に**ケンオ**感を抱く。（不快に思い、きらうこと）
- 試合に勝って**キゲン**がいい。（表情や言動に表れているその人の気分）

嫌悪　機嫌

扉
ヒ　とびら

- **モンピ**を開いて客を迎え入れる。（家の出入り口につける開き戸の戸）
- **トビラエ**で読者をひきつける。（書物のとびらに描いたえ）

門扉　扉絵

拙
セツ　つたな(い)

- **セッソク**な対応を戒める。（出来はわるいが、仕事は早いこと）
- **チセツ**だが味のある字だ。（子どもじみていて、下手なこと）

拙速　稚拙

禅
ゼン

- **ゼンジョウ**をして対象に集中する。（心を静めて真理を悟るための修行法や、その精神状態）
- 精神を鍛えようと**ザゼン**を組む。（静かにすわって精神を集中させる修行法）

禅定　座禅

隅
グウ　すみ

- 公園の**イチグウ**に木を植える。（いっぽうのすみ）
- 店の**カタスミ**で音楽に耳を傾ける。（中心から離れたすみ）

一隅　片隅

坪
つぼ

- 自宅に**ツボニワ**をしつらえる。（邸内の、へいなどに囲まれたようになっている中にわ）
- 家の**タテツボ**を調べる。（たてものが占める土地の面積を、つぼ数で表したもの）

坪庭　建坪

騰
トウ

- 政府の政策が地価の**トウキ**を招く。（物価などがあがること）
- 食品価格の**コウトウ**で頭が痛い。（物価などがあがること）

騰貴　高騰

礁
ショウ

- 商船が**アンショウ**に乗り上げた。（水中に隠れて見えないいわ）
- **ガンショウ**で鳥が羽を休めている。（水中に隠れていたり、海面に少し出ていたりするいわ）

暗礁　岩礁

寧
ネイ

- 人々の**アンネイ**と幸せを祈る。（世の中が平穏なこと）
- 心をこめて**テイネイ**な字で書く。（礼儀正しい様子。細部まで行き届いている様子）

安寧　丁寧

弊
ヘイ

- 気候変動の**ヘイガイ**を案じる。（他者によくない影響を与える物事）
- **ゴヘイ**を恐れず意見を述べる。（誤解を招きやすい表現やそのために起こる問題）

弊害　語弊

罷
ヒ

- 野党が長官の**ヒメン**を要求する。（担当している任務をやめさせること）

罷免

姻
イン

- 市役所に**コンイン**届を提出する。（夫婦になること）

婚姻

問一 傍線部の漢字の読みを答えなさい。

① 彼の態度に嫌悪感をあらわにする。（けんお）
② 門扉が固く閉ざされた屋敷。（もんぴ）
③ 成功するには拙速は避けるべきだ。（せっそく）
④ 隣に建坪の広い家ができた。（たてつぼ）
⑤ 冷害の影響で野菜が高騰する。（こうとう）
⑥ 年始はいつも家族の安寧を願う。（あんねい）
⑦ 無意味とまで言うのは語弊がある。（ごへい）
⑧ 総理が財務大臣を罷免する。（ひめん）

問二 文中のカタカナを漢字に直しなさい。

① **シュクボ**の家の畑で採れた野菜。（叔母）
② **ザンコク**な描写のある小説を読む。（残酷）
③ **チョウジ**の言葉に涙をこらえる。（弔辞）
④ いつも**カンダイ**な心でいたい。（寛大）
⑤ 毎朝**ザゼン**を組む習慣がある。（座禅）
⑥ 部屋の**カタスミ**に置かれた箱。（片隅）
⑦ 浅瀬付近には**ガンショウ**が多い。（岩礁）
⑧ 二人は**コンイン**関係にある。（婚姻）

問三 次は、生徒が担任の先生に向けて送った暑中見舞いであるが、漢字の誤りが五か所ある。誤りを指摘し、正しい漢字に改めなさい。

暑中お見舞い申し上げます

刻暑の毎日が続きますが、ご機現いかがでしょうか。夏休み前、遊ぶことばかり考えていた二組のみんなを感大な心で送り出して下さりありがとうございます。先生の気持ちに応えられるように、ぼくはこの夏休みに数学の復習をしています。先生の教え子だった姉が低寧に教えてくれていますので、夏休み明けのテストを楽しみにしていて下さい。

それでは、これからもよろしくお願いいたします。稚摂な文章で失礼いたしました。

令和三年　盛夏

P109 問三の解答：①カ・江湖　②ア・禍福　③オ・附随　④イ・伯仲　⑤エ・妊婦　⑥ウ・紡績

覇
ハ

世界選手権の**ハシャ**となる。
競技に優勝した人。武力などによって国を治める人

全国**セイハ**を目指して戦う。
競技などで優勝すること

覇者　制覇

醸
ジョウ
かも(す)

国内でワインを**ジョウゾウ**する。
原料を発酵させて酒などをつくること

純米**ギンジョウ**酒を販売する。
よく調べて選んだ原料を用いて念入りにつくること

醸造　吟醸

刃
ジン
は

キョウジンに倒れた友の志を継ぐ。
人殺しなど、残酷な行いに用いるはもの

ハモノの扱いには気をつける。
ものを切ったり削ったりするための道具

凶刃　刃物

紳
シン

彼は**シンシ**的な態度で話し出した。
品格があって、礼儀ただしい人

和歌は**キシン**のたしなみの一つだ。
身分が高く品格があり有名な人

紳士　貴紳

呉
ゴ

ゴフク屋でふりそでを選ぶ。
和装用のおりものの総称

ゴオンは仏教用語に多く見られる。
古く中国から伝わった、日本の漢字の読み方の一つ

呉服　呉音

撲
ボク

伝染病の**ボクメツ**を目指す。
完全になくしてしまうこと

階段で転んだが軽い**ダボク**ですむ。
体をものにうちつけたり、たたいたりすること

撲滅　打撲

塀
ヘイ

古い**ドベイ**を修繕する。
つちを塗り固めてつくったへい

土塀

鉢
ハチ
ハツ

運動会で**ハチ**マキをまいて走る。
頭部を布などでまくこと。また、その布

ウエキバチで朝顔を育てる。
きや草花をうえるはち

鉢巻　植木鉢

浄
ジョウ

水を**ジョウカ**する設備を作る。
汚れを取って、きれいにすること

傷を**センジョウ**して手当てする。
水などで汚れを落としてきれいにすること

浄化　洗浄

漬
つ(ける・かる)

白菜の**ツ**け**モノ**を食べる。
野菜などを塩やみそなどにつけた食品

祖母の**ウメヅ**けを送ってもらう。
ウメの実を塩などにつけた食品

漬・物　梅漬

矯
キョウ
た(める)

眼鏡で視力を**キョウセイ**する。
欠点などを直してただしくすること

キキョウな振る舞いが人目をひく。
言動が普通とは違って突飛な様子

矯正　奇矯

洞
ドウ
ほら

壁の中に**クウドウ**がある。
中にあながあいてうつろになった所

ホラアナにコウモリがすむ。
岩やがけにある、中がからのあな

空洞　洞穴

粧
ショウ

新しい**ケショウ**品を買う。
くちべにやおしろいなどで顔を美しく飾ること

化粧

閑
カン

ひと仕事終わって**カンカ**を得る。
何もするべきことがない状態

学生の苦情を**トウカン**に付す。
ものごとをいいかげんに扱うこと

閑暇　等閑

唇
シン
くちびる

コウシンに薬を塗る。
くちびる

彼は**シタクチビル**をかんだ。
したのほうのくちびる

口唇　下唇

肌
はだ

多様な**ハダイロ**の人がいる。
はだのいろ

スハダに優しいシャツを着る。
衣類やけしょう品などをつけていないはだ

肌色　素肌

問一 傍線部の漢字の読みを答えなさい。

① 父は吟醸酒の品評会に行った。（ぎんじょう）
② 暴徒の凶刃に倒れる。（きょうじん）
③ 貴紳の振る舞いが身についた男性。（きしん）
④ 呉音の熟語について調べる。（ごおん）
⑤ 歯列矯正をする。（きょうせい）
⑥ ピーマンの中は空洞になっている。（くうどう）
⑦ することがなく閑暇を持て余す。（かんか）
⑧ 敗北した悔しさに下唇をかんだ。（したくちびる）

問二 文中のカタカナを漢字に直しなさい。

① この試合に勝てば全国セイハだ。（制覇）
② 新型ウイルスのボクメツを願う。（撲滅）
③ ドベイに囲まれた城。（土塀）
④ 花の種をウエキバチにまく。（植木鉢）
⑤ 下水のジョウカ装置が作動する。（浄化）
⑥ 祖母の仕込んだウメヅけが好きだ。（梅漬）
⑦ 成人式にケショウをして出かける。（化粧）
⑧ 気温が氷点下になりスハダが痛い。（素肌）

問三 次は、ある商店街の案内リーフレットであるが、漢字の誤りが六か所ある。誤りを指摘し、正しい漢字に改めなさい。

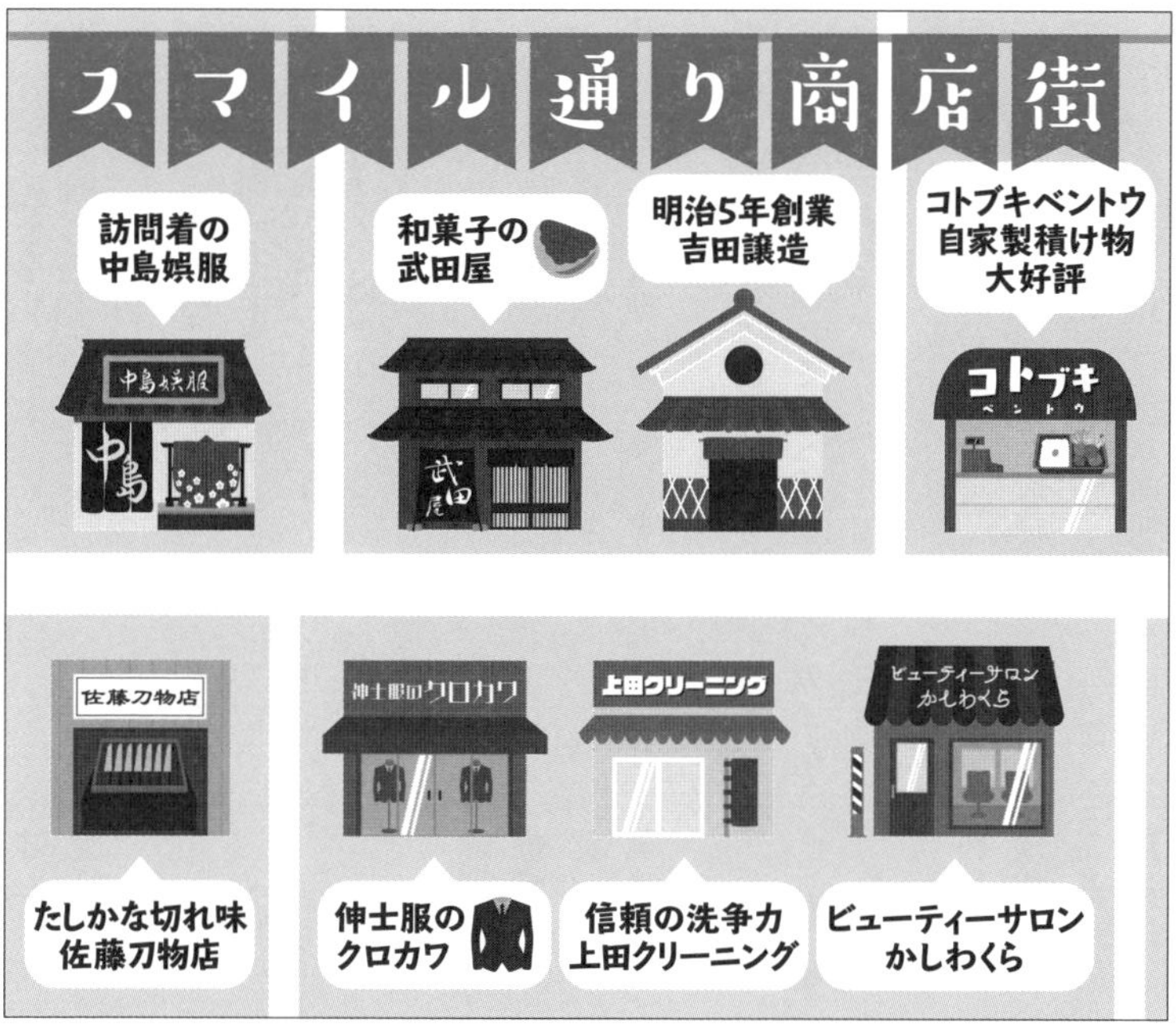

P111 問三の解答：刻→酷　現→嫌　感→寛　低→丁　摂→拙　（順不同）

準2級漢字演習問題①

問 次の文章中の傍線部と同じ漢字を用いるものを、後の選択肢から選びなさい。

1

はかない命をおもうことがなければ、人を愛する心は輝きを失うだろうし、草花やユウキュウの自然に寄せる心も色あせるだろう。

〈藤原正彦「数学者の休憩時間」〉

① 政治家が地方ユウゼイする。
② ユウダイな自然をながめる。
③ 事故をユウハツする悪路。
④ ユウヨウたる物腰で接する。

④・悠久

遊説
雄大
誘発
悠揚

P96

2

〈国民総生産を下げずにエネルギー消費量を抑えようとすると日本の家庭では〉江戸時代以前の生活に戻るしかない、というたいへんなエネルギー状況をシサしていることになります。

〈小澤徳太郎「スウェーデンに学ぶ『持続可能な社会』」〉

① 上司をホサする。
② キョウサ扇動する。
③ 大金をサシュする。
④ サショウを発給する。

②・示唆

補佐
教唆
詐取
査証

P96

3

ジョニ黒〈ジョニーウォーカーの黒ラベルで商品名である〉は、酒類の中であまり人気が高いとはいえないウイスキーのメイガラに過ぎない。

〈松原隆一郎「バブル期の消費とはなんだったのか」〉

① レンメイに所属するチーム。
② ライメイが聞こえる。
③ 先生の教えをメイキする。
④ 世界情勢がコンメイを極める。

③・銘柄

連盟
雷鳴
銘記
混迷

P98

4

ここで河上君が言う「アウトサイダー」には、説明されている通りのヤッカイな意味があろうが、

〈前田英樹「批評の魂」〉

① ごリヤクがある。
② ツウヤクの資格を取得する。
③ ヤクドシを乗り切る。
④ ヤッキになって反対する。

③・厄介

利益
通訳
厄年
躍起

P100

5

そして、幕末の競争を勝ち抜いた者たちの地位が、新政府の成立後もアンタイであるという保証もまた存在しない。

④・安泰

P102

〈井手英策「分断社会の原風景」〉

① 社員のタイグウを改善する。
② 彼は若いのにショタイじみている。
③ 二ヶ月間パリにタイザイする。
④ タイゼン自若とした態度。

待遇
所帯
滞在
泰然

6

生活費にも事欠くほど貧乏をしながらケンメイに清らかな作品を書き続けた。〈渡辺裕「聴衆の『ポストモダン』?」〉

① 鉄棒でケンスイをする。
② 生命ホケンに入る。
③ 社員をハケンする。
⑤ 昼夜ケンコウで働く。

①・懸命

P104

懸垂
保険
派遣
兼行・健康

7

小屋がけや、焼け跡のソウサクにたずさわらないものは、いつものごとく喫煙にふけっている。〈会田雄次「日本の風土と文化」〉

① 大きなソウドウを引き起こす。
② 窃盗事件のソウサが始まる。
③ 面接でのフクソウに気をつかう。
④ 古いチソウから化石を採る。

②・捜索

P106

騒動
捜査
服装
地層

8

その対象が何らかの契機で私たちの心の

③・琴線

キンセンに触れることで、ノスタルジアの感情は対象に向かって投影され始める。〈磯前順一「閾の思考 他者・外部性・故郷」〉

① あゆ漁のカイキンの日。
② キンチョウ感を持続する。
③ モッキンを演奏する。
④ キントウに分ける。

P108

解禁
緊張
木琴
均等

9

苦痛は動物の特権だと述べたのはヘーゲルだが、ザンコクは人間の特権だといわなければならない。〈三浦雅士「孤独の発明」〉

① 深山ユウコクに分け入る。
② イッコクを争う事態だ。
③ 肉体をコクシする。
④ 豊かなコクソウ地帯。

③・残酷

P110

幽谷
一刻
酷使
穀倉

10

未成熟であることは一時的な欠点や症状としてキョウセイされたり取り去られたりすることはなく、〈阿部公彦「幼さという戦略」〉

① 職種がキョウゴウする。
② 人質を取ってキョウハクする。
③ キキョウな振る舞いをする。
④ 意味をキョウギに解釈する。

③・矯正

P112

競合
脅迫
奇矯
狭義

洪
コウ

コウズイに備えて対策を取る。
河川のみずかさが平常よりも増加し、あふれでること

この台地は**コウセキソウ**からなる。
氷河時代に形成された岩のかさなり

洪水　洪積層

曹
ソウ

ホウソウを目指して勉強する。
裁判官など、ほう律に関係する仕事に携わるひと

ジュウソウを使って入浴剤を作る。
炭さんすい素ナトリウム。料理や掃除などに用いられる

法曹　重曹

棺
カン

参列者が**シュッカン**を見送る。
葬式のときに、ひつぎを家や式場から送りだすこと

ノウカンは通夜の前に行われる。
遺体をひつぎにおさめること

出棺　納棺

暁
ギョウ
あかつき

ギョウテンに鶏が時を告げる。
明け方の、少し明るくなってきた空。夜明け

旅びとが**ソウギョウ**に宿をたつ。
夜明けごろ

暁天　早暁

菌
キン

えのきは群生する**キンルイ**だ。
葉緑素がない植物の中の、きのこやカビなどの総称

体内の**サイキン**の検査をする。
微生物のひとつ

菌類　細菌

仙
セン

センニンが現れそうなけはいの山。
俗世を離れて山中などに住み、不老不死とされるひと

スイセンが見頃を迎える。
ヒガンバナ科の多年草。白や黄色の花をつける

仙人　水仙

泡
ホウ
あわ

キホウの入ったガラスは趣がある。
液体や固体の中にある、ガスを含む粒状のもの

アワユキのように溶けるお菓子。
あわのように溶けやすいゆき

気泡　泡雪

薫
クン
かお(る)

丘の上を**クンプウ**が吹き抜ける。
青葉のかおりが漂うような、さわやかな初夏のかぜ

肉を**クンセイ**にして保存する。
塩漬けの肉や魚を木材の煙でいぶした食品

薫風　薫製

但
ただ(し)

契約条項に**タダ**し**ガ**きをつける。
前の文の補足や条件・例外などをかき加えた文

但・書

貞
テイ

夫婦として互いに**テイケツ**を保つ。
信念が固く、行いに後ろ暗いところがないこと

テイソウ観念を身に付ける。
人としての正しい道を守ること

貞潔　貞操

臭
シュウ
くさ(い)
にお(う)

活性炭が**シュウキ**を吸着する。
快くないにおい。嫌なにおい

トイレに**ショウシュウ**剤を置く。
嫌なにおいをけすこと

臭気　消臭

磨
マ
みが(く)

厳しい**レンマ**を通じて上達する。
精神や技芸などをみがくこと

ケンマされた石器が見つかる。
刀などをといでみがくこと。精神などを鍛えること

錬(練)磨　研磨

軟
ナン
やわ(らか・らかい)

ナンスイは洗たくに適している。
カルシウムなどの塩類をほとんど含まないみず

運動前に**ジュウナン**体操をする。
やわらかくしなやかになること

軟水　柔軟

且
か(つ)

公正**カ**つ適正に選挙を行う。
一方では。そのうえ

且

酢
サク
す

サクサンを食事で効果的に取る。
刺激性のにおいとすっぱさがある無色の液体

クロズを使った料理を食べる。
長期間発酵・熟成させて作る。くろい色のす

酢酸　黒酢

悼
トウ
いた(む)

旧友への**トウジ**が心に響く。
ひとの死をいたんでとむらう言葉

作家の**ツイトウ**特集を組む。
死者の生前をしのんで、いたみ悲しむこと

悼辞　追悼

問一 傍線部の漢字の読みを答えなさい。

① **法曹**を志し司法試験を受ける。（ほうそう）
② 翌日の**早暁**、暗いうちに出かける。（そうぎょう）
③ 桜が散った後に**薫風**が吹く。（くんぷう）
④ 作り話だとの**但**し**書**きを付ける。（ただ・が）
⑤ **貞操**にもとる行いはしない。（ていそう）
⑥ 武道を通じて心身を**錬磨**する。（れんま）
⑦ 明確**且**つ詳細な地図を描く。（か）
⑧ 故人へ**追悼**の言葉を述べる。（ついとう）

問二 文中のカタカナを漢字に直しなさい。

① 低い土地での**コウズイ**対策。（洪水）
② 故人を**ノウカン**しお別れをする。（納棺）
③ 体内に入った**サイキン**が増殖する。（細菌）
④ 山奥に住むといわれる**センニン**。（仙人）
⑤ 羽が**アワユキ**のように白い鳥。（泡雪）
⑥ 薬品から発生する**シュウキ**。（臭気）
⑦ 状況に応じた**ジュウナン**な対応。（柔軟）
⑧ 豚肉と**クロズ**を使ったレシピ。（黒酢）

問三 次は、D班が作成したプレゼンテーション資料である。発表資料中の傍線部①〜⑤のカタカナを漢字に直しなさい。

〈ジュウソウ(①)の使い方〉

1. 食べ物に使える

- 蒸しパンやおまんじゅう
  二酸化炭素を発生させ、キホウ(②)となり生地が膨らむ
- 緑の野菜を色よくきれいにゆでる
- だしやお茶が出やすいように水をナン(③)カさせる

2. 掃除に使える

- 茶しぶ・水あか落とし
- 油汚れを浮かせて落とす
  ス(④)を加えるとさらに効果がアップする
- ショウシュウ(⑤)・湿気やにおいの吸収

P113 問三の解答：娯→呉　譲→醸　積→漬　刀→刃　伸→紳　争→浄　（順不同）

槽（ソウ）
- **スイソウ**で熱帯魚を飼う。 — みずをたくわえておくための容器
- **ヨクソウ**につかって疲れを取る。 — ふろおけ。湯船
- 水槽　浴槽

虞（おそれ）
- 損害を受ける**オソレ**がある。 — 不安。よくないことが起こるのではないかという心配
- 虞

頒（ハン）
- 旬の果物を安価で**ハンプ**する。 — 広くゆきわたるように配り分けること
- 頒布

塾（ジュク）
- **ジュクセイ**の寄宿舎をつくる。 — 学問などを教える民間の学舎で教えを受ける人
- 彼は郷里で**シジュク**を開いた。 — 民間の教育機関
- 塾生　私塾

嫡（チャク）
- **チャクナン**が家を継いだ。 — 正妻がうんだ最初のおとこの子
- 病弱の長子は**ハイチャク**された。 — 旧民法の規定で、推定相続人の地位を失わせること
- 嫡男　廃嫡

漸（ゼン）
- **ゼンシン**的に政治改革をすすめる。 — 段階を追ってすこしずつすすむこと
- 労働者の待遇は**ゼンジ**改善された。 — だんだん。次第に
- 漸進　漸次

昆（コン）
- **コンブ**でだしを取る。 — 海そうのひとつ
- 捕まえた**コンチュウ**を標本にする。 — 節足動物のひとつ。体が頭・胸・腹に分かれている
- 昆布　昆虫

喝（カツ）
- 政党政治の本質を**カッパ**する。 — 真理を説き明かすこと。また、大声でしかること
- 怠けている子どもを**イッカツ**する。 — ひと声、大声でしかりつけること
- 喝破　一喝

献（ケン・コン）
- 大学の図書館で**ブンケン**を探す。 — 研究の参考になる書物など。記録
- 毎日の**コンダテ**を考える。 — りょう理の種類や内容、順序など
- 文献　献立

亭（テイ）
- 彼がこの店の**テイシュ**だ。 — 家のあるじ。特に、宿屋などのあるじ
- **リョウテイ**で会合をもつ。 — おもに和食を出す、高級な店
- 亭主　料亭

璽（ジ）
- 書類に**インジ**を押す。 — 天皇の判と、くにの表章として押す判の総称
- 侍従職が**コクジ**を保管する。 — くにの表章として押す判
- 印璽　国璽

朴（ボク）
- 彼は**ジュンボク**で欲のない人だ。 — 素直で飾り気がない様子。いつわりがない様子
- **ソボク**な演説が人の心を打つ。 — 飾り気がなくてありのままの様子。単純な様子
- 純朴　素朴

尉（イ）
- 旧日本軍の**イカン**の話を聞く。 — 軍人の階級で、陸海軍の大い・中い・しょういの総称
- 彼は陸軍の**ショウイ**を務めた。 — 軍隊で戦闘指揮をする、将校の階級のひとつ
- 尉官　少尉

硝（ショウ）
- この辺は**ショウセキ**を産出する。 — 天然のしょう酸カリウム
- 辺りに**エンショウ**のにおいが漂う。 — けむりの出るかやく。また、しょう酸カリウム
- 硝石　煙硝

缶（カン）
- 災害対策で**カンヅメ**を備蓄する。 — 加工食品などを長期保存のため金属容器に密封した物
- **アキカン**をくずかごに捨てる。 — 中身がなくなり、からになったかん
- 缶詰　空・缶

沸（フツ・わ(く・かす)）
- 紅茶は**フットウ**した湯でいれる。 — 液体が熱せられて、内部から気化すること
- ふきんを**シャフツ**消毒する。 — みずなどを十分に熱してよくわかすこと
- 沸騰　煮沸

問一 傍線部の漢字の読みを答えなさい。

① 大きな**水槽**の中を魚が泳ぐ。（すいそう）
② 罪に問われる**虞**のある発言。（おそれ）
③ すべての会員に**頒布**された資料。（はんぷ）
④ 家康の**嫡男**である信康。（ちゃくなん）
⑤ 研究は**漸次**発展、拡大してきた。（ぜんじ）
⑥ 詔勅に**国璽**が押印される。（こくじ）
⑦ 誠実で**純朴**な性格の学生。（じゅんぼく）
⑧ 銃声の後で**煙硝**のにおいがする。（えんしょう）

問二 文中のカタカナを漢字に直しなさい。

① 英語の**シジュク**に通う学生。（私塾）
② 珍しい**コンチュウ**を発見する。（昆虫）
③ 芸術は記号であると**カッパ**する。（喝破）
④ 論文を書くための参考**ブンケン**。（文献）
⑤ 茶事の主催者である**テイシュ**。（亭主）
⑥ **ショウイ**の階級に任命される。（少尉）
⑦ **ア**き**カン**を集めて再利用する。（空・缶）
⑧ 水を**シャフツ**してから飲む。（煮沸）

問三 次は、あるサイトで公開中のレシピである。傍線部①〜⑥のカタカナを漢字に直しなさい。

リョウテイ①の主人が教える今日の**コンダテ**②シリーズ

簡単さばの**カンヅメ**③レシピ

今回は、さばかんで作る簡単な煮物を紹介します。
シンプルな味つけで、さばの**ソボク**④なうまみが感じられますよ。

■さばかんと**コンブ**⑤のしょうが煮

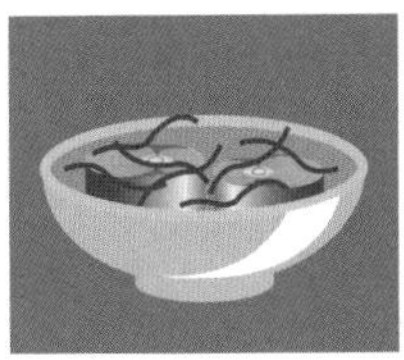

<材料>

●さばかん　1かん　●乾燥きざみコンブ　40g
●しょうゆ・酒・みりん　各大さじ1
●しょうが　一かけ（すりおろす）

<作り方>

1. すべての材料を小鍋に入れ、火にかける。さばかんは汁ごと入れる。
2. **フットウ**⑥したら落としぶたをして、汁気がなくなるまで中火で煮込む。
3. 汁気がなくなったら、冷めるまで放置して味を染み込ませれば完成。

P117 問三の解答：①重曹　②気泡　③軟化　④酢　⑤消臭

眺
チョウ　なが(める)

山頂からの**チョウボウ**を楽しむ。
遠く見渡したながめ

眼前に広がる田園風景を**ナガ**める。
はるかに見渡す。全体の様子を見る

眺望　眺

駄
ダ

この絵画は**ダサク**といわれている。
できばえが悪いもの

電気の**ムダ**づかいに気をつける。
効果や利益がなく、役に立たないこと

駄作　無駄

痴
チ

逃げだした**チカン**を捕まえる。
女性にみだらなことをする男

方向**オンチ**なのでよく道に迷う。
ある分野に感覚が鈍いこと。またその人

痴漢　音痴

凸
トツ

トッパンは昔からある印刷方法だ。
インクの付く部分が盛り上がっている印刷のはん

トツメン鏡は視野が広い。
中央が周囲より高くなっている鏡

凸版　凸面

戻
レイ　もど(す・る)

保険を解約し**ヘンレイ**金をもらう。
受け取ったものをかえしもどすこと

就職を機に生まれた街へ**モド**る。
移動したものが、元あった場所へと向かう

返戻　戻

儒
ジュ

ジュカの思想について学ぶ。
孔子を祖とする学問上の流派

ジュキョウは仁と礼を根本とする。
孔子を祖とする、中国の伝統的な道徳思想

儒家　儒教

硫
リュウ

リュウカすい素は悪臭がする。
いおうと他の物質が結合すること

リュウサンを使った実験をする。
いおうなどからなる色も臭いもなく粘り気のある液体

硫化　硫酸

醜
シュウ　みにく(い)

友達を**シュウブン**から守る。
耳にしたくないような、よくない評判

外見の**ビシュウ**にこだわらない。
うつくしいこととみにくいこと

醜聞　美醜

甚
ジン　はなは(だ しい)

伝染病は**ジンダイ**な影響を与える。
物事の程度がとてもおおきい様子

恩師に**シンジン**なる謝意を表する。
意味や気持ちなどが非常にふかい様子

甚大　深甚

寡
カ

その詩人は**カサク**だが人気がある。
芸術家などが、少ししか物をつくらないこと

金額の**タカ**は問題にならない。
数量のおおいことと少ないこと

寡作　多寡

筒
トウ　つつ

スイトウに麦茶をいれてもらう。
飲み物をいれて持ち歩くための容器

フウトウに手紙と写真をいれる。
手紙などをいれるための紙の袋

水筒　封筒

銃
ジュウ

ジュウコウを空に向ける。
じゅうのつつの先。弾が出るところ

リョウジュウの所持は許可制だ。
狩りに用いるじゅう

銃口　猟銃

寮
リョウ

リョウボとして学生の世話をする。
寄宿舎などではいっている人の世話をする女性

県外から**ニュウリョウ**する。
寄宿舎などにはいること

寮母　入寮

藻
ソウ　も

カイソウサラダを好んで食べる。
うみの中に生える、そう類

海藻

栓
セン

転居先のガスの**モトセン**をあける。
ガス管などのもとにある、あけしめのための装置

カイセン前なら常温で保存できる。
せんをひらくこと。また、ガスなどの使用を始めること

元栓　開栓

遮
シャ　さえぎ(る)

シャコウのため窓を暗幕で覆う。
ひかりをさえぎること

踏み切りの**シャダン**機がおりる。
交通や電流などをさえぎって止めること

遮光　遮断

問一　傍線部の漢字の読みを答えなさい。

① 方向**音痴**であることを知る。（おんち）
② **凸面**のレンズを使った望遠鏡。（とつめん）
③ 工場から**硫酸**の匂いがする。（りゅうさん）
④ 政治家の**醜聞**が報道される。（しゅうぶん）
⑤ **寡作**であることで知られる作家。（かさく）
⑥ 学生の世話をする**寮母**。（りょうぼ）
⑦ **海藻**を好んで食べる魚。（かいそう）
⑧ 窓に**遮光**ガラスが使用される。（しゃこう）

問二　文中のカタカナを漢字に直しなさい。

① 坂の上から町を**チョウボウ**する。（眺望）
② これまでの努力を**ムダ**にしない。（無駄）
③ 競技を終えて陣地に**モド**る。（戻）
④ 孔子を開祖とする**ジュカ**の教え。（儒家）
⑤ 戦争による被害は**ジンダイ**だ。（甚大）
⑥ 書類を**フウトウ**に入れて送る。（封筒）
⑦ 互いに**ジュウコウ**を向け合う。（銃口）
⑧ ガスの**モトセン**を確実に閉める。（元栓）

問三　次の漢字を使って、（a）～（d）に示した構成の熟語を二つずつ作りなさい。

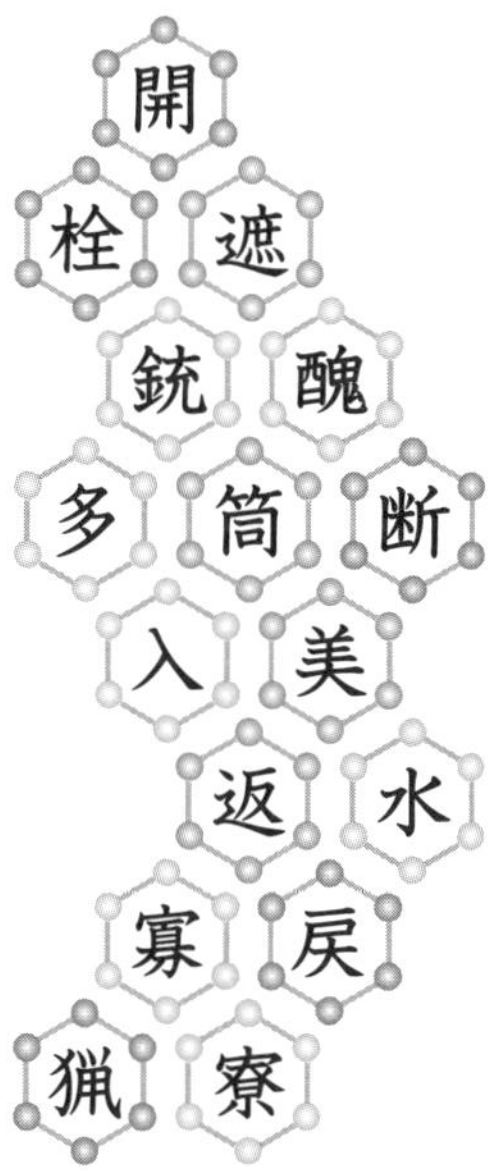

(a) 同じような意味の漢字を重ねたもの　□□　□□

(b) 反対または対応する意味の漢字を重ねたもの　□□　□□

(c) 上の字が下の字を修飾しているもの　□□　□□

(d) 下の字が上の字の目的語・補語になっているもの　□□　□□

P119 問三の解答：①料亭　②献立　③缶詰　④素朴　⑤昆布　⑥沸騰

享
キョウ

- 豊かな自然を**キョウジュ**する。 恩恵をうけ入れ、自分のものにしてたのしむこと
- **キョウラク**的な生活を改める。 思いのままにたのしみにふけること

享受 享楽

崇
スウ

- 英雄を**スウハイ**する人もいる。 とうといものとしてあがめ敬うこと
- ローマ教皇に**ソンスウ**の念を抱く。 とうとびあがめ敬うこと

崇拝 尊崇

娠
シン

- 妻が**ニンシン**している。 胎児を宿すこと。みごもること

妊娠

据
す(える・わる)

- 商品の価格を**ス**え**オ**きにする。 そのままにしておくこと

据・置

弦
ゲン
つる

- **ゲンガク**四重奏曲を聞く。 張った糸の震動で音を出すがっきで演奏すること
- **カゲン**の月は夜中に昇る。 満月から次の新月になるまでの左半分が輝く月

弦楽 下弦

逐
チク

- 調査の過程を**チクイチ**報告する。 順を追っていちいち詳しい様子
- 暴君が民衆に**ホウチク**される。 ある場所や組織から追い出すこと

逐一 放逐

償
ショウ
つぐな(う)

- 負債を全て**ショウキャク**する。 借金などをつぐない返すこと
- 保険で損害が**ホショウ**される。 与えた損失などを金銭などでつぐなうこと

償却 補償

凹
オウ

- この道は**オウトツ**が激しい。 へこみとでっぱり。また、たいらでないこと
- **オウメン**の反射鏡を使う。 中央がくぼんでいるめん

凹凸 凹面

堀
ほり

- **ホリバタ**を伝って歩く。 ほりのすぐ近く
- 城の**ソトボリ**の周りの桜が咲く。 城のそとがわを囲むほり

堀端 外堀

譜
フ

- 新しい曲の**フメン**をもらう。 曲を、符号を用いてかき表したもの。がくふ
- 初めは**ガクフ**通りに歌う。 曲を、符号を用いてかき表したもの。ふめん

譜面 楽譜

幣
ヘイ

- **ヘイセイ**改革を試みる。 かへいに関する決まり
- 昔の**カヘイ**を収集する。 商品交換を円滑にするものとして社会に流通するもの

幣制 貨幣

傘
サン
かさ

- 多くの会社を**サンカ**に入れた。 大きな勢力の支配をうけるものとして集まること
- 美しい**カラカサ**を手に入れた。 竹の骨に油紙をはり、柄をつけたかさ

傘下 唐傘

衡
コウ

- 勢力の**キンコウ**が破れる。 複数のもののつり合いがとれていること
- **ヘイコウ**感覚を鍛える。 つり合いがとれていること

均衡 平衡

煩
ハン
ボン
わずら(う・わす)

- この事務手続きは**ハンザツ**だ。 物事がいりまじっていてわずらわしいこと
- **ボンノウ**を断つのは難しい。 人間の心身をなやませ苦しめる欲望

煩雑 煩悩

斎
サイ

- **サイジョウ**への行き方を尋ねる。 葬儀を行うところ
- 作家が**ショサイ**で原稿を執筆する。 家でかき物をしたり本を読んだりするための部屋

斎場 書斎

靴
カ
くつ

- **セイカ**業が発展する。 くつを作ること
- 白い**クツシタ**をはく。 素足につける衣料

製靴 靴下

問一 傍線部の漢字の読みを答えなさい。

① 太陽を**崇拝**していた古代文明。（すうはい）
② **弦楽**四重奏曲を作曲する。（げんがく）
③ 議案を**逐一**検討する。（ちくいち）
④ 道路には自然と**凹凸**が生じる。（おうとつ）
⑤ 各国の新聞社を**傘下**に収めた企業。（さんか）
⑥ 世界経済の**均衡**が崩れる。（きんこう）
⑦ **煩雑**な計算を必要とする作業。（はんざつ）
⑧ 自分の**書斎**に書物を集める。（しょさい）

問二 文中のカタカナを漢字に直しなさい。

① 会員特典を**キョウジュ**する。（享受）
② **ニンシン**から出産までの流れ。（妊娠）
③ 価格を**ス**え**オ**きにした商品。（据・置）
④ 農業被害を政府が**ホショウ**する。（補償）
⑤ 城の**ソトボリ**は埋められた。（外堀）
⑥ ピアノの上に**ガクフ**を置く。（楽譜）
⑦ **カヘイ**を使って商品を買う。（貨幣）
⑧ 子どもに**クツシタ**をはかせる。（靴下）

問三 次の空欄①～⑨に当てはまる漢字を、後の漢字群から一つずつ選びなさい。なお、線で結ばれた箇所には同じ漢字が入る。

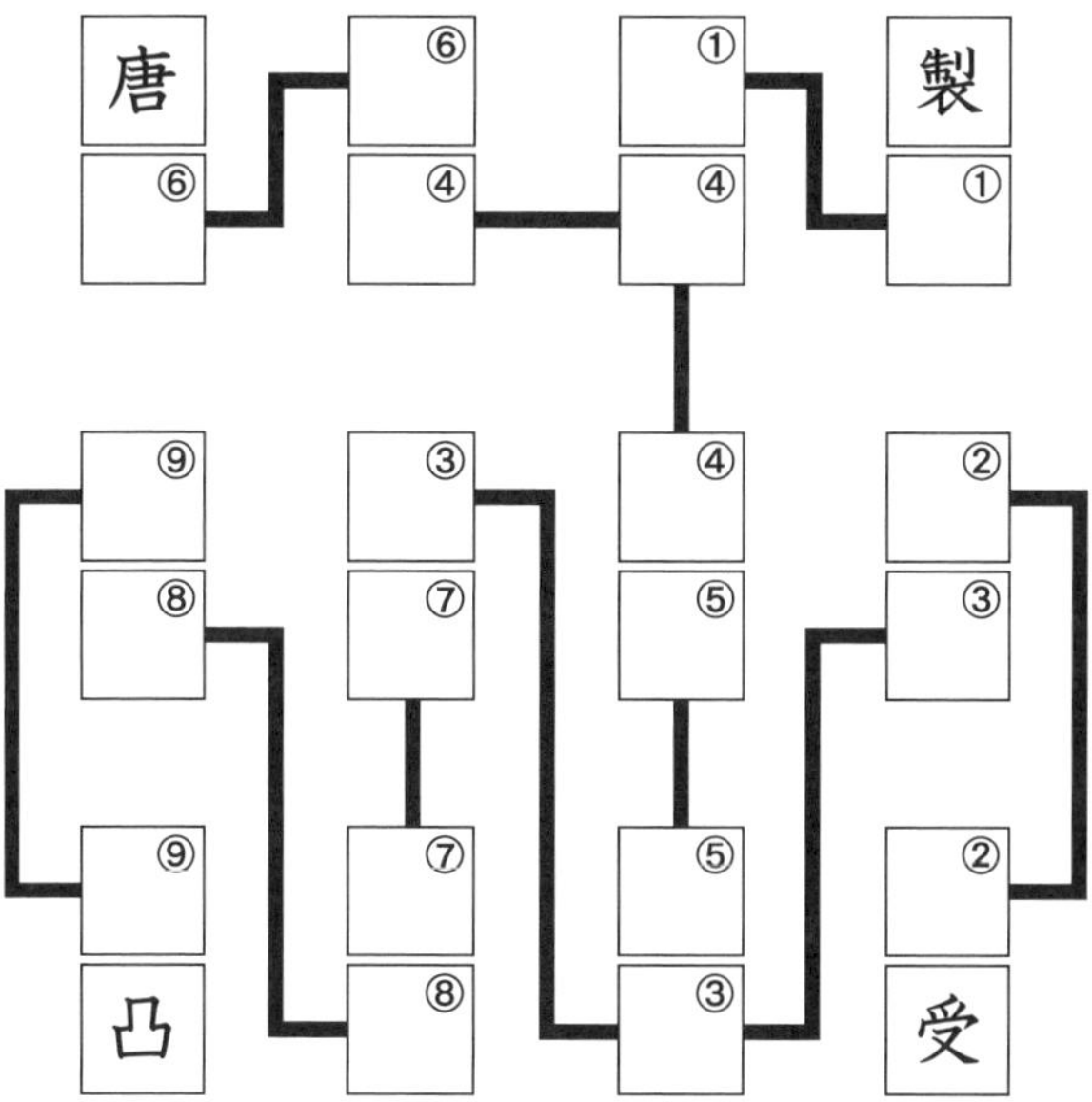

【漢字群】
傘　享　靴　弦　下　譜　凹　面　楽

P121 問三の解答：(a) 遮断 返戻　(b) 美醜 多寡　(c) 猟銃 水筒　(d) 開栓 入寮　（順不同）

殉 ジュン
ジュンキョウする覚悟で伝道する。（信仰のために命を捨てて尽くすこと）— 殉教
ジュンショクした消防士を悼む。（仕事上の任務をはたすために命を失うこと）— 殉職

秩 チツ
法によって社会の**チツジョ**を保つ。（物事の正しい筋道。特に、社会を保つための決まり）— 秩序

謙 ケン
ケンキョな態度で話を聞く。（へりくだること。ひかえめで素直な様子）— 謙虚
ケンジョウの心で話し合いに臨む。（へりくだり、相手にゆずること）— 謙譲

妥 ダ
人権問題に**ダキョウ**の余地はない。（対立する者どうしがゆずりあって決着をつけること）— 妥協
その商品の価格は**ダトウ**だ。（判断などが状況によくあてはまり、無理がないこと）— 妥当

搭 トウ
車両にカメラを**トウサイ**する。（車両や船、飛行機などに物品などを積み込むこと）— 搭載
飛行機の**トウジョウ**手続きをする。（船や飛行機などにのること）— 搭乗

扶 フ
生活保護は公的**フジョ**の一つだ。（力を添えてたすけること）— 扶助
親には子どもの**フヨウ**義務がある。（生活上の世話をすること）— 扶養

践 セン
理論と**ジッセン**の両面から学ぶ。（理論などをじっさいに行うこと）— 実践

帥 スイ
ゲンスイは軍隊における最上位だ。（軍隊の一番上の大将。また、旧日本軍の最高権力者）— 元帥
財閥の**ソウスイ**として権力を握る。（全体の指揮をとり、統率する人）— 総帥

挑 チョウ いど(む)
日本記録に**チョウセン**する。（たたかいを仕掛けること。苦難に立ち向かうこと）— 挑戦
冷静に敵の**チョウハツ**をかわす。（事件などを起こすように相手を刺激すること）— 挑発

釣 チョウ つ(る)
仲間たちと**チョウカ**を競う。（つりあげたえもの）— 釣果
休日は**ツリボリ**でのんびり過ごす。（池などに魚を放ち、利用料をとってつらせるところ）— 釣・堀

剛 ゴウ
ゴウケンな気風を部の伝統とする。（心身共にたくましくすこやかな様子）— 剛健
ダイヤモンドを**コンゴウ**石という。（最も硬いきんぞく。非常に硬く、こわれないこと）— 金剛

漠 バク
バクゼンとした夢が目標に変わる。（ぼんやりして、はっきりしない様子）— 漠然
サバクを農地に変える活動をする。（乾燥気候で植物があまり育たず、すなどからなる地）— 砂漠

忍 ニン しの(ぶ・ばせる)
逆境でも**ニンタイ**強く努力する。（つらさや怒りなどをたえしのぶこと）— 忍耐
ザンニンな事件の背景を探る。（慈悲の心がなく、むごいことを平気で行う様子）— 残忍

窮 キュウ きわ(める・まる)
規則が多くて**キュウクツ**だ。（狭かったり堅苦しかったりしてゆとりのない様子）— 窮屈
経済的に**コンキュウ**する。（こまりきること。貧しくて苦しむこと）— 困窮

充 ジュウ あ(てる)
ジュウジツした学生生活を送る。（内容がたっぷりしていて、十分に備わっていること）— 充実
医療施設を**カクジュウ**する。（規模などを十分におしひろめること）— 拡充

謁 エツ
イギリス女王に**エッケン**する。（身分や地位の高い人に会うこと）— 謁見
国王に**ハイエツ**を許される。（高貴な人に面会することのへりくだった言い方）— 拝謁

問一 傍線部の漢字の読みを答えなさい。

① 人命救助のため**殉職**した警官。（じゅんしょく）
② 助けを呼んだのは**妥当**な判断だ。（だとう）
③ 結婚して**扶養**家族ができる。（ふよう）
④ グループ企業の**総帥**となる。（そうすい）
⑤ 川沿いの**釣り堀**に出かける。（つ・ぼり）
⑥ 勇敢で**剛健**な戦士が集まる。（ごうけん）
⑦ 二人で過ごすには**窮屈**な部屋。（きゅうくつ）
⑧ 国王に**謁見**するための部屋。（えっけん）

問二 文中のカタカナを漢字に直しなさい。

① 学生に**チツジョ**立てて説明する。（秩序）
② **ケンジョウ**語を使って話す。（謙譲）
③ カーナビを**トウサイ**した車。（搭載）
④ 教わった方法を**ジッセン**する。（実践）
⑤ 敵軍の**チョウハツ**に乗る。（挑発）
⑥ 将来への**バクゼン**とした不安。（漠然）
⑦ 目を覆うほどの**ザンニン**な犯行。（残忍）
⑧ 施設の**カクジュウ**と改良を行う。（拡充）

問三 次は、生徒が書いた自己アピール文である。傍線部①〜⑤の表現はどのような熟語に置き換えられるか、後の語群からそれぞれ選びなさい。

私の強みは、何事にも前向きに①危険を恐れずに、困難に立ち向かうことをする姿勢です。
高校三年生になったばかりのころ、新入生歓迎会の実行委員に選出されました。新入生には、ぜひ我が校に入学したことを喜んでもらい、②満ち足りていて豊かである高校生活を送るきっかけになれば良いなと考えていましたので、③いいかげんに自分の主張をごまかすことをすることなく、全てのプログラムについて何度も話し合いを重ねました。ときには委員同士で意見がぶつかり、④苦しみやつらい気持ちをじっとがまんすることを強いられるような事態にもなりましたが、自分の意見を通すことを目的にせず、異なる考えにも⑤自分の能力を過信せず、素直に他者から学ぶ姿勢に耳を傾け、新入生だけでなく、在校生も楽しんで歓迎会を開催することを第一に意識しました。その結果、全校生が一丸となって新入生を楽しませることを共通の目標に掲げた良い会になりました。

妥協／充実／挑戦／忍耐／謙虚

P123 問三の解答：①靴　②享　③楽　④下　⑤弦　⑥傘　⑦譜　⑧面　⑨凹

糾
キュウ

政治家が民衆に**キュウダン**される。
罪や責任を問いただし強く責めること

大会開催を巡り、**フンキュウ**する。
物事が乱れ、まとまらないこと

糾弾　紛糾

塑
ソ

公園に**ソゾウ**を設置する。
粘土や石こうで作った、物の形をかたどったもの

粘土には**カソ**性がある。
思い通りに物の形を作れること

塑像　可塑

舶
ハク

父から**ハクライ**の万年筆をもらう。
外国からやってくること。また、そのもの

多数の**センパク**が航行する。
人間や荷物を載せて海上を進むふね

舶来　船舶

津
シン　つ

皆が転校生に**キョウミシンシン**だ。
とても関心がある様子

ツナミは多くの被害をもたらす。
地震などにより海岸に押し寄せる、水面のうねり

興味津津　津波

偏
ヘン　かたよ(る)

差別や**ヘンケン**に打ち勝つ。
公平を欠き、かたよったものの考え方

彼は**ヘンクツ**だが悪い人ではない。
性質がかたよっていてひねくれている様子

偏見　偏屈

棚
たな

山の斜面を**タナダ**として利用する。
急な傾斜地に階段状に作った稲などの耕作地

トダナから食器を出して並べる。
前面にとをつけ中にたなを作った、物を入れる家具

棚田　戸棚

桟
サン

台風で**サンバシ**が壊れる。
ふねをつけるために、岸から水上に突き出した構築物

切り立ったがけに**サンドウ**を作る。
山の険しい場所に、たなのように設けたみち

桟橋　桟道

僚
リョウ

彼は長年の**リョウユウ**だ。
おなじ職場で仕事をする仲間

ドウリョウと共に出張する。
職場がおなじ人。また、地位や役目などがおなじ人

僚友　同僚

懇
コン　ねんご(ろ)

授業参観後に**コンダン**会がある。
打ち解けて親しく話し合うこと

コンイにしている医師を訪ねる。
親しくつきあっていること。またその様子

懇談　懇意

茎
ケイ　くき

ワサビの**コンケイ**をすりおろす。
地面の中をねのように横にはうくき

サルが**ハグキ**をむき出す。
はのねもとを包んでいる粘膜層

根茎　歯茎

尚
ショウ

結論を出すのは時期**ショウソウ**だ。
まだその時期がきていないこと

コウショウな理想を掲げる。
知性などの程度がたかく、上品な様子

尚早　高尚

摩
マ

マサツで車のタイヤがすり減る。
こすること。また、人と人との関係が悪いこと

大都市に**マテンロウ**がそびえたつ。
数十階に達する非常にたかい建物

摩擦　摩天楼

賜
シ　たまわ(る)

優勝チームに**シハイ**が授与される。
皇族などから競技の勝者に贈られるカップ

工芸品が皇室から**カシ**される。
身分のたかい人がしたの人に金品を与えること

賜杯　下賜

迭
テツ

チームの監督を**コウテツ**する。
ある役職についている人を入れ替えること

更迭

朕
チン

国王が「**チン**は国家なり」と言う。
国家君主の自称

朕

飢
キ　う(える)

深刻な**キガ**問題に胸を痛める。
食べ物が不足してうえること

野草を食べて**キカツ**をしのぐ。
空腹やのどのかわきで苦しむこと

飢餓　飢渇

80%

問一 傍線部の漢字の読みを答えなさい。

① 可塑性のある樹脂を用いる。（かそ）
② 雨により桟道の一部が崩壊した。（さんどう）
③ 同世代の作家同士で懇談する。（こんだん）
④ 突然歯茎に痛みを感じた。（はぐき）
⑤ 大会優勝者に賜杯が授与される。（しはい）
⑥ 会社幹部の更迭や辞任を求める。（こうてつ）
⑦ 帝王・天皇の自称である「朕」。（ちん）
⑧ 疲労や飢渇をものともせず歩く。（きかつ）

問二 文中のカタカナを漢字に直しなさい。

① 不正が厳しく**キュウダン**される。（糾弾）
② **ハクライ**品を扱う店に行く。（舶来）
③ **キョウミシンシン**といった表情。（興味津津）
④ **ヘンクツ**な人とうまく付き合う。（偏屈）
⑤ 階段状の**タナダ**のような地形。（棚田）
⑥ 職場の**ドウリョウ**と話し合う。（同僚）
⑦ 発表するには時期**ショウソウ**だ。（尚早）
⑧ 住民の間で**マサツ**が生じる。（摩擦）

問三 次の〈例〉にしたがって、それぞれに共通の部首を後の選択肢から選び、熟語を完成させなさい。

漢

〈例〉楽早 ＋（キ）＝ 薬草

① 貇音 ＋（　）＝ □□
② 几我 ＋（　）＝ □□
③ 戋喬 ＋（　）＝ □□
④ 分斗 ＋（　）＝ □□
⑤ 聿皮 ＋（　）＝ □□
⑥ 㕣白 ＋（　）＝ □□

ア．ふねへん　イ．いとへん　ウ．きへん
エ．さんずい　オ．したごころ　カ．しょくへん
キ．くさかんむり

P125 問三の解答：①挑戦　②充実　③妥協　④忍耐　⑤謙虚

奨
ショウ

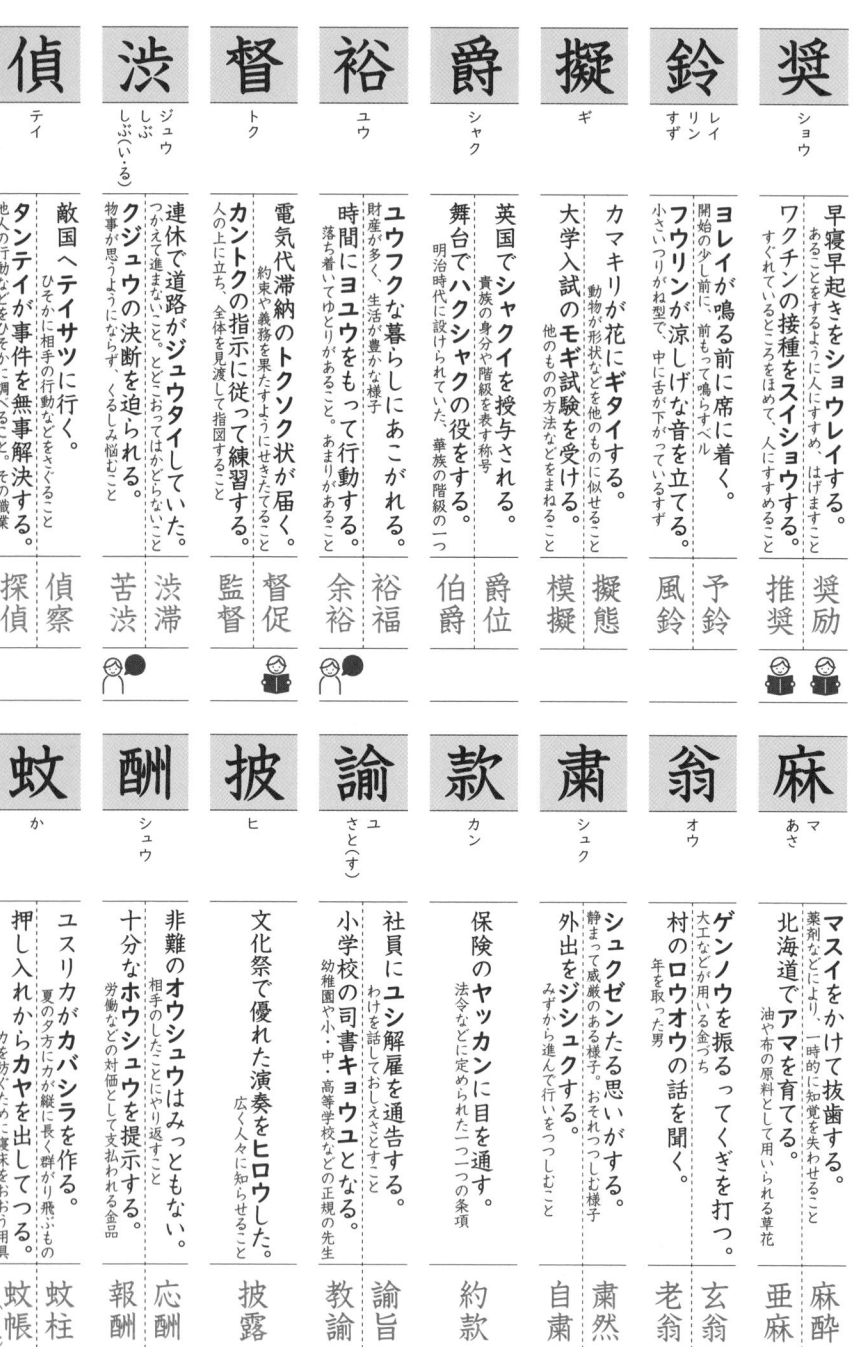

- 早寝早起きを**ショウレイ**する。 — あることをするように人にすすめ、はげますこと
- ワクチンの接種を**スイショウ**する。 — すぐれているところをほめて、人にすすめること

奨励　推奨

鈴
レイ　リン　すず

- **ヨレイ**が鳴る前に席に着く。 — 開始の少し前に、前もって鳴らすベル
- **フウリン**が涼しげな音を立てる。 — 小さいつりがね型で、中に舌が下がっているすず

予鈴　風鈴

擬
ギ

- カマキリが花に**ギタイ**する。 — 動物が形状などを他のものに似せること
- 大学入試の**モギ**試験を受ける。 — 他のものの方法などをまねること

擬態　模擬

爵
シャク

- 英国で**シャクイ**を授与される。 — 貴族の身分や階級を表す称号
- 舞台で**ハクシャク**の役をする。 — 明治時代に設けられていた、華族の階級の一つ

爵位　伯爵

裕
ユウ

- **ユウフク**な暮らしにあこがれる。 — 財産が多く、生活が豊かな様子
- 時間に**ヨユウ**をもって行動する。 — 落ち着いてゆとりがあること。あまりがあること

裕福　余裕

督
トク

- 電気代滞納の**トクソク**状が届く。 — 約束や義務を果たすようにせきたてること
- **カントク**の指示に従って練習する。 — 人の上に立ち、全体を見渡して指図すること

督促　監督

渋
ジュウ　しぶ　しぶ(い・る)

- 連休で道路が**ジュウタイ**していた。 — つかえて進まないこと。とどこおってはかどらないこと
- **クジュウ**の決断を迫られる。 — 物事が思うようにならず、くるしみ悩むこと

渋滞　苦渋

偵
テイ

- 敵国へ**テイサツ**に行く。 — ひそかに相手の行動などをさぐること
- **タンテイ**が事件を無事解決する。 — 他人の行動などをひそかに調べること。その職業

偵察　探偵

麻
マ　あさ

- **マスイ**をかけて抜歯する。 — 薬剤などにより、一時的に知覚を失わせること
- 北海道で**アマ**を育てる。 — 油や布の原料として用いられる草花

麻酔　亜麻

翁
オウ

- **ゲンノウ**を振るってくぎを打つ。 — 大工などが用いる金づち
- 村の**ロウオウ**の話を聞く。 — 年を取った男

玄翁　老翁

粛
シュク

- **シュクゼン**たる思いがする。 — 静まって威厳のある様子。おそれつつしむ様子
- 外出を**ジシュク**する。 — みずから進んで行いをつつしむこと

粛然　自粛

款
カン

- 保険の**ヤッカン**に目を通す。 — 法令などに定められた一つ一つの条項

約款

諭
ユ　さと(す)

- 社員に**ユシ**解雇を通告する。 — わけを話しておしえさとすこと
- 小学校の司書**キョウユ**となる。 — 幼稚園や小・中・高等学校などの正規の先生

諭旨　教諭

披
ヒ

- 文化祭で優れた演奏を**ヒロウ**した。 — 広く人々に知らせること

披露

酬
シュウ

- 非難の**オウシュウ**はみっともない。 — 相手のしたことにやり返すこと
- 十分な**ホウシュウ**を提示する。 — 労働などの対価として支払われる金品

応酬　報酬

蚊
か

- ユスリカが**カバシラ**を作る。 — 夏の夕方にカが縦に長く群がり飛ぶもの
- 押し入れから**カヤ**を出してつる。 — カを防ぐために寝床をおおう用具

蚊柱　蚊帳(屋)

問一　傍線部の漢字の読みを答えなさい。

① 爵位によって生活水準が決まる。（しゃくい）
② 税金の支払いを督促する。（とくそく）
③ 九十歳を超える老翁に話を聞く。（ろうおう）
④ 各社が事件の報道を自粛する。（じしゅく）
⑤ サービスの利用約款を読む。（やっかん）
⑥ 美術担当の教諭に指導を受ける。（きょうゆ）
⑦ 話し合いが非難の応酬になる。（おうしゅう）
⑧ 夏の間は蚊帳の中で寝る。（かや）

問二　文中のカタカナを漢字に直しなさい。

① 読書と体育が**ショウレイ**される。（奨励）
② 窓につるした**フウリン**が揺れる。（風鈴）
③ 木の葉に**ギタイ**する昆虫。（擬態）
④ 決して**ユウフク**ではない生活。（裕福）
⑤ **クジュウ**の決断を下す。（苦渋）
⑥ 敵の部隊を**テイサツ**する。（偵察）
⑦ **マスイ**をかけて手術を受ける。（麻酔）
⑧ 覚えたての怪談話を**ヒロウ**する。（披露）

問三　次のおしらせを読み、傍線部①〜⑥のカタカナをそれぞれ漢字に直しなさい。

令和4年7月15日（金）

受験生および保護者の皆さまへ

央成予備校浦和校

モギ①試験のおしらせ

下記のように、モギ試験を実施します。

1．日　時　　8月6日（土）9：00～16：00
2．場　所　　央成予備校浦和校
3．その他　　(1)受験生は、時間にヨユウ②を持ち、試験開始30分前までに来校して下さい。入り口で試験場所を確認して、カントク③の指示に従い8時45分までに着席して下さい。開始10分前にヨレイ④が鳴ります。
(2)移動の際は、公共交通機関の使用をスイショウ⑤します。お車での来校は、ジュウタイ⑥等で時間に間に合わない場合がございますので、ご遠慮下さい。

P127 問三の解答：①オ・懇意　②カ・飢餓　③ウ・桟橋　④イ・紛糾　⑤エ・津波　⑥ア・船舶

培
バイ／つちか(う)

- 試験管内で細胞を**バイヨウ**する。（微生物などを人工的に増やすこと）— 培養
- 家庭菜園でイチゴを**サイバイ**する。（食用などに利用する目的で植物を育てること）— 栽培

勲
クン

- 功績を認めて**クンショウ**を与える。（功労があった人に国家が与えるしるし）— 勲章
- **シュクン**を立てる機会をつかむ。（きわだって優れた手柄や功績）— 殊勲

窯
ヨウ／かま

- **ヨウギョウ**の技術を伝える。（かまでねんどなどを高熱処理して製品を作り出す仕事）— 窯業
- **カマモト**をつぐため実家に戻る。（陶磁器を製造するところ。また、その人）— 窯元

屯
トン

- 消防団の**トンショ**を移転する。（兵士や隊員などが集まるところ）— 屯所
- 軍隊が都市に**チュウトン**する。（軍隊がとどまっていること）— 駐屯

貢
コウ／ク／みつ(ぐ)

- 医師として社会に**コウケン**する。（力を尽くして効果を上げること）— 貢献
- 領主が厳しく**ネング**を取り立てた。（昔、領主や大名が農民に課した税）— 年貢

括
カツ

- 答えを**カッコ**の中に書く。（数式や文などの中で、ある部分を囲んで区別する記号）— 括弧
- 委員会の活動内容を**ソウカツ**する。（個々のものを一つにまとめて評価すること）— 総括

浦
うら

- 全国**ツツウラウラ**で公演を行う。（国中いたるところ）— 津津浦浦

還
カン

- 利用者にポイントを**カンゲン**する。（もとの性質や状態などに戻すこと）— 還元
- 宇宙から地球に**キカン**する。（遠方や戦地などからかえってくること）— 帰還

堪
カン／た(える)

- どうか**カンニン**してほしい。（たえて我慢すること。怒りをこらえて許すこと）— 堪忍
- 彼は和歌に**カンノウ**な人だ。（技芸など、その道に優れていること。またその様子）— 堪能

壌
ジョウ

- ここは畑作に適した**ドジョウ**だ。（作物が育つ土。また、何かが育つ際の環境）— 土壌
- **ホウジョウ**な地で稲作をする。（土地がよく肥えていること。また、その様子）— 豊壌

嗣
シ

- **シシ**に譲り隠居する。（跡取り。あとつぎ）— 嗣子
- **ケイシ**がないため孤児を引き取る。（相続人。あとつぎ）— 継嗣

拒
キョ／こば(む)

- 他国との対話を**キョゼツ**する。（相手の要求を受け付けないこと）— 拒絶
- 質問に答えることを**キョヒ**する。（相手の要求を断ること）— 拒否

濯
タク

- 家で**センタク**できる服を買う。（衣類などをあらい、汚れを取り除くこと）— 洗濯

疎
ソ／うと(い・む)

- 言葉が通じず**ソガイ**感を覚える。（嫌ってよそよそしくすること。のけものにすること）— 疎外
- **カソ**地域の活性化を検討する。（地域の人口などが少なすぎること）— 過疎

彰
ショウ

- 彼女の功績を**ケンショウ**する。（隠れていた善行などを世間に明らかにし、たたえること）— 顕彰
- 人を助けて**ヒョウショウ**される。（善行・功労などをほめたたえ、世間に知らせること）— 表彰

恭
キョウ／うやうや(しい)

- 君主に**キョウジュン**の意を示す。（心から相手に従うこと）— 恭順
- **ウヤウヤ**しい態度で一礼する。（相手を敬い、つつましく丁重な様子）— 恭

問一 傍線部の漢字の読みを答えなさい。

① 画家が文化**勲章**を受章する。（くんしょう）
② 製糸と**窯業**を主な産業とする地。（ようぎょう）
③ 村の近くに**駐屯**している部隊。（ちゅうとん）
④ 凶作でも変わらず**年貢**を納める。（ねんぐ）
⑤ 様々な性質の**土壌**が分布する。（どじょう）
⑥ 将軍家の**継嗣**問題を調べる。（けいし）
⑦ 功績の大きな学者を**顕彰**する。（けんしょう）
⑧ **恭**しく一礼して部屋を出た。（うやうや）

問二 文中のカタカナを漢字に直しなさい。

① 研究のため菌を**バイヨウ**する。（培養）
② 挙げられた意見を**ソウカツ**する。（総括）
③ **ツツウラウラ**まで伝わった伝説。（津津浦浦）
④ 故郷に無事**キカン**した兵士。（帰還）
⑤ 英語に**カンノウ**な外交官。（堪能）
⑥ その提案は**キョヒ**された。（拒否）
⑦ 晴れた日に服を**センタク**する。（洗濯）
⑧ 社会から**ソガイ**されたと感じる。（疎外）

問三 次の新聞記事の中には、漢字の誤りが六か所ある。それらを指摘し、正しい漢字に改めなさい。

新種の白菜で地域恒献

S県B市在住の角田博さんが、県の名産品でもある白菜の新品種栽倍に成功した。葉がやわらかく甘みの強いこの白菜は、過阻化の進むB市復興に一役買い、二月四日にB市長より角田さんに表障状が贈られた。

温かい住民たちに感謝

角田さんは元々東京都内で働いていたが、飲食店でB市産の白菜を食べて一念発起し、農業の道を選んだ。二〇一九年にB市に転居して以来、近隣住民の優しさに助けられてきたという。「野菜のおいしさと大地の恵みの素晴らしさを教えてくれたB市に環元したかった」と角田さん。B市は肥よくで豊譲な土にあふれていると気付き、その特徴を生かして新品種の白菜「しらゆき」を開発した。

P129 問三の解答：①模擬　②余裕　③監督　④予鈴　⑤推奨　⑥渋滞

肖 ショウ

紙幣のショウゾウが変わる。
人の容姿を絵などにうつしとったもの
肖像

フショウの息子とあきれられる。
父親や師に似ないで、劣っていること
不肖

窃 セツ

セットウ犯を追いかけて捕まえる。
他人の物をひそかにぬすむこと
窃盗

遍 ヘン

単身で諸国ヘンレキの旅にでる。
あちこち巡り歩くこと。さまざまな経験をすること
遍歴

フヘン的なテーマの作品だ。
すべてに共通すること。全体に行き渡ること
普遍

緒 ショ チョ お

ユイショある建物を見学する。
物事のいわれ
由緒

ジョウチョあふれる町並みを歩く。
折にふれて起こるさまざまな思い
情緒

棟 トウ むね むな

小児ビョウトウに勤務する。
患者を収容する部屋が並んでいる建物
病棟

ムナギに修理の記録の札をつける。
屋根の最も高いところに横に渡すき
棟木

劾 ガイ

大統領が在職時にダンガイされる。
罪や不正をあばいて責任を厳しく追及すること
弾劾

庸 ヨウ

極論に走らずチュウヨウを得る。
偏らず妥当であること。調和がとれていること
中庸

ボンヨウな人間をよそおう。
優れたところがない様子
凡庸

廷 テイ

証人としてシュッテイする。
裁判をする場所にでむくこと
出廷

彼もキュウテイ画家の一人だ。
君主などの住むところ
宮廷

喪 ソウ も

私は自信をソウシツした。
うしなうこと
喪失

モチュウ欠礼の葉書をだす。
近親者の死後、祝いごとなどを避ける期間
喪中

蛍 ケイ ほたる

ケイセツの功を積み、卒業する。
苦労して学問に励むこと
蛍雪

ウミホタルが青白く光る。
うみに住む動物の一種。体長約三ミリメートル
海蛍

抄 ショウ

市役所で戸籍ショウホンをとる。
元の文書の一部分を写しとった書面
抄本

小説をショウヤクして掲載する。
原文の一部分のみを他国の言語に直すこと
抄訳

渉 ショウ

ショウガイ係として折衝を重ねる。
他の組織や国と連絡をとったり話し合ったりすること
渉外

商品価格についてコウショウする。
相手と何かを取り決めるために話し合うこと
交渉

尼 ニ あま

ゼンニが質素倹約の心を教える。
仏門に入った女性
禅尼

アマデラで静かに暮らす。
女性の僧の住むてら
尼寺

妃 ヒ

オウヒとして国民に慕われる。
国の君主の妻
王妃

左大臣の娘がコウヒとなった。
てんのうの妻。きさき
后妃

妄 モウ ボウ

モウソウを正すのは難しい。
根拠のない主観的な思い込み
妄想

キョモウの説を唱える。
うそやいつわり
虚妄

涯 ガイ

テンガイ孤独だが明るい青年だ。
世界中。遠く離れたところ。空の果て
天涯

教育にショウガイをささげる。
現世にいきている間。終身
生涯

95%

問一 傍線部の漢字の読みを答えなさい。

① 立派な先生の**不肖**の弟子。（ふしょう）
② **窃盗**や暴力が横行する地域。（せっとう）
③ 特徴のない**凡庸**な絵画。（ぼんよう）
④ 裁判所に被告が**出廷**する。（しゅってい）
⑤ 戦意を**喪失**したボクサー。（そうしつ）
⑥ 「日本外史」の**抄本**を入手する。（しょうほん）
⑦ 日本最古の**尼寺**とされる寺。（あまでら）
⑧ 天皇や**后妃**に仕える「女房」。（こうひ）

問二 文中のカタカナを漢字に直しなさい。

① 地域性のない**フヘン**的な考え。（普遍）
② **ジョウチョ**に富んだ文学作品。（情緒）
③ 父が入院している**ビョウトウ**。（病棟）
④ 市長の不正を**ダンガイ**する。（弾劾）
⑤ **ケイセツ**の功で大学に合格した。（蛍雪）
⑥ 店員と価格の**コウショウ**をする。（交渉）
⑦ 頭に浮かんだ**モウソウ**を捨てる。（妄想）
⑧ 鳥の群れが**テンガイ**に消える。（天涯）

問三 次は、生徒同士がマリー・アントワネットについて話し合っている場面である。傍線部①〜⑤のカタカナをそれぞれ漢字に直しなさい。

生徒A　マリー・アントワネットは、フランスの①オウヒだったんだよね。
生徒B　父は神聖ローマ皇帝、母はオーストリア女大公という②ユイショ正しい生まれなんだよ。
生徒C　そして一七七〇年、十四歳でフランスのルイ十六世と結婚したんだね。
生徒A　フランスでは、③キュウテイで派手な暮らしをしていたそうだね。その暮らしぶりで、市民は貧しい生活を強いられていたと聞いたことがあるよ。
生徒B　だけど、派手な暮らしは子どもが生まれるまでだったっていう話もあるよ。
生徒C　たしかに、豪華なドレスの④ショウゾウ画もあるけど、子どもと一緒に描かれた絵の装いは、ずいぶん落ち着いているように見えるよ。
生徒B　子どもがそばにいることで、派手に着飾ることに興味がなくなっていったのかな。
生徒A　軽率でわがままだと言われていたアントワネットだけど、その⑤ショウガイは、家族と過ごす時間が何よりの幸せだったのかもしれないね。

P131 問三の解答：恒→貢　倍→培　阻→疎　障→彰　環→還　譲→壌　（順不同）

稼
カ／かせ(ぐ)

気楽な**カギョウ**はどこにもない。
生活費をかせぐための仕事

原子力発電所の**カドウ**を停止する。
機械を動かすこと。はたらきかせぐこと

稼業　稼働（動）

症
ショウ

かぜの**ショウジョウ**が軽快する。
病気やけがのありさま

エンショウを抑える薬を使う。
細菌感染などに対して引き起こされる生体の防御反応

症状　炎症

瓶
ビン

手作りのジャムを**ビンヅ**めにする。
びんに食料などをつめること。つめたもの

カビンに桜の枝を挿して飾る。
はなを生けるための器

瓶詰　花瓶

詔
ショウ／みことのり

衆議院解散の**ショウショ**を読む。
一般に公示される、天皇の言葉を記したもの

国会開設の**ミコトノリ**が出された。
天皇の言葉

詔書　詔

循
ジュン

市内を**ジュンカン**するバスに乗る。
ひと回りしてまた元に戻ることを繰り返すこと

インジュンな主張に抗議する。
古い習慣に従うだけで改めようとしない様子

循環　因循

酌
シャク／く(む)

動機に**シャクリョウ**の余地がある。
事情をくみとり、とりはからうこと

バンシャクは彼の楽しみだ。
家庭で夕食時に酒を飲むこと

酌量　晩酌

枢
スウ

第二次世界大戦の**スウジク**国だ。
活動のメインとなる重要な部分

新たに**チュウスウ**都市となる。
物事の主要な部分

枢軸　中枢

塚
つか

イチリヅカを距離の目安にする。
街道の約四キロメートルごとに築かれたつか

各地の**カイヅカ**を発掘する。
古代人が食べたかい殻などがつみ重なってできた遺跡

一里塚　貝塚

訟
ショウ

国に対して**ソショウ**を起こす。
公の場にうったえること

訴訟

患
カン／わずら(う)

カンジャに薬を処方する。
病気やけがで医師の治療を受ける人

基礎**シッカン**がある人は要注意だ。
病気

患者　疾患

挟
キョウ／はさ(む・まる)

南北から**キョウゲキ**される。
相手をはさんで両方から攻めること。はさみうち

介護と仕事の**イタバサ**みに苦しむ。
二つの立場の間にはさまって苦しい立場に立つこと

挟撃　板挟

逝
セイ／い(く)／ゆ(く)

恩師の御**セイキョ**を悼む。
他人の死を遠回しに表す言葉

作家が交通事故で**キュウセイ**する。
突然死ぬこと

逝去　急逝

偽
ギ／いつわ(る)／にせ

産地表示を**ギソウ**して糾弾される。
人目をあざむくために、他の物と似せること

キョギの報告で事故を隠す。
うそやいつわり。本当ではないこと

偽装　虚偽

診
シン／み(る)

彼は異常なしと**シンダン**された。
医師が病人を調べて判定すること

予防接種の前に**モンシン**を受ける。
医師が病歴や現在の調子などをきくこと

診断　問診

迅
ジン

災害時、**ジンソク**に避難する。
行動や動作などがきわめてはやい様子

試合で**フンジン**の活躍をする。
勢いが激しく勇み立つこと

迅速　奮迅

媒
バイ

現代はさまざまな**バイタイ**がある。
伝達のなかだちをするもの

水を**ヨウバイ**として用いる。
物質をとかしている液

媒体　溶媒

100%

問一 傍線部の漢字の読みを答えなさい。

① 机の上に大きな**花瓶**を置く。（かびん）
② 天皇の**詔**により寺が建てられた。（みことのり）
③ すぐに決断できない**因循**な性格。（いんじゅん）
④ 両親は**晩酌**を日課としている。（ばんしゃく）
⑤ 政治の**中枢**をなす政治家。（ちゅうすう）
⑥ 作者が**逝去**し未完となった小説。（せいきょ）
⑦ 合戦で**奮迅**の働きをした武者。（ふんじん）
⑧ 効果的な**媒体**で宣伝する。（ばいたい）

問二 文中のカタカナを漢字に直しなさい。

① 機械が休みなく**カドウ**し続ける。（稼働（動））
② 皮膚に**エンショウ**を起こす。（炎症）
③ 土器や**カイヅカ**が発掘される。（貝塚）
④ 弁護士に**ソショウ**の相談をする。（訴訟）
⑤ 熱の出た**カンジャ**を看病する。（患者）
⑥ 友達の間で**イタバサ**みになる。（板挟）
⑦ 真実か**キョギ**かを判断する。（虚偽）
⑧ 医師の**モンシン**の後で採血する。（問診）

問三 次の説明書内にある傍線部①〜⑥のカタカナを、それぞれ漢字に直しなさい。

2022年9月3日
1／1

おくすり説明書

患者ID：00006328

田中 一郎 様

おくすり	のみ方	薬の作用

1. スグヨクナール錠 200mg

のみ薬 〈錠〉

朝	昼	夕	
1	1	1	―

発熱、鼻づまり、のどの痛みの①ショウジョウに効きます。

【副作用】 むかつき、冷や汗などが起きた際は、②ジンソクにかかりつけの医師の③シンダンを受けて下さい。

【生活上の注意】 ④ジュンカン器に⑤シッカンをお持ちの方は、服用をひかえて下さい。コーヒーや炭酸飲料と一緒に飲まないで下さい。薬の入った⑥ビンは、火気のそばに置かないで下さい。

P133 問三の解答：①王妃　②由緒　③宮廷　④肖像　⑤生涯

準2級漢字演習問題②

問 次の文章中の傍線部と同じ漢字を用いるものを、後の選択肢から選びなさい。

1

川の水流に運ばれケンマされてできた石ころのように、人の用が暮らしの道具にかたちの必然をもたらすという着想である。〈原研哉「日本のデザイン―美意識がつくる未来」〉

① マサツ熱で発火する。
② 弟が勉強のジャマをする。
③ 百戦レンマの強敵。
④ アマ色の生地で服を縫う。

③・研磨
摩擦
邪魔
錬磨
亜麻

P116

2

活版印刷で大量に書籍をハンプできるようになれば、権力は刊行の時点で、その内容にまで立ち入ろうとする。〈外岡秀俊「三度目の情報革命と本」〉

① 家族ドウハンで旅をする。
② 物品のハンカを調べる。
③ 資材をハンニュウする。
④ 著書がジュウハンされる。

②・頒布
同伴
頒価
搬入
重版

P118

3

フードコートの通常の客単価は七〇〇円弱であるが、ということは、入場料七〇〇円で自由と平等をキョウジュしたうえで、世界とつながることができるのだ。〈藤原辰史「食べること考えること」〉

① 寺院でシャキョウを読む。
② 野球のジッキョウ中継を見る。
③ 彼の行動はキョウラク的だ。
④ 姉とはキョウメイする点が多い。

③・享受
写経
実況
享楽
共鳴

P122

4

私たちが知ることができる音楽は、古くてもフメンが残されているか、もっと身近には録音されて再生が可能になっているものに限ります。〈椹木野衣「感性は感動しない」〉

① 勝利のためのフセキを打つ。
② ガクフを見て演奏する。
③ 資料をソウフする。
④ 事実とフゴウする。

②・譜面
布石
楽譜
送付
符合

P122

5

金や社会保険制度の設置と充実は、老親のフヨウ義務から子どもたちを解放していく。〈中澤渉「日本の公教育」〉

① 相互フジョの精神を持つ。
② 遠方にフニンする。

①・扶養
扶助
赴任

P124

③ フハイした政治を立て直す。
④ フソクの事態に備える。

6
当然坂田の名人自称問題はフンキュウをきわめて、その挙句坂田は東京方棋士と絶縁し、やがて関東、関西を問わず、一切の対局から遠ざかってしまった。
〈織田作之助「聴雨」〉

① 真相をキュウメイする。
② 試験にキュウダイする。
③ カイキュウ差別をなくす。
④ 罪人をキュウダンする。

7
ものを長い眼で見るヨユウがなくなったと言ってもいい。仕事場では、短い時間に「成果」を出すことが要求される。
〈鷲田清一『「待つ」ということ』〉

① ユウフクな家庭に育つ。
② 街で好きなハイユウに出会う。
③ 新入生を部にカンユウする。
④ ユウジが起きても慌てない。

8
心自体は解明できないブラックボックスとみなし、カッコでくくってしまった上で、その代わりに、ある入力に対して、ある出力を行う情報処理過程を認知として捉える。
〈岡田尊司「社会脳 人生のカギをにぎるもの」〉

① 父が弟をイッカツする。
② 体育祭のソウカツをする。
③ 世界平和をカツボウする。
④ 詳細はカツアイして話す。

9
なぜなら彼女らの言葉はぼくらの言葉とはちがうし、彼女らはボンヨウにかがやかしく生きているのだから……。
〈北杜夫「幽霊」〉

① 新人候補をヨウリツする。
② チュウヨウな行動を心がける。
③ 声にヨクヨウを付ける。
④ ヨウセキの濃度を求める。

10
第一次大戦中、化学者のカール・ボッシュは、ドイツ政府から請われて、火薬の原料となる硝酸を生産する工場をカドウさせました。
〈藤原辰史「戦争と農業」〉

① 報酬のタカでやる気が変わる。
② 役者カギョウに精を出す。
③ 倒れた選手をタンカで運ぶ。
④ 疑惑のカチュウにある人物。

---

6 解答
腐敗
不測
④・紛糾
究明
及第
階級
糾弾
P126

7 解答
①・余裕
裕福
俳優
勧誘
有事
P128

8 解答
②・括弧
一喝
総括
渇望
割愛
P130

9 解答
③・由緒
擁立
中庸
抑揚
溶液
P132

10 解答
②・稼働(動)
多寡
稼業
担架
渦中
P134

霜
ソウ　しも

長い**セイソウ**を経て文明が進歩する。
「年月」の古風な表現

冬になると庭に**シモバシラ**が立つ。
地表面に並ぶ、土中の水分が凍結した細い氷のはしら

星霜　霜柱

猿
エン　さる

ケンエンの仲の二人を取り持つ。
互いに仲の悪いもののたとえ

サルガクが神社で興行された。
古代から中世の、こっけいな物まねを主とする芸能

犬猿　猿楽

謄
トウ

戸籍**トウホン**の交付を請求する。
元の文書の内容を全部そのままうつして作った文書

昔は**トウシャ**版で印刷した。
ろうを引いた紙を原版にした印刷法。書いてうつすこと

謄本　謄写

賠
バイ

国が**バイショウ**責任を負う。
他に与えた損害のつぐないをすること

賠償

垣
かき

国家の**カキネ**を越えて協力する。
家などの囲い。また、間を隔てるもののたとえ

崩れた**イシガキ**を修復する。
いしを積み上げてつくった囲い

垣根　石垣

侯
コウ

コウシャクは華族制度の第二位だ。
明治時代に設けられていた、華族の階級の一つ

オウコウ貴族の気分を味わう。
君主及び君主と主従関係にある領主たち

侯爵　王侯

轄
カツ

知事**チョッカツ**の対策室を設ける。
じかにとりしまること

カンカツの保健所から連絡がくる。
権限による支配。また、その支配が及ぶ範囲

直轄　管轄

遷
セン

明治維新で東京に**セント**した。
みやこを他の地にうつすこと

国際情勢の**ヘンセン**に対応する。
時間の経過につれてうつりかわること

遷都　変遷

堕
ダ

ダラクした生活を立てなおす。
行いが悪くなること。物事が健全さを失うこと

ダタイは母体に負担をかける。
母親の腹のなかの子どもを人工的に流産させること

堕落　堕胎

珠
シュ

四歳から**シュザン**を始める。
そろばんを使ってする勘定

三重県は**シンジュ**養殖発祥の地だ。
貝類の体内で作られる丸い小さな玉

珠算　真珠

徹
テツ

テツヤでレポートを書きあげる。
一晩じゅう寝ずにいること

不偏不党の精神を**カンテツ**する。
初めから終わりまでつらぬきとおすこと

徹夜　貫徹

俸
ホウ

私は**ホウキュウ**生活者だ。
公務員や会社員などに対して支払われる賃金

プロ野球選手は**ネンポウ**制だ。
としごとに定めた報酬

俸給　年俸

勅
チョク

天皇が**チョクゴ**を発布する。
天皇の言葉。大日本帝国憲法下での天皇の意思表示

天皇の**ミッチョク**を受ける。
人に知られないように下される天子の命令

勅語　密勅

2級

柿
かき

シブガキは干すと甘くなる。
熟してもまだしぶいかき

渋柿

塞
サイ　ソク　ふさ(ぐ・がる)

無人島に**ヨウサイ**を築く。
防衛上大切な場所に設けた軍事施設

時代が**ヘイソク**感に満ちている。
とじてふさぐこと

要塞　閉塞

哺
ホ

人間は**ホニュウ**類である。
子にちちを飲ませること

人工**ホイク**でそだてられた牛。
子にちちや食べ物を与えてそだてること

哺乳　哺育

問一 **傍線部の漢字の読みを答えなさい。**

① 登校時に**霜柱**を踏みながら歩く。（しもばしら）
② 裁判記録の**謄写**を行う。（とうしゃ）
③ **侯爵**家の生活を題材にした小説。（こうしゃく）
④ アコヤ貝は**真珠**の母貝だ。（しんじゅ）
⑤ 職員の**俸給**が提示される。（ほうきゅう）
⑥ 倒幕の**密勅**が下された。（みっちょく）
⑦ **渋柿**を甘くするために干す。（しぶがき）
⑧ 絶滅の恐れのある**哺乳**類。（ほにゅう）

問二 **文中のカタカナを漢字に直しなさい。**

① 父と**ケンエン**の仲にある人物。（犬猿）
② 損害**バイショウ**を請求する。（賠償）
③ 城の周りを囲む**イシガキ**。（石垣）
④ 消防署の**カンカツ**区域を調べる。（管轄）
⑤ 平城京に**セント**した歴史を学ぶ。（遷都）
⑥ 文化が**ダラク**したと論じる作家。（堕落）
⑦ **テツヤ**して作業を終わらせる。（徹夜）
⑧ 敵の侵攻を防ぐための**ヨウサイ**。（要塞）

問三 **次は、C班が作成したプレゼンテーション資料である。発表資料中の傍線部①～⑥のカタカナをそれぞれ漢字に直しなさい。**

〈日本教育のヘンセン①〉

1879年：『教学聖旨』

明治天皇による、公教育方針への関与の始め
道徳教育の重要性を説いたが、儒教と読み書き・そろばん（シュザン②）を柱とする内容であった。

1890年：『教育チョクゴ③』発布

10月31日　文部省がトウホン④を作成
趣旨のカンテツ⑤に努めるよう訓令
12月25日　チョッカツ⑥学校に対し天皇が署名したチョクゴを下付

漢字	読み	例文	意味	熟語
采	サイ	監督の**サイハイ**が見事だった。	指図すること	采配
		観客の**カッサイ**を浴びる。	はくしゅしたり声をあげたりしてほめること	喝采
塡〈填〉	テン	先月の赤字を**ホテン**する。	不足分をおぎなって埋めること	補塡
		燃料の**ジュウテン**が終わる。	欠けたり空いたりしている所に物を詰めて埋めること	充塡
畏	イ おそ(れる)	先生の態度に**イシュク**する。	おそれによりかしこまって小さくなること	畏縮
		自然に対し**イフ**の念を抱く。	おそれおののくこと	畏怖
璧	ヘキ	文壇の**ソウヘキ**をなす二人の作家。	優劣のつけられない優れた二つのもの	双璧
		百個の単語を**カンペキ**に覚える。	まったく欠点が無いこと。またそのようす	完璧
辣	ラツ	敵の**アクラツ**なやり方に憤る。	非常にたちがわるいこと。またそのようす	悪辣
		作品が**シンラツ**な批評を受ける。	言葉や表現が非常に厳しいこと。またそのようす	辛辣
剝〈剥〉	ハク は(がす・ぐ) は(がれる・げる)	博物館でシカの**ハクセイ**を見る。	動物の皮に詰め物をして生前の形に作った標本	剝製
		金メダルが**ハクダツ**された。	地位や資格などを強制的に取り上げること	剝奪

漢字	読み	例文	意味	熟語
潰	カイ つぶ(す・れる)	台風で物置が**ホウカイ**した。	くずれこわれること	崩潰(壊)
		部屋の掃除で一日**ツブ**れる。	時間や機会が他のことのせいで使えなくなる	潰
羨	セン うらや(む・ましい)	才色兼備な彼女は**センボウ**の的だ。	うらやましく思うこと	羨望
		健康そうで**ウラヤ**ましい。	人の能力や状態に自分もそうなりたいと思うようす	羨
賂	ロ	**ワイロ**を贈った疑いを持たれる。	自分の利益になるよう計らってもらうために贈る金品	賄賂
椅	イ	テーブルと**イス**を買う。	腰掛けるための家具	椅子
拭	ショク ふ(く) ぬぐ(う)	にがて意識を**フッショク**する。	すっかりぬぐい去ること	払拭
		おもしろいデザインの**テヌグ**い。	顔や体をふくために使う布	手拭
叱	シツ しか(る)	遅刻して上司に**シッセキ**される。	失敗をしかりとがめること	叱責
		子どものいたずらを**シカ**る。	目下のもののよくない点を厳しくとがめる	叱
妖	ヨウ あや(しい)	**ヨウカイ**の言い伝えを聞き集める。	人には理解できないあやしい現象や存在	妖怪
		メンヨウな話もあるものだ。	不思議なこと。あやしいこと	面妖
乞	こ(う)	伝統的な**アマゴ**いの行事。	日照りが続いたときに降水を神や仏に祈る儀式	雨乞

※〈 〉内は許容字体です。

問一 傍線部の漢字の読みを答えなさい。

① 歯にできた穴を金属で**充塡**する。（じゅうてん）

② 弱点を指摘されて**畏縮**する。（いしゅく）

③ 文学作品に対する**辛辣**な批評。（しんらつ）

④ 動物の**剝製**が展示される博物館。（はくせい）

⑤ 大雪で家の屋根が**潰**れる。（つぶ）

⑥ **賄賂**をもらったことが発覚する。（わいろ）

⑦ 車内で騒ぐ子どもを**叱**る。（しか）

問二 文中のカタカナを漢字に直しなさい。

① 聴衆が拍手**カッサイ**する。（喝采）

② 秀吉と**ソウヘキ**をなす武将。（双璧）

③ **センボウ**のまなざしで見る。（羨望）

④ 机に合う**イス**が欲しい。（椅子）

⑤ 先入観を**フッショク**する。（払拭）

⑥ なんとも**メンヨウ**な出来事。（面妖）

⑦ **アマゴ**いの習慣のある地域。（雨乞）

問三 後の漢字群から似たような意味の漢字を二字ずつ組み合わせ、①～⑦の意味を表す熟語を作りなさい。

① おそれおののき、たじろぐこと。

② 人の失敗やあやまちなど、悪い点を非難すること。

③ 不足している部分をおぎなうこと。

④ すっかり取り除くこと。ぬぐい去ること。

⑤ 権力などに任せて取り上げること。

⑥ 人間には分からない不思議な現象、またはそれらを発生させる存在。もののけ。

⑦ 建物や組織がくずれ、そのものの機能を失うこと。

【漢字群】

畏	拭
塡	剝
怪	怖
払	補
責	崩
奪	妖
潰	叱

P139 問三の解答：①変遷　②珠算　③勅語　④謄本　⑤貫徹　⑥直轄

※〈　〉内は許容字体です。

巾　キン

キンチャクに小物をまとめる。（口を閉めるひもがついた袋）

廊下を**ゾウキン**で拭く。（掃除などに使う汚れたところを拭く布）

巾着　雑巾

傲　ゴウ

ゴウマンな態度を反省する。（おごりたかぶって人を見下すこと。またその様子）

傲慢

汎　ハン

ハンヨウ性の高いコンピューター。（一つのものをいろいろなことにひろく使うこと）

コウハンな知識を身につける。（力や勢いが及ぶ範囲がひろいこと。またその様子）

汎用　広汎

蜜　ミツ

デザートに**ミツマメ**を頼む。（寒天にまめや果物などをまぜてみつをかけた食べ物）

トウミツはお酒の原料になる。（サトウキビからさとうを作るときに残る液）

蜜豆　糖蜜

箋〈笺〉　セン

資料のあるページに**フセン**をはる。（目印や覚え書きを書いてはりつけるちいさな紙片）

ビンセンにお礼の手紙を書く。（手紙を書くための紙）

付箋　便箋

頓　トン

服装には**トンチャク**しない方だ。（深く気にかけること）

机の上をきれいに**セイトン**する。（きちんと片づけてととのえること）

頓着　整頓

藍　ラン　あい

シュツランの誉れと評判の弟子。（弟子が師よりも優れていること）

アイイロの傘をさした男性。（「あい」という植物からとった濃い青いろ）

出藍　藍色

葛〈葛〉　カツ　くず

寒気がして**カッコントウ**を飲む。（くずなどを原料とする漢方薬の風邪薬）

温かい**クズユ**でほっとする。（くず粉とさとうをまぜたものをおゆでといたもの）

葛根湯　葛湯

緻　チ

チミツに計画された作戦。（細かいところまで行き届いて抜けがない様子）

セイチなスケッチに目を奪われる。（きわめて詳しく細かいこと。またその様子）

緻密　精緻

詣　ケイ　もう（でる）

寺の**サンケイ**客にお土産を売る店。（神社仏閣や宗教施設に行っておまいりすること）

近所の氏神様に**ハツモウデ**に行く。（年が明けてはじめて神社や仏閣におまいりすること）

参詣　初詣

脇　わき

授業がいつも**ワキミチ**にそれる。（本筋から外れた方向）

本を**コワキ**に抱えた学生。（わき。わきに関するちょっとした動作に使う語）

脇道　小脇

沙　サ

汰　タ

ここ数年兄から何の**サタ**もない。（便りや知らせ）

沙汰

慄　リツ

目の前の事故に**リツゼン**とする。（おそろしくてぞっとする様子）

事件の真相に**センリツ**が走る。（おそろしくてふるえること）

慄然　戦慄

問一 傍線部の漢字の読みを答えなさい。

① 権力が人を**傲慢**にさせる。（ごうまん）
② 暗記したい箇所に**付箋**を付ける。（ふせん）
③ **出藍**の誉れと名高い人物。（しゅつらん）
④ **葛根湯**の効能を調べる。（かっこんとう）
⑤ **精緻**な描写が特徴の絵画。（せいち）
⑥ 家族で**初詣**に出かける。（はつもうで）
⑦ 聞く者を**戦慄**させる怪談話。（せんりつ）

問二 文中のカタカナを漢字に直しなさい。

① 汚れを**ゾウキン**で拭き取る。（雑巾）
② **ハンヨウ**性の高い部品を使う。（汎用）
③ バターと**トウミツ**で作る菓子。（糖蜜）
④ 普段から部屋を**セイトン**する。（整頓）
⑤ 散歩の途中で**ワキミチ**に入る。（脇道）
⑥ 何年も音**サタ**のない友人。（沙汰）

問三 次は、ある観光地の案内リーフレットである。漢字の誤りが六か所ある。誤りを指摘し、正しい漢字に改めなさい。

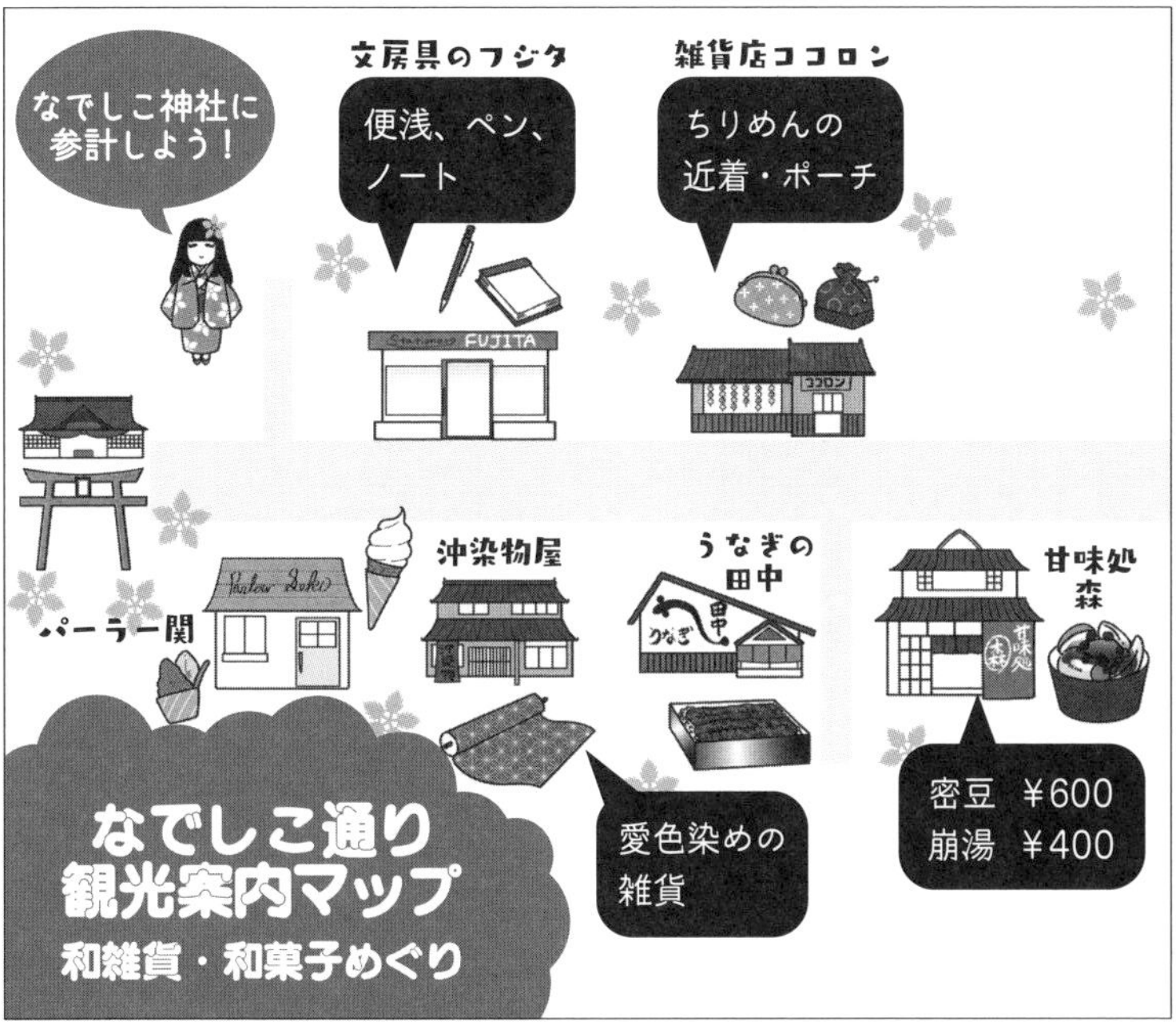

P141 問三の解答：①畏怖　②叱責　③補塡　④払拭　⑤剥奪　⑥妖怪　⑦崩潰

※〈　〉内は許容字体です。

桁
けた

ケタハズれに強いチャンピオン。（価値や程度が普通よりかけ離れている様子）

イゲタにおけが乗っている。（いどのふちを木や石で四角く囲んだもの）

桁外　井桁

憧
ショウ　あこが(れる)

平和で穏やかな暮らしに**アコガ**れる。（理想的存在に心を寄せる。思い焦がれる）

憧

憬
ケイ

異国に**ショウケイ**の念を抱く。（あこがれること）

憧憬

肘
ひじ

ヒジマクラをして昼寝する。（じぶんの片腕を曲げてまくらの代わりにすること）

カタヒジ張らずにつきあえる友達。（かたとひじ）

肘枕　肩肘

嘲〈嘲〉
チョウ　あざけ(る)

失言して**チョウショウ**の的になる。（人をばかにしてわらうこと）

ジチョウめいた言葉を吐く。（じぶんをつまらないものだとあざけること）

嘲笑　自嘲

喉
コウ　のど

コウトウは発声に関わる。（のどにある呼吸器の一部）

ノドモトにナイフを突き付ける。（のどのあたり）

喉頭　喉元

痩
ソウ　や(せる)

彼は**ソウシン**で背が高い。（やせている体）

健康のために**ヤ**せる決心をする。（体の肉が落ちて細くなる）

痩身　痩

腎
ジン

背骨の両側に**ジンゾウ**がある。（血液から尿になるものを取り出す器官）

安全を確保することが**カンジン**だ。（最も大切なこと）

腎臓　肝腎（心）

伎
キ

代々続く**カブキ**役者の家柄。（江戸時代に盛んになった日本固有の演劇）

歌舞伎

蓋
ガイ　ふた

ガイゼン性が高い予測が出る。（おそらくそうであろうと考えられること）

決勝戦の**ヒブタ**が切られる。（ひ縄銃のひをつけるところを覆うふた）

蓋然　火蓋

弥
や

ヤヨイの空に浮かぶ月。（旧暦三月の異称）

弥生

宛
あ(てる)

手紙の**アテサキ**を書く。（手紙や荷物の受け取り手の場所）

アテナに間違いがないか確認する。（手紙や書類に書く受け取り手のなまえ）

宛先　宛名

蜂
ホウ　はち

民衆が**ホウキ**して反乱を起こす。（大勢の人がある目的のために一斉に立ち上がること）

ハチミツを使ったお菓子を作る。（ミツバチが花から集めて巣に蓄えているみつ）

蜂起　蜂蜜

斑
ハン

黒い**ハンテン**の模様がある虫。（まばらに散らばっているてん）

斑点

腺
セン

肌には二種類の**カンセン**がある。（皮膚にあるあせが出る管）

昔の写真を見て**ルイセン**が緩んだ。（なみだが出る管）

汗腺　涙腺

問一　傍線部の漢字の読みを答えなさい。

① 桁外れの力を持つ大型動物。（けたはず）
② 肩肘を張らず気楽に過ごす。（かたひじ）
③ エサがなく痩せ細った大型動物。（や）
④ 自信を持つことが肝腎だ。（かんじん）
⑤ 陰暦の三月を弥生ともいう。（やよい）
⑥ 背中に斑点模様のある動物。（はんてん）
⑦ 聞く者の涙腺を刺激する話。（るいせん）

問二　文中のカタカナを漢字に直しなさい。

① 都会に**ショウケイ**の念を抱く。（憧憬）
② 観客に**チョウショウ**された話者。（嘲笑）
③ **ノドモト**まで言葉がこみ上げる。（喉元）
④ **カブキ**俳優が舞台に並ぶ。（歌舞伎）
⑤ 敵機が攻撃の**ヒブタ**を切る。（火蓋）
⑥ 封筒に先方の**アテナ**を記入する。（宛名）
⑦ 市民の**ホウキ**から革命が起きる。（蜂起）

問三　次のコラム中に含まれる傍線部①～⑤のカタカナを、それぞれ漢字に直しなさい。

美容と健康に最適！ ①ハチミツの効果・効能

1 疲労回復
消化器に負担をかけずに早く栄養分になります。疲れがたまっているときの疲労回復に最適です。

2 風邪を引いたときや、予防に
殺菌作用があるので、②ノドの痛みやせき止め、口内炎にも効果があります。さらに、「マヌカハニー」は③ジンゾウ病にも効果的と言われています。

3 保湿効果
摂取するだけでなく、クレンジングやパックに使うことで、高い保湿効果があります。

4 ダイエット
血糖値を調整する機能があるので、脂肪がつきにくく、④ソウシンが期待できます。

ハチミツは⑤フタをしっかり閉め、冷暗所で保存しましょう。

P143 問三の解答：計→詣　浅→箋　近→巾　愛→藍　密→蜜　崩→葛　（順不同）

※〈 〉内は許容字体です。

舷
ゲン
- **サゲン**方向に島が見える。（船のひだり側の側面）— 左舷

畿
キ
- **キナイ**にはたくさんの古墳がある。（京都のちかくにあった昔の五国からなる区域）— 畿内
- **キンキ**地方にしんせきが多い。（関西の二府と周辺の五県からなる区域）— 近畿

隙
ゲキ／すき
- 私の心の**クウゲキ**を満たす言葉。（物と物のあいだの何もないばしょ）— 空隙
- ドアの**スキマ**から風が入ってくる。（物と物のあいだの細くあいているところ）— 隙間

氾
ハン
- 河川の**ハンラン**に備えておく。（川の水かさがあがってあふれ出ること）— 氾濫

鶴
つる
- **オリヅル**に願いを込める。（紙をおって作ったツル）— 折・鶴

綻
タン／ほころ(びる)
- 大企業の**ハタン**のニュースに驚く。（修復ができないほど行き詰まること）— 破綻

詮〈詮〉
セン
- 休んだ理由を**センサク**される。（事情を細かく調べ求めること）— 詮索
- **ショセン**人とはそういうものだ。（行きつく先）— 所詮

賭〈賭〉
ト／か(ける)
- 時代劇の**トバ**のシーン。（ばくちをするところ）— 賭場
- 競馬や競輪は公営の**トバク**だ。（金品をかけて勝負する遊び）— 賭博

昧
マイ
- 彼は決して**グマイ**な人ではない。（おろかでものの道理がわからないこと。またその様子）— 愚昧
- 休日は映画**ザンマイ**で過ごした。（あることに熱中すること）— 三昧

旦
タン／ダン
- **イッタン**家に帰って荷物を置く。（ひとまず）— 一旦
- **ガンタン**にその年の目標を立てる。（いち月ついたちの朝）— 元旦

沃
ヨク
- 大河のそばには**ヨクチ**が広がる。（土がこえた、作物がよく育つとち）— 沃地
- 川が**ヒヨク**な土を運んでくる。（土がよくこえていること。またその様子）— 肥沃

勾
コウ
- 急な**コウバイ**の坂道を上る。（水平面に対する傾きの程度）— 勾配
- **コウリュウ**が延長される。（被疑者や被告人の身柄を拘束すること）— 勾留

刹
サツ／セツ
- 美しい庭のある**コサツ**を訪ねる。（由緒のあるふるい寺）— 古刹
- あの寺は**メイサツ**と言われている。（ゆうめいな寺）— 名刹

堆
タイ
- 火山灰が**タイセキ**してできた地層。（何重にも高くつみあがること）— 堆積
- 畑の隅で**タイヒ**を作っている。（わらや落ち葉をつみ重ねて、腐らせて作るこやし）— 堆肥

問一 傍線部の漢字の読みを答えなさい。

① 左舷に風を受ける帆船。（さげん）
② 信長は畿内へ侵攻した。（きない）
③ 他人のことはあまり詮索しない。（せんさく）
④ 違法な賭博が行われている実態。（とばく）
⑤ 映画三昧の生活を送る学生。（ざんまい）
⑥ 荒れ地が豊かな沃地となる。（よくち）
⑦ 被疑者を長期間勾留する。（こうりゅう）

問二 文中のカタカナを漢字に直しなさい。

① 壁の**スキマ**から光が差し込む。（隙間）
② 川の**ハンラン**を防ぐための堤防。（氾濫）
③ 全員で協力して**オリヅル**を作る。（折・鶴）
④ 経営**ハタン**から再生した会社。（破綻）
⑤ **イッタン**決めたことはやり通す。（一旦）
⑥ 関東屈指といわれる**メイサツ**。（名刹）
⑦ 植物栽培に**タイヒ**を使用する。（堆肥）

問三 次は、D班が作成したプレゼンテーション資料である。発表資料中の傍線部①〜⑤のカタカナをそれぞれ漢字に直しなさい。

〈平野の地形〉

■ タイセキ平野（①）

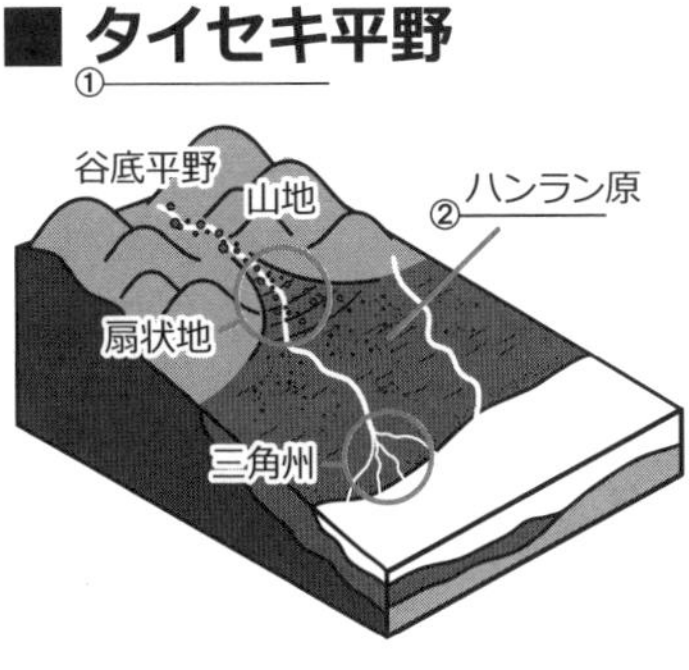

河川がコウバイ（③）の急な山地などを流れて侵食し、岩や砂、泥が中流や下流の低地にタイセキして形成された平野。

日本の平野は全てタイセキ平野である。ヒヨク（④）で平らなので農業に利用しやすい。キンキ（⑤）地方の和歌山平野では、広く水田と果樹園に利用されている。

P145 問三の解答：①蜂蜜　②喉　③腎臓　④痩身　⑤蓋

袖
シュウ　そで

- 派閥の**リョウシュウ**である議員。（ある集団の代表となる人）　領袖
- シャツの**ソデグチ**をおり返す。（洋服のそでの端の手首が出る部分）　袖口

苛
カ

- 砂漠を走る**カコク**なカーレース。（むごいほどに厳しいこと。またその様子）　苛酷
- 王の**カセイ**に暴動が起きる。（厳しすぎるまつりごと）　苛政

稽〈稽〉
ケイ

- 毎週、空手の**ケイコ**に通う。（先生について芸能や武術などを習うこと）　稽古
- **コッケイ**なしぐさに思わず笑う。（おもしろおかしいこと。またその様子）　滑稽

眉
ビ　ミ　まゆ

- **ビモク**秀麗とはまさに彼のことだ。（顔かたち）　眉目
- 父が**ミケン**にしわを寄せている。（まゆとまゆのあいだ）　眉間

錮
コ

- **キンコ**刑を申し渡される。（部屋に閉じ込めて外に出ることを許さないこと）　禁錮

冥
メイ　ミョウ

- この秘密は**メイド**のみやげにする。（死者の魂が行くとされるところ）　冥土
- 愛用されて職人**ミョウリ**に尽きる。（ある立場にいることによって受ける恩恵や幸福）　冥利

妬
ト　ねた（む）

- 栄転した同僚に**トシン**を抱く。（人をねたむこころ）　妬心
- 才色兼備の友達を**ネタ**む。（人が自分より優れていることをうらやむ）　妬

挫
ザ

- **ザセツ**した経験を語る。（事業や計画などが途中でだめになり、意欲を失うこと）　挫折
- 文化祭の企画が**トンザ**する。（物事の勢いが急に弱まり、くじけること）　頓挫

戴
タイ

- 盛大な**タイカン**式が行われる。（国王が即位のしるしにかんむりを頭にのせること）　戴冠
- お褒めの言葉を**チョウダイ**する。（もらうことをへりくだって言う語）　頂戴

遜〈遜〉
ソン

- 師匠にも**ソンショク**ない腕前だ。（他と比べて劣っている様子）　遜色
- 作文を褒められて**ケンソン**する。（控えめな態度でへりくだること）　謙遜

摯
シ

- 何事にも**シンシ**に取り組む態度。（ひたむきでまじめなこと。またその様子）　真摯

臼
キュウ　うす

- **キュウシ**ですりつぶすようにかむ。（奥に生えていて先が平らな、哺乳類の歯）　臼歯
- 転んで肩を**ダッキュウ**した。（骨の関節がずれること）　脱臼

那
ナ

- 息子は若**ダンナ**と呼ばれている。（店などの男の主人を敬って言う語）　旦那
- ひとめ見た**セツナ**、心を奪われた。（とても短いじかん）　刹那

爪
つめ　つま

- 台風が各地に**ツメアト**を残す。（災害などの影響や被害）　爪痕
- うっかり**フカヅメ**してしまった。（つめを肉のきわまでふかく切ること）　深爪

※〈　〉内は許容字体です。

問一　傍線部の漢字の読みを答えなさい。

① 政治家の**苛政**に抗議する民衆。（かせい）
② **禁錮**一年の刑を受けた。（きんこ）
③ 死者が**冥土**に旅立っていく。（めいど）
④ 才能のある同級生を**妬**む。（ねた）
⑤ 進路相談に**真摯**に対応する。（しんし）
⑥ 巨大な**臼歯**の化石が見つかる。（きゅうし）
⑦ 気を緩めた**刹那**、落馬した。（せつな）

問二　文中のカタカナを漢字に直しなさい。

① 党の**リョウシュウ**となる人物。（領袖）
② **コッケイ**な動きをするピエロ。（滑稽）
③ **ミケン**にしわを寄せて考えこむ。（眉間）
④ 資金調達の計画が**トンザ**した。（頓挫）
⑤ ご意見を**チョウダイ**する。（頂戴）
⑥ 他と比べ**ソンショク**ない性能。（遜色）
⑦ 災害の**ツメアト**が今も残る。（爪痕）

問三　次は、卒業生に向けて先生が送った手紙である。傍線部①〜⑤のカタカナをそれぞれ漢字に直しなさい。

山本由里さん

いつも明るくクラスを引っ張ってくれた由里さん。部活動でも、部長として後輩のフォローをしていましたね。

我が校の剣道部は長い歴史がありますし、全国大会を目標に掲げていましたから、相当①カコクな環境だったのではないでしょうか。部長として、結果を残さなければならないという重圧は相当なものだったと思いますが、そんな環境でも弱音を吐かず、②ザセツしそうな部員たちを励ましながら、日々の③ケイコをよく頑張りましたね。全国大会進出が決まったとき、私も思わず目頭が熱くなりました。

由里さんは④ケンソンするかもしれませんが、一緒に過ごせた三年間で、私もとても貴重な経験をさせてもらいました。由里さんの姿勢から、たくさんのことを勉強させてもらえたこと、教師⑤ミョウリに尽きます。これからも、実直で優しい気持ちを忘れずにいて下さいね。

三年二組担任　野村美和子

P147 問三の解答：①堆積　②氾濫　③勾配　④肥沃　⑤近畿

※〈 〉内は許容字体です。

箸〈箸〉
はし

ヒバシで炭をくべる。（炭などを挟むためのはし）— 火箸

サイバシで煮物を盛り付ける。（料理を作ったり、取り分けたりするためのはし）— 菜箸

麓
ロク ふもと

のどかな**サンロク**の村に宿泊する。（やまのふもと）— 山麓

腫
シュ は（れる・らす）

キンシュを切除する手術を受ける。（きん肉が異常増殖してできるこぶのようなもの）— 筋腫

足に**フシュ**ができて靴がきつい。（皮下に水がたまった状態）— 浮腫

瑠
ル

璃
リ

宇宙から見た**ルリ**いろに輝く地球。（つやのある青い美しい宝石）— 瑠璃

毀
キ

週刊誌をめいよ**キソン**で訴える。（体面や利益をそこなうこと。物が壊れること）— 毀損

部長は**キヨ**褒へんが相半ばする人だ。（褒めたりけなしたりすること）— 毀誉

股
コ また

ストレッチで**コカンセツ**を伸ばす。（骨ばんと大たい骨をつなげるかんせつ）— 股関節

子どもの**ウチマタ**歩行を直す。（つま先をうち側に向けた歩き方）— 内股

芯
シン

長じゅばんに**エリシン**をつける。（着物のえりの形を整えるために入れる堅めの布）— 襟芯

赤ペンの**カエシン**を買っておく。（ボールペンなどの筆記用具の取りかえ用のしん）— 替・芯

萎
イ な（える）

慣れない環境に**イシュク**する。（元気がなくなること。しぼんでちぢむこと）— 萎縮

串
くし

クシアげにソースをかける。（やさいや肉などをくしに刺してあげたもの）— 串揚

タケグシに刺した三つの団子。（たけを削って作ったくし）— 竹串

鍵
ケン かぎ

ケンバンの感触を確かめる。（ピアノなどの楽器でキーが並んでいる面）— 鍵盤

カギアナが二つ付いている扉。（かぎを差し込むあな）— 鍵穴

鎌
かま

初夏の**カマクラ**を散策する。（神奈川県南東部の市）— 鎌倉

蛇が**カマクビ**をもたげている。（蛇などのかまのような形に曲がったくび）— 鎌首

鍋
なべ

最後に**ナベブタ**を取って煮詰める。（なべのふた）— 鍋蓋

ドナベで炊いたご飯がおいしい。（つちを焼いて作ったなべ）— 土鍋

丼
どんぶり どん

ドンブリバチにうどんを入れる。（おおぶりで厚みと深さのある食器）— 丼鉢

父の好物は**テンドン**です。（どんぶりにご飯とてんぷらを入れてたれをかけた料理）— 天丼

虹
にじ

ニジイロのバッグを持っている。（にじのようにいろとりどりなこと）— 虹色

52%

問一　傍線部の漢字の読みを答えなさい。

① 茶室用に作られた火箸。（ひばし）
② 富士山麓にある五つの湖。（さんろく）
③ 検査で良性の筋腫が見つかる。（きんしゅ）
④ 美しい瑠璃色の宝石。（るり）
⑤ 台風で多くの建物が毀損した。（きそん）
⑥ ペンの替え芯を複数用意する。（か・しん）
⑦ 串揚げの専門店で食事する。（くしあ）

問二　文中のカタカナを漢字に直しなさい。

① 足を開いて**コカンセツ**を伸ばす。（股関節）
② 多くの観客を前に**イシュク**する。（萎縮）
③ オルガンの**ケンバン**に触れる。（鍵盤）
④ **カマクラ**時代に書かれた歴史書。（鎌倉）
⑤ 湯気の力で**ナベブタ**が動く。（鍋蓋）
⑥ **ドンブリバチ**に飯を盛る。（丼鉢）
⑦ **ニジイロ**に光る照明器具。（虹色）

問三　次は、あるサイトで公開中のレシピである。傍線部①～⑤のカタカナをそれぞれ漢字に直しなさい。

①ドナベ炊きごはん

材料

●米 2合　●水 440ml

作り方

1. 米を研ぎ、30～ 40 分浸水させます。
2. 浸水させた米をドナベに入れ、計量した水を入れます。
3. 蓋をして7～9分ほど中火にかけます。蒸気が出てきたら弱火にし、15分程度炊きます。
4. 火を止めて蓋をしたまま 5～10分蒸らしたら完成。

コツ：米の②シンが残らないように、しっかりと計量しましょう。

衣さくさくてんぷら

材料　衣

●薄力粉 100cc　●冷水 70cc
●片栗粉 大さじ1　●酢 10cc
●塩 ひとつまみ　●酒 5cc

作り方

1. 材料をすべてボウルに入れ、③サイバシで粉が残るくらい混ぜる。
2. 具材を衣にくぐらせる。たまねぎはばらばらにならないように④タケグシを刺すと扱いやすい。
3. 170度に熱した油で揚げる。

ごはんに乗せて、めんつゆをかけて⑤テンドンにしてもおいしい。

P149 問三の解答：①苛酷　②挫折　③稽古　④謙遜　⑤冥利

2級漢字演習問題①

問 次の文章中の傍線部と同じ漢字を用いるものを、後の選択肢から選びなさい。

1 しかして久野は初めてこの時嵐のようなカッサイが水上に鳴り響いているのを聴いた。〈久米正雄「競漕」〉

① 彼は有名なサイミン術師だ。
② 監督としてサイハイを振る。
③ 軍隊がヨウサイを占領する。
④ 家族の無病ソクサイを祈る。

②・喝采
P140

催眠
采配
要塞
息災

2 肉体の欲望の満足は、空腹を満たすと終熄（そく）するように、欠如のジュウテンである。〈今村仁司「抗争する人間」〉

① 会社の損失をホテンする。
② 数式をテンカイして計算する。
③ 論文の末尾にシュッテンを示す。
④ バス旅行のテンジョウ員。

①・充填
P140

補填
展開
出典
添乗

3 あるときは、鋭く、きびしく、非難やシッセキをこめて。〈小池昌代「鹿を追いかけて」〉

① 失敗を厳しくシカる。
② 大切なものをウシナう。
③ 雨で地面がシメる。
④ 陣頭で指揮をトる。

①・叱責
P140

叱
失
湿
執

4 世の中の人が無トンチャクだといってそれを恥じてはならない。〈有島武郎「小さき者へ」〉

① 机の上をセイトンする。
② ヨウトン場に見学に行く。
③ 自衛隊のチュウトン地。
④ 晴れた日にフトンを干す。

①・頓着
P142

整頓
養豚
駐屯
布団

5 彼らは、自分たちの常識と相容れない過去の童謡観を、なにやら的外れなもの、原始的で愚かしいものとしてチョウショウするのかもしれません。〈井手口彰典「童謡の百年」〉

① ジチョウ気味に失敗談を語る。
② 交通違反者をチョウバツする。
③ ケイチョウ用の礼服を買う。
④ 封筒に切手をチョウフする。

①・嘲笑
P144

自嘲
懲罰
慶弔
貼付

6

過去の出来事のガイゼン性を批判的に検証することは、例えば歴史修正主義を克服するという文脈では、きわめて重要な課題である。〈安川晴基「『神々』の物語」〉

① 舞台でカンガイ深く歌唱する。
② 初めての場所でソガイ感を覚える。
③ ダンガイ絶壁に立つ石碑。
④ コウガイ洗浄できるお茶。

④・蓋然 P144
感慨 疎外 断崖 口蓋

7

言い方を誤っても、論理がハタンしても、言葉づかいが汚くても、どうせ誰かが同じようなことを言ってくれる言葉であれば、そんなことを気にする必要はない。〈内田樹「街場のメディア論」〉

① イベントの不参加をナゲく。
② アワい色彩のワンピース。
③ 袖口の糸がホコロびる。
④ 引っ越しの荷物をカツぐ。

③・破綻 P146
嘆 淡 綻 担

8

「ちょっとした思いつきなんですが」と言うとケンソンした雰囲気が伝わるが、「ちょっとしたアイディアなんですが」と言うと自慢げに鼻をぴくつかせる感じも出る。〈中村明「語感トレーニング」〉

①・謙遜 P148

9

このことがすなわち、民主化・都市化の進展が民主主義そのものをキソンするという意味である。〈平川克美「移行期的混乱」〉

① 最年少のプロキシが誕生する。
② 彼は仏門にキエした。
③ 意見があっさりキキャクされる。
④ キヨ褒へんに相半ばする。

④・毀損 P150
棋士 帰依 棄却 毀誉

10

音楽家が演奏をしている時に風や雨の音、時には自分の打っているケンバンの不完全な槓杆（こうかん）の軋（きし）る音ですらも、心がそれに向いていなければ耳には響いても頭には通じない。〈寺田寅彦「蓄音機」〉

① 図書館でブンケンを探す。
② ピアニカのコッケンを磨く。
③ 失礼な言動にケンオ感を抱く。
④ 少林寺ケンポウの師匠。

②・鍵盤 P150
文献 黒鍵 嫌悪 拳法

遜色 尊大 存亡 村落

① プロとソンショクない歌声。
② ソンダイな態度は改めるべきだ。
③ 内閣ソンボウの危機に立つ。
④ 山裾に広がるソンラクを眺める。

※〈 〉内は許容字体です。

喩〈喩〉 ユ
- 詩の**チョクユ**表現に注目する。（「たとえば」や「ような」などを使って例える方法）— 直喩
- 美しさを**ヒユ**を用いて表現する。（ある事柄を似ている他の事柄を使って表すこと）— 比喩

椎 ツイ
- **ツイカンバン**ヘルニアを発症する。（背ぼねのほね同士のあいだにある円い形の組織）— 椎間板
- **キョウツイ**は十二のほねからなる。（背ぼねを構成するほねの一種）— 胸椎

旺 オウ
- 子どもは好奇心**オウセイ**だ。（気力や体力がたいへんさかんである様子）— 旺盛
- **オウゼン**としてやる気が出る。（ものごとがさかんな様子）— 旺然

貪 ドン／むさぼ(る)
- 質問して**ドンヨク**に知識を求める。（非常によくが深いこと）— 貪欲
- **ムサボ**るように本を読む。（あきることなくいくらでもほしがる）— 貪

僅〈僅〉 キン／わず(か)
- 人気漫画が残部**キンショウ**となる。（ごくすくないこと）— 僅少
- 健闘したが**キンサ**で勝利を逃す。（ごくわずかな違い）— 僅差

骸 ガイ
- お化け屋敷の**ガイコツ**に驚く。（ほねだけになった遺体）— 骸骨
- 条約が**ケイガイ**化してしまう。（実質的な内容を失ってかたちだけが残っていること）— 形骸

睦 ボク
- ついに隣国との**ワボク**がなった。（争いをやめて仲よくすること）— 和睦
- 新しいクラスの**シンボク**を深める。（お互いに仲よくすること）— 親睦

匂 にお(う)
- おいしそうな**ニオ**いが漂ってくる。（鼻で感じる刺激）— 匂

玩 ガン
- 三階に**ガング**売り場がある。（子どもが遊ぶおもちゃ）— 玩具
- 趣味は**ショクガン**を集めることだ。（お菓子などのおまけとして付くおもちゃ）— 食玩

臆 オク
- 様々な**オクソク**を呼んだ事件。（根拠なく、無責任におしはかること）— 臆測
- いざとなると**オクビョウ**になる。（すこしのことにもおびえる性質）— 臆病

拉 ラ
- **ラチ**された人質が解放される。（自由を奪って無理やり連れていくこと）— 拉致

呪 ジュ／のろ(う)
- 魔法使いが**ジュモン**を唱える。（のろいやまじないの言葉）— 呪文
- 原住民の村の**ジュジュツ**師に会う。（しぜんを超えた力で望む現象を起こそうとする行為）— 呪術

淫 イン／みだ(ら)
- **ジャイン**は仏教の五戒の一つだ。（正しくなく節度がないこと）— 邪淫
- **ミダ**らな雰囲気をかもし出す。（性に関して乱れていてだらしがない様子）— 淫

膝 ひざ
- 母の**ヒザマクラ**で横になる。（人のひざをまくらにして寝ること）— 膝枕

問一 傍線部の漢字の読みを答えなさい。

① 様々な**比喩**を用いて表現する。（ひゆ）
② **椎間板**の損傷による腰痛。（ついかんばん）
③ 作家の**旺然**とした創作意欲。（おうぜん）
④ 現代では**形骸**化している伝統。（けいがい）
⑤ 敵対関係にあった国と**和睦**する。（わぼく）
⑥ 武装集団に**拉致**された一般市民。（らち）
⑦ **淫**らな絵画だと判断された作品。（みだ）

問二 文中のカタカナを漢字に直しなさい。

① 新聞を**ムサボ**るように読む。（貪）
② **キンショウ**な額の研究費。（僅少）
③ 虫が甘い**ニオ**いに群がる。（匂）
④ 子ども用の絵本と**ガング**を買う。（玩具）
⑤ それはただの**オクソク**だ。（臆測）
⑥ 色は**ジュジュツ**的な意味を持つ。（呪術）
⑦ 親に**ヒザマクラ**をされる子ども。（膝枕）

問三 次は、生徒が書いた自己アピール文である。傍線部①～⑤の表現はどのような熟語に置き換えられるか、後の語群からそれぞれ選びなさい。

私の短所は、人より①必要以上に用心深く、十分に対処しきれずにいるなところです。この性質によって、苦い経験をしたことがあります。
　私は、中学生の頃から六年間卓球部に所属しています。部活動を通して、他校の選手とも②お互いに親しくすることを深めることができたのですが、試合になると、仲間だと思っている相手に勝つために戦うということができず、③ほとんど無いに等しいちがいで敗退することがありました。そんなとき、コーチから「勝とうと思うのではなく、④試合を新たな技能をとにかく熱心に取り入れようという様子に楽しもうと思いなさい。」とアドバイスをいただき、そこからは楽しんで試合に臨めるようになりましたが、私自身は、相手に余計な気を遣いすぎてしまうところがまだあると自覚しています。
　人と関わることは大好きなので、相手を気遣いすぎて本音でぶつかれない部分を、⑤活力の満ちあふれた様子な好奇心で塗りかえていきたいです。

僅差／親睦／旺盛／臆病／貪欲

P151 問三の解答：①土鍋　②芯　③菜箸　④竹串　⑤天井

※〈 〉内は許容字体です。

蹴
シュウ／け(る)

シュウキュウ部と書いたTシャツ。（サッカーなどボールを足でけって勝ち負けを争う競技）

反論を**イッシュウ**する。（あっさりとはねつけること）

蹴球／一蹴

俺
おれ

オレの話も聞いてほしいと思う。（現代では主に男性が用いる一人称の代名詞）

俺

牙
ガ／ゲ／きば

詐欺師の**ドクガ**から高齢者を守る。（あくどいたくらみ）

ゾウゲを求めて密猟が横行する。（ゾウのきば。細工物の材料として重宝される）

毒牙／象牙

〈謎〉謎
なぞ

子どもと**ナゾナゾ**をして遊ぶ。（問いに対して機知に富んだ答えを求める遊び）

謎謎

瓦
ガ／かわら

汚職により政党が**ガカイ**する。（一部が崩れることで全体が崩れ落ちること）

オニガワラのような顔をして怒る。（魔除けなどのため屋根の端に付けられる飾りのかわら）

瓦解／鬼瓦

柵
サク

サクモンの前で記念撮影する。（しろのさくの入り口のもん）

テッサクにもたれかかる。（てつで作られたさく）

柵門／鉄柵

脊
セキ

人間も**セキツイ**動物の仲間だ。（背骨を構成する骨）

セキチュウは多くの骨からなる。（背骨）

脊椎／脊柱

痕
コン／あと

試行錯誤の**コンセキ**が見られる。（過去に何かものごとがあったことを示すあと）

戦時中の**ダンコン**が残る建物。（銃のたまが当たったあと）

痕跡／弾痕

籠
ロウ／かご／こ(もる)

味方は**ロウジョウ**して戦っている。（しろなどに立てこもること）

トリカゴの掃除と水替えをする。（とりを飼うために入れるかご）

籠城／鳥籠

唄
うた

祖母は**ナガウタ**が趣味だ。（江戸時代に発達した三味線にあわせてうたう音曲）

長唄

亀
キ／かめ

キッコウ模様が入った小物入れ。（カメのこうらをかたどった模様）

ペットショップに**リクガメ**がいる。（熱帯から温帯に分布する大型でりくにすむカメ）

亀甲／陸亀

貼
チョウ／は(る)

封筒に切手を**チョウフ**してだす。（はりつけること）

貼付

湧
ユウ／わ(く)

石油の**ユウシュツ**量が豊富だ。（わきでること）

ユウセンがたくさんある水の里だ。（水がわきでるところ）

湧出／湧泉

〈恣〉恣
シ

シイ的な行動は職場の迷惑だ。（気ままで自分勝手な心）

彼の**ホウシ**な態度に腹が立つ。（勝手気ままでだらしのないこと。またその様子）

恣意／放恣

問一 傍線部の漢字の読みを答えなさい。

① ささいなミスから**瓦解**が生じる。（がかい）
② いくつも**柵門**のある大きな邸宅。（さくもん）
③ 動物を**脊椎**の有無で分類する。（せきつい）
④ 大阪城に**籠城**した豊臣軍。（ろうじょう）
⑤ 縁起がよいとされる**亀甲**模様。（きっこう）
⑥ 地元の山頂で温泉が**湧出**する。（ゆうしゅつ）
⑦ ルールを**恣意**的に解釈する。（しい）

問二 文中のカタカナを漢字に直しなさい。

① 提案は上司に**イッシュウ**された。（一蹴）
② **オレ**たちは兄弟のように育った。（俺）
③ 悪徳業者の**ドクガ**にかかる。（毒牙）
④ **ナゾナゾ**を出し合って遊ぶ。（謎謎）
⑤ 人が暮らした**コンセキ**がある。（痕跡）
⑥ 踊りと**ナガウタ**の稽古をする。（長唄）
⑦ 書類に顔写真を**チョウフ**する。（貼付）

問三 次の【a群】【b群】からそれぞれ一字ずつ漢字を選び、修飾＋被修飾の構成になる二字熟語を七つ作りなさい。

【a群】 鬼　蹴　象　弾　鉄　鳥　陸

【b群】 痕　籠　亀　瓦　牙　柵　球

※〈 〉内は許容字体です。

怨
エン・オン

- **シエン**から批判するのではない。（個人的なうらみ）　私怨
- これまでの**オンネン**を晴らす。（人を深くうらむ思い）　怨念

諧
カイ

- 優美な**カイチョウ**にうっとりする。（音楽や文章で、しっくり溶け合う全体の具合）　諧調
- **ハイカイ**が文芸として高められた。（江戸時代に盛んになったおかしみのある和歌や連歌）　俳諧

枕
まくら

- **マクラモト**のライトをつける。（寝ている人のあたまのあたり）　枕元
- 亡き母が**ユメマクラ**に立つ。（眠ってゆめを見ている人のまくらもと）　夢枕

餌〈餌〉
ジ・えさ・え

- ライオンの**エジキ**となる。（他の動物のえさとしてたべられる生き物）　餌食
- 猫に**エサ**をやるために家に帰る。（生き物を飼育するために与えるたべ物）　餌

酎
チュウ

- 父は**ショウチュウ**が好きだ。（米や麦、芋などで作る蒸留酒）　焼酎

彙
イ

- 本が好きな人は**ゴイ**が豊富だ。（ある国やある人など、それぞれが持つ言葉の全体）　語彙

斬
ザン・き（る）

- **ザンシン**なアイディアを求める。（発想などがあたらしくて珍しいこと。またその様子）　斬新
- 侍が町人を**ザンサツ**した事件。（人を切りころすこと）　斬殺

捻
ネン

- 体育の授業で足を**ネンザ**した。（手や足の関節に無理な力がかかってくじくこと）　捻挫
- 節約して旅費を**ネンシュツ**する。（やりくりして時間やお金を作りだすこと）　捻出

咽
イン

- 花粉症で耳鼻**インコウ**科に通う。（のど）　咽喉
- **イントウ**がはれて痛い。（のどの入り口付近の管）　咽頭

溺〈溺〉
デキ・おぼ（れる）

- 父親が娘を**デキアイ**する。（むやみやたらにかわいがること）　溺愛
- ある作家の小説に**チンデキ**する。（物事に熱中すること）　沈溺

侶
リョ

- **ソウリョ**となって修行に励む。（俗世を離れて仏門に入った人）　僧侶
- 人生の**ハンリョ**を見つける。（一緒に連れだって行く者）　伴侶

楷
カイ

- 名前を**カイショ**で記入する。（漢字の崩さないかき方）　楷書

捉
ソク・とら（える）

- 文章の要旨を**ハソク**する。（よく理解すること）　把捉
- 侵入者を**ホソク**する。（つかまえること）　捕捉

闇
やみ

- **ヤミヨ**の中、車を走らせる。（月明かりのない真っ暗なよる）　闇夜
- **ヨイヤミ**がせまる街を歩く。（日がしずんでから月がでるまでのやみ）　宵闇

問一 傍線部の漢字の読みを答えなさい。

① 私怨を捨てて協力し合う。（しえん）
② 肉食獣の餌食になる動物。（えじき）
③ 焼酎をお湯で割って飲む。（しょうちゅう）
④ 背後から斬殺された武将。（ざんさつ）
⑤ 食べた物が咽頭から食道に入る。（いんとう）
⑥ 孫を溺愛している祖父母。（できあい）
⑦ 石碑に楷書で書かれた文字。（かいしょ）

問二 文中のカタカナを漢字に直しなさい。

① 近世に発展した**ハイカイ**連歌。（俳諧）
② **マクラモト**に時計を置いて寝る。（枕元）
③ **ゴイ**を増やして気持ちを伝える。（語彙）
④ 留学の費用を**ネンシュツ**する。（捻出）
⑤ 生涯の**ハンリョ**を見つけた。（伴侶）
⑥ 野生動物を**ホソク**する。（捕捉）
⑦ 月も星の光もない**ヤミヨ**を歩く。（闇夜）

問三 次の〈例〉にしたがって、それぞれに共通の部首を後の選択肢から選び、熟語を完成させなさい。また、同じ部首が入るものの番号を答えなさい。

漢

〈例〉楽早＋（キ）＝薬草

① 夗今＋（　）＝
② 皆周＋（　）＝
③ 冘弱＋（　）＝
④ 念坐＋（　）＝
⑤ 因侯＋（　）＝
⑥ 車亲＋（　）＝
⑦ 巴足＋（　）＝

同じ部首が入るもの…（　）と（　）

ア．おのづくり　イ．くちへん　ウ．ごんべん
エ．さんずい　オ．したごころ　カ．てへん
キ．くさかんむり　ク．にんべん

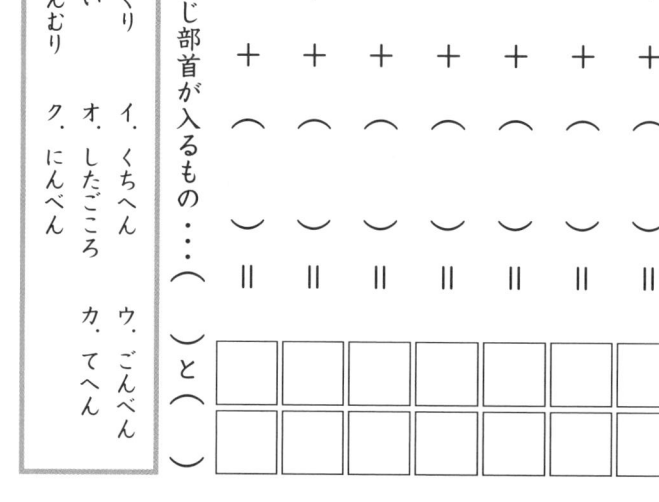

P157 問三の解答：鬼瓦　蹴球　象牙　弾痕　鉄柵　鳥籠　陸亀（順不同）

※〈 〉内は許容字体です。

唾
ダ／つば

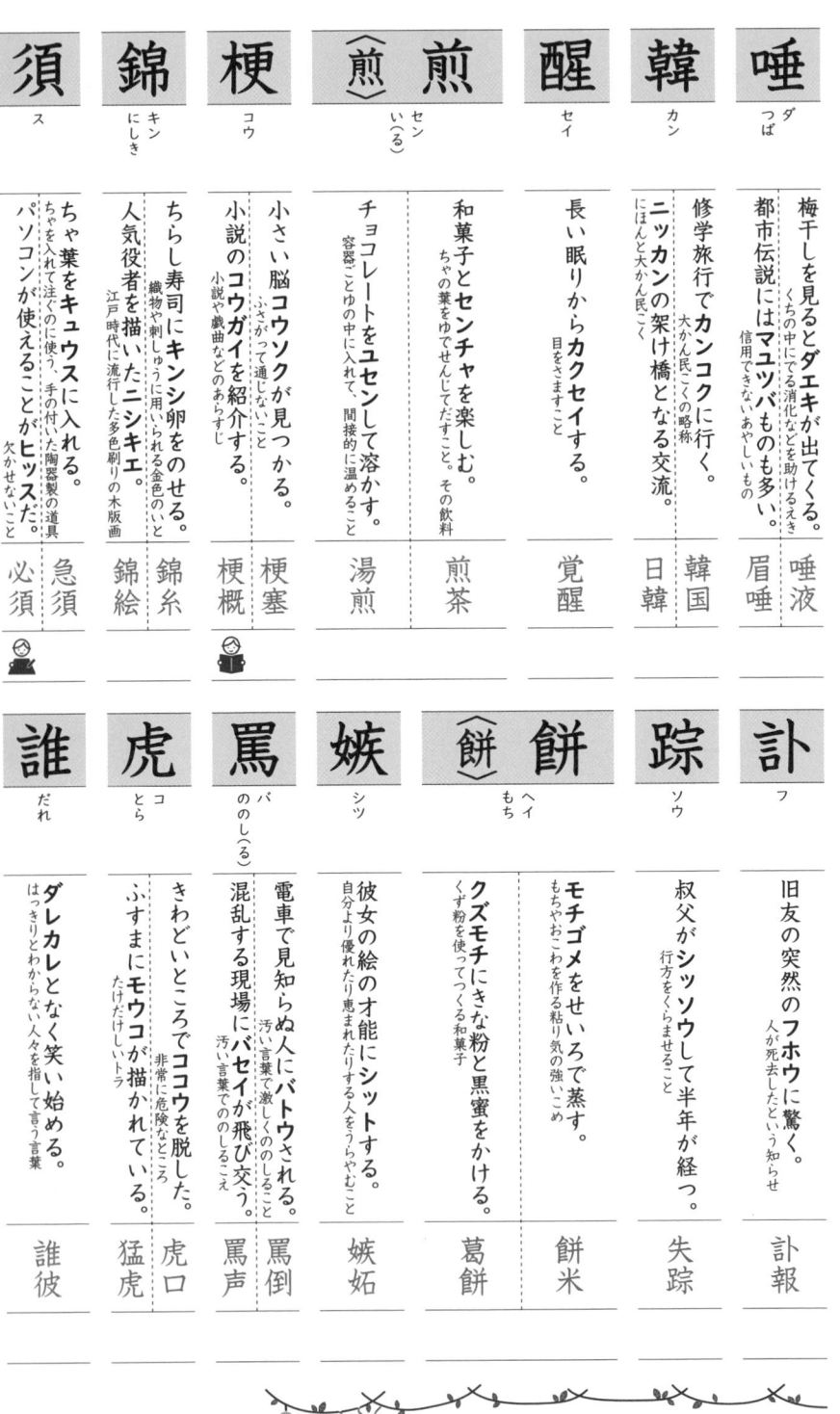

- 梅干しを見ると**ダエキ**が出てくる。（くちの中にでる消化などを助けるえき）　唾液
- 都市伝説には**マユツバ**ものも多い。（信用できないあやしいもの）　眉唾

韓
カン

- 修学旅行で**カンコク**に行く。（大かん民こくの略称）　韓国
- **ニッカン**の架け橋となる交流。（にほんと大かん民こく）　日韓

醒
セイ

- 長い眠りから**カクセイ**する。（目をさますこと）　覚醒

煎〈煎〉
セン／い(る)

- 和菓子と**センチャ**を楽しむ。（ちゃの葉をゆでせんじてだすこと。その飲料）　煎茶
- チョコレートを**ユセン**して溶かす。（容器ごとゆの中に入れて、間接的に温めること）　湯煎

梗
コウ

- 小さい脳**コウソク**が見つかる。（ふさがって通じないこと）　梗塞
- 小説の**コウガイ**を紹介する。（小説や戯曲などのあらすじ）　梗概

錦
キン／にしき

- ちらし寿司に**キンシ**卵をのせる。（織物や刺しゅうに用いられる金色のいと）　錦糸
- 人気役者を描いた**ニシキエ**。（江戸時代に流行した多色刷りの木版画）　錦絵

須
ス

- ちゃ葉を**キュウス**に入れる。（ちゃを入れて注ぐのに使う、手の付いた陶器製の道具）　急須
- パソコンが使えることが**ヒッス**だ。（欠かせないこと）　必須

訃
フ

- 旧友の突然の**フホウ**に驚く。（人が死去したという知らせ）　訃報

踪
ソウ

- 叔父が**シッソウ**して半年が経つ。（行方をくらませること）　失踪

餅〈餅〉
ヘイ／もち

- **モチゴメ**をせいろで蒸す。（もちやおこわを作る粘り気の強いこめ）　餅米
- **クズモチ**にきな粉と黒蜜をかける。（くず粉を使ってつくる和菓子）　葛餅

嫉
シツ

- 彼女の絵の才能に**シット**する。（自分より優れたり恵まれたりする人をうらやむこと）　嫉妬

罵
バ／ののし(る)

- 電車で見知らぬ人に**バトウ**される。（汚い言葉で激しくののしること）　罵倒
- 混乱する現場に**バセイ**が飛び交う。（汚い言葉でののしるこえ）　罵声

虎
コ／とら

- きわどいところで**ココウ**を脱した。（非常に危険なところ）　虎口
- ふすまに**モウコ**が描かれている。（たけだけしいトラ）　猛虎

誰
だれ

- **ダレカレ**となく笑い始める。（はっきりとわからない人々を指して言う言葉）　誰彼

80%

問一 傍線部の漢字の読みを答えなさい。

① 根拠のない**眉唾**ものの話。（まゆつば）
② 眠りから一瞬で**覚醒**する。（かくせい）
③ レトルトカレーを**湯煎**する。（ゆせん）
④ 論文の**梗概**を提出する。（こうがい）
⑤ 知り合いから**訃報**が届く。（ふほう）
⑥ 五年前の**失踪**事件を調査する。（しっそう）
⑦ 彼女の能力の高さに**嫉妬**する。（しっと）

問二 文中のカタカナを漢字に直しなさい。

① **カンコク**の歴史を調べる。（韓国）
② 江戸時代の**ニシキエ**を集める。（錦絵）
③ 政治家に**ヒッス**の能力。（必須）
④ 一度に大量の**モチゴメ**を蒸す。（餅米）
⑤ 大群衆の前で**バトウ**される。（罵倒）
⑥ 描写の細かさで有名な**モウコ**図。（猛虎）
⑦ **ダレカレ**なしに話しかける。（誰彼）

問三 次のコラム中に含まれる傍線部①～⑤のカタカナを、それぞれ漢字に直しなさい。

長生き・病気知らずで健康効果も抜群！

おいしい①センチャのいれかた

センチャにはたくさんの成分があり、中でもカテキンは脳②コウソクを予防したり、カフェインは③カクセイ作用があったりと良いことづくし。おいしくいれて、毎日飲みたいですね。

1 ちゃ葉を④キュウスに入れる。

2 お湯を一度湯のみに移す。（お湯の温度は80℃程度）

3 湯のみのお湯を注ぐ。浸出時間は30秒が目安。

4 湯のみに最後の一滴まで注ぐ。⑤クズモチなどと一緒に頂くとよりおいしい。

P159 問三の解答：①オ・怨念　②ウ・諧調　③エ・沈溺　④カ・捻挫　⑤イ・咽喉　⑥ア・斬新
⑦カ・把捉　④と⑦（順不同）

曖
アイ

アイマイな表情を浮かべる。（はっきりしない、あやふやな様子）

曖昧

顎
ガク／あご

ガクカンセツに痛みがある。（耳のまえあたりにある、あごを動かすためのかんせつ）

ウワアゴに舌をつける。（うえの方のあご）

顎関節／上顎

曽
ソウ／ゾ

ソウソフはまだ存命している。（ひいおじいさん）

ミゾウの災害から復活する。（いまだかつてなかったこと。非常に珍しいこと）

曽祖父／未曽有

勃
ボツ

第二次世界大戦が**ボッパツ**した。（事件などがとつぜん起こること）

モンゴル帝国が**ボッコウ**した時代。（急に勢力が盛んになること）

勃発／勃興

戚
セキ

村じゅうが**インセキ**関係にある。（結婚によってできたしんせき）

夏には**シンセキ**の家に遊びに行く。（家族以外で血縁や結婚で結ばれた人々）

姻戚／親戚

凄
セイ

決勝は**セイゼツ**な試合となった。（非常にすさまじい様子）

セイサンな光景に目を覆う。（目をそむけたくなるほどむごたらしい様子）

凄絶／凄惨

瘍
ヨウ

良性の**シュヨウ**が見つかった。（体内の組織や細胞が過剰に増殖してできるできもの）

ストレスで胃**カイヨウ**になった。（皮膚や粘膜などが深く傷つき、欠損した状態）

腫瘍／潰瘍

貌
ボウ

役者が**ヨウボウ**の衰えを気にする。（顔立ち）

街が驚きの**ヘンボウ**を遂げる。（姿や様子がすっかりかわること）

容貌／変貌

諦
テイ／あきら（める）

人生を**テイカン**したような態度。（悟って、あきらめの境地でゆうゆうとしていること）

経営の**ヨウテイ**について講演する。（物事の最も大切なところ）

諦観／要諦

艶
エン／つや

エンビな雰囲気の女性と目が合う。（色っぽく華やかでうつくしいこと。またその様子）

普段とは違う**セイエン**な姿に驚く。（ぞっとするほどなまめかしいこと。またその様子）

艶美／凄艶

嗅〈嗅〉
キュウ／か（ぐ）

犬は**キュウカク**が優れている。（においを感じ取る働き）

庭に咲いたバラの香りを**カ**ぐ。（鼻でにおいを感じ取る）

嗅覚／嗅

瞭
リョウ

グラフを見ると一目**リョウゼン**だ。（はっきりしていてあきらかなこと。またその様子）

メイリョウな話し方が好印象だ。（はっきりしていること。またその様子）

瞭然／明瞭

嵐
あらし

急に**ヤマアラシ**のような風が吹く。（やまから吹いてくる強い風）

スナアラシで身動きが取れない。（さばくなどで起きるすなが吹きつける強い風）

山嵐／砂嵐

遡〈遡〉
ソ／さかのぼ（る）

新基準は四月まで**ソキュウ**する。（過去にまでさかのぼって影響や効力をおよぼすこと）

サケが**ソジョウ**する時期になった。（流れをさかのぼること）

遡及／遡上

※〈 〉内は許容字体です。

問一　傍線部の漢字の読みを答えなさい。

① 子どもの頃の記憶が**曖昧**になる。（あいまい）
② **上顎**が著しく発達した動物。（うわあご）
③ 新しい産業が**勃興**した時代。（ぼっこう）
④ 十二指腸に**潰瘍**ができる。（かいよう）
⑤ **艶美**な音色を響かせる楽器。（えんび）
⑥ 風邪を引いて**嗅覚**が鈍る。（きゅうかく）
⑦ サケが**遡上**してくる川。（そじょう）

問二　文中のカタカナを漢字に直しなさい。

① 親から**ソウソフ**の写真をもらう。（曽祖父）
② 数年ぶりに**シンセキ**が集まる。（親戚）
③ 目を疑うほど**セイサン**な光景。（凄惨）
④ 自分の**ヨウボウ**に自信を持つ。（容貌）
⑤ 政治の**ヨウテイ**をまとめた書物。（要諦）
⑥ **メイリョウ**な発音で英語を話す。（明瞭）
⑦ **スナアラシ**から作物を守る。（砂嵐）

問三　次は、太平洋戦争について話し合いをしている場面である。会話中の傍線部①〜⑥のカタカナをそれぞれ漢字に直しなさい。

A　太平洋戦争は、一九四一年にボッパツ①した戦争だね。一九四五年の日本敗戦まで、四年間も続いたんだ。

B　原子爆弾を投下する、セイゼツ②をきわめた戦争だったんだね。

C　私たちは、戦争の恐ろしさを実際に体験したわけじゃないけれど、話を聞くだけでもひどくつらい気持ちになってしまうよ。

B　でも、今では被害に遭った街も美しくヘンボウ③を遂げているよね。地域の人たちが結束して、決してアキラ④めることなく、子孫のために努力したんだ。

A　本当に、現在と終戦直後の写真を比較すると、その違いは一目リョウゼン⑤だね。同じ場所の写真じゃないみたいだ。

C　ミゾウ⑥の出来事である太平洋戦争を知る世代の人たちは、僕たち以上に戦争は二度と起きてはならないと感じているだろうし、その気持ちは計り知れないな。

A　知らないからといって目を背けず、私たちは、先人の経験から学ぶ姿勢を持ち続けないといけないね。

P161 問三の解答：①煎茶　②梗塞　③覚醒　④急須　⑤葛餅

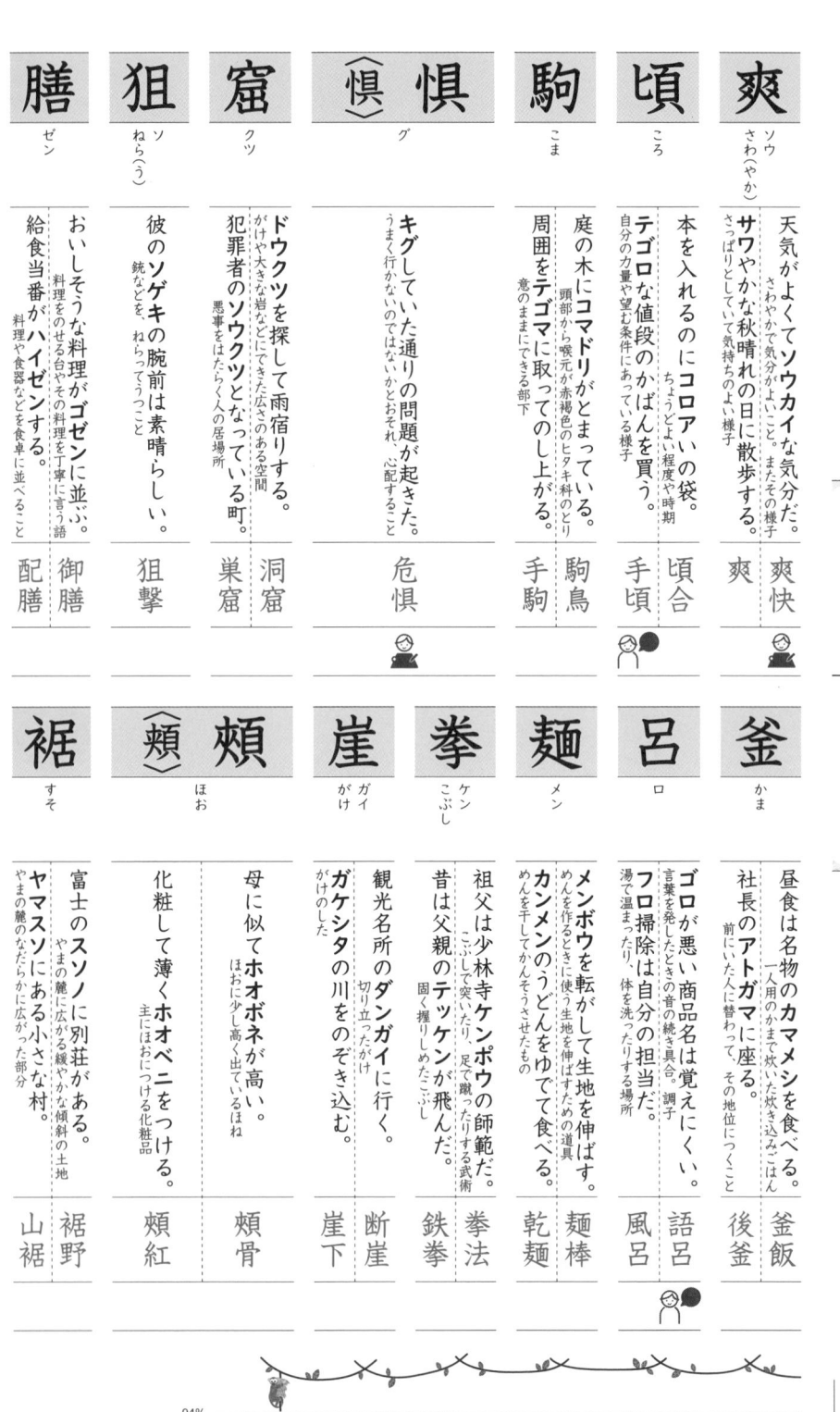

爽 ソウ さわ(やか)
天気がよくてソウカイな気分だ。さわやかで気分がよいこと。またその様子
サワやかな秋晴れの日に散歩する。さっぱりとしていて気持ちのよい様子
爽快 爽

頃 ころ
本を入れるのにコロアいの袋。ちょうどよい程度や時期
テゴロな値段のかばんを買う。自分の力量や望む条件にあっている様子
頃合 手頃

駒 こま
庭の木にコマドリがとまっている。頭部から喉元が赤褐色のヒタキ科のとり
周囲をテゴマに取ってのし上がる。意のままにできる部下
駒鳥 手駒

惧〈愼〉 グ
キグしていた通りの問題が起きた。うまく行かないのではないかとおそれ、心配すること
危惧

窟 クツ
ドウクツを探して雨宿りする。がけや大きな岩などにできた広さのある空間
犯罪者のソウクツとなっている町。悪事をはたらく人の居場所
洞窟 巣窟

狙 ソ ねら(う)
彼のソゲキの腕前は素晴らしい。銃などを、ねらってうつこと
狙撃

膳 ゼン
おいしそうな料理がゴゼンに並ぶ。料理をのせる台やその料理を丁寧に言う語
給食当番がハイゼンする。料理や食器などを食卓に並べること
御膳 配膳

釜 かま
昼食は名物のカマメシを食べる。一人用のかまで炊いた炊き込みごはん
社長のアトガマに座る。前にいた人に替わって、その地位につくこと
釜飯 後釜

呂 ロ
ゴロが悪い商品名は覚えにくい。言葉を発したときの音の続き具合。調子
フロ掃除は自分の担当だ。湯で温まったり、体を洗ったりする場所
語呂 風呂

麺 メン
メンボウを転がして生地を伸ばす。めんを作るときに使う生地を伸ばすための道具
カンメンのうどんをゆでて食べる。めんを干してかんそうさせたもの
麺棒 乾麺

拳 ケン こぶし
祖父は少林寺ケンポウの師範だ。こぶしで突いたり、足で蹴ったりする武術
昔は父親のテッケンが飛んだ。固く握りしめたこぶし
拳法 鉄拳

崖 ガイ がけ
観光名所のダンガイに行く。切り立ったがけ
ガケシタの川をのぞき込む。がけのした
断崖 崖下

頰〈頬〉 ほお
母に似てホオボネが高い。ほおに少し高く出ているほね
化粧して薄くホオベニをつける。主にほおにつける化粧品
頰骨 頰紅

裾 すそ
富士のスソノに別荘がある。やまの麓に広がる緩やかな傾斜の土地
ヤマスソにある小さな村。やまの麓のなだらかに広がった部分
裾野 山裾

※〈 〉内は許容字体です。

94%

問一 傍線部の漢字の読みを答えなさい。

① **爽**やかな空気を吸い込む。（ さわ ）
② 数羽の**駒鳥**が一斉に鳴く。（ こまどり ）
③ 悪の**巣窟**には近付かない。（ そうくつ ）
④ 今週は給食の**配膳**係をする。（ はいぜん ）
⑤ 引退する名選手の**後釜**を探す。（ あとがま ）
⑥ リズムと**語呂**がいいヒット曲。（ ごろ ）
⑦ **麺棒**を使って生地をのばす。（ めんぼう ）

問二 文中のカタカナを漢字に直しなさい。

① **コロア**いを見て話しかける。（ 頃合 ）
② 絶滅**キグ**種となった魚。（ 危惧 ）
③ 長距離**ソゲキ**に特化した銃。（ 狙撃 ）
④ **ケンポウ**の多彩な技を学ぶ。（ 拳法 ）
⑤ 切り立った**ダンガイ**の上に立つ。（ 断崖 ）
⑥ 転倒して**ホオボネ**が折れた。（ 頬骨 ）
⑦ **ヤマスソ**は植物に覆われている。（ 山裾 ）

問三 次は、ある観光地の案内リーフレットである。傍線部①～⑥のカタカナをそれぞれ漢字に直しなさい。

P163 問三の解答：①勃発　②凄絶　③変貌　④諦　⑤瞭然　⑥未曽有

蔑
ベツ　さげす(む)

女性**ベッシ**の発言が問題になる。（人をばかにして見下すこと）　蔑視

ブベツの言葉を投げつけられる。（さげすんで見下すこと）　侮蔑

蔽〈蔽〉
ヘイ

長年**インペイ**されてきた事実。（事の真相などを覆いかくすこと）　隠蔽

光を**シャヘイ**するカーテン。（覆って見えなくすること）　遮蔽

羞
シュウ

シュウチ心を忘れないようにする。（はずかしいと思うこと）　羞恥

顔に**ガンシュウ**の笑みが浮かぶ。（はじらうこと）　含羞

挨
アイ

拶
サツ

元気な**アイサツ**が気持ちいい。（顔を合わせたときや別れ際に交わす言葉や動作）　挨拶

鬱
ウツ

ウックツした感情を抱えている。（気持ちがふさいで晴れ晴れしないこと）　鬱屈

月曜日の朝は**ユウウツ**だ。（気持ちが落ち込んで重苦しいこと。またその様子）　憂鬱

弄
ロウ　もてあそ(ぶ)

人前で**グロウ**されて我慢できない。（他人をばかにしてからかうこと）　愚弄

主人公が運命に**ホンロウ**される。（思いのままにもてあそぶこと）　翻弄

捗〈捗〉
チョク

作業の**シンチョク**状況を報告する。（ものごとがはかどること）　進捗

瞳
ドウ　ひとみ

暗いところでは**ドウコウ**が開く。（眼球の虹彩の真ん中にある、光が入るあな）　瞳孔

子どもがつぶらな**ヒトミ**で見る。（くろめ。め）　瞳

冶
ヤ

ヤキンの技術を伝える。（鉱石からきん属を取り出し精製する技術）　冶金

人格の**トウヤ**に励む。（人の性質や才能を鍛えて優れたものに育て上げること）　陶冶

尻
しり

スケートに行って**シリモチ**をつく。（後ろに倒れてしりを地面にぶつけること）　尻餅

孫の笑顔に**メジリ**を下げる。（めの耳に近い方の端の部分）　目尻

藤
トウ　ふじ

親子の間に**カットウ**を抱えている。（相反するものが互いに譲らず対立し、憎み合うこと）　葛藤

フジダナが有名な公園に行く。（ふじのつるを伝わせて花が垂れ下がるようにしたたな）　藤棚

※〈　〉内は許容字体です。

100%

問一 **傍線部の漢字の読みを答えなさい。**

① 他国への偏見と**蔑視**が残る。（べっし）
② 不透明の板で光線を**遮蔽**する。（しゃへい）
③ 表情に**含羞**の色を浮かべる。（がんしゅう）
④ 心の中に**鬱屈**した思いを抱く。（うっくつ）
⑤ 訓練によって人格を**陶冶**する。（とうや）

問二 **文中のカタカナを漢字に直しなさい。**

① 見知らぬ人にも**アイサツ**する。（挨拶）
② 相手を**グロウ**するような態度。（愚弄）
③ 工事の**シンチョク**を確認する。（進捗）
④ 遠くを見ると**ドウコウ**が広がる。（瞳孔）
⑤ 人にぶつかり**シリモチ**をつく。（尻餅）
⑥ 大きな**フジダナ**で有名な公園。（藤棚）

問三 **次は、島崎藤村の『破戒』について話し合いをしている場面である。会話中の傍線部①～⑥のカタカナをそれぞれ漢字に直しなさい。**

鈴木　この小説の主人公は、長野県で教師をしているんだね。彼は、一つ①インペイしていることがあるんだ。

会田　知ってしまった人から②ブベツされかねない下層階級にあるってことだよね。この小説の舞台である明治後期は、身分による差別がまだあった時代だから。

本間　もし自分の身分がわかってしまったら、教師の仕事も続けられなくなるし。

鈴木　だけど、主人公は自分の身分を言うべきか③カットウするんだ。

会田　主人公は、自分の身分に対して④シュウチ心を抱いていたわけではなかったのかな。秘密を明かすか悩んでいたのは、単純に黙っているのがつらかったというわけではないよね。

本間　この主人公のように、自分の出生に⑤ホンロウされる状況や、自分の力ではどうすることもできない環境というのは、想像するだけでも⑥ユウウツだよ。

鈴木　今は個性を大事にする風潮があるし、自分らしく生きるってどういうことなのか、考えていきたいね。

P165 問三の解答：①裾野　②風呂　③爽快　④手頃　⑤釜飯　⑥御膳

2級漢字演習問題②

問　次の文章中の傍線部と同じ漢字を用いるものを、後の選択肢から選びなさい。

1

区議会は九月一九日にこの動議を賛成四〇、反対三三のキンサで可決した。

〈飯田芳弘『「レーニンの首」をめぐる記憶と忘却（上）』〉

① 彼のキンベンさは見習うべきだ。
② 少子化はキッキンの課題だ。
③ 商品の在庫がキンショウになる。
④ 兄はセイキンのため昇進した。

③・僅差

勤勉
喫緊
僅少
精勤

P154

2

もし或る人物が、留守にどこかの窓を開けて、そこから闖入して来るとすれば、窓の或るどこかに、コジあけたコンセキが残っているか、でないとしても、多少の指紋が残っているべきはずである。

〈萩原朔太郎「ウォーソン夫人の黒猫」〉

① 過去の行いをカイコンする。
② 床のケッコンを調べる。
③ コンダン会に参加する。
④ 夕食のコンダテを考える。

②・痕跡

悔恨
血痕
懇談
献立

P156

3

人口密度が高い中央集権的な社会では、土地と人間は中央権力によってホソクされ、測られ、登録されることになる。

〈峯陽一「2100年の世界地図」〉

① 距離のモクソクを誤る。
② 物語の教訓をハソクする。
③ 自給ジソクの生活を送る。
④ 返事をサイソクする。

②・捕捉

目測
把捉
自足
催促

P158

4

しかし、痛みの感覚それ自身が痛みへと目覚めさせるとき、意識の働きは全体として生き生きとカクセイするというわけではありません。

〈丹木博一「いのちの生成とケアリング」〉

① 姉は去年セイジンした。
② カクセイの感を禁じ得ない。
③ たばこの危険性をケイセイする。
④ 先生がカクセイキを通して話す。

③・覚醒

成人
隔世
警醒
拡声器

P160

5

「看板を一瞥すれば写真を見ずとも脚色のコウガイも想像がつくし、どういう場面が喜ばれているかと云う事も会得せられる」と言って

〈吉見俊哉『「声」の資本主義』〉

① 脳コウソクを発症する。

①・梗概

梗塞

P160

②急コウバイの坂を上る。
③会社の発展にコウケンする。
④ヘイコウ感覚を失う。

勾配
貢献
平衡

6

その後モニトリアル・システムは徐々に私たちがイメージする教室空間にヘンボウを遂げ、一斉授業が可能となりそれぞれの教室で授業を実施する教師が必要とされた。〈中澤渉「日本の公教育」〉

①秘密裏にインボウを企てる。
②ヨウボウの美しい女優。
③熱でボウチョウする金属。
④言い争いをボウカンする。

②・変貌 P162

陰謀
容貌
膨張
傍観

7

すると、伝説はつねに真実をかたるものであることが、メイリョウになった。〈火野葦平「月かげ」〉

①ドウリョウと食事に行く。
②誰でも一目リョウゼンだ。
③聴衆をミリョウする演奏。
④リョウフウが心地良い。

②・明瞭 P162

同僚
瞭然
魅了
涼風

8

われわれはいわく言いがたいシュウチと嫌悪を感じてしまうのである。〈安藤宏『「私」をつくる』〉

①顔にガンシュウの色を浮かべる。
②事態のシュウシュウを図る。
③読書をシュウカンにする。
④チョウシュウの前で話す。

①・羞恥 P166

含羞
収拾
習慣
聴衆

9

メディアの「暴走」というのは、別にとりわけ邪悪なジャーナリストがいるとか、悪辣なデマゴーグにメディアがホンロウされているとかいうことではありません。〈内田樹「街場のメディア論」〉

①コウロウから地上を見下ろす。
②彼はメイロウ快活な人だ。
③天気予報でハロウ警報がでる。
④人をグロウする態度は良くない。

④・翻弄 P166

高楼
明朗
波浪
愚弄

10

それは大人にも通じる言語表現を用いることと、子どもの目によってものを見ることと、そのカットウを克服してゆくことによって達成される。〈河合隼雄「子どもの本を読む」〉

①ヒトしい権利。
②水をコオらせる。
③宝くじがアたる。
④フジの花が咲く。

④・葛藤 P166

等
凍
当
藤

漢字総合問題

問

次は、あるウェブサービスに関する利用規約の一部である。傍線部①～⑮のカタカナをそれぞれ漢字に直しなさい。

利用規約

第1条（適用）
本規約の規定が前条の個別規定と①ムジュンする場合には，個別規定が優先されるものとします。

第2条（利用登録）
本サービスは，登録希望者が利用登録を②シンセイし，当社が承認することによって，利用登録が完了するものとします。

第3条（ユーザーIDおよびパスワードの管理）
ユーザーは，IDおよびパスワードを第三者に③ジョウトまたは④タイヨ，もしくは第三者と共用することはできません。

第5条（禁止事項）
ユーザーは，以下の行為をしてはいけません。

1. 法令または公序⑤リョウゾクに違反する行為
2. 知的財産権を⑥シンガイする行為
3. ネットワークの機能を破壊したり，⑦ボウガイしたりする行為
4. 当社が⑧キョダクしない宣伝，広告，勧誘，または営業行為

第7条（利用制限および登録⑨マッショウ）
当社は，ユーザーが⑩キョギの届け出をした場合や料金等の支払⑪サイムの⑫フリコウがあった場合，利用制限または登録解除ができるものとします。

第9条（保証の否認および⑬メンセキ事項）

第15条（⑭ジュンキョ法・裁判⑮カンカツ）

以上

①〔 矛盾 〕 ②〔 申請 〕 ③〔 譲渡 〕 ④〔 貸与 〕
⑤〔 良俗 〕 ⑥〔 侵害 〕 ⑦〔 妨害 〕 ⑧〔 許諾 〕
⑨〔 抹消 〕 ⑩〔 虚偽 〕 ⑪〔 債務 〕 ⑫〔 不履行 〕
⑬〔 免責 〕 ⑭〔 準拠 〕 ⑮〔 管轄 〕

語彙の章

文学的語彙と論理的語彙を合計600語掲載しています。漢字の章と同じく、全語彙に意味と例文が付いているので、短文の文脈を捉えつつ語彙力の養成ができます。
また、学習した語彙が複数含まれる実用的な文章を読みながら、実践力を培うことが可能です。「知っている」だけでなく、「使いこなせる」語彙を着実に増やしていこう。

目次

遺憾（いかん）
思い通りにならず、心残りがあること
この場に彼女がいないとは、実に**遺憾**だ。

面はゆい（おもはゆい）
うれしく、照れくささを感じる。きまりが悪い
全校生の前で表彰され、**面はゆい**気持ちだ。

呵責（かしゃく）
厳しくとがめること
良心の**呵責**に耐えかねて、罪を告白する。

頑是ない（がんぜない）
まだ幼くて善悪の区別がつかない様子。無邪気でかわいい様子
子どもの**頑是ない**笑みに慰められる。

艱難（かんなん）
障害にぶつかり、悩み苦しむこと
多くの**艱難**を乗り越えて人は大成する。

狷介（けんかい）
自分の考えをかたくなに守り、人と親しくしない様子
狷介な性格のため友人がほとんどいない。

酷薄（こくはく）
むごくて無慈悲な様子
彼の**酷薄**な表情に身ぶるいを禁じえない。

索漠（さくばく）
もの寂しく、気がめいる様子
冬の浜辺の**索漠**たる景色に気分が沈む。

慚愧（ざんき）
深く反省して心から恥ずかしく思うこと
行動を振り返り**慚愧**の念を新たにする。

忸怩（じくじ）
自分の行いに恥じ入る様子
あの一件については**忸怩**たるものがある。

逡巡（しゅんじゅん）
決断ができずに、ぐずぐずとためらうこと
理系か文系か進路を決められず、**逡巡**する。

心証（しんしょう）
ある人の言動によって他の人の心が受ける印象
誰に対しても**心証**のよい態度を心がける。

衷心（ちゅうしん）
まごころ。本当の気持ち
多くの協力に**衷心**より感謝の意を表する。

重畳（ちょうじょう）
非常に満足な様子。いくつもつみかさなっている様子
皆が無事で**重畳**至極だ。

鼻白む（はなじろむ）
気おくれした顔つきをする。興ざめした顔つきをする
自慢話ばかり聞かされて**鼻白ん**だ。

腐心（ふしん）
考えこんだり、苦しんだりすること。うまくいくように気を遣うこと
計画を成功させるために、準備に**腐心**する。

憮然（ぶぜん）
失望や不満で空しくやりきれない気持ちになりぼんやりする様子
財布を落としたことに気づき、**憮然**とする。

閉口（へいこう）
うんざりして嫌な気持ちになること
梅雨とはいえ、毎日雨が続いて**閉口**する。

辟易（へきえき）
自分の力では扱いきれなくて困ること
専門用語ばかりの本に**辟易**する。

禍禍しい（まがまがしい）
不吉な感じがする様子
山奥の廃屋は**禍禍しい**雰囲気があった。

問一 次の各文に含まれる誤字を指摘し、正しい漢字に改めなさい。

① 努力した結果が出ず、遺感だ。（感→憾）
② 友人を裏切り、良心の可責を覚える。（可→呵）
③ 近頃、残忍告薄な事件が跡を絶たない。（告→酷）
④ 過去の振る舞いを思い出して斬愧する。（斬→慚）
⑤ 弟はささいな事でも俊巡する性格だ。（俊→逡）
⑥ ここ数日、同じ食事が続き癖易する。（癖→辟）

問二 次の各文の空欄に当てはまる最も適当な語を、後の選択肢から一つずつ選びなさい。

① 文化祭を成功させるため（　）する。（オ）
② 怠慢による失敗に（　）たる思いだ。（ウ）
③ 姉は（　）で融通がきかない性格だ。（ア）
④ 不満をあらわにする友人に（　）する。（カ）
⑤ 文句ばかり言う人は（　）が悪い。（エ）
⑥ 人影のない（　）とした街に着く。（イ）

ア．狷介　イ．索漠　ウ．忸怩
エ．心証　オ．腐心　カ．閉口

問三 次の会話文と資料を読み、（　）に共通して当てはまる語は何か答えなさい。

生徒A　昨日、弟が欲しいゲームをお母さんにねだっていたんだけど、買わないって言われて、かんかんに怒って（　）として部屋にこもってしまったんだ。

生徒B　あれっ、怒るとき、（　）って言うんだっけ？

（　）をどちらの意味だと思うか　（数字は％）

	平成30年度	19年度	15年度
（ア）：失望してぼんやりとしている様子	**28.1**	17.1	16.1
（イ）：腹を立てている様子	56.7	70.8	69.4
（ウ）：（ア）と（イ）の両方	6.3	2.0	2.7
（エ）：（ア）、（イ）とは、全く別の意味	1.5	0.7	3.4
分からない	7.4	9.5	8.3

辞書等で主に本来の意味とされるものを太字で記した。
平成30年度「国語に関する世論調査」

先生　いいところに気が付いたね。でも、（　）は本来の意味とは違う解釈をしている人が増えているんだよ。この調査結果を見てみよう。

生徒A　本当だ、半数以上の人が（　）を僕が間違って使った意味だと捉えているんですね。

生徒B　本来の意味のほうを選択する人は増えているけれど、まだまだ「腹を立てる」の解釈をする人も多いね。

P167 問三の解答：①隠蔽　②侮蔑　③葛藤　④羞恥　⑤翻弄　⑥憂鬱

居丈高（いたけだか）
人を押さえつけるような態度をとる様子
居丈高に振る舞う人に不快感を抱く。

内弁慶（うちべんけい）
家の中ではいばっているが、外に出ると気弱なこと。そのような人
姉は**内弁慶**なので人づきあいが苦手だ。

果敢（かかん）
思い切りよく積極的に物事を行う様子
可能性を信じて**果敢**に挑戦する。

切り口上（きりこうじょう）
一語ずつはっきり区切った言い方。形式ばった話し方
係員の**切り口上**の応対が客を怒らせた。

屈託がない（くったくがない）
気にかかることがなく、さっぱりしている様子
幼い子どもの**屈託がない**笑顔に心が和む。

これみよがし
意識して誇らしげに見せつける様子
これみよがしに英語の本を持ち歩く。

さもしい
品性や態度が下品で意地汚い様子
順番を守らず割り込むのは**さもしい**行為だ。

強か（したたか）
強くて容易にはくじけない様子。普通の手段では思う通りにならない様子
彼女の**強か**な生き方を見習う。

したり顔（したりがお）
うまくやったという得意そうな顔つき
お菓子を勝ち取った弟が**したり顔**で笑った。

鯱張る（しゃちほこばる）
緊張して体の動きがぎごちなくなる
表彰式で**鯱張っ**て挨拶をする。

態度①

如才ない（じょさいない）
手抜かりがない。気がきいている
店員は**如才ない**笑みを浮かべて接客した。

辛辣（しんらつ）
言葉や表現が非常に厳しい様子
彼の批評はどれも**辛辣**だが的を射ている。

すげない
あたたかみや思いやりがない様子
勇気を出して告白したが**すげなく**断られた。

扇情的（せんじょうてき）
感情をあおりたてる様子
扇情的な見出しにつられて雑誌を買う。

そつなく
言動にむだや手落ちがない様子
与えられた仕事を**そつなく**こなす。

ぞんざい
物事をいいかげんにする様子。言動が乱暴な様子
道具を**ぞんざい**に扱う人に仕事は頼めない。

尊大（そんだい）
いばって偉そうな態度を取る様子
過去の自分の**尊大**な言動を反省する。

鉄面皮（てつめんぴ）
恥を恥とも思わず、厚かましい様子
謝罪もせずに前言を翻す**鉄面皮**にあきれる。

度しがたい（どしがたい）
どうやってもわからせることができない。どうしようもない
思い込みの激しい人は**度しがたい**。

理不尽（りふじん）
物事の筋道が通らない様子
理不尽な現実に苦しみながら立ち向かう。

問一　文中のカタカナを漢字に直しなさい。

① 強豪校との試合に**カカン**に挑む。　（果敢）
② 弟の**クッタク**がない笑顔が好きだ。　（屈託）
③ **センジョウテキ**な表現の広告。　（扇情的）
④ **ソンダイ**な振る舞いをする先輩。　（尊大）
⑤ 彼の要求はあまりにも**リフジン**だ。　（理不尽）

問二　次の各文の空欄に当てはまる最も適当な語を、後の選択肢から一つずつ選びなさい。

① 彼は要領良く、（　）仕事をこなした。　（オ）
② 逆境に負けない（　）さを身につける。　（ウ）
③ 母は決して（　）な言葉遣いをしない。　（カ）
④ 満点のテストを（　）に見せつける。　（ア）
⑤ 人の手柄を自分のものにする（　）人。　（イ）
⑥ 何度も同じミスを繰り返すとは（　）。　（キ）
⑦ 過去の栄光を（　）で語る友人。　（エ）

ア．これみよがし　イ．さもしい　ウ．強か
エ．したり顔　オ．そつなく　カ．ぞんざい
キ．度しがたい

問三　次のショートストーリー内の傍線部①～⑥の意味を、後の選択肢から一つずつ選びなさい。

「これ以上貸せる金はないよ。」

弟の顔を見ると兄は①切り口上に言い放った。

「大丈夫ですよ。必ず返しますから。そんな②すげない態度をとらないで下さいよ。」
③如才なく弟が答える。
「これまで何度お前のために金を都合してきたことか。それなのにお前は一度として返しに来たことがないじゃないか。何という④鉄面皮な。」

「兄さんは⑤辛辣だなぁ。そんな⑥居丈高に言わないで下さいよ。不況で会社が倒産してしまって、必死に仕事を探しているのに。」

「だったら、まず仕事に就くんだな。」

そう言い放つと、兄は弟の目の前で玄関の戸をぴしゃりと閉じた。

ア．愛想がいい　イ．厚かましい
ウ．威圧するような態度　エ．思いやりがない
オ．形式的で不愛想　カ．手厳しい

P173 問三の解答：憮然

文学的語彙③

慇懃（いんぎん）
心がこもっていて、礼儀正しく丁寧な様子
執事は**慇懃**な態度で客を屋敷に迎え入れた。

胡乱（うろん）
うさんくさく、怪しげで疑わしい様子
見慣れぬ男を**胡乱**な目つきで眺めた。

御座成り（おざなり）
その場しのぎにいいかげんなことをする様子
御座成りな検査の結果、不良品が出回った。

涵養（かんよう）
無理をせずにゆっくり育てること
読書を通して、想像力を**涵養**する。

奇矯（ききょう）
言動が普通とは違って突飛な様子
発明家の**奇矯**な行動に驚かされる。

矜持（きょうじ）
自分の能力を優れていると信じて持つ誇り
困難な局面で政治家の**矜持**が問われる。

口幅ったい（くちはばったい）
身のほど知らずに大きなことを言う様子
口幅ったい言い方だが、私だから成功した。

剣呑（けんのん）
危なげな様子。どうなるか心配で落ち着かない様子
会議で意見が割れて**剣呑**な空気が流れる。

しかつめらしい
堅苦しくていかにもまじめそうな様子
しかつめらしい態度で祝辞を述べる。

洒脱（しゃだつ）
俗気が抜けて、さっぱりと洗練されている様子
彼のエッセイは軽妙**洒脱**で読みやすい。

態度②

真摯（しんし）
ひたむきでまじめなこと。またその様子
真摯な態度で社会問題に取り組む。

即物的（そくぶつてき）
物質的なことを優先して考える様子
即物的な生き方に疑問を抱く。

伊達（だて）
意気をひけらかす様子。見栄を張る様子
伊達な若い衆が祭りを盛り上げる。

頓狂（とんきょう）
突然、調子外れの言動をする様子
子どもが**頓狂**な声を上げて走り回る。

なおざり
物事を軽く考えて、いいかげんにしておく様子
地球温暖化の問題は**なおざり**にできない。

にべもない
思いやりがない。そっけなく、取り付きようがない
彼を映画に誘ったが、**にべもなく**断られた。

不遜（ふそん）
思い上がっている様子
記者会見での**不遜**な態度が反感を買う。

放埒（ほうらつ）
制限されるものがなく、好き勝手に振る舞う様子
長い間の**放埒**な生活で、体を壊す。

吝嗇（りんしょく）
金品をむやみに出し惜しむこと。非常にけちなこと
評判の**吝嗇**家が珍しく土産を買ってきた。

老獪（ろうかい）
経験豊富で、ずる賢い様子
老獪な政治家の政治手法を学ぶ。

問一　傍線部の漢字の読みを答えなさい。

① 胡乱な人物の目撃情報が出回る。（うろん）
② お笑い芸人の奇矯な振る舞い。（ききょう）
③ 教師としての矜持を忘れない。（きょうじ）
④ 突然の警報に剣呑な雰囲気になる。（けんのん）
⑤ 私の兄はいわゆる伊達男だ。（だて）

問二　次の各文の空欄に当てはまる最も適当な語を、後の選択肢から一つずつ選びなさい。

① （　　）な文章は気持ちが伝わりにくい。（エ）
② 私の依頼は（　　）態度で断られた。（オ）
③ 先輩は（　　）な人柄で話しやすい。（ウ）
④ 妹の（　　）な態度は困りものだ。（カ）
⑤ 部活動を通して精神力を（　　）する。（ア）
⑥ 無知だが（　　）言い方をしてしまった。（イ）
⑦ 結果を出すには部長の（　　）さも重要だ。（キ）

ア．涵養　イ．口幅ったい　ウ．洒脱
エ．即物的　オ．にべもない　カ．放埒
キ．老獪

問三　次のマニュアル内の傍線部①～⑤の表現はどのように言い換えられるか、後の選択肢から一つずつ選びなさい。

高校生のための面接マニュアル

受験や就職試験の際に必要な面接は、①軽く考えていいかげんな様子だと面接官にアピールできません。②その場しのぎでいいかげんにすることなく、面接当日に自信を持って臨めるようにしましょう。

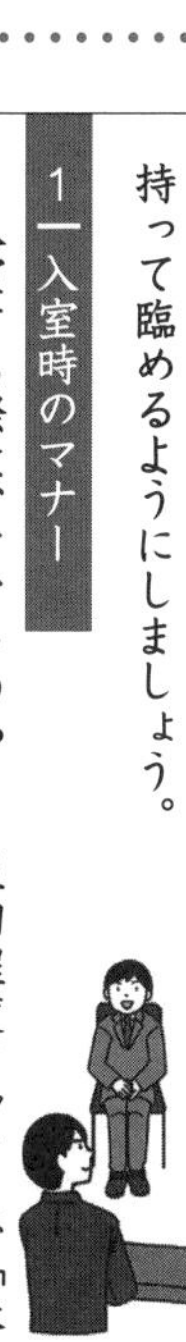

1　入室時のマナー

入室する際は、ドアをゆっくり三回程度ノックし、「失礼します」と③心をこめて礼儀正しくていねいに断り入室します。入室したら、明るくはっきりと挨拶をしましょう。

2　面接中のマナー

話す際は、はっきりとした声で話しましょう。また、④思い上がっている様子無く適切な敬語を使います。⑤ひたむきでまじめな様子で、しっかりと思いを伝えます。

3　退室時のマナー

退室前は、「失礼いたします」の言葉を忘れないように。ドアを静かに閉めて退室します。

ア．慇懃　イ．御座成り　ウ．真摯　エ．なおざり　オ．不遜

P175 問三の解答：①オ　②エ　③ア　④イ　⑤カ　⑥ウ

文学的語彙④

購う（あがなう）	代価を支払って買い求める	新学期に使用する参考書を**購う**。
塩梅（あんばい）	物事や身体などの具合や都合。料理の味加減	いい**塩梅**にバスが来たので乗る。
うそぶく	わざと知らないさまをよそおう	犯人に心当たりはないと**うそぶく**。
肯う（うべなう）	もっともだと思って聞き入れる	顧問の教師は部員からの要望を**肯っ**た。
嗚咽（おえつ）	声を詰まらせながら激しく泣くこと	試合に負けた選手たちが**嗚咽**を漏らす。
覚束ない（おぼつかない）	不確実である様子。しっかりしない様子	このままでは全国大会進出は**覚束ない**。
与する（くみする）	仲間になり加勢する。同意する。関わる	特定の政党に**与する**つもりはない。
恍惚（こうこつ）	心を奪われて、我を忘れる様子	**恍惚**として舞台上の俳優にみとれる。
常套手段（じょうとうしゅだん）	いつもと同じやり方	敵チームの**常套手段**を研究する。
所在ない（しょざいない）	することがなく、ひまそうにしている様子	彼は**所在ない**様子でうろうろしていた。

行為・状態①

つつがない	災難や病気などの心配事がない	日常生活を**つつがなく**送れるのは幸せだ。
つまびらか	細かいところまではっきりしている様子	調査して問題の原因を**つまびらか**にする。
蔑ろ（ないがしろ）	あってもないもののように軽んじ、あなどる様子	基本的人権を**蔑ろ**にしてはならない。
生半可（なまはんか）	物事がどちらともつかず中途半端で不十分な様子	**生半可**な知識はかえって邪魔になる。
糠喜び（ぬかよろこび）	見込み違いで、喜んだ後にがっかりすること	**糠喜び**させないよう、慎重に振る舞う。
誹謗（ひぼう）	悪口を言うこと	陰で人を**誹謗**すべきではない。
彷彿（ほうふつ）	ありありと思い浮かぶ様子	その犬の絵は実家の犬を**彷彿**とさせる。
凡庸（ぼんよう）	優れたところがなく、ありふれている様子	**凡庸**な指導者にはついていけない。
名状しがたい（めいじょうしがたい）	状態を言葉で表現しにくい	絵画を見て**名状しがたい**感動を覚える。
歪曲（わいきょく）	事実などをわざとゆがめること	先入観を元に事実を**歪曲**して伝える。

問一 傍線部の漢字の読みを答えなさい。

① 大金を投じて名画を購う。（あがな）
② 良い塩梅に作業が終わった。（あんばい）
③ 先輩の意見に全面的に与する。（くみ）
④ 皆の意見を蔑ろにせず案を練る。（ないがし）
⑤ 凡庸な生活を脱するため勉強する。（ぼんよう）

問二 次の各文の空欄に当てはまる最も適当な語を、後の選択肢から一つずつ選びなさい。

① 母が怒った理由はわからないと（　）。（ア）
② 難解な小説を読み、（　）感情になる。（キ）
③ ここは初対面の人ばかりで（　）。（カ）
④ 幼少期を（　）とさせる風景。（オ）
⑤ 成績を上げるための（　）などない。（ウ）
⑥ 彼の発言の意図を（　）にする。（エ）
⑦ 細君からの提言を（　）。（イ）

ア．うそぶく　イ．肯う　ウ．常套手段
エ．つまびらか　オ．彷彿　カ．所在ない
キ．名状しがたい

問三 次は、家族ぐるみで親しくしている恩師へ送った手紙である。空欄①～⑤に当てはまる語を、後の選択肢から一つずつ選びなさい。

春もたけなわになってまいりました。（①）お過ごしですか。

先の手紙でもお知らせいたしましたが、母がこの二月で卒寿を迎えました。近頃では足元も（②）状態で、何事も忘れたかのように（③）として、一日の大半を布団の中で過ごしております。思うように言葉が出てこないことも多くなり、（④）な知識で、これがぼけではないかしらと思い病院に連れてまいりましたところ、先生の問いかけにはしゃっきりと答えましたので、これならば大丈夫と（⑤）いたしました。しかし診断はやはり認知症とのことで、この年齢になれば致し方ないという先生からのお話でした。

これからは、今まで以上に母に寄り添い過ごしてまいります。先生もお忙しくお過ごしかと存じますので、くれぐれもご自愛ください。

ア．覚束ない　イ．恍惚　ウ．つつがなく
エ．生半可　オ．糠喜び

P177 問三の解答：①エ　②イ　③ア　④オ　⑤ウ

文学的語彙⑤

あぐねる
物事に行き詰まってどうしたらいいか分からなくなる
どの候補者を選ぶか決め**あぐねる**。

意趣返し（いしゅがえし）
仕返しをすること。ふくしゅう
弟が兄への**意趣返し**に兄の教科書を隠した。

穿つ（うがつ）
穴を開ける。物事の本質や人情の機微などを的確に言い表す
巨大なドリルで岩盤を**穿つ**。

往年（おうねん）
過去
往年のヒット曲をメドレーで演奏する。

お仕着せ（しきせ）
上から一方的に与えられた事柄
お仕着せではなく、自主的に活動する。

おためごかし
表向きは相手のためにするように見せかけて、実際は自分の利益をはかること
おためごかしの言葉は使わないようにする。

挙措（きょそ）
日常の動作における身のこなし。立ち居振る舞い
落ち着いた**挙措**で席に着く。

君臨（くんりん）
王として国を支配すること。他者を抑えて絶対的勢力を示すこと
サッカー界に**君臨**していた選手が引退する。

忽然（こつぜん）
急に変化が現れる様子。たちまち
手品師の帽子からハトが**忽然**と飛び出した。

思惟（しい）
深く考え思うこと
散策しながら人生について**思惟**する。

行為・状態②

首肯（しゅこう）
もっともだと認めること。うなずくこと
彼の論文には**首肯**できる点が多々あった。

斟酌（しんしゃく）
事情や心情などをくみとって、ほどよく取り計らうこと
地域ごとの事情を**斟酌**して判断する。

脆弱（ぜいじゃく）
壊れやすく、もろくて弱い様子
この建物の構造は**脆弱**だ。

せちがらい
暮らしにくい様子。計算的で抜け目がない様子
せちがらい世の中だが、笑顔で暮らしたい。

なし崩し（くず）
少しずつ済ませていくこと
問題を**なし崩し**に解決していく。

野放図（のほうず）
わがままに振る舞う様子。際限のない様子
野放図な行動は、周りに迷惑だ。

夭逝（ようせい）
若くして死ぬこと
夭逝した詩人の詩集が出版される。

よんどころない
そうする以外に取る方法がない。やむを得ない
よんどころない用事ができて部活を休む。

礼讃（礼賛）（らいさん）
すばらしく、ありがたいものとして褒めたたえること
好きな作家の小説を**礼讃**する。

弄する（ろう）
好き勝手に扱う。もてあそぶ
小細工を**弄する**ことなく正々堂々と戦う。

問一 **傍線部の漢字の読みを答えなさい。**

① 将来について思惟を巡らす。（しい）
② 脆弱で体調を崩しやすい友人。（ぜいじゃく）
③ 弟の野放図な態度にうんざりする。（のほうず）
④ 天才と呼ばれた歌手が夭逝する。（ようせい）
⑤ 歴史上の人物の偉業を礼讃する。（らいさん）

問二 **次の各文の空欄に当てはまる最も適当な語を、後の選択肢から一つずつ選びなさい。**

① 長年王座に（　）しているボクサー。（イ）
② （　）の名俳優の演技に感動する。（エ）
③ （　）事情で委員会を欠席する。（キ）
④ 卒業後の進路について思い（　）。（ウ）
⑤ 友人同士で争うとは（　）世の中だ。（カ）
⑥ 父のアドバイスを（　）と捉えない。（オ）
⑦ 彼は心を（　）物言いをする。（ア）

ア．穿つ　イ．君臨　ウ．あぐねる
エ．往年　オ．お仕着せ　カ．せちがらい
キ．よんどころない

問三 **次は、ある語についてまとめたプレゼンテーション資料である。（　）に共通して当てはまる語は何か答えなさい。**

「（　　　）」について

1．どちらの意味だと思うか。（数字は％）

（例）借金を（　　　　）にする	平成29年度
（ア）：なかったことにすること	65.6
（イ）：少しずつ返していくこと	**19.5**
（ウ）：（ア）と（イ）の両方	1.3
（エ）：（ア）、（イ）とは、全く別の意味	5.0
分からない	8.5

・6割以上の人が、本来の意味ではないほうを選択する結果だった。
・辞書等で本来の意味とされるものを太字で記した。

平成29年度「国語に関する世論調査」

2．年齢別比較

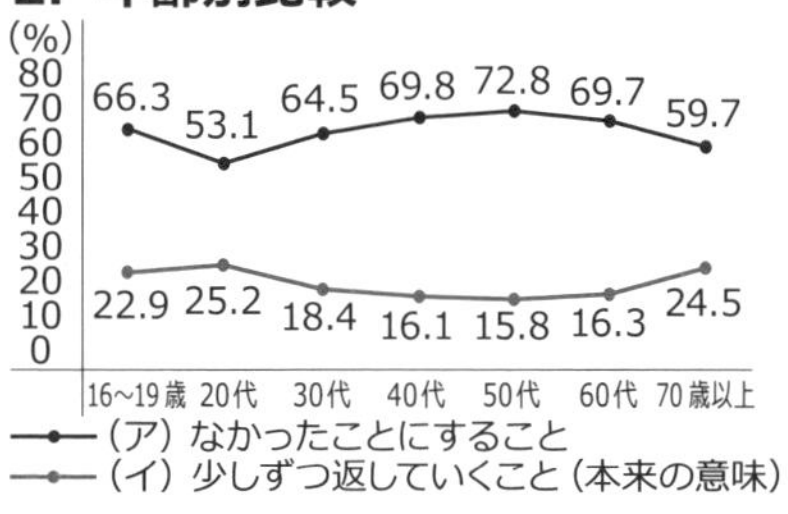

年齢別に見ると、本来の意味とされる「少しずつ返していくこと」は、全ての年代で「なかったことにすること」を下回っているが、20代と70歳以上で他の年代より高く2割代半ばとなっている。「なかったことにすること」は、50代で他の年代より高く72.8%となっている。

P179 問三の解答：①ウ　②ア　③イ　④エ　⑤オ

文学的語彙⑥

阿る（おもね）
相手の気に入るように機嫌をとる。へつらう
権力に**阿る**ことなく研究を進める。

かこつ
身の境遇などを嘆く。他のことを言い訳にする
不遇を**かこつ**のはやめて新たな挑戦をする。

かまびすしい
騒がしい
人工知能を巡る議論が**かまびすしい**。

外連味（けれんみ）
大衆の受けをねらった、はったりやごまかし
外連味たっぷりの芝居を楽しむ。

伍する（ご）
仲間に入る。同等の位置に並ぶ
新人ながら世界の強豪に**伍する**実力がある。

惨憺（さんたん）
いたましく悲しい様子。心を砕いて思い悩む様子
先日受けた試験は**惨憺**たる結果だった。

私淑（ししゅく）
教えを直接受けてはいないが、その人を慕い、模範とすること
私淑している画家の個展に行き面識を得る。

須臾（しゅゆ）
しばらくの間。わずかの間
この出来事は**須臾**も忘れることがなかった。

逍遥（しょうよう）
気持ちの向くままに、ぶらぶらと歩くこと
公園の中にある池の周りを**逍遥**する。

刹那（せつな）
とても短い時間
母親の顔を見た**刹那**、安心して泣き出した。

行為・状態③

遜色（そんしょく）
他と比べて劣っていること
養殖ものも今では天然のものと**遜色**がない。

忖度（そんたく）
他人の気持ちや考えを推測すること
祖母の心情を**忖度**し、そっとしておく。

衒い（てら）
知識や才能などをひけらかすこと
衒いのない語り口で将来の夢を語る。

跋扈（ばっこ）
権勢を思い通りにして、勝手気ままに振る舞うこと
妖怪が**跋扈**する世界を描いた小説を読む。

逼塞（ひっそく）
行き詰まってしまい、手の打ちようがないこと
逼塞する社会状況を打破すべく行動する。

ひとりごちる
聞く相手がいないのに、ひとりでものを言う
「なんとかなるさ」と**ひとりごちる**。

無聊（ぶりょう）
することがなく、暇を持て余すこと
海辺の美しい風景が彼の**無聊**を慰めた。

放恣（ほうし）
勝手気ままでだらしのないこと。またその様子
生活が**放恣**に流れないよう戒める。

役不足（やくぶそく）
役目がその人の実力に見合わず軽い様子
準主役では**役不足**だと不満をもらす。

ゆゆしい
甚だしく重大な様子。容易ではない様子
民主主義をゆるがす**ゆゆしい**事態が起こる。

問一

傍線部の漢字の読みを答えなさい。

① 外連味あふれると評判の映画。（けれんみ）
② 哲学者のデカルトに私淑する。（ししゅく）
③ 現実を忘れて刹那の悦楽に浸る。（せつな）
④ 親しい間柄でも忖度は大切だ。（そんたく）
⑤ 休暇はつい放恣に過ごしがちだ。（ほうし）

問二

次の各文の空欄に当てはまる最も適当な語を、後の選択肢から一つずつ選びなさい。

① 商店街をのんびり（　　）する。（ア）
② 昨今の言葉の乱れは（　　）問題だ。（キ）
③ 日々の（　　）を慰める本。（カ）
④ 新型ウイルスが世界を（　　）する。（イ）
⑤ 今年の夏はセミの鳴き声が（　　）。（エ）
⑥ 彼女の顔が（　　）も頭から離れない。（オ）
⑦ 誰もいない放課後の教室で（　　）。（ウ）

ア．逍遥　イ．跋扈　ウ．ひとりごちる
エ．かまびすしい　オ．須臾　カ．無聊
キ．ゆゆしい

問三

次の記事内の傍線部①～⑤の表現はどのように言い換えられるか、後の選択肢から一つずつ選びなさい。

俳優のひとりごと008 ―長沼晶子

私は、デビュー時から自分が主役やヒロインには向かないことを自覚していました。いつも主役を引き立てる友人役、ときにはヒロインをいじめる悪役もやらせて頂きました。ヒロイン級の女優さんと①対等の位置に並ぶことに憧れなかったといえばうそになりますが、そのためにプロデューサーに②気に入られるように機嫌をとるような振る舞いをしようとは思いませんでした。

芸歴が十年を越えると、現場のスタッフさんに「脇役は長沼さんには③実力に見合わず軽いです」と言われたこともありましたが、私は自分に与えられた役は主役と④比べて見劣りがしないと思っています。これから、⑤行き詰まって手の打ちようがないとしても、バイプレイヤーの自分に誇りを持ち続けていたいです。

ア．阿る　イ．伍する　ウ．遜色がない
エ．逼塞した　オ．役不足

P181 問三の解答：なし崩し

暗中模索（あんちゅうもさく）
手がかりがないまま探し求めること
流行病の治療方法を**暗中模索**する。

一期一会（いちごいちえ）
生涯にただ一度だけ会うこと
一期一会を意識して誠実に生きる。

因果応報（いんがおうほう）
人の行為の善悪に応じてむくいがあること
因果応報の思想に基づく説話を読む。

会者定離（えしゃじょうり）
この世は無常で、会えば必ず離れる運命だということ
会者定離はこの世の習いである。

傍目八目（岡目八目）（おかめはちもく）
当事者より第三者のほうが物事の是非を正しく判断できること
傍目八目というから、先輩に相談してみる。

快刀乱麻（かいとうらんま）
こじれた物事を手際よく処理すること
快刀乱麻の勢いで問題を解決する。

疑心暗鬼（ぎしんあんき）
疑いを持つと、何でもないことまで恐ろしく不安に感じること
誰もが**疑心暗鬼**になっていて落ち着かない。

鶏口牛後（けいこうぎゅうご）
大きな組織の低い地位にいるより、小さい組織の長となるほうがよいということ
鶏口牛後の精神で、起業することにした。

牽強付会（けんきょうふかい）
道理に合わないことを、都合のよいようにこじつけること
彼の説明は**牽強付会**というものだ。

巧言令色（こうげんれいしょく）
愛想のよい表情で相手を喜ばせ、こびへつらうこと
巧言令色に惑わされないようにする。

呉越同舟（ごえつどうしゅう）
敵対しているもの同士が共通の困難に対して協力すること
呉越同舟で災害からの復興に尽くす。

四面楚歌（しめんそか）
周囲が敵や反対者ばかりで、味方がいないこと
四面楚歌の状態に耐えて活路を見いだす。

周章狼狽（しゅうしょうろうばい）
たいへん慌てふためくこと
かばんを電車に置き忘れて**周章狼狽**した。

枝葉末節（しようまっせつ）
物事の本質から外れた、ささいなこと
枝葉末節にこだわらず、大局を見る。

千載一遇（せんざいいちぐう）
千年に一度しか巡り合えないほどめったにないこと
千載一遇の機を逃さず、反撃する。

泰然自若（たいぜんじじゃく）
ゆったりと落ち着いて少しも動じない様子
他人の批判を**泰然自若**として受け流す。

朝令暮改（ちょうれいぼかい）
命令や方針が絶えず変わって定まらないこと
朝令暮改の政策に国民が振り回される。

同工異曲（どうこういきょく）
見かけは違っていても、内容は似ていること
この映画はおなじ監督の前作と**同工異曲**だ。

羊頭狗肉（ようとうくにく）
見かけや宣伝だけは立派だが実質が伴っていないこと
彼の論文は**羊頭狗肉**で教授があきれていた。

和洋折衷（わようせっちゅう）
日本と欧米の様式をほどよく取り合わせること
客人を**和洋折衷**の料理でもてなす。

問一

次の各文に含まれる誤字を指摘し、正しい漢字に改めなさい。

① 一期一得の出会いを大切にしよう。（得→会）

② 会者情離とは、無常観を表す言葉だ。（情→定）

③ 親友に裏切られ、疑心案鬼になった。（案→暗）

④ 仲が悪くても呉越同周で協力すべきだ。（周→舟）

⑤ 千載一偶のチャンスを無駄にするな。（偶→遇）

⑥ この宴会場の料理は和洋摂衷だ。（摂→折）

問二

次の各文の空欄に当てはまる最も適当な語を、後の選択肢から一つずつ選びなさい。

① 予想外の事に（　　）し、実力が出せない。（エ）

② （　　）だが、商品開発を進める。（ア）

③ （　　）を断つように案件を処理した。（イ）

④ 兄の言葉は（　　）でいつも振り回される。（カ）

⑤ 彼は（　　）の精神で会社から独立した。（ウ）

⑥ 父はつらいときでも（　　）としている。（オ）

ア．暗中模索　イ．快刀乱麻　ウ．鶏口牛後
エ．周章狼狽　オ．泰然自若　カ．朝令暮改

問三

次の①〜④のイラストの状況を表した四字熟語は何か。後の選択肢から一つずつ選びなさい。

①

②

③

④

ア．因果応報　イ．傍目八目
ウ．四面楚歌　エ．羊頭狗肉

P183 問三の解答：①イ　②ア　③オ　④ウ　⑤エ

文学的語彙⑧ 四字熟語②

一言居士（いちげんこじ）
何にでも自分の意見をひとこと言わなければ気の済まない性質の人
彼は日頃から**一言居士**で有名だ。

隠忍自重（いんにんじちょう）
苦しみなどをじっと我慢して軽々しい行いをしないこと
隠忍自重して好機を待つ。

紆余曲折（うよきょくせつ）
事情が込み入っていて複雑なこと
紆余曲折を経て組織委員会会長が決まる。

温故知新（おんこちしん）
昔の物事を研究し、そこから新たな知識や見解を得ること
温故知新の精神で歴史から学ぶ。

臥薪嘗胆（がしんしょうたん）
目的を達成するため長い間苦労に耐えること
臥薪嘗胆の末、政権を取り戻す。

起死回生（きしかいせい）
絶望的な状況を立て直し、勢いを盛り返すこと
九回裏に**起死回生**のホームランを打つ。

群雄割拠（ぐんゆうかっきょ）
数多くの実力者が各地に勢力を張り、互いに対立すること
今の将棋界は**群雄割拠**の状況と言える。

捲土重来（けんどちょうらい）
一度失敗した者が再び勢いを盛り返してくること
今日は優勝を逃したが**捲土重来**を期す。

堅忍不抜（けんにんふばつ）
意志が強く、困難に耐えて心を動かさないこと
堅忍不抜の精神で研究に取り組む。

荒唐無稽（こうとうむけい）
言動によりどころがなく、全く現実味がないこと
荒唐無稽な陰謀論に振り回されない。

山紫水明（さんしすいめい）
山水の景観がすばらしいことの形容
夏の間、**山紫水明**の地に別荘を借りる。

獅子奮迅（ししふんじん）
激しい勢いで活動すること
サッカーの試合で**獅子奮迅**の活躍をする。

信賞必罰（しんしょうひつばつ）
功績のある者には必ず賞を与え、罪を犯した者は必ず罰すること
信賞必罰の方針で人心を掌握する。

森羅万象（しんらばんしょう）
宇宙間に存在する数限りない全ての物事
子どもの頃から**森羅万象**に興味を持つ。

生殺与奪（せいさつよだつ）
生かしたり殺したり、与えたり奪ったり、思うままにできること
国王が家臣の**生殺与奪**の権利を握る。

天衣無縫（てんいむほう）
詩文などが自然のまま完成していて美しいこと。また、むじゃきなこと
好きな作家の**天衣無縫**の傑作を読む。

内憂外患（ないゆうがいかん）
国内にも、他国との間にも問題や心配事が多いこと
景気後退と隣国との貿易摩擦で**内憂外患**だ。

付和雷同（ふわらいどう）
主義や主張がなく、他人の意見に軽々しく賛成すること
付和雷同せず、落ち着いてよく考える。

明鏡止水（めいきょうしすい）
よこしまな思いがなく、静かに澄みきった心境
明鏡止水の心で試合に臨む。

孟母三遷（もうぼさんせん）
子どもの教育にはよい環境が大切であるという教え
孟母三遷にならい、教育環境を整える。

問一　次の各文に含まれる誤字を指摘し、正しい漢字に改めなさい。

① つらいときこそ隠認自重が大切だ。　（認→忍）
② 温枯知新の言葉通り、古典から学ぶ。　（枯→故）
③ 社運をかけ、起死回正の案を講じる。　（正→生）
④ 山志水明な景観を損ねない街並み。　（志→紫）
⑤ この世の新羅万象を解明したい。　（新→森）
⑥ 明鏡止垂の心持ちで日々を過ごす。　（垂→水）

問二　次の各文の空欄に当てはまる最も適当な語を、後の選択肢から一つずつ選びなさい。

① 彼女は裏表がなく（　　）な人物だ。　（カ）
② （　　）に思われる無謀な計画。　（ウ）
③ 父は（　　）だが正しいことを言う。　（ア）
④ 地元の少年野球は（　　）の状態だ。　（イ）
⑤ 担任の先生は（　　）が信条らしい。　（エ）
⑥ （　　）の権力を握る独裁政権。　（オ）

ア．一言居士　イ．群雄割拠　ウ．荒唐無稽
エ．信賞必罰　オ．生殺与奪　カ．天衣無縫

問三　次の自己アピール内の傍線部①～⑤の表現を四字熟語に置き換えるとどうなるか、後の選択肢から一つずつ選びなさい。

学生時代に一番つらかったことは、部活動で三年生が引退した直後です。私は吹奏楽部に所属しており、三年生が引退してすぐに担当楽器のパートリーダーになりました。しかし、当時の私はリーダーとは名ばかりで、①自分にしっかりした考えがなく、他人の意見に同調しがちな性格が災いし、メンバーをうまくまとめられませんでした。楽器の演奏もままならず、苦しい思いをしましたが、②つらいことに負けず、がまん強く心を動かさないの精神で、メンバー一人一人と対話する時間を設け、お互いの気持ちを伝え合うことで、③一度失敗した者が、勢いを盛り返して巻き返すことを期すことができました。
このように④込み入った事情により物事が順調にいかず変化することを経て、パートメンバー全員で⑤猛烈な勢いで活動することの活躍ができ、最後の大会ではわが校初となる最優秀賞を受賞しました。

ア．紆余曲折　イ．捲土重来　ウ．堅忍不抜
エ．獅子奮迅　オ．付和雷同

P185 問三の解答：①ウ　②ア　③エ　④イ

文学的語彙⑨

唯唯諾諾（いいだくだく）
よしあしにかかわらず、何でも承知して言いなりになる様子
相手に**唯唯諾諾**と従うつもりはない。

一視同仁（いっしどうじん）
差別せずに全ての人を平等に見て愛すること
教師は**一視同仁**の態度で子どもに接する。

慇懃無礼（いんぎんぶれい）
うわべは丁寧だが、実は尊大である様子
係員の**慇懃無礼**な応対に嫌悪感を抱く。

隔靴搔痒（かっかそうよう）
思い通りにいかず、もどかしいこと
通訳を介しての対話は**隔靴搔痒**の感がある。

換骨奪胎（かんこつだったい）
他者の詩文の趣意は変えず、さらに工夫を凝らして表現すること
外国の小説を**換骨奪胎**した作品を発表する。

曲学阿世（きょくがくあせい）
真理を曲げて権力者や時勢にこびへつらうこと
独裁政治では**曲学阿世**の徒がはびこる。

虚心坦懐（きょしんたんかい）
心にわだかまりがなく、気持ちがさっぱりしている様子
虚心坦懐にオルガンの音色に耳を傾ける。

金科玉条（きんかぎょくじょう）
絶対的なよりどころとして守らなければならない重要な法や規則
民主主義を**金科玉条**のごとく守る。

乾坤一擲（けんこんいってき）
運に任せて、大勝負をすること
挑戦者が王者に**乾坤一擲**の攻勢をかける。

綱紀粛正（こうきしゅくせい）
国の規則や秩序、政治家などの態度の乱れを戒めただすこと
新たな王が**綱紀粛正**を命ずる。

四字熟語③

自家撞着（じかどうちゃく）
同じ人の言動や文章などが前後で矛盾していること
理論が**自家撞着**に陥る。

秋霜烈日（しゅうそうれつじつ）
刑罰や権威などがとても厳しいこと
検察官のバッジは**秋霜烈日**を表す。

諸行無常（しょぎょうむじょう）
全てのものは常に変化して、変わらないものはないということ
消えゆく花火を見て**諸行無常**を感じる。

深謀遠慮（しんぼうえんりょ）
先のことまでよく考えて、念入りな計画を立てること
深謀遠慮をめぐらせて、権力を掌握する。

酔生夢死（すいせいむし）
何もせず、むなしくいたずらに一生を終わること
酔生夢死とならないように注意したい。

多岐亡羊（たきぼうよう）
方針が多すぎてどれを選んでよいか迷うこと
進路を決めたいが、**多岐亡羊**の感がある。

二律背反（にりつはいはん）
対立する二つの命題が、同じ程度の妥当性を持っていること
民主主義と私権の制限は**二律背反**だ。

不倶戴天（ふぐたいてん）
同じ天下に生かしてはおけないと思うほど相手を深く憎むこと
二つの政党は**不倶戴天**の敵のようだ。

不即不離（ふそくふり）
二つのものがつきも離れもしない関係を保つこと
私たちは**不即不離**の形で友情を育んだ。

傍若無人（ぼうじゃくぶじん）
周りの人を気にせず、勝手気ままに振る舞う様子
彼女は**傍若無人**だがどこか憎めない。

問一

次の各文に含まれる誤字を指摘し、正しい漢字に改めなさい。

① 母の一視同陣なところを尊敬している。　（陣→仁）
② 虚心坦壊な心持ちで人に接したい。　（壊→懐）
③ 総理大臣が綱揮粛正を図る。　（揮→紀）
④ 真謀遠慮の人と言われる教授。　（真→深）
⑤ 食べるか我慢するか、二律肺反だ。　（肺→背）
⑥ 不則不離な距離感が一番気楽だ。　（則→即）

問二

次の各文の空欄に当てはまる最も適当な語を、後の選択肢から一つずつ選びなさい。

① （　　）な自分の将来に悩みが尽きない。　（オ）
② 彼と口論になってから（　　）の間柄だ。　（カ）
③ 本音で話せないと（　　）の感がある。　（ア）
④ 古典の傑作をうまく（　　）した映画。　（イ）
⑤ 父からのアドバイスを（　　）としている。　（ウ）
⑥ 彼は（　　）を心に刻む検察官だ。　（エ）

ア．隔靴掻痒　イ．換骨奪胎　ウ．金科玉条
エ．秋霜烈日　オ．多岐亡羊　カ．不倶戴天

問三

空欄に当てはまる漢字を後の漢字群から一つずつ選び、①〜⑤の意味を持つ四字熟語を作りなさい。

① 真理を曲げて権力者や時勢におもねること。　曲□阿□
② 運に任せて、大勝負をすること。　□坤□擲
③ 同じ人の言行が前後で矛盾していること。　□□撞着
④ この世に不変のものはないということ。　諸□□常
⑤ 何もせずに、無駄に一生を終わること。　酔□夢□

P187 問三の解答：①オ　②ウ　③イ　④ア　⑤エ

文学的語彙演習問題①

問　次の各文章の傍線部の意味として、最も適当なものを後の選択肢から選びなさい。

1

電子書籍への誘いには内心忸怩(じくじ)たるものがあるが、いずれ紙の本が稀覯(きこう)本となる運命であるらしいとなれば、棲み分ける知恵を発揮してもよいのではないかと思うようになった。

〈池内了「本の棲み分け」〉

① 興味や関心を覚える様子。
② 自分の行いに恥じ入る様子。
③ 嫌悪感をあらわにする様子。
④ 好ましく受け入れる様子。

（　　）

P172

2

多数意見に異義を唱えるにも、デモ規制の柵を倒すにも、上からの指令に「それは不正です」というにも、逡巡(しゅん)してしまうのだ。

〈島田雅彦「今日のヒューマニズム」〉

① 拒否する。
② はっきり言う。
③ ぐずぐずする。
④ 遠回しに言う。

（　　）

P172

3

ネット上に氾濫する口汚い罵倒の言葉はその典型です。僕はそういう剣呑(のん)なところにはできるだけ足を踏み入れないようにしているのですけれど、たまに調べ物の関係で、不用意に入り込んでしまうことがあります。

〈内田樹「街場のメディア論」〉

① 不愉快な様子。
② もの寂しい様子。
③ 腹立たしい様子。
④ 危ない様子。

（　　）

P176

4

庄兵衛はかれこれ初老に手の届く年になっていて、もう女房に子供を四人生ませている。それに老母が生きているので、家は七人暮らしである。平生人には吝嗇(りんしょく)と言われるほどの、倹約な生活をしていて、衣類は自分が役目のために着るもののほか、寝巻しかこしらえぬくらいにしている。

〈森鷗外「高瀬舟」〉

① 質素なこと。
② けちなこと。
③ 真面目なこと。
④ 正直なこと。

（　　）

P176

5

二時間もかかって、人群れにもまれ、毎日通勤していた会社で、彼がどういう仕事をしていたか、つまびらかではないが、とにかく商業学校中退で、いわゆる庶務系統なる系統に属する人間であったことは確かだった。

〈長谷川四郎「阿久正の話」〉

P178

① 気にかけるのも失礼である様子。
② 他人の目から見ても大変な様子。
③ 細部まではっきりしている様子。
④ 人を奮い立たせる力をもつ様子。

（　　）

6

バークによれば、客観性という価値に基づく歴史記述それ自体が、歴史的な構築物であり、政治的・社会的・文化的に規制された意識的・無意識的な選別、解釈、あるいは歪（わい）曲のプロセスが、歴史記述にも作動している。

〈安川晴基「『神々』の物語」〉

P178

① わかりにくいこと。
② 曲がりくねったこと。
③ 妙に複雑であること。
④ わざとゆがめること。

（　　）

7

最初の二日間は何を描いていいのかわからなかった。考えあぐねた末、天狗（ぐ）の鼻から見た港の風景を描くことにした。

〈阿久悠「瀬戸内少年野球団」〉

P180

① どうすべきかわからない。
② 悩みごとが尽きない。
③ 共感してもらえない。
④ 苦しみから逃れられない。

（　　）

8

この隠れた「私」は、秘密を臆面もなく暴露していることにともなう自負や衒（てら）い、あるいは気恥ずかしさと向き合わなければならない。

〈安藤宏「『私』をつくる――近代小説の試み」〉

P182

① 知識や才能を見せびらかすこと。
② 他者との差異を見せつけること。
③ 気概や自信を押しとおすこと。
④ 自分の考えを押しつけること。

（　　）

9

全体として一つの音楽作品を奏でることになるのだが、できあがった音楽は旦那の無聊（りょう）を慰めはしたかもしれないが、一人一人の農奴たちにとっては、よそよそしく、喜びうすいものであったに違いない。

〈米原万里「米原万里ベストエッセイⅡ」〉

P182

① 心が満たされないこと。
② 精神的余裕がないこと。
③ 暇を持て余すこと。
④ 強く請い願うこと。

（　　）

解答

1（②）　2（③）　3（④）　4（②）　5（③）
6（④）　7（①）　8（①）　9（③）

一線を画する
はっきりと区切りをつける
他の雑誌とは**一線を画する**方針をとる。

浮き足立つ
先のことが気になって、今のことに集中できなくなる
入試を控え生徒たちは**浮き足立って**いる。

歓心を買う
人に気に入られるように努力する
聞こえのいい言葉で有権者の**歓心を買う**。

警鐘を鳴らす
危険を予告して注意を促す
擬似科学に対する**警鐘を鳴らす**。

煙に巻く
大げさなことや相手がよく知らないことを言い立てて戸惑わせる
カタカナ語を多用して**煙に巻く**。

業を煮やす
腹立たしくていらいらする。思うように事が運ばずいらだつ
会合に応じない人に**業を煮やす**。

策を弄する
はかりごとを必要以上に用いる
彼は**策を弄する**ような人ではない。

砂上の楼閣
見かけは立派だが簡単に壊れること。実現不可能なこと
見事な考えだがそのままでは**砂上の楼閣**だ。

尻馬に乗る
考えもなしに人の言動に便乗する
真偽を確かめずに**尻馬に乗って**恥をかく。

進退きわまる
どうすることもできない苦しい状況に追い詰められる
敵に囲まれ**進退きわまった**かに見えた。

是非もない
よしあしの判断をしない。仕方がない
そういう規則ならば**是非もない**。

高を括る
たいしたことはないと見くびる
何をしても大丈夫だろうと**高を括る**。

袂を分かつ
縁を切って別れる
意見が対立し、親友と**袂を分かつ**。

手をこまねく
何もせずに、ただそばで見ている
環境破壊に**手をこまねいて**はいられない。

抜き差しならない
どうにもできない。身動きがとれない
病状は**抜き差しならない**ところまで来た。

鼻持ちならない
言動が不快で我慢できない
自慢ばかりする**鼻持ちならない**男がいた。

火を見るよりも明らか
きわめて明らかで、疑う余地がない様子
作戦の失敗は**火を見るよりも明らか**だ。

まんざらでもない
必ずしも悪くはない。実際は、さほど否定的なものではないと判断する様子
弟は褒められて**まんざらでもない**様子だ。

まんじりともしない
少しも眠らない
病人の枕元で**まんじりともしなかった**。

物心つく
世の中の物事が理解できる年頃になる
物心つく前から音楽に親しんできた。

問一

傍線部の語が正しく使われている文には○を、間違っているものには×を付けなさい。

① 専門家が地球温暖化の警鐘を鳴らす。（○）
② 弟の発言の意図が分からず煙に巻く。（×）
③ 高を括って先生と初めて二者面談をした。（×）
④ 高校の友人と意気投合して袂を分かつ。（×）
⑤ 昨夜はまんじりともせずに考え事をした。（○）

問二

次の各文の空欄に当てはまる最も適当な語を、後の選択肢から一つずつ選びなさい。

① ゲームに勝つためにあれこれと（　　）。（ウ）
② 彼から連絡がないことに（　　）。（イ）
③ 妹は（　　）前からおしゃれが好きだ。（キ）
④ 彼は取引先の（　　）のに必死だった。（ア）
⑤ 褒められて彼も（　　）顔つきだ。（カ）
⑥ 世論の（　　）だけで、何も考えない人。（エ）
⑦ （　　）状況に腹をくくるしかない。（オ）

ア．歓心を買う　イ．業を煮やす　ウ．策を弄する
エ．尻馬に乗る　オ．抜き差しならない
カ．まんざらでもない　キ．物心つく

問三

次の会話文と資料を読み、（　）に共通して当てはまる語は何か答えなさい。

浜口　夏休みに書いた読書感想文が優秀賞だったんだってね。おめでとう。それに、今度の全校集会で表彰されるんでしょう。
吉岡　そうなの。登壇する機会なんてなかなかないし、うれしくて（　　）なぁ。

（　　）をどちらの意味だと思うか　（数字は％）

（　　　）	令和元年度
(ア) 喜びや期待を感じ、落ち着かずそわそわしている	60.1
(イ) 恐れや不安を感じ、落ち着かずそわそわしている	**26.1**
(ア) と (イ) の両方	9.6
(ア)、(イ) とは、全く別の意味	0.4
分からない	3.8

辞書等で主に本来の意味とされてきたものを太字で記した。
令和元年度「国語に関する世論調査」

浜口　うれしいなら（　　）じゃなくて、「足が地に着かない」と言うべきかな。
吉岡　あれ、同じような表現なのに意味が違うんだね。
浜口　（　　）については、本来とは違う意味で解釈している人が多いというデータもあるんだよ。
吉岡　本当だね。私もずっと喜びや期待を感じているときに使う語だと思っていたよ。
浜口　さっき言った「足が地に着かない」と混同しているってことなのかな。

P189 問三の解答：①学・世　②乾・一　③自・家　④行・無　⑤生・死

文学的語彙⑪

汗顔の至り（かんがんのいたり）
とても恥ずかしく感じること
教師なのに漢字を間違えて、**汗顔の至り**だ。

奇を衒う（きをてらう）
わざと変わったことをして人の注意を引こうとする
奇を衒う演出をする。

沽券に関わる（こけんにかかわる）
体面や品位に差しつかえる
逃げたと思われては**沽券に関わる**。

事を構える（ことをかまえる）
ことを荒立てようとする
今は隣国と**事を構える**つもりはない。

歯牙にもかけない（しがにもかけない）
取り立てて問題にしない。相手にせず取り合わない
彼は批判されても**歯牙にもかけない**。

人後に落ちない（じんごにおちない）
人に負けない
私は粘り強さでは**人後に落ちない**つもりだ。

先鞭をつける（せんべんをつける）
ほかより先に取りかかる
新たな決済システムに**先鞭をつける**。

爪に火をともす（つめにひをともす）
とてもけちで、極端に倹約する
爪に火をともすように学費をためる。

鳴かず飛ばず（なかずとばず）
何もせずにじっと機会を待っている様子。何の活躍もできない様子
デビューしてしばらく**鳴かず飛ばず**だった。

似て非なり（にてひなり）
外見は似ていても、実体は全く違う
自由と放任は**似て非なる**ものである。

慣用表現②

破竹の勢い（はちくのいきおい）
勢いが激しく、止めにくいこと
チームは**破竹の勢い**で勝ち続けた。

歯に衣着せぬ（はにきぬきせぬ）
遠慮せずに思ったことをそのまま言う
彼女は**歯に衣着せぬ**批評で有名だ。

筆舌に尽くしがたい（ひつぜつにつくしがたい）
文章や言葉では表現できない
筆舌に尽くしがたい痛みに襲われた。

這う這うの体（ほうほうのてい）
慌てふためいてやっとのことで逃げだす様子
父に説教されて**這う這うの体**で逃げだした。

臍をかむ（ほぞをかむ）
取り返しがつかないことを悔やむ
また同じ失敗を繰り返してしまい**臍をかむ**。

枚挙にいとまがない（まいきょにいとまがない）
多すぎていちいち数えきれない
彼らのけんかは**枚挙にいとまがない**。

吝かではない（やぶさかではない）
する努力を惜しまない。ためらわずに行う
復興に協力することは**吝かではない**。

余念がない（よねんがない）
一つのことに熱中してほかのことを考えない
入試に向けた勉強に**余念がない**。

埒もない（らちもない）
筋道だっていない。とりとめがない
それは**埒もない**うわさ話に過ぎない。

溜飲を下げる（りゅういんをさげる）
胸のつかえとなっていた不平・不満を解消してすっきりさせる
重要な試合に勝利して**溜飲を下げる**。

問一　傍線部の語が正しく使われている文には○を、間違っているものには×を付けなさい。

① 今までの努力が報われ、汗顔の至りだ。　（×）
② 歯牙にもかけない意識で嘆願書を出す。　（×）
③ 芸人として鳴かず飛ばずの下積み生活。　（○）
④ 破竹の勢いで成長し続ける企業。　（○）
⑤ 試験の結果が気がかりで余念がない。　（×）

問二　次の各文の空欄に当てはまる最も適当な語を、後の選択肢から一つずつ選びなさい。

① クラスの委員長を務めることは（　　）。　（キ）
② 先輩からの（　　）指摘に落ち込む。　（オ）
③ 遊ぶことにかけては（　　）。　（イ）
④ 勉強しておけばよかったと（　　）。　（カ）
⑤ （　　）ような大学生活を送る。　（エ）
⑥ （　　）ことなく、落ち着いたデザイン。　（ア）
⑦ 大学の研究に（　　）。　（ウ）

ア．奇を衒う　イ．人後に落ちない
ウ．先鞭をつける　エ．爪に火をともす
オ．歯に衣着せぬ　カ．臍をかむ
キ．吝かではない

問三　次は、ある語についてまとめたプレゼンテーション資料である。（　）に共通して当てはまる語は何か答えなさい。

慣用表現「(　　　　)」について

1．どちらの言い方を使うか　（数字は％）

「胸のつかえがなくなり、気が晴れること」を	平成29年度	19年度
（ア）：(a)「(　　　)」を使う	**37.4**	39.8
（イ）：(b)「溜飲を晴らす」を使う	32.9	26.1
（ウ）：(a) と (b) の両方とも使う	1.0	1.2
（エ）：(a) と (b) のどちらも使わない	18.9	22.5
分からない	9.7	10.3

平成 29 年度「国語に関する世論調査」

2．年代別・過去の調査との比較

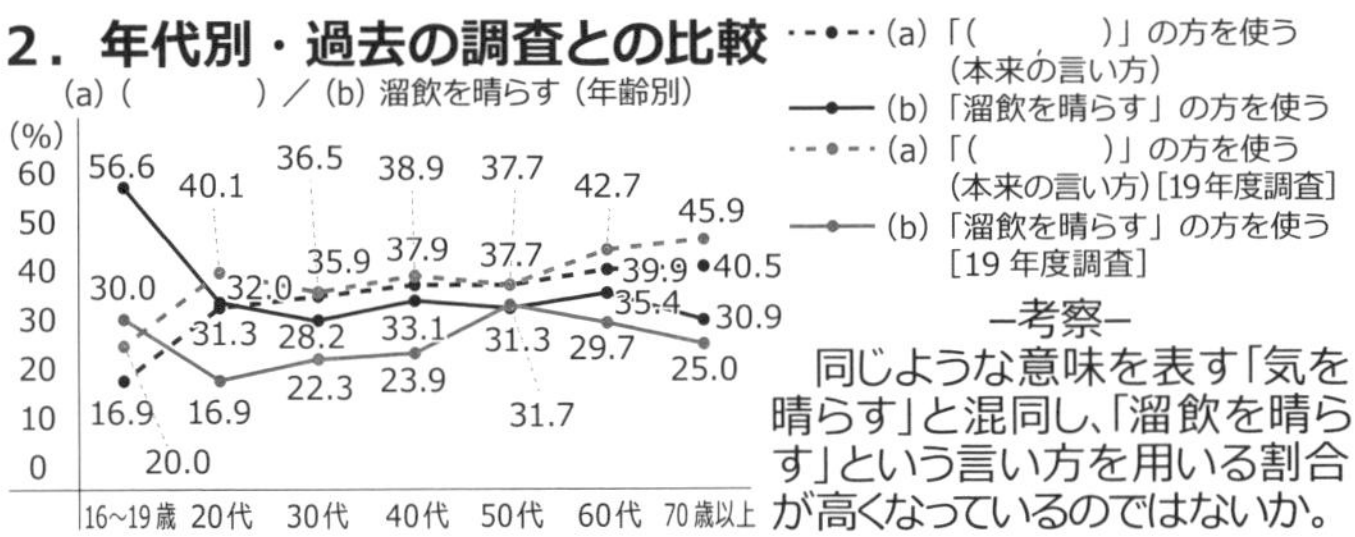

―考察―
同じような意味を表す「気を晴らす」と混同し、「溜飲を晴らす」という言い方を用いる割合が高くなっているのではないか。

文学的語彙⑫

青菜に塩（あおなにしお）
元気をなくしてしおれる様子
母に叱られて弟は**青菜に塩**だ。

虻蜂取らず（あぶはちとらず）
両方得ようとして、どちらも得られないこと。欲張ると失敗すること
どちらもやろうとして**虻蜂取らず**に終わる。

犬も食わぬ（いぬもくわぬ）
ひどく嫌がられること。誰もとりあわないこと
あの夫婦のけんかは**犬も食わぬ**。

雲泥の差（うんでいのさ）
比較にならないほど大きな差
両者の演奏には**雲泥の差**がある。

襟を正す（えりをただす）
気持ちを引きしめて、真面目な態度になる
有権者の前で政治家は**襟を正す**べきだ。

快哉を叫ぶ（かいさいをさけぶ）
晴れやかな気持ちになって喜びの声を上げる
チームの勝利に人々が**快哉を叫ぶ**。

会心の笑み（かいしんのえみ）
うまくいったと満足したときのほほえみ
作品を描きあげて**会心の笑み**を浮かべる。

木に竹を接ぐ（きにたけをつぐ）
筋が通らない。不自然で調和がとれない
木に竹を接ぐような説明では納得できない。

怪我の功名（けがのこうみょう）
間違いや何気なくしたことがかえってよい結果をもたらすこと
遅刻のおかげで彼女に会えて**怪我の功名**だ。

糊口を凌ぐ（ここうをしのぐ）
どうにか生計を立てていく。貧しいくらしをする
学業の合間にアルバイトをして**糊口を凌ぐ**。

ことわざ

蛇の道は蛇（じゃのみちはへび）
同類の者がすることは、その同類の者に容易にわかるということ
蛇の道は蛇なので経験者に話を聞く。

他山の石（たざんのいし）
他人のよくない言動も自分の修養の助けになるということ
彼の軽はずみな行為を**他山の石**とする。

蓼食う虫も好き好き（たでくうむしもすきずき）
人の好みはそれぞれちがうということ
蓼食う虫も好き好きだから批判しない。

情けは人のためならず（なさけはひとのためならず）
人に親切にすれば必ず自分によい報いがくる
情けは人のためならずというから手伝おう。

錦を飾る（にしきをかざる）
立身出世して故郷に帰る
ノーベル賞を受賞し、故郷に**錦を飾る**。

濡れ手で粟（ぬれてであわ）
何の苦労もせずに多くの利益を得ること
宝くじが当たり、**濡れ手で粟**の大金を得る。

三つ子の魂百まで（みつごのたましいひゃくまで）
幼いときの性質は年をとっても変わらないということ
三つ子の魂百までで幼い頃からの頑固者だ。

勿怪の幸い（物怪）（もっけのさいわい）
思いがけない幸い
勿怪の幸いで彼が現れ、傘を貸してくれた。

元の木阿弥（もとのもくあみ）
一度よい状態になったものが、再び以前の悪い状態に戻ること
落葉を集めたが風が吹いて**元の木阿弥**だ。

両刃の剣（諸刃）（もろはのつるぎ）
利点がある反面、危険をはらんでいるもの
優れた科学技術は**両刃の剣**だ。

問一

傍線部の語が正しく使われている文には○を、間違っているものには×を付けなさい。

① 先輩からの温かい声援は青菜に塩だ。（×）
② 長年の研究成果が出て、快哉を叫ぶ。（○）
③ 蛇の道は蛇、学校のことは先生に聞こう。（○）
④ 情けは人のためならずだから、彼の手助けはしないでおこう。（×）
⑤ けんかした親友と仲直りし、元の木阿弥だ。（×）

問二

次の各文の空欄に当てはまる最も適当な語を、後の選択肢から一つずつ選びなさい。

① 発表が終わり、会心の（　　）をもらす。（イ）
② 手間仕事でこれまで（　　）を凌いできた。（ウ）
③ 虫を駆除する農薬は、（　　）になりかねない。（キ）
④ 転んでも無傷だったのは、勿怪の（　　）だ。（カ）
⑤ 友人の失敗を他山の（　　）とする。（エ）
⑥ 成功して故郷に（　　）を飾るのが夢だ。（オ）
⑦ 校長先生の話を（　　）を正して聞く。（ア）

ア．襟　イ．笑み　ウ．糊口　エ．石
オ．錦　カ．幸い　キ．両刃の剣

問三

次の①～④のイラストの状況を表したことわざは何か。後の選択肢から一つずつ選びなさい。

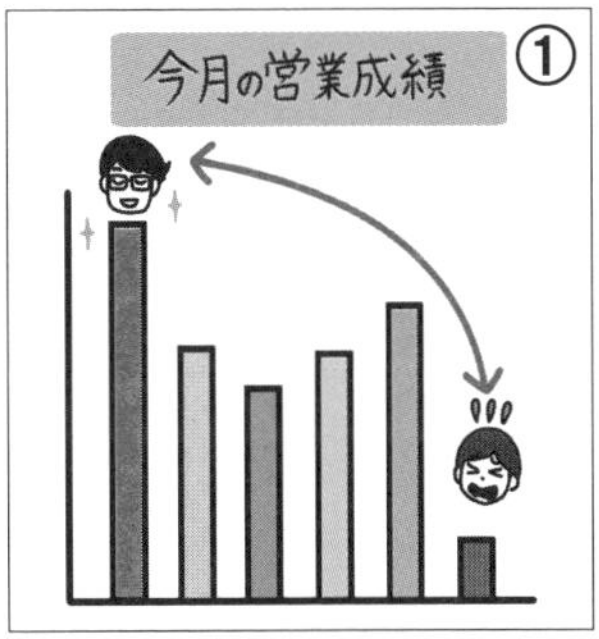

ア．虻蜂取らず　イ．雲泥の差
ウ．怪我の功名　エ．濡れ手で粟

P195 問三の解答：溜飲を下げる

文学的語彙⑬

- **羹に懲りて膾を吹く**（あつものにこりてなますをふく）
  前の失敗にこりて、必要以上に用心する
  彼は**羹に懲りて膾を吹く**ような臆病者だ。
- **烏有に帰す**（うゆうにきす）
  全てなくなってしまう。特に、火事のときにいう
  落雷で火事になり山小屋が**烏有に帰した**。
- **肝胆相照らす**（かんたんあいてらす）
  互いに心から理解し合って親しく付き合う
  部活仲間の彼とは**肝胆相照らす**仲だ。
- **杞憂**（きゆう）
  先のことについて必要のない心配をすること
  病気ではないかという不安は**杞憂**だった。
- **逆鱗に触れる**（げきりんにふれる）
  権力者や目上の人のひどい怒りを買う
  遅刻が続いたことが先生の**逆鱗に触れた**。
- **後生畏るべし**（こうせいおそるべし）
  年少者は大きな可能性を秘めているからおそれるべきだ
  中学生で将棋のプロとは**後生畏るべし**だ。
- **焦眉の急**（しょうびのきゅう）
  非常に差し迫った事態。危険が迫っていること
  少子化問題は**焦眉の急**となっている。
- **人口に膾炙する**（じんこうにかいしゃする）
  世の中の多くの人の話題になってもてはやされる
  彼女の歌集が**人口に膾炙する**。
- **正鵠を射る**（せいこくをいる）
  物事の急所や核心となるところを突く
  正鵠を射た批評に耳を傾ける。
- **青天の霹靂**（せいてんのへきれき）
  突然の大事件。突然受ける衝撃
  軍部のクーデターは**青天の霹靂**だった。

故事成語

- **同病相憐れむ**（どうびょうあいあわれむ）
  同じ悩みを持つ者は、互いに理解し合い、助け合う
  彼とは**同病相憐れむ**仲である。
- **塗炭の苦しみ**（とたんのくるしみ）
  泥にまみれ、火に焼かれるような、激しい苦しみ
  民衆が**塗炭の苦しみ**にあえぐ。
- **怒髪天を衝く**（どはってんをつく）
  髪の毛が逆立つほど激しく怒る
  怒髪天を衝く勢いで相手をにらみつけた。
- **背水の陣**（はいすいのじん）
  後戻りできない状況で全力を尽くして事に当たること
  背水の陣で受験勉強をする。
- **伯仲**（はくちゅう）
  同じくらいの力があり、優劣が付けられないこと
  二人の候補者の勢力は**伯仲**している。
- **白眉**（はくび）
  たくさんある中で最も優れている人や物
  この作品が中世を描いた映画の**白眉**だ。
- **覆水盆に返らず**（ふくすいぼんにかえらず）
  一度してしまったことは取り返しがつかない
  データが消えたが、**覆水盆に返らず**だ。
- **病膏肓に入る**（やまいこうこうにいる）
  趣味などに熱中して抜け出せなくなる。病気が治療できない状態になる
  彼のゲーム好きは**病膏肓に入って**いる。
- **李下に冠を正さず**（りかにかんむりをたださず）
  他人に疑われるような行動は慎むほうがよい
  李下に冠を正さずで試験中に周りを見るな。
- **和して同ぜず**（わしてどうぜず）
  他人と協調しつつ、いたずらに妥協せず付き合う
  和して同ぜずの精神で会議に臨む。

問一

傍線部の語が正しく使われている文には○を、間違っているものには×を付けなさい。

① 姉と口論になり、肝胆相照らした。（×）
② 地球温暖化は焦眉の急と言える課題だ。（○）
③ 彼は毎日の課題すら出さない白眉だ。（×）
④ 発言を後悔しても覆水盆に返らずだ。（○）
⑤ 趣味の読書に飽きて、病膏肓に入る。（×）

問二

次の各文の空欄に当てはまる最も適当な語を、後の選択肢から一つずつ選びなさい。

① あの大企業が倒産するとは、（　）だ。（カ）
② 苦労して集めた資料が火事により（　）。（ア）
③ 明日の天気の心配など（　）に過ぎない。（イ）
④ 彼の（　）指摘に、誰も反発しなかった。（オ）
⑤ 実力が（　）し、なかなか決着がつかない。（キ）
⑥ 彼の発言は流行語となり、（　）。（エ）
⑦ 弟の横柄な態度は、父の（　）。（ウ）

ア．烏有に帰した　イ．杞憂　ウ．逆鱗に触れた
エ．人口に膾炙した　オ．正鵠を射た
カ．青天の霹靂　キ．伯仲

問三

次は、ある故事成語の元になったエピソードと、そこから派生した意味についてまとめたものである。空欄に当てはまる故事成語は何か答えなさい。

（　　　　　　）

【エピソード】
紀元前二〇四年、漢軍の韓信が、趙（ちょう）軍との戦いに勝利した。そのとき、趙軍は二十万の兵力を持っていたが、漢軍は三万の兵力しかなかった。韓信は、軽騎兵二千人に自軍の旗を持たせ、一万の兵に川を背にした形で陣取らせた。逃げ場がない漢軍は死に物狂いで戦い、勝利したのだ。韓信に、上策とはいえない陣取りを取った理由を聞くと「兵法に『死地に陥れてこそ、生き延びることができ、必ず滅ぶような場においてこそ存命できる』と書いてあるではないか。」と答えたそうだ。

【意味】
切羽詰まっており、もう一歩も後には引けない状況。
また、そうした状況に身を置き、物事に決死の覚悟で取り組むこと。

P197 問三の解答：①イ　②エ　③ウ　④ア

文学的語彙⑭

如何(いかん)せん
残念なことに。良い方法が見つからず、迷う意を表す
話をしたいが、**如何せん**今日は時間がない。

いざ知(し)らず
……についてはよくわからないが
昔は**いざ知らず**、今は情報があふれている。

曰(いわ)く言(い)い難(がた)い
言葉では説明しづらい。簡単には言いにくい
その映画を見て**曰く言い難い**気分になった。

言(い)わずもがな
言わないほうがいい。今さら言うまでもない
言わずもがなのことを言ってあきれられた。

えもいわれぬ
何とも言い表せない（ほどすばらしい）
庭園に**えもいわれぬ**いい匂いが漂う。

おのがじし
各自が思い思いに。めいめいに
部員は**おのがじし**トレーニングに励む。

かくのごとし
こんなふうである
かくのごとき事情なので、協力してほしい。

言(げん)を俟(ま)たない
改めて言うこともない
雷が危険であることは**言を俟たない**。

～ごかし
～のようなふりをして相手をだます
親切**ごかし**につけ込む人に注意する。

～こそすれ
～はするが
歩け**こそすれ**運動はまだできない。

挿入句・連語・独特の表現

さもありなん
そうであろう。驚くまでもない程度に予想していたことを表す
彼の努力を知ると、成功は**さもありなん**だ。

為(し)て遣(や)ったり
思い通りにうまくやりとげる。たくらんで、うまくだます
計画が成功し、**為て遣ったり**とほくそ笑む。

～ずく
～に任せて。～次第。もっぱら～に頼って事を運ぶことを表す
力**ずく**で人を助ける。

ためつすがめつ
いろいろな向きからよく見る様子
評判の名画を**ためつすがめつ**眺める。

～たらしめる
～であるようにする
彼を学者**たらしめる**ものはその好奇心だ。

～に堪(た)えない
～するのを我慢できない
他人の悪口は聞く**に堪えない**。

～のきらいがある
～という好ましくない傾向がある
中学生の妹は人見知り**のきらいがある**。

～はおろか
～はもちろん、そのうえ。～どころか
人**はおろか**、猫の子一匹通らない。

～よろしく
いかにも～らしく
専門家**よろしく**数値を挙げて説明する。

～を博(はく)する
自分の物にする。手に入れる。広く伝わる
彼女が主演した舞台が好評**を博する**。

問一

傍線部の語が正しく使われている文には○を、間違っているものには×を付けなさい。

① 彼に会うため、如何せん時間を調整する。（ × ）
② 卒業後は、おのがじし社会貢献してほしい。（ ○ ）
③ 世論が彼を励ましたことは、言を俟たない。（ ○ ）
④ 欠点を突いた彼に感謝こそすれ、恨んでいる。（ × ）
⑤ 料理はおろか、米を炊いたことさえない。（ ○ ）

問二

次の各文の空欄に当てはまる最も適当な語を、後の選択肢から一つずつ選びなさい。

① 昨日のドラマの展開は（　）内容だ。（ ア ）
②（　）大事件は、聞いたことがない。（ イ ）
③ 見るに（　）凄惨な映画。（ キ ）
④ 高価な花瓶を（　）眺める。（ エ ）
⑤ 英国育ちの彼の英語力は（　）だ。（ ウ ）
⑥ 向学心こそが彼を研究者（　）。（ カ ）
⑦ 人は（　）、私はその話を信じない。（ オ ）

ア．曰く言い難い　イ．かくのごとき
ウ．さもありなん　エ．ためつすがめつ
オ．いざ知らず　カ．たらしめる　キ．堪えない

問三

次のコラム内の空欄①～⑤に当てはまる語を、後の選択肢から一つずつ選びなさい。

林ゆり子のグルメ探訪 ―街でうわさの洋食店―

今回は、二〇一〇年のオープン以来好評を（①）「ひだまり食堂」にお邪魔しました。入店した瞬間、（②）良い香りが漂ってきました。

地場野菜をふんだんに使ったワンプレートランチは、食材の新鮮さは（③）ですが、シンプルな味つけで素材のおいしさを生かした調理法が素晴らしい一皿です。現代人は、添加物の多い食べ物を好む（④）ようです。専門家（⑤）語っている私自身も、多忙な折はジャンクフードで済ませがちです。

しかし、「ひだまり食堂」のお料理は、本当においしいものは素材だけで十分に楽しめると再認識させてくれます。ぜひ、一息つきたいときに行ってみて下さいね。

日替わりワンプレートランチ
¥1,000（ドリンク付き）

ア．言わずもがな　イ．えもいわれぬ
ウ．きらいがある　エ．博する
オ．よろしく

P199 問三の解答：背水の陣

あえなく
はかなく。あっけなく
わが校の野球部は**あえなく**初戦で敗退した。

恰（あたか）も
まるで。ちょうど
恰も自分の手柄のように得意げに語る。

あながち
必ずしも。まんざら
彼の推理も**あながち**間違いとは言えない。

あまつさえ
それだけでなく、さらに（悪いことが重なる）
豪雨となり、**あまつさえ**雷鳴がとどろいた。

いきおい
自然のなりゆきで。当然の結果として
陽気がよいうえ満腹で**いきおい**眠くなった。

いみじくも
ほんとうにうまく。適切に
十人十色とは**いみじくも**言ったものだ。

いやしくも
仮にも。もしも
いやしくも政治家なら民の声を聞くべきだ。

おしなべて
全体として一様に。一般的に
このクラスの生徒は**おしなべて**おとなしい。

徐（おもむろ）に
静かに。ゆっくり
裁判官が**徐に**口を開き、判決を言い渡した。

凡（およ）そ
だいたい。一般に。全く（……ない）
説明を聞いて**凡そ**の状況を理解した。

蓋（けだ）し
おそらく。たしかに
彼の予想は**蓋し**その通りだと思われた。

就中（なかんずく）
その中でもとりわけ
私は甘党で、**就中**チョコレートが好きだ。

果（は）たして
思ったとおり。案の定。本当に（……か）
果たして、実験は成功に終わった。

ひいては
それから引き続いて。その結果として
適度な運動は健康に、**ひいては**心にもよい。

夙（まだき）
まだその時期にならないのに。早くから
朝**夙**に起きて旅立ちの用意をする。

やおら
静かに。ゆっくり
祖母が**やおら**起き上がり、手招きした。

やにわに
ただちに。その場ですぐに。いきなり
彼は挨拶もせず、**やにわに**用件を告げた。

ゆくりなく
思いがけず。たまたま。唐突に
劇場で**ゆくりなく**も友人に出会った。

ゆめゆめ〜ない
わずかたりとも〜ない。全然〜ない。決して（……するな）
そんなことは**ゆめゆめ**想像もし**なかった**。

よしんば
たとえ。仮に
よしんば彼が悪くても私は彼を責めない。

問一　傍線部の語が正しく使われている文には○を、間違っているものには×を付けなさい。

① 彼女の言い分は恰も共感できない。（×）
② 私の心情をいみじくも表現した言葉。（○）
③ この物語の結末におしなべて感動した。（×）
④ 今日の天気は蓋し一日中快晴だ。（×）
⑤ 皆の協力がひいては成功につながるだろう。（○）

問二　次の各文の空欄に当てはまる最も適当な語を、後の選択肢から一つずつ選びなさい。

① 彼の言い分も（　）間違いではない。（ア）
② （　）、弟の言うことは真実だろうか。（オ）
③ 転んでけがをして（　）雨が降り出した。（イ）
④ （　）彼が謝っても、決して許さない。（キ）
⑤ 彼の厭世（えんせい）的傾向は（　）初期作品に多い。（エ）
⑥ かばんから（　）バナナを取り出す。（ウ）
⑦ 本屋で（　）も同級生に会った。（カ）

ア．あながち　イ．あまつさえ　ウ．徐に
エ．就中　オ．果たして　カ．ゆくりなく
キ．よしんば

問三　次の資料と会話文を読み、空欄①、②に当てはまる語は何か答えなさい。

（　①　）をどちらの意味だと思うか。　（数字は％）

	平成29年度	18年度
（ア）：急に、いきなり	30.9	43.7
（イ）：ゆっくりと	**39.8**	40.5
（ウ）：（ア）と（イ）の両方	1.8	1.1
（エ）：（ア）、（イ）とは、全く別の意味	4.1	0.3
分からない	23.5	14.4

辞書等で主に本来の意味とされるものを太字で記した。
平成29年度「国語に関する世論調査」

A　（①）は、「急に」と「ゆっくり」で正反対の意味に捉えている人がいるんだね。
B　表記は違うけれど、古文単語の（①）は「そっと、静かに」という意味だから、現代の正しいほうの意味と同じだね。
C　語感が似ている（②）は「急に」という意味だから、（①）と混同しているのかな。
A　なるほどね。たしかに、（①）と（②）はなんとなく似ている気がする。
B　でも、平成十八年度と比べると、「分からない」を選択する人が増えているね。
C　（①）だけじゃなく、（②）も聞き慣れない語になってきているのかもしれないね。

P201 問三の解答：①エ　②イ　③ア　④ウ　⑤オ

文学的語彙⑯

あられもない
ありえない。とんでもない。（女性として）ふさわしくない
あられもない格好では外に出られない。

ありうべき
あってもよさそうな
環境のための国際協力は**ありうべき**ことだ。

有り体（ありてい）
あるがまま。事実の通り
有り体に言えば、この問題は私の手に余る。

弥が上にも（いやがうえにも）
なおいっそう。ますます
新曲の発表で**弥が上にも**盛り上がった。

所謂（いわゆる）
世間でよく言われている。普通に言う
彼の症状は**所謂**花粉症というものだ。

往往にして（おうおうにして）
ときどき。物事がしばしば起こる様子
天気予報は**往往にして**外れるものだ。

臆面もなく（おくめんもなく）
気後れした様子もなく。恥ずかしがることもなく
彼は**臆面もなく**自分の希望を述べた。

寡聞にして（かぶんにして）
見聞が狭いこと。多く自分の見聞が狭いことをへりくだって言う
昔の歌謡曲のことは**寡聞にして**存じません。

完膚なきまで（かんぷなきまで）
徹底的に。無事なところがないほど隅々まで
彼の主張は**完膚なきまで**に論破された。

くしくも
不思議なことに
くしくも二人の誕生日は同じだった。

副詞・連体詞・連語など②

さしずめ
つまり。あれこれ考えてみて落ち着くところ。今のところ
このメンバーなら**さしずめ**彼がリーダーだ。

しかるべき
それにふさわしい。適切な。当然な
実施に備えて**しかるべき**準備が必要だ。

逐次（ちくじ）
順番通り次々に
調査結果を責任者に**逐次**報告する。

ついぞ〜ない
いまだかつて〜ない。一度も〜ない
そんなものは**ついぞ**見たことが**ない**。

ともすれば
どうかすると。事の次第によってある事態が起こりやすい状況を示す
ともすれば同行者に遅れがちになる。

とりもなおさず
そのまま。すなわち
この試合に勝てば**とりもなおさず**優勝だ。

なまじ
むだに。できもしないのに。中途半端な状態である様子
なまじ器用だったせいで努力を怠った。

ねんごろに
丁寧に。親切に。心を込める様子
訪ねてきた客を**ねんごろに**もてなした。

畢竟（ひっきょう）
結局のところ。要するに
畢竟夢を追うのも諦めるのも自分次第だ。

縷縷（るる）
糸のように細く長く、途切れないで続く様子。詳しく語る様子
有名店に並ぶ人の列が**縷縷**として続く。

問一 傍線部の語が正しく使われている文には○を、間違っているものには×を付けなさい。

① 毎日テレビで見る彼は所謂スターだ。（○）
② 寝坊したため、臆面もなく教室に入る。（×）
③ 備蓄があればさしずめ食事には困らない。（○）
④ なまじ努力を重ねることで成果を出した。（×）
⑤ 徹夜で宿題を終わらせてねんごろに寝る。（×）

問二 次の各文の空欄に当てはまる最も適当な語を、後の選択肢から一つずつ選びなさい。

① この件については（　）対応を取る。（オ）
② 私と彼の差は、（　）努力の差だ。（キ）
③ 前の試合で彼に（　）に打ちのめされた。（ウ）
④ 政治のことは（　）存じあげません。（イ）
⑤ 学問とは（　）自己成長させるものだ。（カ）
⑥ 彼との出会いは（　）私の誕生日だった。（エ）
⑦ 地震による停電や断水は、（　）事態だ。（ア）

ア．ありうべき　イ．寡聞にして　ウ．完膚なきまで
エ．くしくも　オ．しかるべき　カ．とりもなおさず
キ．畢竟

問三 次は、卒業生が高校の担任の先生宛てに送った手紙である。空欄①～⑤に当てはまる語を、後の選択肢から一つずつ選びなさい。

拝啓
花の便りが次々と舞い込むこのごろ、田中先生におかれましてはますますご清祥のこととお慶び申し上げます。

御校を卒業し、早いもので三年が経ちました。大学進学後はぱったりと連絡することもなくなってしまいましたが、先生方から見て、卒業生というのは（①）そのようなものなのかもしれませんね。その一方で、故郷を離れたことで、高校時代の楽しかった思い出が（②）思い起こされます。（③）に申し上げますと、もっと先生と一緒に過ごしたかったです。（④）、私自身、高校時代にやり残したことや、後悔が多いのかもしれません。

しかし、この気持ちをやる気に変え、田中先生が私を教え子だと誰に紹介しても恥ずかしくない人間になるべく（⑤）まい進していきますので、今後ともご指導のほどよろしくお願いいたします。

敬具

ア．有り体　イ．弥が上にも　ウ．往往にして
エ．逐次　オ．ともすれば

P203 問三の解答：①やおら　②やにわに

邂逅(かいこう)	思いがけなく出会うこと	その絵画との**邂逅**により画家を目指した。
薫陶(くんとう)	優れた人格で人に影響を与え、教え育てること	私の成功は恩師の**薫陶**のおかげだ。
下馬評(げばひょう)	そのことに直接関係のない人がするうわさ話	**下馬評**通りならば彼が優勝する。
眷属(けんぞく)	血のつながっている者。従う者	地方では**眷属**が多い傾向がある。
原風景(げんふうけい)	ある人の心の奥にある、体験のイメージが浮かぶ風景	記憶の中の**原風景**を求めて旅に出る。
残滓(ざんし(ざんさい))	残りかす。歴史や時代、記憶などのなごり	階級制度の**残滓**がいまだに残っている。
暫時(ざんじ)	少しの間。しばらくの間	会議の途中に**暫時**休憩を挟む。
桎梏(しっこく)	人の行動を制限して自由を束縛するもの	古い価値観の**桎梏**から逃れる。
出自(しゅつじ)	その人の生まれや家柄。物事の出どころ	有名な人物だが、その**出自**は不明だ。
双肩(そうけん)	左右の肩。責任や期待を負うもの	未来は君たちの**双肩**にかかっている。
知己(ちき)	自分をよく分かってくれている友人。知り合い	彼は学生時代から私の**知己**だ。
寵児(ちょうじ)	時流に乗ってもてはやされる人。とても愛されている子ども	球界の**寵児**といわれる選手を取材する。
彼我(ひが)	相手と自分	試合に負け、**彼我**の実力の差を痛感する。
朴念仁(ぼくねんじん)	不愛想な人。人情や道理の分からない人	あの人は冗談の通じない**朴念仁**だ。
反故(ほご)	無かったこと。役に立たないもの	結局、約束は**反故**にされてしまった。
煩悩(ぼんのう)	人間の心身を悩ませ苦しめる欲望	人の**煩悩**は百八つあると言われている。
蒙昧(もうまい)	知識が不十分で物事の道理が分からないこと	**蒙昧**な人たちをまとめるのが指導者の役割だ。
よしみ	親しい付き合い。何らかの縁によるつながり。縁故	友達の**よしみ**で数学のノートを貸す。
よすが	手がかりや方法。心のよりどころとなるもの	写真を**よすが**に昔のことを思い出す。
廉価(れんか)	安い値段	在庫処分のため**廉価**で販売する。

問一　傍線部の漢字の読みを答えなさい。

① 空き時間には<u>暫時</u>本を読む。（ざんじ）
② 家族の幸せを<u>双肩</u>に担う。（そうけん）
③ 彼女は幼少期からの<u>知己</u>だ。（ちき）
④ 勝負の前から<u>彼我</u>の差は明確だ。（ひが）
⑤ 無知<u>蒙昧</u>な大衆を導く皇帝。（もうまい）

問二　次の各文の空欄に当てはまる最も適当な語を、後の選択肢から一つずつ選びなさい。

① 私の（　　）は東北から九州までいる。（イ）
② 同郷の（　　）で結婚式に出席する。（カ）
③ 彼は人の質問にも応じない（　　）だ。（オ）
④ 故郷の因襲の（　　）を離れる。（ウ）
⑤ 中学校の同級生と久々に（　　）した。（ア）
⑥ 家族との思い出を（　　）にする。（キ）
⑦ この人物は（　　）不明の戦国武将だ。（エ）

ア．邂逅　イ．眷属　ウ．桎梏　エ．出自
オ．朴念仁　カ．よしみ　キ．よすが

問三　次の記事内の空欄①～⑥に当てはまる語を、後の選択肢から一つずつ選びなさい。

俳優のひとりごと017 ー大内正博

私が俳優になるきっかけは、学生時代まで遡ります。所属していた演劇部の恩師の（①）を受け上京し、劇団に入団しました。テレビドラマの刑事役が当たり、一時は時代の（②）とまで騒がれましたね。

ですが、多忙を極める毎日に、次第に精神的に追い詰められ、全てを（③）にして一度故郷に戻りました。故郷の海が（④）として、私の脳裏に焼き付いていたのです。そこで自分は何がしたいのかと自問自答し、やはり俳優として生きたいと結論が出ました。そこから今日までの四十年間、必死でしたよ。

先日、神保町の古本屋に立ち寄ると、思いがけずデビューした頃の自分の写真が（⑤）で売られていました。青春の（⑥）というものです。

ア．薫陶　イ．原風景　ウ．残滓
エ．寵児　オ．反故　カ．廉価

P205 問三の解答：①カ　②ウ　③イ　④ア　⑤オ　⑥エ

文学的語彙演習問題②

問

次の各文章の傍線部の意味として、最も適当なものを後の選択肢から選びなさい。

1

逆に外部からすれば、境界線の向こう側には手を出せないという口実の下に、そこで行われている暴虐や抑圧に対して手をこまねいていることも可能になる。

〈杉田敦「境界線の政治学　増補版」〉

① 何もできずにただ見ている。
② くやしさをにじませている。
③ ひたすら耐えしのんでいる。
④ 悲しみやつらさに支配される。

（　　）

P192

2

以上のべて来たように私は日頃辞書に親しんでいる方だが、しかし私と同じくらい、あるいはもっと頻繁に辞書を用いている人はいくらでもいるだろう。ただ言葉の意味にこだわるという点では私は人後に落ちない気がする。

〈土居健郎「辞書と私」〉

① 他にひけをとらない。
② 周囲から離れている。
③ 強いこだわりがある。
④ 人と同じ過ちをしない。

（　　）

P194

3

同一職業集団がよく分裂して、いくつかの集団に分れている現象は枚挙にいとまがないほどで、むしろ、日本社会においては、それが常態であるといってよいほどである。

〈中根千枝「タテ社会の力学」〉

① 休息する時間すらない。
② 多すぎて数えきれない。
③ 常識では考えられない。
④ 誰しもが想像できない。

（　　）

P194

4

大学とは考えるところであり、社会が大学の存在を認めてきたのは、大学が物事を徹底的に考えるところだったからだという認識を述べた後に、このメッセージの白眉ともいえる驚くべき知見が語られた。

〈平川克美「何かのためではない、特別なこと」〉

① 昔からもてはやされていたもの。
② 多くの中で最も優秀であるもの。
③ 誰からも賛同される立派なもの。
④ 数ある中で突飛で興味深いもの。

（　　）

P198

5

私は「今の日本」が作った映画には興味を覚えられなかった。興味を覚えるべきだと自分に言い聞かせ、努力して観ようとしたが、そのたびにえもいわれぬ失望を味わい、「今の日本」への疎外感をいよいよ深めていった。

〈水村美苗「今ごろ、『寅さん』」〉

（　　）

① 何とも言い表せない。
② 言葉にすると陳腐な。
③ 感覚で味わうべき。
④ 不快感を覚える。

（　　）

P200

6

それは至高の芸術作品と認められ、やがてはマスターピース（名歌）となるわけです。つまりその過程は、日本では西欧とちょうど逆です。マスターピースが普遍的な承認をもたらすのではなく、むしろ仲間の芸術家や鑑識家の評価が、ある作品をマスターピースたらしめるのです。

〈高階秀爾「西洋の眼　日本の眼」〉

① 〜と納得させる。
② 〜であるようにする。
③ 〜でしかないとする。
④ 〜と知らせる。

（　　）

P200

7

私は妙になつかしい気がして、そこの床から中庭の方を見おろすと、庭はそんなに広くもなく、土塀の向こうに窺いている隣家の屋根と樹木の梢が、恰（あたか）も空へ貼り付けたようにひっそりとしている。

〈谷崎潤一郎「都市情景」〉

① まるで　② すなわち
③ あながち　④ とても

（　　）

P202

8

自分の生活がたとえ苦しくなろうとも、会社の存続こそが大事と考えてこそ、本物の会社人間というものでしょう。

しかし、残念ながらそういう話は寡聞にして筆者は知りません。

〈山岸俊男『「日本人」という、うそ』〉

① 理解するほどまでの興味がない。
② 聞いた話でしか知ることができない。
③ 堂々と語るほどの自信がない。
④ 経験や知識が乏しくわからない。

（　　）

P204

9

「梅が香を袖にうつしてとどめてば春はすぐともかたみならまし」という、よみ人しらずの歌がある。「かたみ」とは過ぎにしものを思い出すよすがであり、ここでは春の思い出となるものである。

〈原章二「人は草である」〉

① 宝物　② 要点
③ 根拠　④ 立場

（　　）

P206

解答

1（①）
2（①）
3（②）
4（②）
5（①）
6（②）
7（①）
8（④）
9（③）

論理的語彙①

依拠（いきょ）
よりどころとすること
過去の文献に**依拠**した説を述べる。

畏敬（いけい）
神仏や自然、偉大な人などをおそれうやまうこと
山頂からの眺めに**畏敬**の念を抱いた。

一顧（いっこ）
少し振り返って見ること。少し注意を払うこと
評論家は私の作品を**一顧**だにしなかった。

確執（かくしつ（かくしゅう））
お互いに自分の意見を主張して譲らないために起こる不和
父との間に長年の**確執**を抱えている。

感化（かんか）
人に影響を与えて、その考え方や行動を変えさせること
友人に**感化**されて古い映画が好きになった。

克己（こっき）
自らの欲望や悪い心に打ち勝つこと
修行をすることで**克己**心を鍛えた。

自負（じふ）
自らの才能や業績に自信と誇りを持つこと
誰よりも努力していると**自負**する。

ジレンマ
対立する二つの事柄の板挟みになって、どちらとも決めかねる状態
社会的な**ジレンマ**に陥る。

ストイック
感情や欲を抑え、厳しく自分を律する様子
ストイックに努力して勝利をつかんだ。

疎外（そがい）
嫌ってよそよそしくすること。のけものにすること
分からない話をされて**疎外**感を味わう。

心理①

短絡的（たんらくてき）
物事の筋道を追わないで、簡単に原因と結果を結びつける様子
流行だから売れるという考えは**短絡的**だ。

超克（ちょうこく）
困難や苦しみを乗り越えて、それに打ち勝つこと
自らの欲望を**超克**する。

通念（つうねん）
世間の人々に共通して認められている考え
間違った社会**通念**は変えなければならない。

独善（どくぜん）
自分だけが正しいと思い込むこと
他人の意見を聞かず**独善**に陥る。

ナイーブ
純粋で繊細な様子
ナイーブな感性が生み出したメロディー。

内省（ないせい）
自分の考えや言動を深くかえりみること
内省することが成長につながる。

ネガティブ
消極的な様子。否定的な様子
ネガティブな考え方を改める。

ノスタルジア
過ぎ去った時代を懐かしむ気持ち。異郷から故郷を懐かしむ気持ち
昔の曲を聞いて**ノスタルジア**にひたる。

伏線（ふくせん）
後の展開に備え、前もってそれとなく述べる事柄
ラストシーンで**伏線**が見事に回収された。

翻弄（ほんろう）
思いのままにもてあそぶこと
時代の波に**翻弄**されながらも生き抜く。

問一 **文中のカタカナを漢字に直しなさい。**

① 先例に**イキョ**した作品。（依拠）
② 父の努力に**イケイ**の念を抱く。（畏敬）
③ 彼の意見は**イッコ**だに値しない。（一顧）
④ 転職先で**ソガイ**感を覚える。（疎外）
⑤ **フクセン**が随所に敷かれた映画。（伏線）

問二 **次の各文の空欄に当てはまる最も適当な語を、後の選択肢から一つずつ選びなさい。**

① 兄は受験期に（　）して学問に励んだ。（ウ）
② 運命に（　）されながらも懸命に生きる。（キ）
③ 遺産をめぐって（　）が生じる。（ア）
④ 友人に（　）され、英会話を始める。（イ）
⑤ 社会（　）にも疑問を持つべきだ。（オ）
⑥ 妹は物事を（　）に捉えがちだ。（カ）
⑦ 進学するか就職するか（　）に陥る。（エ）

ア．確執　イ．感化　ウ．克己
エ．ジレンマ　オ．通念　カ．ネガティブ
キ．翻弄

問三 **次の自己アピール内の空欄①～⑤に当てはまる語を、後の選択肢から一つずつ選びなさい。**

　私が高校生活を通して成長したと思う部分は、（①）的思考をしないようになったことです。中学生の頃はそんな自分の短所を自覚していませんでしたが、高校一年生の夏休みに地域のボランティア活動に参加したとき、自身の克服すべき点に気付きました。
　その日は、川原のゴミ拾いをする日だったので、私はゴミ袋を持って川上から歩いてゴミを拾っていました。炎天下で汗を流しながら動いていた私に対し、川岸に座り込んで一歩も動かずにいた人がいました。私は、その人が真面目に参加していない、怠けているとつい（②）に考えて、注意しました。しかしその人は、泥だらけになりながらゴミの分別作業をしていたのです。一方的な思い込みで人を糾弾してしまった自分を恥ずかしく思い、それ以来、感情的になりそうなときは、一度落ち着いて（③）するように心がけました。そのおかげで、主観で人を責めることはなくなり、自分自身を律する（④）さが身についたと（⑤）しています。

ア．自負　イ．ストイック　ウ．短絡的
エ．独善　オ．内省

P207 問三の解答：①ア　②エ　③オ　④イ　⑤カ　⑥ウ

論理的語彙②

アナロジー	現在持っている知識から行う類推	商品開発には**アナロジー**的な思考が大切だ。
アンビバレンス	愛と憎しみのような相反する感情を、一つの対象に同時に抱くこと	都会に対する心境は**アンビバレンス**である。
瑕疵（かし）	欠点。法律上、あるべき機能や品質などが欠けていること	この土地には物理的**瑕疵**がある。
甘受（かんじゅ）	やむを得ないものとして、逆らわずに受け入れること	作品への批判は**甘受**しなければならない。
機微（きび）	表から見るだけでは分からない、人の心や物事の小さな揺れ動き	利用客の心の**機微**を読んで商品を薦める。
迎合（げいごう）	自分の考えを曲げてまでも、意見や調子を他人や世の風潮に合わせること	企画が昨今の風潮に**迎合**しすぎている。
鼓舞（こぶ）	人を励まし気持ちを奮い立たせること	自分自身を**鼓舞**しながら勉強する。
顧慮（こりょ）	考えに入れて気にかけること	家庭の状況を**顧慮**して仕事を分担する。
蹉跌（さてつ）	失敗して行き詰まること	世界的な経済状況の変化に事業が**蹉跌**する。
シニカル	冷笑的。皮肉な態度をとる様子	彼はいつも**シニカル**な表現をする。

心理②

馴致（じゅんち）	慣れさせること。段階的にある状態になるようにすること	身体が**馴致**され、早起きが苦ではなくなった。
従容（しょうよう）	危急に際してもゆったりとして落ち着いている様子	父は手術の直前にも**従容**としていた。
称揚（しょうよう）	人や物事の価値を認め褒めたたえること	社業発展への彼の功績を**称揚**する。
齟齬（そご）	物事や意見が食い違うこと	取引先との間に認識の**齟齬**があったようだ。
陶然（とうぜん）	酔ったようにうっとりとする様子	美しい夕日に人々が**陶然**と見入っている。
皮相（ひそう）	物事の表面だけを見て判断し、本質に至らないこと	報告書の中身が**皮相**的で信用できない。
ペシミズム	世の中は嫌なもので、生きるだけの価値がないとする主義	彼の**ペシミズム**的な考え方を変えたい。
鞭撻（べんたつ）	戒めたり、励ましたりすること	ご指導ご**鞭撻**を賜りたいと挨拶する。
揶揄（やゆ）	皮肉や批判を込めてからかうこと	政治家を**揶揄**する発言があった。
凌駕（りょうが）	他のものを圧してその上に出ること	前回優勝者を**凌駕**する実力の持ち主だ。

問一　文中のカタカナを漢字に直しなさい。

① 顧客の意見を**カンジュ**する。（甘受）
② 人情の**キビ**をうまく描いた小説。（機微）
③ 時代に**ゲイゴウ**しない意志を持つ。（迎合）
④ 監督が選手の士気を**コブ**する。（鼓舞）
⑤ 彼の歌声に皆**トウゼン**とした。（陶然）

問二　次の各文の空欄に当てはまる最も適当な語を、後の選択肢から一つずつ選びなさい。

① （　）的な思考は改めたいものだ。（オ）
② 父の施工技術は他の職人を（　）する。（キ）
③ 勉強に対する感情はまさに（　）だ。（ア）
④ 友人が描いた水彩画を心から（　）する。（ウ）
⑤ 私と彼の見解には大きな（　）がある。（エ）
⑥ 無教養な発言は（　）な笑いを誘う。（イ）
⑦ 服装が似合わないと（　）された。（カ）

ア．アンビバレンス　イ．シニカル　ウ．称揚
エ．齟齬　オ．ペシミズム　カ．揶揄
キ．凌駕

問三　次の【a群】【b群】からそれぞれ一字ずつ漢字を抜き出し、①～⑦の意味を持つ二字熟語を作りなさい。

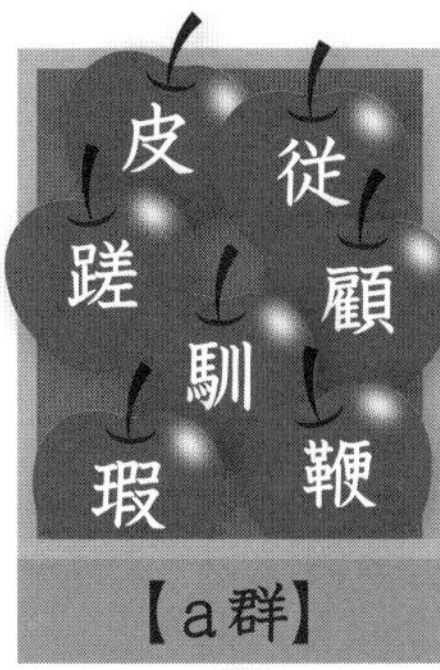

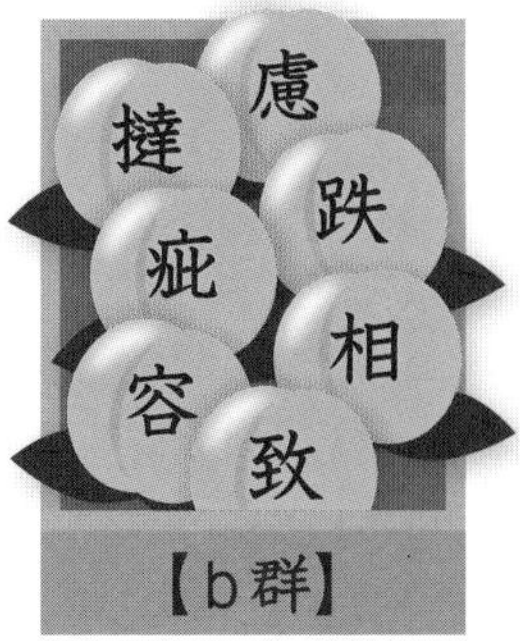

① 法律上、機能や品質に不備があること。
② 考えに入れて気にかけること。
③ 失敗して行き詰まること。
④ 慣れさせること。段階的に慣らすこと。
⑤ ゆったりとして落ち着いている様子。
⑥ 表面だけを見て判断し、本質に至らないこと。
⑦ 戒めたり、励ましたりすること。

P0211 問三の解答：①エ　②ウ　③オ　④イ　⑤ア

論理的語彙③

アナログ
データを連続的に変化する物理量で表すこと
アナログ時計を好んで使っている。

位相（いそう）
年齢、性別、地域、職業など、表現する人の立場による言葉の違い
いくつかの単語の**位相**を調べる。

エコロジー
生態系の一員として、人間の生活と自然環境との調和を目指す考え方
現代は何事にも**エコロジー**の視点が必要だ。

演繹（えんえき）
一般的な前提から、論理法則によって個別の結論を導き出すこと
数学の証明の方法は**演繹**の典型だ。

可塑性（かそせい）
粘土のように外から圧力を加えると変形し、その形のまま残る性質
プラスチックにも**可塑性**がある。

帰趨（きすう）
ある物事が結果的に行き着くところ
その攻撃が熱戦の**帰趨**を決した。

帰納（きのう）
個々の具体的な事例から一般的な法則を導き出すこと
地道に集めたデータから結論が**帰納**される。

シミュレーション
計画や設計のために、実際に近い状況を作って実験し分析すること
開会式の人の流れを**シミュレーション**する。

小康（しょうこう）
悪化していた病状が治まって少し安定すること
祖母の病状はここ数日**小康**を保っている。

信憑性（しんぴょうせい）
情報や証言などの信用できる程度
あの目撃者の証言は**信憑性**が高い。

科学・環境

生物多様性（せいぶつたようせい）
さまざまな生物が豊かに存在し、つながりあっていること
生物多様性に興味を持つ。

摂理（せつり）
ありとあらゆるものを支配している法則
人間も自然の**摂理**に従うべきだ。

典拠（てんきょ）
論文などのよりどころとなる確かな文献
レポートの末尾に**典拠**を明記する。

淘汰（とうた）
不必要なものや不適当なものを除き、よいものだけを残すこと
品質が確かでないものは**淘汰**されていく。

フィードバック
得られた結果を原因に照らし合わせ、改良や調整を行うこと
顧客の声を商品開発に**フィードバック**する。

不可逆（ふかぎゃく）
一度に変化したものが、再び元の状態に戻ることができないこと
国家間の問題の**不可逆**的な解決を図る。

物理的（ぶつりてき）
物事を時間や空間など数量として捉える様子
今日中の到着は**物理的**に難しい。

無機的（むきてき）
生命的な温かみを感じない、冷たい感じを与える様子
無機的なデザインの看板だ。

有機的（ゆうきてき）
生物のように多くの部分が密接に関連して全体を形作っている様子
社内の**有機的**な連携を大切にする。

臨場（りんじょう）
その場所に実際にいること
ゲームの映像の**臨場**感に驚く。

問一 **文中のカタカナを漢字に直しなさい。**

① 地域別の**イソウ**について研究する。（ 位相 ）
② 大雨が**ショウコウ**状態になった。（ 小康 ）
③ 自然の**セツリ**には逆らえない。（ 摂理 ）
④ 論文の**テンキョ**をまとめて示す。（ 典拠 ）
⑤ **リンジョウ**感あふれるライブ映像。（ 臨場 ）

問二 **次の各文の空欄に当てはまる最も適当な語を、後の選択肢から一つずつ選びなさい。**

① 電光掲示板の（　）な表示。（ キ ）
② 昔のテレビは（　）放送だった。（ ア ）
③ 古い考え方は（　）されるものだ。（ オ ）
④（　）を意識してレジ袋は使わない（ イ ）
⑤ 彼の発言にはあまり（　）がない。（ エ ）
⑥ 時間は（　）的だから後悔はしない。（ カ ）
⑦ この試合の（　）は誰にも分からない。（ ウ ）

ア．アナログ　イ．エコロジー　ウ．帰趨
エ．信憑性　オ．淘汰　カ．不可逆
キ．無機的

問三 **次は、F班が作成したプレゼンテーション資料である。空欄①、②に当てはまる語は何か答えなさい。**

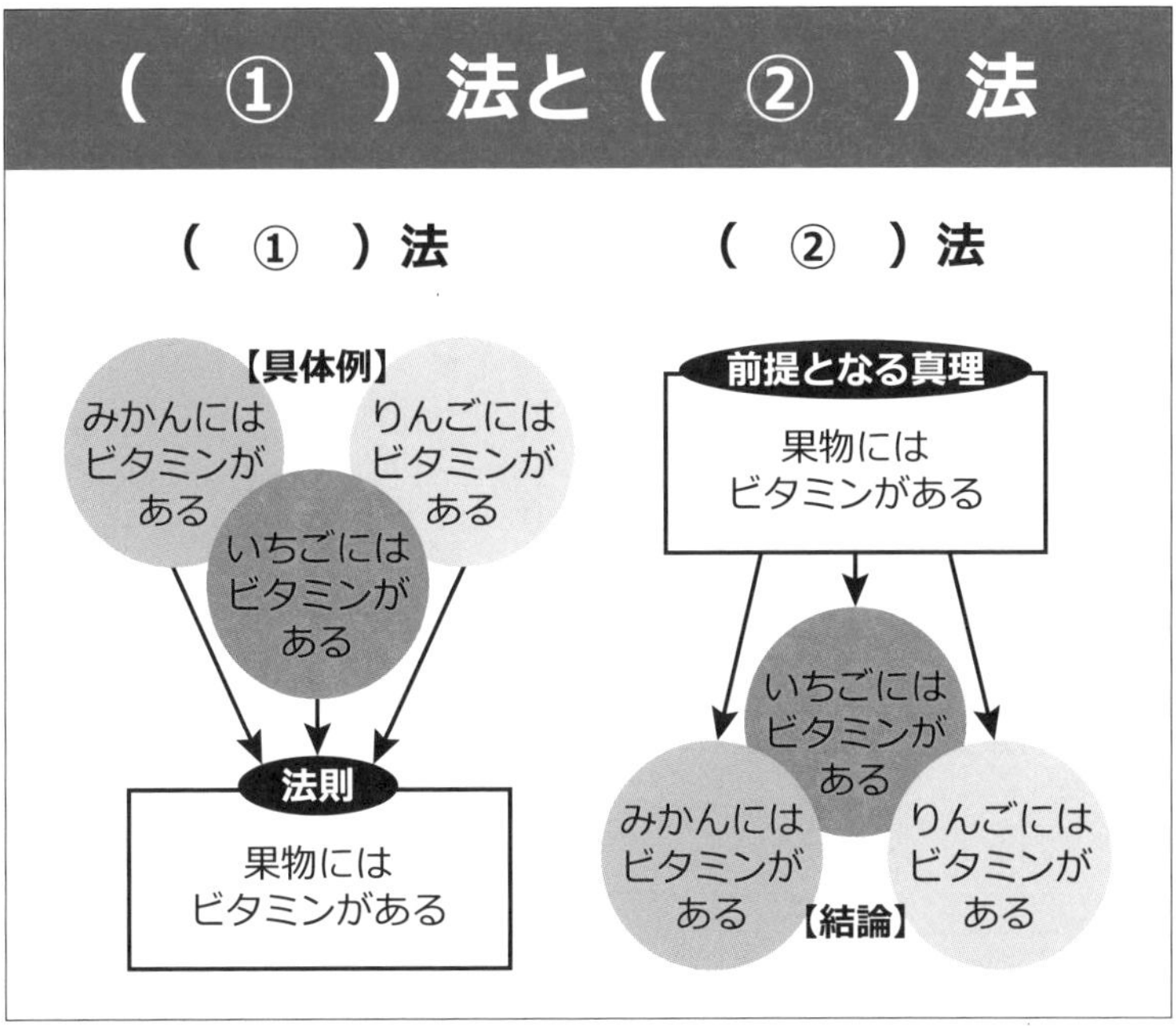

（ ① ）法と（ ② ）法
（ ① ）法
【具体例】
みかんには
ビタミンが
ある
りんごには
ビタミンが
ある
いちごには
ビタミンが
ある
法則
果物には
ビタミンがある
（ ② ）法
前提となる真理
果物には
ビタミンがある
いちごには
ビタミンが
ある
みかんには
ビタミンが
ある
りんごには
ビタミンが
ある
【結論】

P213 問三の解答：①瑕疵　②顧慮　③蹉跌　④馴致　⑤従容　⑥皮相　⑦鞭撻

アイロニー
皮肉。あてこすること
この歌詞からは、**アイロニー**を感じる。

エゴイズム
自分の利益だけを考え、他者に及ぼす影響を考えないこと
環境問題は人間の**エゴイズム**が生んだ。

援用（えんよう）
自分の説の助けとするため他の文献や事例などを引いてくること
海外の研究者の論文を**援用**する。

虚構（きょこう）
実際にはないことを、いかにもあるように作り上げること
映画などの**虚構**の世界から学ぶこともある。

寓意（ぐうい）
他の物事に託してある意味をほのめかすこと
小説の中の**寓意**を含んだ表現を読み解く。

誤謬（ごびゅう）
間違い。誤り
新しく発表された論文の**誤謬**を指摘する。

語弊（ごへい）
誤解を招きやすい表現やそのために起こる問題
すべてうそだと言うと**語弊**がある。

コンテキスト
文章中の前後のつながり。文脈
コンテキストを読み取ることが重要だ。

思潮（しちょう）
その時代の社会に見られる考え方の傾向
当時の**思潮**がよく表れた作品だ。

端的（たんてき）
てっとり早く要点に触れる様子
時間がないので**端的**に伝える。

テキスト
原典。教材とする書物。教科書
物理の講義の**テキスト**はこの本だ。

如実（にょじつ）
実際の通り。あるがままであること
戦争の悲惨さを**如実**に物語る写真。

ノンフィクション
創作を交えず、事実に基づいて作り上げた文章や映像
有名な**ノンフィクション**作家の本を買う。

反駁（はんばく）
他の人の意見や批判に対して論じ返すこと
模擬討論で**反駁**することで説得力を鍛える。

フィクション
作者の想像によって作り上げられた小説や物語
科学を題材とした**フィクション**を読む。

もののあわれ
自然や人生などに触れたときに感じるしみじみとした情緒
四季の移ろいに**もののあわれ**を感じる。

幽玄（ゆうげん）
奥が深く、計り知れない趣がある様子
能を鑑賞し、**幽玄**な世界に魅せられる。

所以（ゆえん）
理由。いわれ
彼が天才と言われる**所以**はそこにある。

抑揚（よくよう）
言葉を話すときの声の上がり下がりの調子
抑揚のない話し方は印象がよくない。

レトリック
文章などを効果的に表現するための技法。巧みな言い回し
レトリックがちりばめられた文章を読む。

問一　傍線部の漢字の読みを答えなさい。

① これは**寓意**が込められた絵画だ。（ぐうい）
② 博識でも**誤謬**を犯すことはある。（ごびゅう）
③ **語弊**が無いよう表現に注意する。（ごへい）
④ 具体例を挙げて相手に**反駁**する。（はんばく）
⑤ 彼は気取った**抑揚**を付けて話す。（よくよう）

問二　次の各文の空欄に当てはまる最も適当な語を、後の選択肢から一つずつ選びなさい。

① 巧みな（　　）が盛り込まれた詩。（キ）
② 先生の言葉を（　　）して意見を述べる。（イ）
③ この一文の解釈は（　　）で変わる。（エ）
④ 料理番組の（　　）を購入する。（カ）
⑤ 時流に沿った新しい（　　）が生まれる。（オ）
⑥ その話には事実と（　　）が混在している。（ウ）
⑦ 世の中への（　　）を含んだ物語。（ア）

ア．アイロニー　イ．援用　ウ．虚構
エ．コンテキスト　オ．思潮　カ．テキスト
キ．レトリック

問三　次は、生徒が書いた夏目漱石の小説『明暗』の紹介文である。傍線部①～⑤の表現を言い換えるとどうなるか、後の選択肢から一つずつ選びなさい。

小説『明暗』の主題を一言で①てっとり早く表現するならば、人間の②自分の利益だけを考え、他者に及ぼす影響を顧みないことではないかと思います。結婚してなお妻以外の女性に未練を残す主人公、その妻が抱く夫からの愛情に満たされない苦しみや不満、ほかにも傲慢さ、他者への軽蔑、復しゅう心などの感情と、人間の意志や努力だけでは好転しない現実が描かれています。そこから人生の本質や人間のあり方を考えさせられる、③味わいが奥深く計り知れないような作品です。

また、この小説は大正五年に新聞に連載されましたが、夏目漱石の死去により残念ながら未完です。しかし、未完ながら今も読み継がれているのは、うまくいかない人生の中にあっても、誰もが持っている普遍的な感情を④ありのままに伝えているからではないでしょうか。それこそが、漱石が江戸時代に生まれながらも、現代に生きる私たちの心を打ち、世界中で評価される⑤いわれだと思います。

ア．エゴイズム　イ．端的に　ウ．如実に
エ．幽玄　オ．所以

P215 問三の解答：①帰納　②演繹

意匠（いしょう）
造型的な作品などで工夫を凝らすこと
舞台のセットに**意匠**を凝らす。

逸脱（いつだつ）
本筋や決められた範囲から外れること
常識から**逸脱**した行動をとる。

隠喩（いんゆ）
「……のようだ」などの言葉を使わずにたとえる表現。メタファー
独特の**隠喩**表現が魅力の詩人。

婉曲（えんきょく）
遠回しに穏やかな表現にする様子
相手への思いやりが**婉曲**な表現を生んだ。

カタルシス
抱えている感情や悩みを吐き出してすっきりさせること
映画で大泣きして**カタルシス**を感じた。

感興（かんきょう）
何かを見たり聞いたりして興味を感じること。そのおもしろみ
ふと耳にした音楽に**感興**をそそられる。

傾倒（けいとう）
ある物事に夢中になること。ある人を心から尊敬し慕うこと
彼女は日本文化に深く**傾倒**し来日した。

示唆（しさ）
それとなく教え示し、気づかせること
先輩の話は**示唆**に富んだものだった。

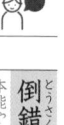

写実（しゃじつ）
事物をありのまま絵に描いたり文章に書いたりすること
学生生活を克明に**写実**する。

昇華（しょうか）
物事がより高度なものに高められること
抱き続けた思いを作品に**昇華**させた。

真骨頂（しんこっちょう）
その人や物の本来の姿
巧みなパスワークが彼の**真骨頂**だ。

心象（しんしょう）
記憶などを基として、心の中に現れる姿や像
これは作者の**心象**風景が描かれた絵画だ。

垂涎（すいぜん）
ある物を手に入れたいと強く思うこと
ファン**垂涎**の品が限定販売される。

前衛（ぜんえい）
芸術活動で時代に先駆けて新しい表現を試みる様子
作品展に**前衛**的な作品が並ぶ。

造詣（ぞうけい）
学問や芸術などのある分野において、広い知識や深い理解を持っていること
先生はクラシック音楽に**造詣**が深い。

直喩（ちょくゆ）
「……のようだ」などの言葉を使ってたとえる表現。メタファーの対
直喩が多用された小説だ。

陳腐（ちんぷ）
ありふれていてつまらない様子。古くさい様子
後輩の相談に**陳腐**な言葉しか返せなかった。

倒錯（とうさく）
本能や感情が本来とは異なるゆがんだ形で表れること
その小説には**倒錯**した愛情が描かれている。

陶冶（とうや）
人の性質や才能を鍛えて優れたものに育て上げること
厳しい修行で人格を**陶冶**する。

ナルシシズム
自己を愛し陶酔すること。うぬぼれ
文豪の**ナルシシズム**について研究する。

問一　文中のカタカナを漢字に直しなさい。

① 本筋から**イツダツ**した話。（逸脱）

② 純文学に**ケイトウ**する。（傾倒）

③ 新事業の発足を**シサ**する発言。（示唆）

④ 失敗を成長へと**ショウカ**させる。（昇華）

⑤ **トウサク**的感情を盛り込んだ小説。（倒錯）

問二　次の各文の空欄に当てはまる最も適当な語を、後の選択肢から一つずつ選びなさい。

① 誰もまねできない演技が彼女の（　　）だ。（ウ）

② （　　）的な作風が評価されて入賞する。（オ）

③ 不快感を与えないよう（　　）に断る。（ア）

④ 弟の（　　）な言い回しに失笑する。（カ）

⑤ 厳しい練習に耐えて精神を（　　）する。（キ）

⑥ 彼の油絵は愛好家（　　）の逸品だ。（エ）

⑦ 彼女の歌声は（　　）を誘う響きがある。（イ）

ア．婉曲　イ．カタルシス　ウ．真骨頂
エ．垂涎　オ．前衛　カ．陳腐　キ．陶冶

問三　次は、卒業生が先生宛てに送ったメールであるが、変換を誤った熟語が四つある。それらを指摘し、正しい字に改めなさい。

【ご案内】個展開催のご連絡です。

Minoru Nakashima <minoru.nakashima@xxxxxxx.co.jp>
To 横山美穂先生

相北学院高等学校　横山美穂先生

たいへんご無沙汰しております。
４年前に御校を卒業いたしました、中島実です。

このたび、高校時代からの夢であった個展を開く運びとなりました。
主に、心証風景を描いた油絵の展示です。展示法にも衣装を凝らしていますので、ぜひお越し下さい。詳細は、添付ファイルをご覧下さいませ。

思えば、私が個展を開きたいと考えるようになったのは、横山先生のおかげです。もともと横山先生は絵画に造型が深く、その知識を惜しげもなく教えて下さったおかげで、私も環境をそそられることになりました。
期間中、お目にかかれることを楽しみにしております。

中島実

－－－－－－－－－－－－－－－－－－－－－－－－－－－－－－－－－－－

あすなろ美術大学芸術学部油絵科　４年　中島実
メール：minoru.nakashima@xxxxxxx.co.jp　電話：080-XXXX-XXXX

P217 問三の解答：①イ　②ア　③エ　④ウ　⑤オ

アニミズム
世の中のすべてのものに霊魂や精霊が宿るとする考え方
日本には昔から**アニミズム**が定着している。

異端視（いたんし）
正統とされる信仰や思想から外れたものと見なすこと
教授の学説は一時は**異端視**されていた。

恩寵（おんちょう）
慈しみ。神や君主から受ける恵みや慈しみ
神の**恩寵**に感謝する祭りを行う。

帰依（きえ）
神仏を信仰して、その教えに従って生きていくこと
仏教の**帰依**の三宝とは仏法僧である。

忌避（きひ）
嫌って避けること
植物の成分を使って害虫**忌避**剤を作る。

狭義（きょうぎ）
同じ言葉に複数の語意があるときの狭い範囲の意味
「教育」は**狭義**では「教科教育」を指す。

禁忌（きんき）
ある事柄や行為を忌み嫌って、してはいけないこととすること
豚肉を食べることを**禁忌**とする宗教がある。

警句（けいく）
短くうまい表現の中に物事の真理を含ませた言葉
彼は最後に**警句**を吐いた。

啓蒙（けいもう）
人々に知識を与えて教え導くこと
詐欺防止のため高齢者への**啓蒙**活動を行う。

恣意的（しいてき）
自分勝手な考えや思いつきで行動する様子
部長の**恣意的**な判断に振り回される。

蹂躙（じゅうりん）
暴力や権力によって他人の自由や権利などを侵害すること
隣国の領土を**蹂躙**した。

贖罪（しょくざい）
善い行いをしたり金品を出したりして罪の償いをすること
過去の過ちの**贖罪**のために生きている。

他律（たりつ）
自分の意志からではなく、他からの命令によって行動すること
はじめは**他律**的に学習習慣をつける。

中庸（ちゅうよう）
偏らず妥当であること。調和がとれていること
彼女の意見は**中庸**を得ている。

フェティシズム
自然物や護符などの人工物に神聖な力があるとして崇拝すること
原初信仰に**フェティシズム**がよく見られる。

普遍的（ふへんてき）
全てのものに共通して当てはまる様子
生きているものが死ぬのは**普遍的**な事実だ。

プリミティブ
原始的な様子。素朴な様子
プリミティブな雑貨を扱う店を開く。

無為（むい）
何もしないで過ごす様子
せっかくの休日を**無為**に過ごしてしまった。

ユートピア
現実にはないような空想上の理想郷
皆が幸福になれる**ユートピア**を築きたい。

来歴（らいれき）
物事が今まで経てきた道筋。由来
有名な神社の**来歴**を調べる。

問一

文中のカタカナを漢字に直しなさい。

① 彼は仏門に**キエ**すると決めた。（帰依）
② 法律を**キョウギ**に解釈する。（狭義）
③ 生命を脅かす**キンキ**は犯さない。（禁忌）
④ 経験から学んだ**ケイク**を発する。（警句）
⑤ **ムイ**無策のまま試合に敗退する。（無為）

問二

次の各文の空欄に当てはまる最も適当な語を、後の選択肢から一つずつ選びなさい。

① 食欲は生物に（　　）な欲求だ。（ウ）
② 我が家は居心地が良く（　　）のようだ。（オ）
③ 今年は（　　）なファッションが人気だ。（エ）
④ 地動説は当時（　　）されていた。（ア）
⑤ 画伯が自身の（　　）を語る。（カ）
⑥ 弟の（　　）な態度に翻弄された。（イ）

ア．異端視　イ．恣意的　ウ．普遍的
エ．プリミティブ　オ．ユートピア　カ．来歴

問三

次の【a群】【b群】からそれぞれ一字ずつ漢字を抜き出し、①〜⑦の意味を持つ二字熟語を作りなさい。

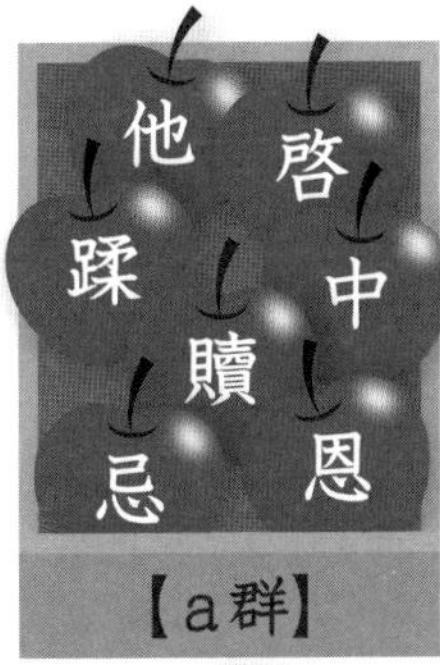

【a群】

【b群】

① 神や君主から受ける恵みや慈しみ。
② 嫌ってさけること。
③ 人々に知識を与えて教え導くこと。
④ 暴力や権力により、人の自由や権利を侵害すること。
⑤ 善い行いをしたり金品を出したりしてつみを償うこと。
⑥ 自分の意志からではなく、他からの命令によって行動すること。
⑦ どちらかに偏ることなく、妥当であること。

P219 問三の解答：心証→心象　衣装→意匠　造型→造詣　環境→感興

ア・プリオリ
認識や機能が先天的に備わっていること
人間は**ア・プリオリ**に愛情を求める。

ア・ポステリオリ
認識や機能を後天的に獲得すること
ア・ポステリオリな認識は不確実とされる。

アンチテーゼ
ある主張を否定する主張
この意見は中傷ではなく**アンチテーゼ**だ。

一元論（いちげんろん）
全ての事象をただ一つの原理によって説明しようとする考え方
心身**一元論**を唱える。

カオス
全てが無秩序な状態
状況が**カオス**のようになっている。

具象（ぐしょう）
はっきりした形を持っていること。それを表すこと
脳内のイメージを**具象**化する。

形而下（けいじか）
形を持ち、人間の感覚で知ることができるもの
給料や容姿など**形而下**のことを重視する。

形而上（けいじじょう）
形を持たず、人間の感覚で知ることができないもの
霊魂や精神などは**形而上**のものである。

コスモス
秩序があり調和のとれた世界や宇宙
生命体は小さな**コスモス**と言える。

実存（じつぞん）
自意識を持つものとしての人間の主体的な存在
実存する人間としての悩みを持つ。

捨象（しゃしょう）
物事を概念化するときに本質的でない要素を捨てること
細かな部分を**捨象**して問題点を明確にする。

相対的（そうたいてき）
物事が他との関係や比較により成り立つ様子
模擬試験の偏差値は**相対的**な評価だ。

措定（そてい）
ある事物を存在するものとして、または対象として立てること
創造主を**措定**せずに自然を考える。

多元的（たげんてき）
物事の根本となるものや要素が多くある様子
問題点を見いだすには**多元的**な視点が必要だ。

二元論（にげんろん）
異なった二つの原理で物事を説明しようとする考え方
この出来事を善と悪という**二元論**で考える。

背反（はいはん）
相いれないこと。食い違うこと。そむくこと
会議で**背反**する意見が対立する。

パトス
喜怒哀楽などの快楽または苦痛を伴う感情の動き
主人公の熱い**パトス**が描かれる。

表象（ひょうしょう）
記憶や想像によって意識に現れる姿や形
心的な**表象**を絵画に表す。

唯物論（ゆいぶつろん）
物質が全てのものの根源であるとする考え方
唯物論について学ぶ。

ロゴス
言葉や論理。理性
ロゴスとはギリシア哲学の重要な概念だ。

問一

傍線部の語が正しく使われている文には○を、間違っているものには×を付けなさい。

① 問題解決のためにノイズを捨象する。（○）

② 相対的に判断すると彼の言い分が正しい。（○）

③ 環境問題を多元的に見れば人類のせいだ。（×）

④ 納得がいかない命令に背反する。（○）

⑤ 苦しいときは我慢せずに表象すべきだ。（×）

問二

次の各文の空欄に当てはまる最も適当な語を、後の選択肢から一つずつ選びなさい。

① 芸術を論理的な（　　）として考察する。（カ）

② （　　）のことを考えても結論が出ない。（エ）

③ この物語には現代社会への（　　）がある。（ア）

④ 目に見えない心情を（　　）化したい。（ウ）

⑤ 彼が現れると、現場は（　　）になった。（イ）

⑥ （　　）する人間とは、人生について悩むものだ。（オ）

ア．アンチテーゼ　イ．カオス　ウ．具象
エ．形而上　オ．実存　カ．措定

問三

次は、A班が作成したプレゼンテーション資料である。空欄①、②に当てはまる語は何か答えなさい。

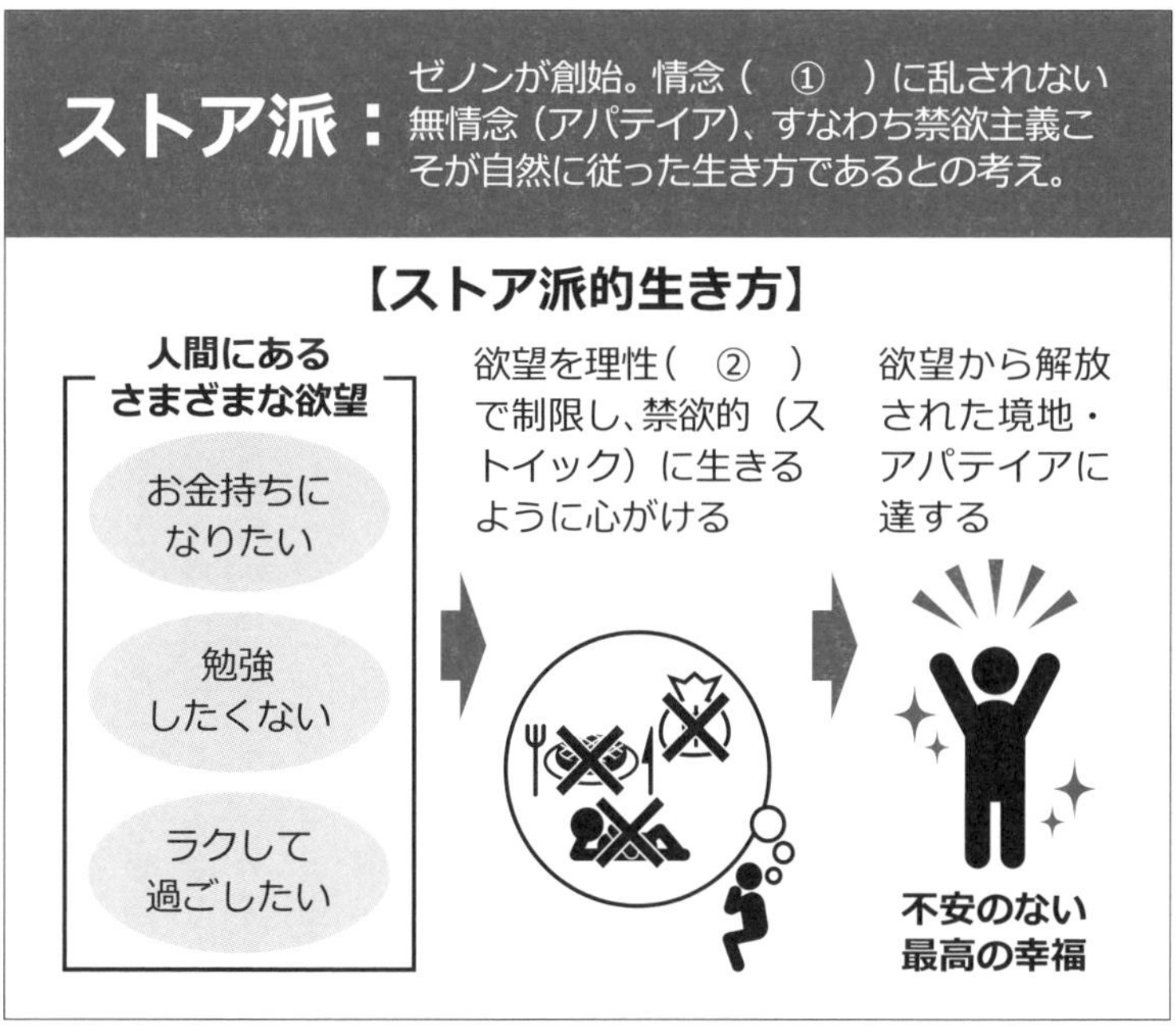

ストア派：
ゼノンが創始。情念（　①　）に乱されない無情念（アパテイア）、すなわち禁欲主義こそが自然に従った生き方であるとの考え。
【ストア派的生き方】
人間にあるさまざまな欲望
お金持ちになりたい
勉強したくない
ラクして過ごしたい
欲望を理性（　②　）で制限し、禁欲的（ストイック）に生きるように心がける
欲望から解放された境地・アパテイアに達する
不安のない最高の幸福

論理的語彙演習問題①

問　次の各文章の傍線部の意味として、最も適当なものを後の選択肢から選びなさい。

1

しかし啓蒙主義とは、一定の水準に《民度》を高めるという受験勉強型速成教育主義で、「かく考えるべし」の強制であっても、探究解明による超克ではない。従って、否定されたものは逆に根強く潜在してしまう。

〈山本七平『「空気」の研究』〉

P210

① 欲するものを自分の力で勝ち取ること。
② 困難を乗り越えて、それに打ち勝つこと。
③ 逃れられない苦悩から解放されること。
④ 人に協力を仰いで、夢を実現すること。

（　　）

2

もちろん、数学の歴史がこのように二分されるわけではないし、西洋的とか東洋的という言い方もナイーブすぎるだろう。

〈加藤文元「物語 数学の歴史」〉

P210

① 明確で快活。
② 堅実で強固。
③ 純粋で繊細。
④ 素直で柔和。

（　　）

3

シニカルな見方をすれば、意図しているか否かは別として、国家のような大きな体制が、家族の結合性を巧みに利用して社会統制を図っている（本人や家族は、国家権力の構造に組み込まれていることを自覚しないまま、権力の要求に自主的に従っている）とも考えられる。

〈中澤渉「日本の公教育」〉

P212

① 短絡的　② 直情的
③ 冷笑的　④ 積極的

（　　）

4

しかし、ちょっと自己弁護をすれば、それは単に何年という時間の長短だけではないのだ。それは時間の不可逆性という、近代時間論の第一ページ目に書いてあるような事項が、初めて悲しいまでに実感されてしまったということかもしれない。

〈上田紀行「遅れてきたパパは死を煩悩す」〉

P214

① 反論できないこと。
② 一方的なこと。
③ 無感情なこと。
④ 元に戻れないこと。

（　　）

5

選挙は法と制度によって組織された理性的な国家が、数年に一度、政治秩序の公然たる紊乱を許して、国民感情のカタルシスをめざす医療行為の一面を持つ。

〈山崎正和「社交する人間 ホモ・ソシアビリス」〉

① 吐き出しすっきりすること。
② 同じ方向へと前進すること。
③ 事実から目を背けないこと。
④ 自分の弱点と向き合うこと。

（　　）

P218

6

留守中の郵便や来訪者に不吉の影が差してはいなかったかと、あらかじめ気にすることが多い。こんな事を気にするのは神経病患者みたいであるが、神経病患者みたいであろうと無かろうと、これが私の真骨頂ならそれでいいので、今さらそうでない顔して見たところがはじまらないのである。

〈正宗白鳥「人間嫌い」〉

① 行く末　② 本来の姿
③ 遺伝　④ 努力の成果

（　　）

P218

7

人間のつくり出す物はプリミティブから複雑へと向かう。文化は複雑から始まった。こう極論できるかと思われるほどに、現存している人類の文化遺産は複雑である。たとえば青銅器。中国古代王朝の殷（いん）の遺跡、殷墟（きょ）から出土した青銅器はいずれもとても複雑な形をしている。

〈原研哉「日本のデザイン」〉

① 都会的　② 主観的
③ 一般的　④ 原始的

（　　）

P220

8

人は、ア・プリオリに高級な規範と低級な規範があるかのように考えがちだが、「低級／高級」を規定する原因がある。

〈蘆田裕史「言葉と衣服」〉

① 機能が先天的に備わっていること。
② 知識があるからこそ認識できること。
③ 機能が後天的に備わっていくこと。
④ 知識がないゆえに認識が難しいこと。

（　　）

P222

9

江戸時代の武士支配層は、たしかに儒教――より正確には宋学の体系――を、彼ら自身の価値や習慣を合理化するための知的枠組みとして採用した。その価値や習慣は、必ずしも宋学の説く倫理的価値や形而（じ）上学的秩序と一致するものではなかった。

〈加藤周一「日本」〉

① 感覚で分かる、平易で単純なもの。
② 感覚で分からない、形を持たないもの。
③ 感覚で理解できない、難解なもの。
④ 感覚で理解できる、形を持つもの。

（　　）

P222

解答

1（②）　**2**（③）　**3**（③）　**4**（④）　**5**（①）
6（②）　**7**（④）　**8**（①）　**9**（②）

アイデンティティ
そのものが他とは違う独自のものとして存在すること
思春期は**アイデンティティ**探索の時期だ。

イデオロギー
基本となる考え方。政治的、社会的なものの考え方
イデオロギーの対立により争いが起こる。

叡智（えいち）（英知）
物事の本質を見通す優れた知恵
人類の**叡智**を結集して感染症に立ち向かう。

回帰（かいき）
一回りして元の所へ戻ること
自然への**回帰**を理想とする人々。

懐疑（かいぎ）
物事の意味や価値に疑いを持つこと
常識を**懐疑**的に見直してみる。

蓋然性（がいぜんせい）
ある事柄が起こる確実性の程度
その事象が起こる**蓋然性**は高い。

革新（かくしん）
既存の制度や組織などを変えて新しくしようとする様子
会議で**革新**的なアイディアを出す。

カテゴリー
同類のものが全て含まれる範囲
蔵書を**カテゴリー**ごとに分類する。

詭弁（きべん）
筋道が通らないことを巧みに言いくるめようとする弁論
自らを守るために**詭弁**を弄する。

共時的（きょうじてき）
ある事柄を時間や歴史の流れを考えずにある一時点で捉える様子
日本語を**共時的**に分析する。

構造主義（こうぞうしゅぎ）
物事の仕組みを分析し、人間について解明しようとする考え
構造主義によって明らかになった人間性。

コンセプト
作品や企画などにおいて、全体を貫く考え方や観点
商品の**コンセプト**を伝える広告。

是非（ぜひ）
物事を良いことと悪いことに分けて判断すること
新庁舎建設の**是非**を問う市長選。

相克（そうこく）
対立するものが互いに争うこと
期待と不安が**相克**する中、入学式を迎える。

相殺（そうさい）
互いに差し引きをして損得がないようにすること
前の立て替え分を今日の支払いで**相殺**する。

属性（ぞくせい）
物や人に備わっている性質や特徴
属性に応じて調査対象を絞る。

内包（ないほう）
内部に含み持つこと
内包されている問題を解決する。

パラダイム
ある時代を特徴づける考え方や認識の枠組み
パラダイムの転換により社会の姿も変わる。

パラドックス
一見矛盾するように見えるが、実は一種の真理を表している表現
「急がば回れ」は**パラドックス**の例である。

モラトリアム
成熟した青年が社会的な義務や責任を猶予されている期間
大学時代を単なる**モラトリアム**にしない。

問一

文中のカタカナを漢字に直しなさい。

① 明日は雨が降る**ガイゼン**性が高い。（蓋然）
② 技術**カクシン**がめざましい業界。（革新）
③ **キョウジ**的観点で文化を学ぶ。（共時）
④ 利益により赤字が**ソウサイ**された。（相殺）
⑤ 人間に特有の**ゾクセイ**を調べる。（属性）

問二

次の各文の空欄に当てはまる最も適当な語を、後の選択肢から一つずつ選びなさい。

① 商品が（　）ごとに陳列された棚。（ウ）
② （　）的にも社会貢献が可能な信念。（イ）
③ 「負けるが勝ち」はいわゆる（　）だ。（カ）
④ 大学の四年間は（　）として過ごした。（キ）
⑤ （　）の確立に影響を与えた本。（ア）
⑥ 現状打破には（　）の転換が必要だ。（オ）
⑦ 癒やしの空間が（　）のカフェに行く。（エ）

ア．アイデンティティ　イ．イデオロギー
ウ．カテゴリー　エ．コンセプト　オ．パラダイム
カ．パラドックス　キ．モラトリアム

問三

次の【a群】【b群】からそれぞれ一字ずつ漢字を抜き出し、①～⑦の意味を持つ二字熟語を作りなさい。

【a群】

【b群】

① 物事の本質を見通す優れた知恵。
② ひとまわりして元の場所へ戻ること。
③ 物事の意味や価値に疑いを持つこと。
④ 筋道が通らないことを巧みに言いくるめようとする弁論。
⑤ 物事を良いことと悪いことに分けて判断すること。
⑥ 対立するものが互いに争うこと。
⑦ 内部に含み持つこと。

P223 問三の解答：①パトス　②ロゴス

論理的語彙⑨

営為（えいい）
仕事や生活などの人の行い
営為の継続が歴史を作る。

厭世（えんせい）
人生は価値のないものだと思い、この世が嫌になること
不運が続いて**厭世**観にとらわれる。

謳歌（おうか）
恵まれた境遇を十分に楽しむこと。声をそろえて歌うこと
高校時代は部活に励み青春を**謳歌**した。

看過（かんか）
見過ごすこと。放っておくこと
子どもの体力低下は**看過**できない問題だ。

監視社会（かんししゃかい）
組織や個人によって、個人の行動や情報が監視されている社会
多くの防犯カメラにより**監視社会**となる。

顕在（けんざい）
はっきりと現れて存在すること
海洋プラスチック問題が**顕在**化する。

コミュニティ
同一の地域で社会生活を送ることにより、共同体意識を持つ集団
日頃から地域の**コミュニティ**に参加する。

市井（しせい）
家が集まり人が住んでいるところ
戦時中の**市井**の人々の生活を描いた映画。

自明（じめい）
証明したり説明したりしなくても明らかな様子
彼が代表に選ばれることは**自明**だ。

助長（じょちょう）
力を添えて物事の成長や発展を助けること
両国の親交を**助長**する目的がある。

社会①

席巻（せっけん）
勢力をどんどん広げていくこと
新人アーティストが音楽業界を**席巻**する。

能動的（のうどうてき）
自分から他に働きかける様子
社会では**能動的**な行動が求められる。

ハラスメント
人を困らせる行為。嫌がらせ
ハラスメントを防止する活動に参加する。

不条理（ふじょうり）
物事の筋道が通らない様子
不条理なルールを覆す案。

払拭（ふっしょく）
すっかり拭い去ること
彼女の悪いイメージを**払拭**する出来事。

便宜（べんぎ）
都合が良いこと。その場に合った特別な計らい
便宜を図ってくれるよう取引先に頼む。

変貌（へんぼう）
姿や様子がすっかり変わること
田園地帯が住宅地へと**変貌**を遂げる。

放逐（ほうちく）
ある場所や組織から追い出すこと
借りていた家から**放逐**される。

リスク
危険。損害を受ける可能性
挑戦には**リスク**がつきものだ。

利他的（りたてき）
自分を犠牲にして、他者の利益や幸福を重んじる様子
祖母は**利他的**な行いをする人だった。

問一　傍線部の漢字の読みを答えなさい。

① 海や花火と、夏休みを謳歌する。　（おうか）
② 行政が抱える問題点が顕在化する。　（けんざい）
③ 市井で評判の最新家電を買う。　（しせい）
④ 父の励ましで不安が払拭できた。　（ふっしょく）
⑤ 便宜的に細かい点は省略して話す。　（べんぎ）

問二　次の各文の空欄に当てはまる最も適当な語を、後の選択肢から一つずつ選びなさい。

① 姉は人のために（　　）な行動をする。　（キ）
② 人間の（　　）によって文化が生まれる。　（ア）
③ 町内会は（　　）の典型的な例だ。　（イ）
④（　　）に異文化交流に参加する。　（ウ）
⑤ 失敗の（　　）を踏まえて挑戦する。　（カ）
⑥ 彼は罪を犯して国から（　　）された。　（オ）
⑦ 更地が高層ビルへと（　　）を遂げた。　（エ）

ア．営為　イ．コミュニティ　ウ．能動的
エ．変貌　オ．放逐　カ．リスク
キ．利他的

問三　次は、音楽雑誌の記事である。空欄①〜⑥に当てはまる語を、後の選択肢から一つずつ選びなさい。

Weekly Single TOP5		
1	うるさいな	ユメコ
2	犬	BOWL
3	朝に走る	asagata
4	瑠璃花	SiLA
5	コロン	菜印

今週のヒットソング

現役女子高校生シンガー・ユメコが世の中への不満を歌う「うるさいな」が三週連続第一位だ。老若男女が口ずさむヒット曲が生まれにくい昨今で、音楽業界を（①）していることは、注目すべき事態である。

一方で、過激な歌詞は子どもに聞かせたくない、若者の（②）的価値観を（③）するのではないかとの意見も散見され、「うるさいな」が持つ影響力は、（④）できない社会現象になりつつある。だが、歌詞だけではなく耳に残るメロディラインは秀逸であるし、生きているなかで人間が（⑤）を感じるのは世の常であるとの見方もできる。まだまだこの曲が注目を集め続けることは（⑥）のことと言えるだろう。

ア．厭世　イ．看過　ウ．自明
エ．助長　オ．席巻　カ．不条理

P227 問三の解答：①叡智　②回帰　③懐疑　④詭弁　⑤是非　⑥相克　⑦内包

論理的語彙⑩

一家言（いっかげん）
その人独特の意見や見解
父は何事にも**一家言**持っている人だ。

隠微（いんび）
表面に表れないため、または非常にかすかなためにわかりにくい様子
部下の**隠微**な感情までは把握しかねる。

巷間（こうかん）
世の中。世間。町なか
巷間で取りざたされているうわさ。

コンプライアンス
企業が法令や規則に従って活動すること
コンプライアンスのための行動指針を作る。

指弾（しだん）
過ちを責めること。非難すること
重大なミスを犯して**指弾**される。

惹起（じゃっき）
事件や問題を引き起こすこと
不用意な発言で争いを**惹起**してしまった。

食傷（しょくしょう）
同じ物事に何度も接して嫌になること
祖父の自慢話には若干**食傷**気味だ。

趨勢（すうせい）
物事が移り変わっていく勢いや社会全体の流れ
現代の**趨勢**を見極めて政策を打ち出す。

遡行（そこう）
流れをさかのぼって行くこと
大量の魚が川を**遡行**している。

多寡（たか）
数量の多いことと少ないこと
金額の**多寡**にかかわらず寄付を求める。

社会②

知悉（ちしつ）
細かいところまで知り尽くしていること
彼は政権の内情を**知悉**している。

鳥瞰（ちょうかん）
鳥のような、高い所から地上を見下ろす視点
遊園地の**鳥瞰**図を見て案内所を探す。

反芻（はんすう）
繰り返し考えたり味わったりすること
先生の助言を**反芻**しながら帰途についた。

汎用（はんよう）
一つのものをいろいろなことに広く使うこと
汎用性のある素材が開発された。

ヒエラルキー
組織や社会におけるピラミッド型の階級構造
どの社会にも**ヒエラルキー**は存在する。

必要悪（ひつようあく）
良くないことではあるが、社会や組織にとってやむを得ず必要なこと
このリスクはチームのための**必要悪**だ。

布石（ふせき）
将来のために前もってする準備
次期生徒会長になるための**布石**を打つ。

不如意（ふにょい）
思い通りにならないこと。特に金銭的に不自由すること
手元**不如意**のため家電の購入を見送る。

不文律（ふぶんりつ）
明文化されていないが、暗黙の了解となっているきまり
先輩から業界の**不文律**を学ぶ。

未曾有（みぞう）
いまだかつてなかったこと。非常に珍しいこと
先日の大雨が**未曾有**の被害をもたらした。

問一　文中のカタカナを漢字に直しなさい。

① **インビ**な表現の変化も見逃さない。（隠微）
② 失言した政治家が**シダン**される。（指弾）
③ **ハンヨウ**性の高いかばんを買う。（汎用）
④ 志望校合格に向けて**フセキ**を打つ。（布石）
⑤ **ミゾウ**の大災害を乗り越える。（未曽有）

問二　次の各文の空欄に当てはまる最も適当な語を、後の選択肢から一つずつ選びなさい。

① 妹はおしゃれに（　）あり、服装に厳しい。（ア）
② ニジマスが渓流を（　）する。（ウ）
③ 生物の（　）上位は肉食動物だろう。（カ）
④ 報酬の（　）でモチベーションは変わる。（エ）
⑤ 先生は我が校について（　）している。（オ）
⑥ 彼の業績は（　）に広まっている。（イ）
⑦ （　）のため、特売日に買うことにする。（キ）

ア．一家言　イ．巷間　ウ．遡行　エ．多寡
オ．知悉　カ．ヒエラルキー　キ．不如意

問三　次の記事内の空欄①～⑤に当てはまる語を、後の選択肢から一つずつ選びなさい。

俳優のひとりごと027 ― 五十嵐サツキ

私も五十代になり、年齢と共に役の幅が広がってきて、演じることが今とても楽しいです。演じる際は、台本を何度も（①）して自分のものにしています。家族からは、家の中で同じセリフを何時間も聞かされて（②）気味になると言われますけどね。ファンの方には、第三者の目線で（③）しても、登場人物に感情移入しても楽しめるような、作品を邪魔しない演技をしていきたいと思っています。

また、芸能界にもそれなりに（④）がありますけれど、世間で（⑤）が叫ばれるようになってきました。バラエティ番組に呼んで頂く機会も多いので、一演者として、皆さんが安心して楽しめる番組づくりを意識していきたいです。

ア．コンプライアンス　イ．食傷　ウ．鳥瞰
エ．反芻　オ．不文律

P229 問三の解答：①オ　②ア　③エ　④イ　⑤カ　⑥ウ

安全弁	あんぜんべん	危険を前もって防ぐ働きをするもののたとえ	日記は私の精神の**安全弁**のようなものだ。
乖離	かいり	背き離れること	相次ぐ大臣の失言に人心が**乖離**する。
瓦解	がかい	一部が崩れることで全体が崩れ落ちること	たった一つの誤算で計画が**瓦解**した。
過渡期	かとき	物事が移り変わっていく途中の時期	人生の**過渡期**を迎える。
緩衝	かんしょう	二つのものの間にあって、不和や衝突を和らげること	発砲スチロールは優れた**緩衝**材だ。
拮抗	きっこう	同じくらいの力で張り合うこと	選挙では二大政党が**拮抗**している。
糾弾	きゅうだん	罪や責任を問いただし強く責めること	政治家の汚職を**糾弾**する。
駆逐	くちく	敵などを追い払うこと	敵を**駆逐**する作戦を決行する。
形骸化	けいがいか	実質的な意味を失って形式や組織の形だけが残ること	スマートフォン利用の規則が**形骸化**する。
綱紀	こうき	国家などを治めるための大小の規律	全省庁において**綱紀**粛正を図る。
膠着	こうちゃく	物事がある状態のままで動かなくなること	団体交渉が**膠着**状態になる。
更迭	こうてつ	ある役職についている人を入れ替えること	社長の辞任は事実上の**更迭**だ。
定石	じょうせき	物事を進めるうえで、一般に良いとされる決まったやり方	営業の**定石**に従い、取引先を訪問する。
振興	しんこう	学術や産業などをふるいおこして、盛んにすること	産業**振興**のための見本市を行う。
扇動	せんどう	人の気持ちをあおり、ある行動を起こすように仕向けること	若者を**扇動**してデモを起こす。
台頭	たいとう	あるものが勢力を増してくること	新勢力の**台頭**が目覚ましい。
弾劾	だんがい	罪や不正をあばいて責任を厳しく追及すること	裁判官が**弾劾**される事態となった。
投機	とうき	不確実だが、当たれば利益が大きいことをねらってする行為	**投機**は損失が出る危険も大きい。
頓挫	とんざ	物事の勢いが急に弱まり、くじけること	資金不足で研究が**頓挫**する。
標榜	ひょうぼう	主張などをはっきりと世に示すこと	動物愛護を**標榜**する団体から抗議を受ける。

問一

文中のカタカナを漢字に直しなさい。

① 社長の失墜で会社が**ガカイ**した。（瓦解）
② 害虫を**クチク**するため策を練る。（駆逐）
③ 党首が**コウキ**保持の徹底を図る。（綱紀）
④ 地域**シンコウ**の朝市を開く。（振興）
⑤ 大衆を**センドウ**する目的の広告。（扇動）

問二

次の各文の空欄に当てはまる最も適当な語を、後の選択肢から一つずつ選びなさい。

① 昨今は新発想のサービスが（　）している。（オ）
② 大成するための（　）は存在しない。（エ）
③ 確固たる意志があるなら（　）してよい。（キ）
④ 世間はアナログからデジタルへの（　）だ。（ア）
⑤ 不祥事を起こした議員を（　）する。（カ）
⑥ 学級目標はもはや（　）している。（ウ）
⑦ 両チームの実力が（　）している試合。（イ）

ア．過渡期　イ．拮抗　ウ．形骸化　エ．定石
オ．台頭　カ．弾劾　キ．標榜

問三

次の新聞記事内の、傍線部①～⑤の漢字の読みをそれぞれ答えなさい。

中野経産大臣が辞任

事実上の更迭①

中野経産大臣が、六日の記者会見で辞任の意を示した。中野大臣は、膠着②状態が続く海外との貿易摩擦において、「話し合いに応じない者は全員糾弾③すべきだ」との失言をした。

内閣不支持率七割超に総理「正念場」

この発言から、内閣支持率は急降下の一途をたどっている。今回の辞任を受け、林総理は「国民の心が政治から乖離④する現状をどう打破していくか、今が正念場である」と述べた。島田外相は「課題解決のためには、真っ向からぶつかるだけでなく、事態を公平に判断できる緩衝⑤材としての役割を担う存在が必要である」との考えを示している。

P231 問三の解答：①エ　②イ　③ウ　④オ　⑤ア

- **因習**（いんしゅう）　弊害を生みがちな、古くからの風習やしきたり
  因習には現代なら罰せられるものもある。
- **享受**（きょうじゅ）　恩恵を受け入れ、自分のものにして楽しむこと
  インターネットの利便性を**享受**する。
- **稀有**（けう）（希有）　めったにない様子。珍しい様子
  彼は法律にも明るい**稀有**な人材だ。
- **サブカルチャー**　その社会の一部の人だけが担い手となる独特の文化
  漫画やアニメが**サブカルチャー**の代表例だ。
- **漸次**（ぜんじ）　だんだん。次第に
  状況に合わせて計画を**漸次**修正する。
- **相関**（そうかん）　二つのものが密接に関わって影響しあうこと
  生活習慣と学力の**相関**関係を調べる。
- **凋落**（ちょうらく）　力や勢いなどがなくなること。落ちぶれること
  有名な映画俳優の**凋落**ぶりに驚く。
- **通時的**（つうじてき）　物事を時間の流れに沿って見ようとする様子
  伝統とは**通時的**なものである。
- **伝播**（でんぱ）　伝わり広がっていくこと
  シルクロードに沿って文化が**伝播**した。
- **踏襲**（とうしゅう）　それまでのやり方をそのまま受け継ぐこと
  前任者のやり方を**踏襲**して進める。
- **媒体**（ばいたい）　一方から他方へ伝える仲介をするもの。メディア
  あらゆる**媒体**を使って広告する。
- **不易**（ふえき）　長い年月がたっても変わらないこと
  学校教育の**不易**とは何かを考える。
- **不世出**（ふせいしゅつ）　めったに世に現れることがないほど優れていること
  彼は**不世出**の才能の持ち主だ。
- **閉塞**（へいそく）　閉じてふさがること
  世の中に**閉塞**感が漂っている。
- **偏在**（へんざい）　あるところにかたよって存在していること
  医師の都市部への**偏在**が問題になる。
- **ポスト・モダン**　哲学や芸術、建築などにおいて近代主義を否定する考え方
  ポスト・モダン建築として有名なビル。
- **マス・メディア**　新聞や雑誌、テレビ、ラジオなど、多くの人に情報を伝える媒体
  マス・メディアに大きく取り上げられる。
- **メディア・リテラシー**　メディアからの情報を自分で見きわめて選択し、使いこなす能力
  現代は**メディア・リテラシー**教育が重要だ。
- **モード**　衣服などの流行の型
  モード系ファッションに身を包む。
- **黎明**（れいめい）　新しい時代や文化などが始まろうとすること
  黎明期の携帯電話はたいへん大きかった。

問一　文中のカタカナを漢字に直しなさい。

① 年ごとの売り上げが**ゼンジ**上昇する。（漸次）
② 小説の登場人物の**ソウカン**図を見る。（相関）
③ 先人の教えを**トウシュウ**した方法。（踏襲）
④ 人間の本質はどの時代も**フエキ**だ。（不易）
⑤ 壁で囲った**ヘイソク**感のある土地。（閉塞）

問二　次の各文の空欄に当てはまる最も適当な語を、後の選択肢から一つずつ選びなさい。

① 日本文学を（　　）に研究する。（エ）
② テレビの影響力はもはや（　　）している。（ウ）
③ 古くからの（　　）を打破する。（ア）
④ 彼女の業績は（　　）で取り上げられた。（オ）
⑤ サッカーの（　　）期を支えた選手。（キ）
⑥ 友人は五度も転校した（　　）な人物だ。（イ）
⑦ （　　）系デザイナーに憧れる。（カ）

ア．因習　イ．稀有　ウ．凋落
エ．通時的　オ．マス・メディア　カ．モード
キ．黎明

問三　次は、生徒同士が会話している場面である。空欄①～⑤に当てはまる語を、後の選択肢から一つずつ選びなさい。

生徒A　先月号から連載が始まった漫画がすごく面白いから、良かったら読んでみて。
生徒B　へえ、漫画雑誌を買っているの？
生徒A　ううん、電子書籍で読んだんだよ。もう紙（　①　）では買わなくなったかな。
生徒B　最近は漫画もアニメも音楽も、いわゆる（　②　）はスマホで楽しめるようになったよね。
生徒A　インターネットが普及して、流行が（　③　）するのもぐんと速くなったんじゃないかな。
生徒B　家族からは、自分たちが学生だったときは本もCDも買うか借りるかしかなかったって言われたよ。
生徒A　そういえば、いつからか漫画だけじゃなくCDも買わなくなったな。すっかりスマホの利便性を（　④　）してるね。
生徒B　でも、問題もあるから気をつけなくちゃ。
生徒A　本当だね。スマホから得る情報を全部そのまま受け止めず、（　⑤　）を身につけていこうね。

ア．享受　イ．サブカルチャー　ウ．伝播
エ．媒体　オ．メディア・リテラシー

P233 問三の解答：①こうてつ　②こうちゃく　③きゅうだん　④かいり　⑤かんしょう

軋轢（あつれき）
お互いの関係が悪くなること
相手との**軋轢**を避けるために譲歩する。

旧弊（きゅうへい）
古くから続いている習慣や思想からくる弊害
会社組織においての**旧弊**を打破する。

協働（きょうどう）
同じ目的のために力を合わせて活動すること
地域が**協働**して魅力的な街をつくる。

グローバリゼーション
経済活動や考え方が国を超えて世界中に広がっていくこと
グローバリゼーションの影響を考える。

拘泥（こうでい）
必要以上に気にしてこだわること
前例に**拘泥**せず柔軟に意見を取り入れる。

ジェンダー
男らしさ、女らしさのような社会的・文化的な男女の性の差異
ジェンダー問題が論じられるようになった。

ステレオタイプ
行動や考え方が型にはまっていること。先入観や固定概念
ステレオタイプな考え方に縛られる。

阻害（そがい）
物事の進行を妨げること
干渉のしすぎは子どもの成長を**阻害**する。

ダブル・スタンダード
同じ状況で、対象によって価値判断の基準を変えること。二重基準
政治家の**ダブル・スタンダード**を批判する。

端緒（たんしょ）
物事の始まり。手がかり
新薬開発の**端緒**をつかむ。

紐帯（ちゅうたい）
ひもやおびのように、二つのものを結びつけるもの
人びとが信仰という強い**紐帯**で結びつく。

通暁（つうぎょう）
ある事の隅々までよく知っていること
彼女はフランス文学に**通暁**している。

ナショナリズム
国家や民族の発展、独立を進めようとする思想や運動
オリンピックで**ナショナリズム**が高まる。

バイアス
偏り。偏見。先入観
ものの見方に**バイアス**がかかる。

フェミニズム
女性の権利を男性と平等にし、その地位を高めようとする思想や運動
フェミニズム運動の歴史をまとめる。

敷衍（ふえん）
文章や言葉の意味を、たとえなどを付け加えて詳しく説明すること
科学を**敷衍**して一般の人に理解してもらう。

プロセス
物事が進む過程や手順
結果よりも**プロセス**を重視する。

封建的（ほうけんてき）
身分や階級を重んじ、上の者が下の者を支配する様子
上司の**封建的**な考えに異を唱える。

ボーダーレス
境界や国境がないこと
ボーダーレスな経済活動が行われる。

マイノリティ
少数派
マイノリティの意見も取り入れる。

問一　文中のカタカナを漢字に直しなさい。

① 組織内の**キュウヘイ**を打破する。（旧弊）
② 過去に**コウデイ**せず成長したい。（拘泥）
③ 植物の生育を**ソガイ**する害虫。（阻害）
④ 事件解決への**タンショ**が見える。（端緒）
⑤ 兄は化学に**ツウギョウ**している。（通暁）

問二　次の各文の空欄に当てはまる最も適当な語を、後の選択肢から一つずつ選びなさい。

① ささいな勘違いから（　）が生じる。（ア）
② 人権問題を（　）して説明する。（オ）
③ 後輩と（　）して文化祭を成功させる。（イ）
④ 男女平等こそが（　）の主題だ。（エ）
⑤ 会社の（　）体制をなくすことが急務だ。（キ）
⑥ 良い成果を収めるには（　）が重要だ。（カ）
⑦ 読書好きという共通点が二人の（　）だ。（ウ）

ア．軋轢　イ．協働　ウ．紐帯
エ．フェミニズム　オ．敷衍　カ．プロセス
キ．封建的

問三　次の記事内の傍線部①〜⑤をカタカナ語に言い換えるとどうなるか、後の選択肢から一つずつ選びなさい。

SNSフォロワー数70万人
大人気インフルエンサー
つるぷよ

中性的ルックスと明るいキャラクターで、中高生の間で大人気のつるぷよさんにインタビューしました。

ぼくは、小さいときから男の子は青で女の子はピンク、みたいな①固定概念に疑問を持っていました。男の子が甘いもの好きでも、女の子が格闘技得意でも良いと思う。②男女の性の差異問題でやりたいことを我慢するのって変だし、③男女の境界がないほうがずっと自分らしく生きられるんじゃないかなって。自分の④先入観で相手を決めつけないで、人は人として割り切って、自分は自分らしくいることが一番幸せだと思う。ぼくの生き方って⑤少数派かもしれないけれど、やりたいことをやれているからすごく楽しいです。

ア．ジェンダー　イ．ステレオタイプ
ウ．バイアス　エ．ボーダーレス
オ．マイノリティ

P235 問三の解答：①エ　②イ　③ウ　④ア　⑤オ

論理的語彙演習問題②

問　次の各文章の傍線部の意味として、最も適当なものを後の選択肢から選びなさい。

1　とはいえ彼らの老獪（かい）な詭弁（き）も到底単純無垢（く）な子供の慈悲心をくらますことができないのをみ、彼らはしまいに慣用手段の大きな声でひとを嚇（おど）かしてしまおうとした。

〈中勘助「銀の匙」〉

①他人を陥れる悪いうわさ話。
②自分の非を認めずにする言い訳。
③大きく現実離れした夢物語。
④道理に合わないごまかしの議論。

（　　）

P226

2　古代医術には生年月日や、人相によって、その子の未来や父母との相性、相克を占う術があった。

〈槇佐知子「日本昔話と古代医術」〉

①互いに争うこと。
②相手より優れていること。
③相手に利益をもたらすこと。
④互いに滅びること。

（　　）

P226

3　換言すれば、犯人の「内面」は、不条理の壁をぎりぎりまで登りつめることはあっても、決してそれを向こう側に乗り越えてはならない、ということだ。

〈原仁司「前衛としての『探偵小説』」〉

①無感情で機械的であること。
②嫌でも受け入れざるを得ないこと。
③ものごとの筋道が通らないこと。
④常識を外れ理解が及ばないこと。

（　　）

P228

4　英語学習者のあこがれは、その学びを支え、自己実現に導いてくれる〈英語教員＝他者〉のヒエラルキー構造をも浮き彫りにするのだ。

〈池田理知子「グローバル社会における異文化コミュニケーション」〉

①立場　②主従
③優位　④階級

（　　）

P230

5　それは権威主義が本質的に人々の不安に応えるために存在しているという要素があるからであり、権威主義者はその世界観が瓦解し、その体系の中にある自分が信じた価値が崩壊する恐怖に耐えられないのである。

〈中屋敷均「科学と非科学 その正体を探る」〉

①全体が崩れ落ちること。
②固いものでうち壊すこと。
③解き明かされること。
④手に負えなくなること。

（　　）

P232

6

自由民主主義社会の体力を劇的にすり減らす軍事力や警察力を行使しなければならない状況が多発するのであればなおさら、私たちの社会の自由や権利を形骸化させないためにも、想像力を伴った思考が求められている。

〈塩原良和「分断と対話の社会学」〉

① 意味を失って形式だけが残ること。
② 意図しなかった形に進化すること。
③ 存在が跡形なく消えてなくなること。
④ 形態だけが一人歩きし始めること。

（　　）

P232

7

青年期はあいまいになり「若さ」のみが強調され、雑誌の凋落は目に見えて顕著であり、通勤電車で人々が手に取るものは雑誌ではなくスマートフォンである。

〈河崎吉紀「想像の読者共同体」〉

① 勝手に自滅すること。
② 気にかけられなくなること。
③ 勢いがなくなること。
④ ばかにされること。

（　　）

P234

8

しかし、その創作性に溢れていた時代感覚は、二〇世紀の終りへと向かう時間の推移と共に次第に衰退し、核となる中心的思考が失われた今、私たちはポスト・モダンと呼ばれる弛緩した状況の渦中に置かれている。

〈一柳慧「一柳慧 現代音楽を超えて」〉

① 新しい価値観を肯定する考え。
② 近代主義を否定する考え。
③ 歴史的価値観を推奨する考え。
④ 擬古主義を否定する考え。

（　　）

P234

9

ベルグソンに依ると閉じた社会は諸習慣の体系と見なされ得るものであるが、常識はかような社会において習慣的に行なわれる知識であり、常識そのものがまたかような社会の紐帯となっている。

〈三木清「哲学入門」〉

① 間に横たわる細長いもの。
② 簡単にばらばらになるもの。
③ 二つのものを結びつけるもの。
④ 自在に操ることができるもの。

（　　）

P236

10

「なにげなく一歩を踏み出す→それを地面が支える→結果として歩行という行為を組織していく」という動歩行モードの図式は、このように想起や発話のプロセスにも当てはまりそうなのだ。

〈岡田美智男「弱いロボット」〉

① 過程　② 成果
③ 発端　④ 結論

（　　）

P236

解答

1（④）
2（①）
3（③）
4（④）
5（①）
6（①）
7（③）
8（②）
9（③）
10（①）

P237 問三の解答：①イ　②ア　③エ　④ウ　⑤オ

総合問題①

次の【条例】は青森県鶴田町の「朝ごはん条例」の一部抜粋、【グラフ】は文部科学省の「全国学力・学習状況調査」の結果を用いて作成したものである。これらを読み、後の問いに答えなさい。

【条例】

鶴田町朝ごはん条例

第１条　この条例は、鶴の里健康長寿の町宣言に基づき、米文化のケイショウ[A]を通して正しい食習慣のフキュウ[B]と健康増進を図るため、鶴田町における朝ごはん運動（以下「朝ごはん運動」という。）についての基本方針を定め、アワ[C]せて町長、町民、関係機関および関係団体等の責務を明らかにすることにより、総合的かつ計画的に運動を推進し、もって、21 世紀の健康長寿目標を達成することを目的とする。

第２条　町長は、次の各号に掲げるジコウ[D]を基本方針として、町民、関係機関および関係団体と一体となって朝ごはん運動を推進するものとする。

（1）ごはんを中心とした食生活の改善
　○家庭での食に対する理解のソクシン[E]
　○安全な食品をセンタク[F]するために必要な正しい知識の習得のシエン[G]
（2）早寝、早起き運動の推進
　○シュウシン[H]およびキショウ[I]の標準時間
（3）安全および安心な農産物のキョウキュウ[J]
　○農薬等の適正な使用および管理のテッテイ[K]
　○農産物の生産リレキ[L]の記帳　…

〈青森県鶴田町「朝ごはん条例」より抜粋〉

【グラフ】

〈朝食の摂取と、全国学力・学習状況調査の平均正答率〉

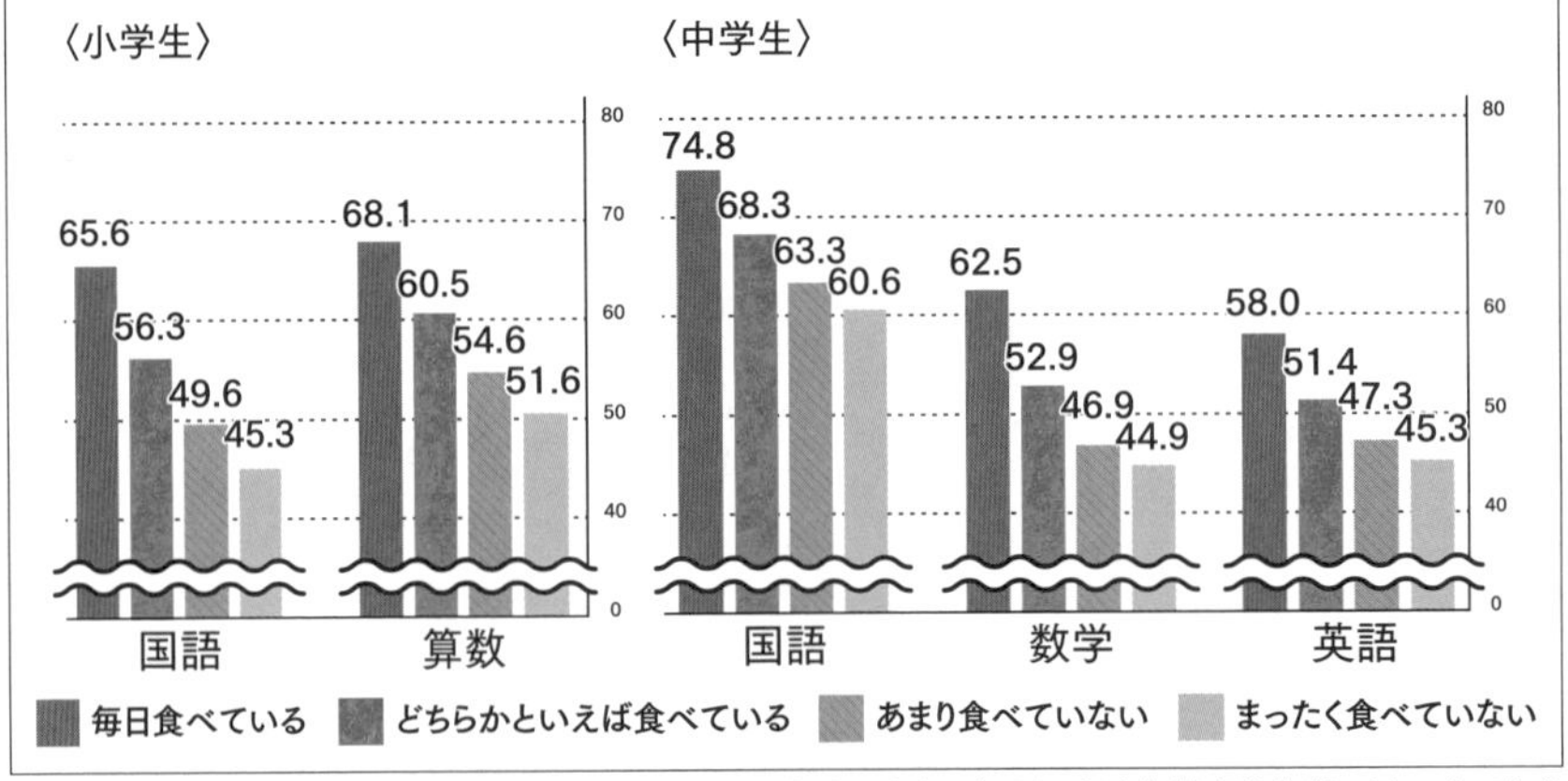

「平成 31 年度（令和元年度）全国学力・学習状況調査」（文部科学省）を加工して作成

問一 【条例】内の傍線部A〜Lのカタカナをそれぞれ漢字に直しなさい。

A（　　　） B（　　　） C（　　　）
D（　　　） E（　　　） F（　　　）
G（　　　） H（　　　） I（　　　）
J（　　　） K（　　　） L（　　　）

問二 次は、【条例】と【グラフ】を見ながら生徒が話し合っている場面である。空欄①〜⑧に当てはまる語を後の選択肢の中から一つずつ選び、記号で答えなさい。

佐藤―この【条例】は、鶴田町が健康長寿を達成することを目的としているね。
鈴木―健康長寿のためには朝ごはんを食べることが大切で、その習慣が（　①　）地元の農家の方のためにもなるんだね。
田中―町民が（　②　）過ごすために、町をあげて朝ごはんを食べることを奨励しているのが素晴らしいね。
鈴木―この【グラフ】からも、朝ごはんを食べることの重要性がわかるね。
佐藤―朝ごはんを（　③　）にすると、こんなにはっきりと成績として（　④　）化するんだね。
田中―毎日朝ごはんを食べている人と全然食べない人とでは、どの教科も正答率に大きな差があるね。小学生の国語に至っては、二十パーセント以上も差があるよ。ここまでの違いがあるなんて、（　⑤　）問題だ。
鈴木―ぼくも、つい夜更かしして翌日起きられずに朝ごはんを食べ損ねることがあるな。でも、これからは規則正しい生活を送って、毎日朝ごはんを食べることにしよう。
田中―おっ、この【条例】と【グラフ】に（　⑥　）されたね。かくいう私も、（　⑦　）な生活をやめなくっちゃいけないなと思ったよ。
佐藤―朝ごはんは、健康長寿はもちろんだけど、自分を律して夢を実現させるための（　⑧　）になるということかな。

選択肢

ア．感化　イ．顕在　ウ．つつがなく
エ．蔑ろ（ないがし）　オ．ひいては　カ．布石
キ．放恣　ク．ゆゆしい

①（　　　） ②（　　　） ③（　　　） ④（　　　）
⑤（　　　） ⑥（　　　） ⑦（　　　） ⑧（　　　）

解答

問一　A 継承　B 普及　C 併　D 事項
E 促進　F 選択　G 支援　H 就寝
I 起床　J 供給　K 徹底　L 履歴

問二　①オ　②ウ　③エ　④イ
⑤ク　⑥ア　⑦キ　⑧カ

総合問題②

次は、一九三二年（昭和七年）に書かれた北大路魯山人「納豆の茶漬け」の一部である。この文章を読み、後の問いに答えなさい。

納豆の茶漬けは意想外に美味いものである。しかも、ほとんど人の知らないところである。食通間といえども、これを知る人は意外に少ない。と言って、私の発明したものではないが、①世上これを知らないのはふしぎである。

納豆の拵え方

ここでいう納豆の拵え方とは、ねり方のことである。このねり方がまずいと、納豆の味が出ない。納豆を器に出して、それになにも加えないで、そのまま、二本の[A]ハシでよくねりまぜる。そうすると、納豆の糸が多くなる。蓮から出る糸のようなものがふえて来て、かたくて練りにくくなって来る。この糸を出せば出すほど納豆は美味くなるのであるから、②不精をしないで、また手間を[B]オしまず、極力ねりかえすべきである。

かたく練り上げたら、醤油を数[C]テキ落としてまた練るのである。また醤油数テキを落として練る。③要するにほんの少しずつ醤油をかけては、ねることを[D]クり返し、糸のすがたがなくなってどろどろになった納豆に、[E]カラシを入れてよく攪拌する。この時、好みによって薬味（ねぎのみじん切り）を少量混和すると、④一段と味が強くなって美味い。茶漬けであってもなくても、納豆はこうして食べるべきものである。

最初から醤油を入れてねるようなやり方は、下手なやり方である。納豆食いで通がる人は、醤油の代りに生塩を用いる。納豆に塩を用いるのは、さっぱりして確かに⑤好ましいものである。しかし、[F]イッパンにはふつうの醤油を入れる方が無難なものが出来上がるであろう。

お茶漬けのやり方

そこで以上のように出来上がったものを、まぐろの茶漬けなどと同様に、茶碗に飯を少量盛った上へ、適当にのせる。納豆の場合は、⑥とりわけ熱飯がよい。[G]センチャをかけ、納豆に混和した醤油で塩加減が足りなければ、飯の上に醤油を数テキたらすのもいい。

納豆のよしあし

納豆には美味いものと不味いものとある。不味いのは、ねっても糸をひかないで、ざくざくとしている。それは納豆として充分に[H]ハッコウしていない未熟な品である。糸をひかずに豆がざくざくぽくぽくしている。充分にかもされている納豆は、豆の質がこまかく、豆がねちねちしていないものは、手をいかに下すとも救い難いものである。だから、糸をひかない納豆は食べられない。一番美味いのは、仙台、水戸などの小[I]ツブの納豆である。神田で有名な大ツブの納豆も美味い。しかし、昔のように美味くなくなったのは「　　」である。豆が多くて、素人目にはよい納豆にはなっているが。

問一 文章中の傍線部A～Iのカタカナをそれぞれ漢字に直しなさい。

A（　　）　B（　　）　C（　　）
D（　　）　E（　　）　F（　　）
G（　　）　H（　　）　I（　　）

問二 文章中の波線部①～⑥の語と同じ意味を表す語を、次の選択肢の中から一つずつ選び、記号で答えなさい。

選択肢
ア．弥が上にも　イ．巷間（こう）
ウ．なおざり　エ．就中（なかんずく）
オ．畢竟（ひっきょう）　カ．まんざらでもない

①（　　）②（　　）③（　　）④（　　）
⑤（　　）⑥（　　）

問三 文章中の空欄に入る漢字二字の言葉を、次の選択肢の中から一つ選びなさい。

ア．遺憾　イ．薫陶　ウ．知己
エ．洒脱　オ．忸怩（じくじ）　（　　）

問四 次は、この文章を読み、実際に納豆茶漬けを食べた生徒が書いた感想である。文章中の傍線部①～④の意味を持つ四字熟語を、後の選択肢の中から一つずつ選び記号で答えなさい。

納豆をお茶漬けにして食べるという経験がなかったため、最初は本当においしいのかと①うたがって不安を感じていた。しかし、一口食べてみたら納豆特有のにおいもなく、さらさらと食べ進めることができた。しかも、おかわりまでしてしまった。初体験で夢中になるようなことは、②めったにないことだ。すっかり納豆茶漬けのとりこになった私は、家族や友人にもすすめてみたが、なかなか食べてみると言ってくれない。魅力が伝わらず、たいへん③もどかしい。しかし、私はこれからいろいろなアレンジを楽しむつもりだ。チーズやハムを載せて、④日本と欧米の様式を取り合わせてみるのもおもしろいかもしれない。

選択肢
ア．一期一会　イ．隔靴掻痒（そうよう）　ウ．疑心暗鬼
エ．千載一遇　オ．二律背反　カ．和洋折衷

①（　　）②（　　）③（　　）④（　　）

解答

問一 A箸　B惜　C滴　D繰　E辛子　F一般　G煎茶　H発酵　I粒
問二 ①イ　②ウ　③オ　④ア　⑤カ　⑥エ
問三 ア　**問四** ①ウ　②エ　③イ　④カ

総索引

漢字の章・語彙の章ともに、見出し語として示している語をまとめた総索引です。複数の読み／表記を掲載している語については、括弧で記しています。

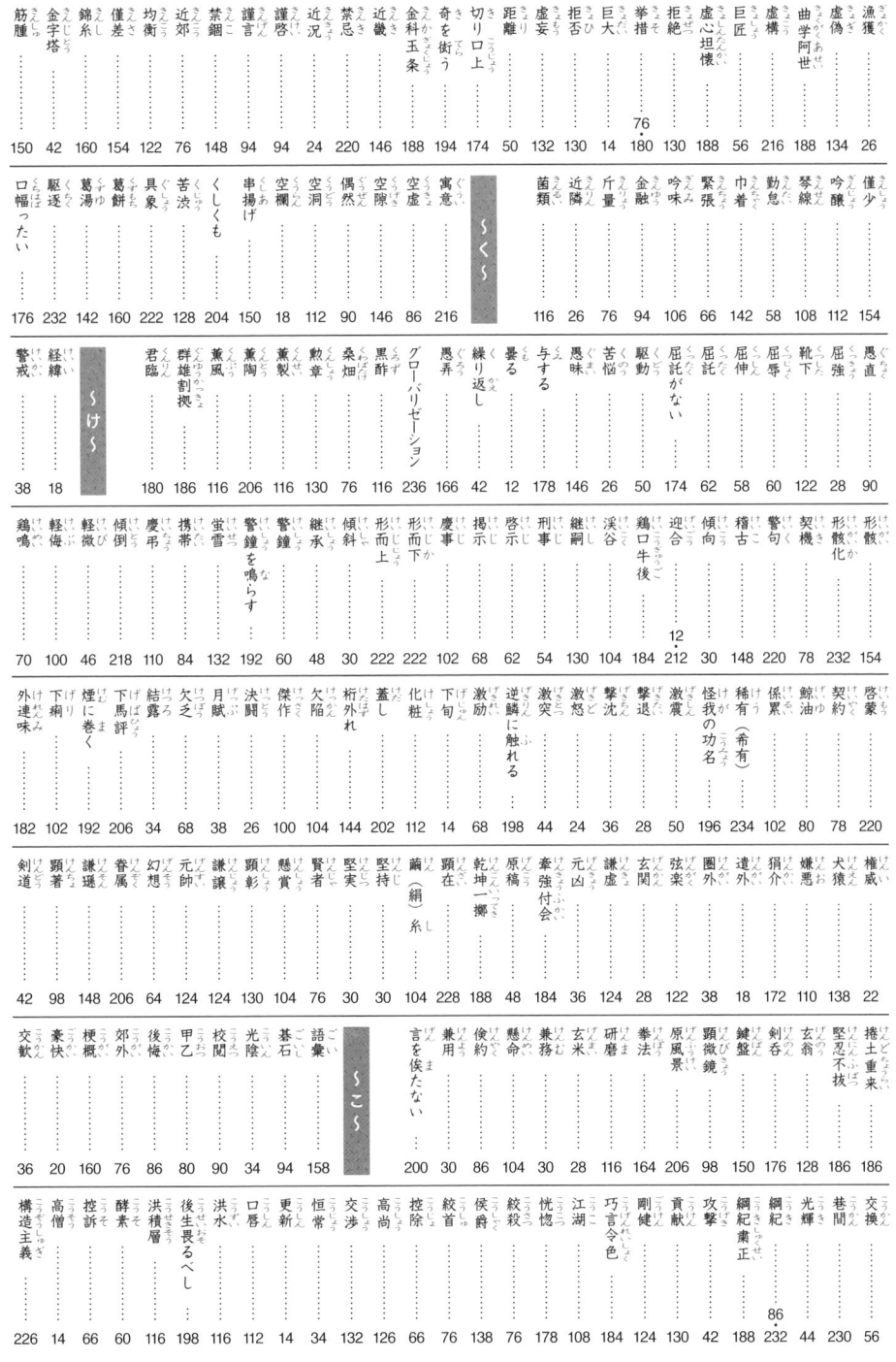

付属ノートで実践する
高校生の語彙と漢字

ゴイカン

語 彙 漢 字

書き取り演習ノート

桐原書店編集部 編

桐原書店

付属ノートで実践する 高校生の語彙と漢字
ゴイカン 書き取り演習ノート

目次

本書の使い方

本書は『付属ノートで実践する　高校生の語彙と漢字ゴイカン』の別冊書き取り演習ノートです。

漢字や熟語を身につけるには、実際に書くことが有効です。また、ただ書くだけでなく、その漢字や熟語がどのような文脈で使用されているかを文章で確認することで、知らなかった語、書けなかった語が、いつのまにか分かる語、使える語になっていきます。このノートでは、本冊に出てきた例文を見ながら文中の漢字の書き取り練習ができます。文章の中で漢字がどのように使われているのかを確認しながら練習し、使い方もあわせて覚えましょう。

また、「実践問題」では話し合いや手紙など、具体的な場面を設定し、本冊の漢字・語彙を用いて、その場面にふさわしい文章を作る演習ができます。漢字の書き取り練習をした後は、実際にその漢字や熟語、語彙を使って自分の意見を述べる練習をし、語彙を増やしていきましょう。

さらに、自由なテーマで文章を書ける「書いてみよう」に取り組むことで、本書掲載語が習得できたかの確認ができます。各ページにある〈例〉とポイントで文章の書き方を確認し、文章を書くことに挑戦してみましょう。

漢字書き取り
漢字実践問題
語彙実践問題

4級① 本冊P12

- 姉は**吹奏**（すいそう）楽部に所属している。
- 今日は春の**息吹**（いぶき）を感じる気候だ。
- 小麦粉でお**菓子**（かし）を作る。
- **製菓**（せいか）の専門学校に通う。
- **俗物**（ぞくぶつ）的な考えをきらう。
- **世俗**（せぞく）に染まった生活をする。
- 風によって**浸食**（しんしょく）された岩。
- 台風による**浸水**（しんすい）に備える。
- 道路を**敷設**（ふせつ）する。
- あの**屋敷**（やしき）はとても広い。
- 彼は**多彩**（たさい）な経歴の持ち主だ。
- **油彩**（ゆさい）画をえがく。
- 昨日から**曇天**（どんてん）が続いている。
- メガネがごはんの湯気で**曇**（くも）る。　□る　□る
- **汚名**（おめい）を打ち消そうとする。
- **汚職**（おしょく）事件が明らかになる。
- 話していると**妙案**（みょうあん）が浮かぶ。
- **絶妙**（ぜつみょう）なパスを出す選手。
- 厳しい注意を**甘受**（かんじゅ）する。
- 季節の**甘味**（かんみ）を楽しむ。
- 危機**一髪**（いっぱつ）で時間に間に合った。
- 気分に合わせて**髪型**（かみがた）を変える。
- 近くの川の**堤防**（ていぼう）でつりをする。
- **長堤**（ちょうてい）に沿って植えられた桜。
- 時代の流れに**迎合**（げいごう）する。
- 車で**送迎**（そうげい）してもらう。
- 彼は**雄志**（ゆうし）をいだいている。
- 戦いに勝利して**英雄**（えいゆう）になる。
- **紫外線**（しがいせん）を吸収するマスク。
- **紫色**（むらさきいろ）の花を買う。
- 夢は大きな**舞台**（ぶたい）に立つことだ。
- 決勝進出が決まり、**乱舞**（らんぶ）する。

4級② 本冊P14

- 両親の店は**繁盛**（はんじょう）している。
- **繁雑**（はんざつ）な作業を次々とこなす。
- 兄は**応召**（おうしょう）して戦地に行った。
- 寒いので、コートをお**召**（め）し下さい。　□し　□し
- **離散**（りさん）した家族が再会する。
- 民衆の感情が国王から**背離**（はいり）する。

縁故をたよって就職する。

良縁を得て幸せになる。

鉛筆で絵の下書きをする。

黒鉛はグラファイトのことだ。

有力な**後ろ盾**があると心強い。

ろ　ろ

旅行の**詳細**な計画を立てる。

この和歌は作者**未詳**だ。

正座して**高僧**の法話を聞く。

日本記録を**更新**して優勝する。

暗証番号を定期的に**変更**する。

助勢してくれるよう**嘆願**する。

修学旅行中止で**悲嘆**に暮れる。

巨大な看板を制作する。

巨額の資金を投入する。

恋愛について相談する。

初恋の人に再会する。

盗品とは知らずに買う。

強盗犯をつかまえる。

諸般の事情により欠席する。

歴史**全般**に興味がある。

組織の**恥部**をあばく。

この犯人はずるがしこく、**無恥**だ。

今月**下旬**から桜が開花する。

来月**初旬**に資料を配付する。

4級③

本冊 P16

地球**環境**問題について学ぶ。

見学の**一環**で講義を受ける。

国外への**逃亡**をくわだてる。

逃走中の犯人を追いかける。

味方の**陣営**を立て直す。

敵陣に単身で乗りこむ。

コンロから**黒煙**が立ち上る。

砂煙が巻き上がる。

雅楽は古典芸術の一つだ。

優雅な生活にあこがれる。

侵略戦争を否定する。

となりの国と**不可侵**条約を結ぶ。

越境して隣国へ逃れる。

私は**優越**感に浸っていた。

兄は博士の**称号**を得た。

青魚は背が青い魚の**総称**(そうしょう)だ。

CDの**盤面**(ばんめん)に傷がつく。

試合は**序盤**(じょばん)から盛り上がった。

決定的**瞬間**(しゅんかん)を見逃す。

一瞬(いっしゅん)のすきを突く。

消毒液で**皮膚**(ひふ)があれる。

完膚(かんぷ)なきまで論破する。

かたい**握手**(あくしゅ)をかわす。

歌集『**一握**(いちあく)の砂』を読む。

横柄(おうへい)な口調に反発する。

昔からの親しい**間柄**(あいだがら)。

裁判官が証人を**尋問**(じんもん)する。

千尋(せんじん)の谷を臨む。

あの俳優は**芝居**(しばい)がうまい。

庭の**芝生**(しばふ)に水をまく。

宿題が**沢山**(たくさん)出た。

光沢(こうたく)のある紙に印刷する。

4級④

本冊P18

石板の文字の**拓本**(たくほん)をとる。

新たな市場を**開拓**(かいたく)する。

訴状(そじょう)を裁判所に提出する。

学生が学長に**直訴**(じきそ)する。

投書が新聞に**載録**(さいろく)される。

議論の過程を報告書に**記載**(きさい)する。

こわれた**箇所**(かしょ)を写真にとる。

今日の作業を**箇条**(かじょう)書きにする。

これは**薄利**(はくり)多売の商売だ。

二位の選手が首位に**肉薄**(にくはく)する。

祖母は**端正**(たんせい)な字を書く。

事の**発端**(ほったん)は一本の電話だった。

幕末に**遣外**(けんがい)使節に任命された。

専門家を現地へ**派遣**(はけん)する。

血液中の**抗体**(こうたい)の量を調べる。

権力に**反抗**(はんこう)する。

根拠(こんきょ)を示して論じる。

事件解決の**証拠**(しょうこ)がそろう。

橋の**欄干**(らんかん)に寄りかかる。

空欄(くうらん)に言葉を書き入れる。

カメラの性能を**比較**(ひかく)する。

モスクワは東京より**緯度**(いど)が高い。

4級⑤

本冊P20

- 制作の**経緯**（けいい）を説明する。
- 演奏者を**拍手**（はくしゅ）で迎える。
- リズムに合わせて**拍子**（ひょうし）を取る。
- 武力による**介入**（かいにゅう）を防ぐ。
- 物品の売買を**仲介**（ちゅうかい）する。
- 部費を**徴収**（ちょうしゅう）する。
- **特徴**（とくちょう）のある文字を書く。
- **濃縮**（のうしゅく）したジュースを飲む。
- 牧場で飲む牛乳は**濃厚**（のうこう）だ。

- 生徒会の会計**監査**（かんさ）委員になる。
- 有名店**監修**（かんしゅう）のカップめん。
- 弟は運動神経が**抜群**（ばつぐん）だ。
- **選抜**（せんばつ）されて試合に出る。
- 不安を**豪快**（ごうかい）に笑い飛ばす。
- 世界の**強豪**（きょうごう）と戦う。
- どたん場で**劣勢**（れっせい）をはね返す。
- 二者の**優劣**（ゆうれつ）を論ずる。
- 山の**斜面**（しゃめん）にみかん畑が広がる。
- 石炭産業は**斜陽**（しゃよう）産業といえる。

- **為政**（いせい）者の言動を注視する。
- **人為**（じんい）的に災害が引き起こされる。
- **蓄積**（ちくせき）した経験を生かす。
- 倉庫に飲料水を**備蓄**（びちく）する。
- **取**（と）り**扱**（あつか）いに注意が必要だ。 □り□い　□り□い
- 敵と**互角**（ごかく）のたたかいをする。
- **相互**（そうご）に助け合う約束をする。
- 折れた**鎖骨**（さこつ）を固定する。
- 負の**連鎖**（れんさ）をたちきる。

- 災害時に**援助**（えんじょ）活動をする。
- 自校のサッカー部を**応援**（おうえん）する。
- 敵の**砲火**（ほうか）から身を守る。
- **主砲**（しゅほう）が試合で本領を発揮する。
- **迫真**（はくしん）の演技に感動する。
- 提出期日が**切迫**（せっぱく）する。
- 伝統芸能を**紹介**（しょうかい）する。
- 明治**維新**（いしん）の資料を集める。
- 運動して健康を**維持**（いじ）する。
- 彼は**烈火**（れっか）のごとくおこった。

痛烈（つうれつ）に批判される。

4級⑥

本冊 P22

着物に**紋様**（もんよう）をほどこす。

政治家の発言が**波紋**（はもん）を起こす。

湖沼（こしょう）で魚をつる。

沼地（ぬまち）には多くの生物がいる。

秋の**澄明**（ちょうめい）な空をながめる。

山の**清澄**（せいちょう）な空気に包まれる。

住民が安全な場所に**避難**（ひなん）する。

現実**逃避**（とうひ）は解決にならない。

中学校の先生の元へ**伺**（うかが）う。

試験の**範囲**（はんい）が発表される。

社会の**規範**（きはん）に従う。

人々が手をたたいて**踊躍**（ようやく）した。

美しい日本**舞踊**（ぶよう）に見とれる。

不正の**温床**（おんしょう）となる。

床下（ゆかした）に収納庫をつくる。

殖産（しょくさん）興業政策をとる。

トキの**繁殖**（はんしょく）に成功する。

威力（いりょく）を発揮する。

権威（けんい）主義に逆らう。

友達のために**尽力**（じんりょく）する。

コートを縦横**無尽**（むじん）に走りまわる。

決めつけには**抵抗**（ていこう）を感じる。

大抵（たいてい）のことは自分でできる。

桜桃（おうとう）の品種を調べる。

桜の花が**桃色**（ももいろ）にいろづく。

自然の**恩恵**（おんけい）をこうむる。

年寄りの**知恵**（ちえ）はあなどれない。

祖父は**名誉**（めいよ）を重んじる人だ。

身に余る**栄誉**（えいよ）を受ける。

盆地（ぼんち）の夏は特に暑い。

今年は祖母の**初盆**（はつぼん）だ。

4級⑦

本冊 P24

おばは**温柔**（おんじゅう）な性格だ。

柔和（にゅうわ）な態度を心がける。

秋の**彼岸**（ひがん）におはぎを食べる。

彼女（かのじょ）は夢をかなえた。

痛みのため**叫号**（きょうごう）する。

お化け屋敷で**絶叫**（ぜっきょう）する。

機械に自動**制御**（せいぎょ）装置を付ける。

御用（ごよう）学者と批判される。

別の可能性が**浮上**（ふじょう）する。

浮き世（うきよ）の風は厳しい。

父は**思慮**（しりょ）深い性格だ。

初対面でも**遠慮**（えんりょ）なく発言する。

離島へ**舟航**（しゅうこう）する便に乗る。

連休は利根川**舟遊**（しゅうゆう）をしたい。

外から**怒声**（どせい）が聞こえてきた。

話を聞いて**激怒**（げきど）する。

手紙で**近況**（きんきょう）を伝える。

状況（じょうきょう）を正しく判断する。

機体に**主翼**（しゅよく）を取りつける。

ペンギンにも**翼**（つばさ）がある。

作業の**途中**（とちゅう）でひと息入れる。

君は**前途**（ぜんと）ある若者だ。

子どもが**丈夫**（じょうぶ）に育つ。

母は**気丈**（きじょう）にふるまった。

よくねて**疲労**（ひろう）を回復する。

芋虫（いもむし）がキャベツの葉を食べる。

紫芋（むらさきいも）でお菓子を作る。

昔のことを**鮮明**（せんめい）に覚えている。

新鮮（しんせん）な野菜を買う。

書類の**押印**（おういん）が不要となる。

税関が密輸品を**押収**（おうしゅう）する。

4級⑧

本冊 P26

現場の**惨状**（さんじょう）に目をそむける。

悲惨（ひさん）な光景に胸を痛める。

医者が**外泊**（がいはく）の許可を出す。

週末は祖父の家に**泊**（と）まる。

まる　まる

苦悩（くのう）の日々を送る。

卒業後の進学先に**悩**（なや）む。

む　む

隣席（りんせき）の友達に相談する。

近隣（きんりん）諸国と友好的に付き合う。

労働組合が賃金**闘争**（とうそう）をする。

決闘（けっとう）は命がけの行為だ。

提案に対する**代替**（だいたい）案を挙げる。

給食当番を**交替**（こうたい）する。

主君に、**弐心**（にしん）のないことを示す。

のしぶくろに**弐万円**（にまんえん）と書く。

- 庭に**繁茂**(はんも)した雑草をぬく。
- 初夏に青葉が生い**茂**(しげ)る。　□る
- 新語が**坊間**(ぼうかん)でもてはやされる。
- 参拝後に**宿坊**(しゅくぼう)に行く。
- **乾期**(かんき)は、火災に注意が必要だ。
- 庭に干した洗たく物が**乾**(かわ)く。　□く
- 練習を重ねて勝利を**獲得**(かくとく)した。
- 日本の**漁獲**(ぎょかく)量を調べる。
- 酸性の**溶液**(ようえき)で処理をする。
- 鉄が熱で**溶解**(ようかい)する。

- 書類に住所と**姓名**(せいめい)を書く。
- この辺りは**同姓**(どうせい)の人が多い。
- 石油が**噴出**(ふんしゅつ)する。
- 海でクジラが潮を**噴**(ふ)く。　□く
- 防寒のため**胴着**(どうぎ)を身につける。
- **寸胴**(ずんどう)のなべで料理する。
- **凡才**(ぼんさい)なりに努力する。
- **非凡**(ひぼん)な人にあこがれる。

4級⑨

本冊 P28

- 葉の**網状**(もうじょう)の筋を葉脈という。

- 畑の周りを**金網**(かなあみ)で囲う。
- 大雨の中、**雷鳴**(らいめい)がとどろく。
- **春雷**(しゅんらい)が発生する。
- 一族**郎党**(ろうどう)が集まって祝う。
- **新郎**(しんろう)が花よめをむかえる。
- 窓の**水滴**(すいてき)をふきとる。
- 服からみずのしずくが**滴**(したた)る。　□る
- 問題が解決し、**吐息**(といき)をもらす。
- 深呼吸で大きく息を**吐**(は)く。　□く
- 話し合いで**騒動**(そうどう)をしずめる。

- **物騒**(ぶっそう)な世の中をうれえる。
- けわしい山道を**踏破**(とうは)する。
- **未踏**(みとう)の密林を探検する。
- 結果を**項目**(こうもく)ごとに整理する。
- 希望者に参加**要項**(ようこう)が配られる。
- **需要**(じゅよう)と供給のバランスを保つ。
- **特需**(とくじゅ)で景気が一時的に上向く。
- 条例で**罰則**(ばっそく)を設ける。
- 法に反した者を**処罰**(しょばつ)する。
- **玄関**(げんかん)から外へ出る。

健康のために**玄米**（げんまい）を食べる。

屈強（くっきょう）な若者が見張りに立つ。

雑談で**退屈**（たいくつ）をまぎらわす。

あの外野手は**強肩**（きょうけん）で有名だ。

ここでは**肩書**（かたが）きは役に立たない。　□き　□き

ツルがシベリアから**渡来**（とらい）する。

歴史の**過渡**（かと）期には混乱が見られる。

勇者が**冒険**（ぼうけん）の旅に出る。

総合**感冒**（かんぼう）薬を服用する。

侵略者を**撃退**（げきたい）する。

事件を**目撃**（もくげき）して通報した。

4級⑩

本冊P30

生徒会の**執行**（しっこう）部に属する。

執念（しゅうねん）で難事件を解決した。

無頼（ぶらい）の徒を集める。

信頼（しんらい）できる友達がいる。

当番が交替で**仮眠**（かみん）をとる。

春の日ざしは**眠気**（ねむけ）をさそう。

神社で**朱印**（しゅいん）を押してもらう。

朱肉（しゅにく）を使ってはんこを押す。

蔵の品物を**鑑定**（かんてい）してもらう。

動物について**図鑑**（ずかん）で調べる。

文章を**黙読**（もくどく）して要約する。

暗黙（あんもく）のうちに真意を察する。

堅実（けんじつ）な生活態度を見習う。

信念を**堅持**（けんじ）する強い男性。

隠者（いんじゃ）のように引きこもる。

節制のためお菓子を**隠**（かく）す。　□す　□す

思い出を**脚色**（きゃくしょく）して話す。

責任を問われて**失脚**（しっきゃく）する。

このかさは、晴雨**兼用**（けんよう）だ。

副会長と書記を**兼務**（けんむ）する。

おごそかに**儀式**（ぎしき）をとりおこなう。

相手に対する**礼儀**（れいぎ）を守る。

丹精（たんせい）をこめて育てた野菜。

丹念（たんねん）に調査する。

大学入試の**傾向**（けいこう）を調べる。

この坂は**傾斜**（けいしゃ）がゆるやかだ。

彼はとても**鈍感**（どんかん）だ。

私はどうにも方向感覚が**鈍**（にぶ）い。　□い　□い

毎年**皆勤**(かいきん)賞をもらっている。

結果は**皆目**(かいもく)見当がつかない。

跳馬(ちょうば)で美しい演技をする。

4級⑪

本冊 P34

落語を聞いて**爆笑**(ばくしょう)する。

起爆(きばく)する時間を決める。

実力があれば**年齢**(ねんれい)は関係ない。

出産の**適齢**(てきれい)期を知っておく。

大学合格を**祈願**(きがん)する。

世界平和を**祈念**(きねん)する。

病人に**薬剤**(やくざい)を処方する。

手にやさしい**洗剤**(せんざい)を使う。

古代中国の**占術**(せんじゅつ)が伝わる。

新人歌手が人気を**独占**(どくせん)する。

「**光陰**(こういん)矢のごとし」と言う。

真夏日に**木陰**(こかげ)で休む。

祭りの日には**露店**(ろてん)が出る。

窓の**結露**(けつろ)を防ぐシートをはる。

恒常(こうじょう)的に人手がたりない。

恒例(こうれい)の行事に参加する。

昔と今は**壱円**(いちえん)の価値が異なる。

新聞記事が**反響**(はんきょう)を呼んだ。

音響(おんきょう)効果を考えて設計する。

山道を**慎重**(しんちょう)に運転する。

修飾(しゅうしょく)せず、そのまま話す。

文化祭の**装飾**(そうしょく)を担当する。

伝統文化の**振興**(しんこう)をはかる。

食欲**不振**(ふしん)の原因をつきとめる。

戦争の**遺跡**(いせき)を保存する。

山でクマの**足跡**(あしあと)を見つける。

隷属(れいぞく)状態から解放される。

通信**販売**(はんばい)の利用が増える。

物販(ぶっぱん)に力を入れる。

4級⑫

本冊 P36

やみにまぎれて**脱出**(だっしゅつ)する。

弟の衣服の**着脱**(ちゃくだつ)を手伝う。

凶作(きょうさく)に備えて米を蓄える。

公害の**元凶**(げんきょう)といわれた工場。

その場を**沈黙**(ちんもく)が支配した。

戦争で船が**撃沈**(げきちん)される。

優勝して**歓喜**(かんき)の声をあげる。

姉妹校と**交歓**(こうかん)会を行う。

新しい**寝具**(しんぐ)を買う。

毎晩九時に**就寝**(しゅうしん)する。

脂質(ししつ)の少ない肉を食べる。

天然**油脂**(ゆし)からできた石けんを使う。

新しい**戯曲**(ぎきょく)を発表する。

子どもたちが**遊戯**(ゆうぎ)を楽しむ。

カタツムリは**雌雄**(しゆう)同体だ。

マツの**雌花**(めばな)が受粉する。

彼は**淡白**(たんぱく)な性格だ。

鉛筆で絵に**濃淡**(のうたん)をつける。

氷点下が続き、木が**枯死**(こし)する。

栄枯(えいこ)盛衰について考える。

海浜(かいひん)公園でイベントを行う。

浜辺(はまべ)を散歩する。

住宅街にある**一軒家**(いっけんや)で暮らす。

軒先(のきさき)につららが下がる。

プロに**匹敵**(ひってき)する実力がある。

親友は犬を**一匹**(いっぴき)飼っている。

風車の**損壊**(そんかい)を防止する。

フロンがオゾン層を**破壊**(はかい)する。

紅葉狩(もみじが)りの名所に行く。

り　り

祖父は**腰痛**(ようつう)に悩まされている。

受験勉強に**本腰**(ほんごし)を入れる。

4級⑬

本冊P38

天から**賦与**(ふよ)された画才を生かす。

家具を**月賦**(げっぷ)で買う。

手続きの**透明**(とうめい)性を確保する。

考えが世界中に**浸透**(しんとう)する。

責任者が**即刻**(そっこく)判断を下す。

重大なことは**即決**(そっけつ)しない。

食べ物の**腐敗**(ふはい)を防止する。

豆腐(とうふ)を使った料理を食べる。

武道の**奥義**(おうぎ)をきわめる。

心奥(しんおう)に熱い思いを秘める。

大統領が**奴隷**(どれい)解放宣言を出す。

農奴(のうど)の解放に尽力する。

水稲(すいとう)の品種を改良する。

この辺りは**稲作**（いなさく）がさかんだ。

弾幕（だんまく）をくぐり抜けて逃げる。

爆弾（ばくだん）の製造を禁止する。

夏期**休暇**（きゅうか）は沖縄に行く予定だ。

寸暇（すんか）をおしんで勉強する。

彼にとって英語は**鬼門**（きもん）だ。

悪鬼（あっき）のような形相でつめよる。

車で**峠道**（とうげみち）を走る。

前の選手を**猛然**（もうぜん）と追い上げる。

少年が**猛烈**（もうれつ）な速さで走りだす。

敵の**襲撃**（しゅうげき）に備える。

前政権の立場を**踏襲**（とうしゅう）する。

この場所は通話**圏外**（けんがい）だ。

人口が**首都圏**（しゅとけん）に集中する。

戒律（かいりつ）を守って生活する。

水害に対して**警戒**（けいかい）が必要だ。

強風の**影響**（えいきょう）で電車が止まる。

絵に**陰影**（いんえい）をつける。

4級⑭

本冊 P40

素行調査の対象者を**尾行**（びこう）する。

手紙の**末尾**（まつび）に署名する。

悲しみで半**狂乱**（きょうらん）になる。

絶望のあまり**発狂**（はっきょう）しそうだ。

脂肪（しぼう）分の少ない食事をとる。

手術で胃の一部を**摘出**（てきしゅつ）する。

文章中の誤字を**指摘**（してき）する。

争いを**傍観**（ぼうかん）する。

路傍（ろぼう）の雑草に目をとめる。

あいさつされて**恐縮**（きょうしゅく）する。

今夏は**恐**（おそ）ろしいほどの暑さだ。

□ろしい　□ろしい

説明書に領収書を**添付**（てんぷ）する。

バスに**添乗**（てんじょう）する。

扇動（せんどう）的な演説をする。

扇風機（せんぷうき）の電源を入れる。

真相を知って**仰天**（ぎょうてん）した。

大仰（おおぎょう）に騒ぎ立てる。

ぬれた服を**乾燥**（かんそう）させる。

彼の話には**矛盾**（むじゅん）がある。

非難の**矛先**（ほこさき）を向ける。

事務作業に**忙殺**（ぼうさつ）される。

4級⑮

本冊P42

仕事が重なり、**多忙**(たぼう)をきわめる。

見事に**返**(かえ)り**咲**(ざ)きを果たす。

□り□き

□り□き

彼女はにおいに**敏感**(びんかん)だ。

彼は**機敏**(きびん)な対応をした。

話に**脈絡**(みゃくらく)がない。

転校した友達と**連絡**(れんらく)をとる。

荒野(こうや)を切り開く。

世間の**荒波**(あらなみ)を乗り切る。

普段(ふだん)から災害に備える。

私はごく**普通**(ふつう)の高校生だ。

発言について**釈明**(しゃくめい)する。

彼の発言を善意に**解釈**(かいしゃく)する。

台風で避難**勧告**(かんこく)がだされた。

勧業(かんぎょう)博覧会が開かれた場所。

新しい**鉄塔**(てっとう)を建てる。

文学史に**金字塔**(きんじとう)を打ちたてる。

部長としての**抱負**(ほうふ)を語る。

けが人をやさしく**介抱**(かいほう)する。

長い**歳月**(さいげつ)を経て再会する。

歳出(さいしゅつ)をおさえる。

贈答(ぞうとう)用に包装してもらう。

著書を図書館に**寄贈**(きぞう)する。

多くの一流選手を**輩出**(はいしゅつ)する。

年輩(ねんぱい)者を対象とした講座。

様々な**趣向**(しゅこう)をこらす。

この花が**興趣**(きょうしゅ)を添えている。

彼女は**秀才**(しゅうさい)だ。

優秀(ゆうしゅう)な成績を収める。

乾杯(かんぱい)の音頭を取る。

目標達成に**祝杯**(しゅくはい)をあげる。

剣道(けんどう)の試合を観る。

真剣(しんけん)な表情で本を読む。

同じ映画を**繰**(く)り**返**(かえ)し見る。

□り□し

□り□し

恩師の言葉は**含蓄**(がんちく)がある。

多様な文化を**包含**(ほうがん)する。

敵の**攻撃**(こうげき)を防御する。

大学で天文学を**専攻**(せんこう)する。

鼓笛（こてき）を鳴らして行進する。

祭りで**太鼓**（たいこ）をたたく。

4級⑯

本冊P44

この物語は**光輝**（こうき）を放つ名作だ。

雨上がりの空に星が**輝**（かがや）く。

く　く

憶測（おくそく）での議論を避ける。

戦争の**記憶**（きおく）を語りつぐ。

クモが虫を**捕食**（ほしょく）する。

彼は**捕手**（ほしゅ）で四番バッターだ。

もうすぐ完成する**見込**（みこ）みだ。

み　み

幾何（きか）学模様の服を着る。

雲が**幾重**（いくえ）にもかさなる。

飲酒運転は**違法**（いほう）である。

考え方の**相違**（そうい）が明らかになる。

敵に向かって**突撃**（とつげき）する。

二つのチームが**激突**（げきとつ）する。

躍動（やくどう）的な演技をする。

ベテラン選手が**活躍**（かつやく）する。

男装の**麗人**（れいじん）と言われる。

山の**秀麗**（しゅうれい）な姿をながめる。

後世に残る**偉業**（いぎょう）をなしとげる。

十八世紀の**偉人**（いじん）について学ぶ。

目覚ましが鳴らずに**遅刻**（ちこく）した。

大雪で電車が**遅延**（ちえん）する。

曲に**触発**（しょくはつ）されて詞を書く。

ひんやりとした**感触**（かんしょく）がある。

台風の**被害**（ひがい）を受ける。

そろいの**法被**（はっぴ）に身を包む。

慢心（まんしん）せずに努力する。

遊びたいのを**我慢**（がまん）する。

時代の変化を**鋭敏**（えいびん）に察知する。

気鋭（きえい）の学者たちが語り合う。

それは**到底**（とうてい）受け入れられない。

周到（しゅうとう）な準備をする。

4級⑰

本冊P46

石油を**採掘**（さいくつ）する。

発掘（はっくつ）調査をする。

砂丘（さきゅう）から海を臨む。

「が」は「か」の**濁音**（だくおん）だ。

川の**汚濁**（おだく）が問題となる。

全員助かったのは**奇跡**（きせき）だ。

数奇（すうき）な人生を伝記にする。

日ざしが強いので**帽子**（ぼうし）をかぶる。

物作りへの情熱に**脱帽**（だつぼう）する。

微妙（びみょう）な色の違いを見分ける。

被害は**軽微**（けいび）なものだった。

友達の話に**刺激**（しげき）を受ける。

世相を**風刺**（ふうし）した詩を作る。

誇大（こだい）広告だと批判される。

特徴を**誇張**（こちょう）した似顔絵をかく。

一票の格差を**是正**（ぜせい）する。

先生の言うことなら**是非**（ぜひ）もない。

商品の在庫が**払底**（ふってい）する。

今月分の水道料金を**支払**（しはら）う。

う

う

老朽（ろうきゅう）化した建物を改築する。

不朽（ふきゅう）の名作として知られる。

心情をていねいに**描写**（びょうしゃ）する。

有名な作品の**素描**（そびょう）を展示する。

手紙の**趣旨**（しゅし）を読み取る。

論旨（ろんし）のわかりやすい文章を書く。

薪水（しんすい）の労にむくいる。

薪炭（しんたん）の生産で町がにぎわった。

婚家（こんか）の商売を手伝う。

お見合いから**成婚**（せいこん）に至る。

事件の調査を**依頼**（いらい）する。

彼は仏道に**帰依**（きえ）した。

4級⑱

本冊P48

たくさんの**珍品**（ちんぴん）を集める。

前代未聞の**珍事**（ちんじ）が起こる。

化学**療法**（りょうほう）を受ける。

治療（ちりょう）のため通院する。

ホールに楽器を**搬入**（はんにゅう）する。

貨物をトラックで**運搬**（うんぱん）する。

伝統芸能を**継承**（けいしょう）する。

駅伝の**中継**（ちゅうけい）点で待つ。

稿料（こうりょう）を受け取る。

新聞記者が**原稿**（げんこう）を書く。

煮豆（にまめ）を作る。

正月に家族で**雑煮**（ぞうに）を食べる。

飼いねこを**獣医**（じゅうい）にみてもらう。

野獣(やじゅう)から身を守る。

謡曲(ようきょく)のけいこをする。

子どもたちが**童謡**(どうよう)を口ずさむ。

畳語(じょうご)について研究する。

半畳(はんじょう)ほどの広さがある。

唐突(とうとつ)に話題を変えられる。

唐草(からくさ)の模様が描かれた布。

正しい**振幅**(しんぷく)を測る。

広い**歩幅**(ほはば)であるく。

美しい歌声に**感涙**(かんるい)する。

母は電話口で**涙声**(なみだごえ)だった。

巨大な**壁画**(へきが)を制作する。

多くの**障壁**(しょうへき)を乗りこえる。

近隣の国を**征服**(せいふく)する。

出征(しゅっせい)する兄を見送る。

ちりの**粒子**(りゅうし)がただよう。

小粒(こつぶ)の果実を摘み取る。

船の**霧笛**(むてき)が響く。

今朝、**濃霧**(のうむ)注意報がでた。

4級⑲

本冊P50

モーターを**駆動**(くどう)する。

彼は生物学の**先駆**(せんく)者だ。

一定の**距離**(きょり)を空けて並ぶ。

彼は**与党**(よとう)からの立候補者だ。

政策決定には**関与**(かんよ)しない。

その病気の**致死**(ちし)率は低い。

両者の目的が**合致**(がっち)した。

縦ゆれの**震動**(しんどう)を感じる。

深夜に**激震**(げきしん)が町を襲う。

驚異(きょうい)的な強さを見せる。

若者の急成長に**驚嘆**(きょうたん)する。

道路をアスファルトで**舗装**(ほそう)する。

多くの**店舗**(てんぽ)が並ぶ通りを歩く。

北アルプスの**連峰**(れんぽう)が見える。

峰(みね)は雪におおわれている。

会場は**静寂**(せいじゃく)に包まれた。

この寺院は**寂然**(せきぜん)としている。

観光客数は**暦年**(れきねん)で過去最高だ。

西暦(せいれき)と元号を対照する。

家族総出で**稲刈**(いねか)りをする。

り り

入学試験に**及第**(きゅうだい)する。

新製品の**普及**(ふきゅう)をはかる。

皇太子**殿下**(でんか)のご即位を祝う。

神殿(しんでん)を再建する。

耐久(たいきゅう)力がある。

薬に対して**耐性**(たいせい)がつく。

言葉を**狭義**(きょうぎ)に解釈する。

荷物が増えて部屋が**手狭**(てぜま)になる。

初歩的なミスで**汗顔**(かんがん)の至りだ。

発汗(はっかん)により体温がさがる。

4級⑳・3級①

本冊P54

恐怖(きょうふ)に打ち勝つ。

怖(こわ)い話を聞いたせいで眠れない。

い　い

犯行の動機を**詰問**(きつもん)する。

試合のミスを**面詰**(めんきつ)される。

腕白(わんぱく)な子どもたちに手を焼く。

彼は**敏腕**(びんわん)弁護士として有名だ。

母は**漫談**(まんだん)を聞くのが好きだ。

放漫(ほうまん)な態度でいるのは失礼だ。

強調のため、**倒置**(とうち)法を用いる。

絶倒(ぜっとう)するような喜劇を観た。

太陽系には八つの**惑星**(わくせい)がある。

思わぬ出来事に**困惑**(こんわく)する。

劇団が地方を**巡業**(じゅんぎょう)する。

派出所に**巡査**(じゅんさ)が勤務する。

かれの提案は**却下**(きゃっか)された。

図書館に本を**返却**(へんきゃく)する。

孫娘(まごむすめ)が遊びに来る。

伏線(ふくせん)が散りばめられた小説。

起伏(きふく)のゆるやかな山に登る。

牛から**痘苗**(とうびょう)を作る。

ジェンナーは**種痘**(しゅとう)を発明した。

物語が**佳境**(かきょう)に入る。

読書感想文が**佳作**(かさく)に選ばれる。

刑事(けいじ)に話を聞かれる。

実刑(じっけい)判決は厳しすぎる。

空き巣の犯人が**逮捕**(たいほ)された。

居酒屋の**勘定**(かんじょう)を払う。

問題を**山勘**(やまかん)で答える。

排気(はいき)のための管をつける。

- 二酸化炭素**排出**(はいしゅつ)量を減らす。

3級② 本冊P56

- 磁石の同じ極に**斥力**(せきりょく)が働く。
- 異文化の**排斥**(はいせき)運動が起きる。
- 勇ましい**掛**(か)け**声**(ごえ)が聞こえる。　け　け
- 人形が動く**仕掛**(しか)けを調べる。　け　け
- 新たな**催事**(さいじ)を企画する。
- 球技大会を**開催**(かいさい)する。
- 二者**択一**(たくいつ)を求められる。
- **選択**(せんたく)が正しいと信じる。
- **弧状**(こじょう)の道に沿って木を植える。
- スケートで**円弧**(えんこ)を描く。
- 雪の重みで柱が**湾曲**(わんきょく)する。
- **湾岸**(わんがん)地帯に工場が建つ。
- 店の前に**駐車**(ちゅうしゃ)する。
- 従業員を**常駐**(じょうちゅう)させる。
- 台風の**脅威**(きょうい)を感じる。
- 犯人に**脅迫**(きょうはく)される。
- 裁判所で**陳述**(ちんじゅつ)した。
- 遅刻したことを**陳謝**(ちんしゃ)する。
- **抽象**(ちゅうしょう)的でわかりにくい。
- **抽選**(ちゅうせん)で旅行券が当たる。
- 父から子へ財産を**譲渡**(じょうと)する。
- **分譲**(ぶんじょう)住宅を見学する。
- 犯罪を**抑止**(よくし)する効果がある。
- 言論の自由を**抑圧**(よくあつ)する。
- 休み時間に教室の**換気**(かんき)をする。
- 電球を**交換**(こうかん)する。
- 彼女の家の**婿養子**(むこようし)になる。
- 結婚式で**花婿**(はなむこ)が大泣きした。
- **坑道**(こうどう)を掘り進める。
- 祖父は**炭坑**(たんこう)で働いていた。
- 彼は和食界の**巨匠**(きょしょう)だ。
- **意匠**(いしょう)をこらした絵画。

3級③ 本冊P58

- 彼女は怖い**怪談**(かいだん)話が苦手だ。
- 旅先の旅館で**奇怪**(きかい)な体験をした。
- 部員の**怠慢**(たいまん)を注意する。
- 社員の**勤怠**(きんたい)を管理する。
- トンネルの**貫通**(かんつう)を喜ぶ。

1. **突貫**(とっかん)工事で納期に間に合う。
2. 魚の**卸売**(おろしう)りをする会社。
3. **卸値**(おろしね)に利益を乗せてうる。
4. 日照りで植物が**衰弱**(すいじゃく)する。
5. 産業が**衰退**(すいたい)の一途をたどる。
6. ひどい言葉に**憎悪**(ぞうお)の念を抱く。
7. **愛憎**(あいぞう)の入り交じった感情。
8. あまりの驚きに**錯乱**(さくらん)する。
9. **倒錯**(とうさく)した愛情を向けられる。
10. 調理師の**免許**(めんきょ)を取得する。
11. 疑いが晴れて**放免**(ほうめん)された。
12. 片言**隻語**(せきご)ももらさずに聞く。
13. 町中には**隻影**(せきえい)すら見えない。
14. 危険物取扱者の**乙種**(おつしゅ)の資格。
15. 夢見がちな**乙女**(おとめ)のようだ。
16. 古民家の**炉端**(ろばた)でくつろぐ。
17. **暖炉**(だんろ)に薪をくべる。
18. 生徒会の**了承**(りょうしょう)を得る。
19. 試合**終了**(しゅうりょう)の笛が鳴った。
20. 都道府県別の米の**収穫**(しゅうかく)量。
21. **廊下**(ろうか)のぞうきんがけをする。
22. **画廊**(がろう)の主人に認められる。
23. **伸縮**(しんしゅく)性のある素材のシャツ。
24. 準備運動でひざを**屈伸**(くっしん)する。
25. エレベーターが**昇降**(しょうこう)する。
26. 気温が**上昇**(じょうしょう)する。

3級④

本冊P60

1. 日本人の平均**寿命**(じゅみょう)が延びる。
2. 幼少期から続く**長寿**(ちょうじゅ)番組。
3. 子どもが親を**模倣**(もほう)する。
4. 先輩のやり方に**倣**(なら)う。
5. 近所の**架橋**(かきょう)工事が終わる。
6. けがをして**担架**(たんか)で運ばれる。
7. **胞子**(ほうし)によって増える植物。
8. ヒトの体**細胞**(さいぼう)を研究する。
9. 明治時代初期の**欧化**(おうか)政策。
10. **西欧**(せいおう)の考え方が浸透する。
11. 作文の誤字を**訂正**(ていせい)する。
12. 国語辞典の**改訂**(かいてい)版を買う。
13. まさに「**覆水**(ふくすい)盆に返らず」だ。

ボートが**転覆**(てんぷく)する。

墜落(ついらく)の原因を調査する。

あの会社の信用は**失墜**(しっつい)した。

責任**転嫁**(てんか)はやめてほしい。

孫の**花嫁**(はなよめ)姿を楽しみにする。

彼とは**辱知**(じょくち)の間柄だ。

屈辱(くつじょく)に耐えて努力した。

鐘楼(しょうろう)の影にたたずむ。

環境問題への**警鐘**(けいしょう)を鳴らす。

話し合いの**焦点**(しょうてん)をしぼる。

逆転されて**焦燥**(しょうそう)を感じる。

酵素(こうそ)の働きを知る。

大豆を**発酵**(はっこう)させてみそを作る。

聴衆(ちょうしゅう)を満足させる演奏。

視聴(しちょう)率の高い人気番組。

一試合で四つの**犠打**(ぎだ)を記録する。

ビタミンを**摂取**(せっしゅ)する。

人間は生物に**包摂**(ほうせつ)される。

3級⑤

本冊P62

尿管(にょうかん)は腎臓からでている。

コーヒーには**利尿**(りにょう)作用がある。

夢で**託宣**(たくせん)をくだされた。

屈託(くったく)のない笑顔に安心する。

彼の**冗談**(じょうだん)に場が和んだ。

あいさつが**冗長**(じょうちょう)になった。

優勝の**吉報**(きっぽう)が届く。

なんとなく**不吉**(ふきつ)な予感がする。

商品を**紙袋**(かみぶくろ)につめる。

正月に**福袋**(ふくぶくろ)を買う。

痛みを**緩和**(かんわ)する薬を飲む。

動きが**緩慢**(かんまん)な動物。

華道(かどう)の師範の免状をいただく。

近所の**中華**(ちゅうか)料理店に入る。

兄が**騎馬**(きば)隊に所属している。

武将が**単騎**(たんき)で敵陣にきり込む。

研究の**概要**(がいよう)をまとめる。

気概(きがい)にあふれた新入社員。

今春から名古屋に**赴任**(ふにん)する。

調査のために現地に**赴**(おもむ)く。
（□く　□く）

庭のさくに**塗料**(とりょう)をぬる。

薬を一日二回**塗布**（とふ）する。

問題の処置を**穏便**（おんびん）に済ませる。

故郷で**平穏**（へいおん）なくらしを送る。

彼女は**魔性**（ましょう）の女と言われる。

悪魔（あくま）のゆうわくに打ち勝った。

駅前の**喫茶**（きっさ）店で待ち合わせる。

二泊三日の旅行を**満喫**（まんきつ）する。

国王が神の**啓示**（けいじ）を受ける。

手紙を、「**拝啓**（はいけい）」から書く。

石油の**埋蔵**（まいぞう）量を予測する。

証拠の品が地中に**埋没**（まいぼつ）する。

3級⑥

本冊 P64

人命救助の任務を**遂行**（すいこう）する。

与えられた任務を**完遂**（かんすい）する。

岳父（がくふ）は長年教員を務めた。

世界に名だたる**山岳**（さんがく）地帯。

城郭（じょうかく）を修復する。

顔の**輪郭**（りんかく）が似ている。

養豚（ようとん）で有名な地域。

店で**豚肉**（ぶたにく）を買う。

社会から**隔絶**（かくぜつ）される。

遠隔（えんかく）地に住む親せきに会う。

師範の**篤実**（とくじつ）な人柄にひかれる。

祖母が**危篤**（きとく）だと知らせが入った。

膨大（ぼうだい）な量の単語を覚える。

熱によって金属が**膨張**（ぼうちょう）する。

幻想（げんそう）的な風景を収めた写真。

主人公が**夢幻**（むげん）の世界に迷い込む。

家電は**廉価**（れんか）版の性能で十分だ。

政治家には**清廉**（せいれん）さを求める。

愛嬢（あいじょう）が立派に育つ。

あの女性は社長**令嬢**（れいじょう）だ。

将来は**翻訳**（ほんやく）家になりたい。

退職を**翻意**（ほんい）するよう説得する。

国のために**滅私**（めっし）奉公する。

壊滅（かいめつ）的な被害を受けた地域。

動物**虐待**（ぎゃくたい）に反対する。

残虐（ざんぎゃく）な場面から目を背ける。

実戦力を**錬成**（れんせい）する。

武道の**修錬**（しゅうれん）を積む。

1. 小説の結末に**衝撃**(しょうげき)を受ける。
2. 交通の**要衝**(ようしょう)として発達する。
3. **帝国**(ていこく)主義的な考え方をする。
4. **皇帝**(こうてい)の即位を祝う。

3級⑦

本冊
P66

1. 事故にあい**裂傷**(れっしょう)を負う。
2. 風船が**破裂**(はれつ)する。
3. **肝心**(かんじん)の書類を忘れてしまった。
4. 新記録に**度肝**(どぎも)を抜かれる。
5. コーヒーの**芳香**(ほうこう)を感じる。
6. **芳名**(ほうめい)帳を用意する。
7. ビニールハウスで**育苗**(いくびょう)する。
8. 春がきたら**苗代**(なわしろ)を作る。
9. **宴会**(えんかい)に親せき一同が集まった。
10. 結婚の**祝宴**(しゅくえん)に招かれる。
11. けがをして競技を**棄権**(きけん)する。
12. 担当者が責任を**放棄**(ほうき)する。
13. 道路を**封鎖**(ふうさ)して検問する。
14. エースが**完封**(かんぷう)勝利を収めた。
15. 美食の**悦楽**(えつらく)に浸る。
16. 社長はいたくご**満悦**(まんえつ)だ。
17. **暫時**(ざんじ)休憩とする。
18. **暫定**(ざんてい)的に会長を務める。
19. 試験の前は**緊張**(きんちょう)する。
20. **喫緊**(きっきん)の課題に取り組む。
21. 薬物の**濫用**(らんよう)を防止する。
22. 熱帯林の**濫伐**(らんばつ)が問題だ。
23. さまざまな**控除**(こうじょ)を受ける。
24. 彼には**控訴**(こうそ)する権利がある。
25. 英作文で**冠詞**(かんし)をつけ忘れた。
26. 人生最高の**栄冠**(えいかん)を手にする。
27. 雨の中長い**葬列**(そうれつ)ができた。
28. 本人の希望の通り**密葬**(みっそう)にする。
29. **炎天**(えんてん)下での運動は避ける。
30. 酒を飲んで**気炎**(きえん)を吐く。
31. 三月**某日**(ぼうじつ)に撮影した番組。
32. 都内**某所**(ぼうしょ)で会見する。

3級⑧

本冊
P68

1. テスト範囲が**掲示**(けいじ)される。
2. **別掲**(べっけい)の資料を参照する。

手洗いを**励行**(れいこう)する。

出場する選手を**激励**(げきれい)する。

夫婦として**哀歓**(あいかん)を共にする。

その様子に人生の**悲哀**(ひあい)を感じる。

匿名(とくめい)の手紙が届いた。

秘匿(ひとく)情報が公表される。

菊判(きくばん)の本が出版される。

なべに**春菊**(しゅんぎく)を入れて食べる。

爆弾で建物が**崩壊**(ほうかい)した。

裏山のがけが**崩落**(ほうらく)する。

とりでを**奪取**(だっしゅ)する。

現金を**強奪**(ごうだつ)された事件。

かわいらしい**姫君**(ひめぎみ)が生まれた。

世界各国の**舞姫**(まいひめ)の競演。

自転車での旅を**敢行**(かんこう)する。

強敵に**果敢**(かかん)にチャレンジした。

名のある貴族に仕える**侍女**(じじょ)。

長年**侍従**(じじゅう)として仕える。

ホテルに**滞在**(たいざい)して観光する。

梅雨前線が**停滞**(ていたい)している。

墨汁(ぼくじゅう)を筆に含ませる。

先生が**白墨**(はくぼく)で漢字を書いた。

表の一部を**削除**(さくじょ)する。

小論文を**添削**(てんさく)してもらう。

現代は**飽食**(ほうしょく)の時代だ。

都市の人口が**飽和**(ほうわ)状態になる。

まばたきもせずに**凝視**(ぎょうし)する。

思いを**凝縮**(ぎょうしゅく)した言葉。

鉄分が**欠乏**(けつぼう)する。

貧乏(びんぼう)だが気楽な生活を送る。

3級⑨

本冊 P70

営業**妨害**(ぼうがい)を訴える。

進行を**妨**(さまた)げる原因になる。　げる

家具を**修繕**(しゅうぜん)して大切に使う。

上着の糸のほつれを**繕**(つくろ)う。　う

立て替えた代金を**請求**(せいきゅう)する。

老後に備えて家を**普請**(ふしん)した。

甘いものの**誘惑**(ゆうわく)に負ける。

新入部員を**勧誘**(かんゆう)する。

戦後の生活で**辛酸**(しんさん)をなめた。

ライバルに**辛勝**（しんしょう）した。

その詩人は**斗酒**（としゅ）百篇（べん）と評された。

北斗（ほくと）に向かって進路をとる。

債務（さいむ）超過の状態になっている。

貯えの一部で**国債**（こくさい）を買う。

最近の風潮を**慨嘆**（がいたん）する。

友達との再会は**感慨**（かんがい）深い。

大きな**犠牲**（ぎせい）を払う。

夜が明けて**鶏鳴**（けいめい）が聞こえる。

おじが**養鶏**（ようけい）を営んでいる。

顧客（こきゃく）管理は大切な仕事だ。

子ども時代を**回顧**（かいこ）する。

先輩に**慕情**（ぼじょう）を抱く。

亡き母への**思慕**（しぼ）の念がつのる。

卒業式で**惜別**（せきべつ）の涙をながす。

子犬に**愛惜**（あいせき）の情がわく。

漏水（ろうすい）したところを直す。

万事**遺漏**（いろう）のないように準備する。

路面が**凍結**（とうけつ）していて危ない。

牛肉を**解凍**（かいとう）して料理する。

胎内（たいない）に宿るいのち。

母胎（ぼたい）への影響が心配される。

3級⑩

本冊 P72

ささいなことに**動揺**（どうよう）する。

進路について心が**揺**（ゆ）れる。

□れる　□れる

峡谷（きょうこく）にかかる鉄橋。

海峡（かいきょう）でうず潮を見る。

没落（ぼつらく）した貴族の館。

沈没（ちんぼつ）した船を引き上げる。

保護者に注意を**喚起**（かんき）する。

裁判所が証人を**召喚**（しょうかん）する。

公園内に**墳丘**（ふんきゅう）がある。

古墳（こふん）からの出土品を展示する。

川が**滝口**（たきぐち）に差しかかる。

美しい**白滝**（しらたき）を観光する。

湿原（しつげん）に咲くミズバショウ。

日本の夏は高温**多湿**（たしつ）だ。

帆船（はんせん）の模型を飾る。

汽笛を鳴らして**出帆**（しゅっぱん）する。

船で**瀬戸**（せと）を渡る。

浅瀬(あさせ)で潮干狩りをする。

河畔(かはん)に立って流れを見つめる。

湖畔(こはん)の宿に泊まる。

出穂(しゅっすい)期のイネを管理する。

黄金色の**稲穂**(いなほ)が揺れるたんぼ。

卓越(たくえつ)した才能に舌を巻く。

ノートを集めて**教卓**(きょうたく)に置く。

陵墓(りょうぼ)を訪ね歩く。

丘陵(きゅうりょう)地帯に出かける。

このあとに**休憩**(きゅうけい)がある。

小憩(しょうけい)して疲れを取る。

邪念(じゃねん)を払って勉強する。

子どもの**無邪気**(むじゃき)な笑顔。

碑文(ひぶん)からかつての様子を知る。

公園に**石碑**(せきひ)が建てられた。

3級⑪

本冊 P76

覚悟(かくご)を決めて修行する。

親が子を思う気持ちの深さを**悟**(さと)る。

落ち着いて適切な**措置**(そち)を取る。

突然の事態に**挙措**(きょそ)を失う。

絞首(こうしゅ)台にあがる。

被害者は**絞殺**(こうさつ)された。

陪審(ばいしん)員として裁判に出る。

日本**随一**(ずいいち)の腕前の職人。

計画変更に**付随**(ふずい)する問題。

賢者(けんじゃ)の知恵を語り継ぐ。

先賢(せんけん)の教えをひもとく。

行政の**諮問**(しもん)機関を立ち上げる。

予算案を会議で**諮**(はか)る。

目の前には**桑園**(そうえん)が広がる。

桑畑(くわばたけ)を示す地図記号。

紙の厚さは**斤量**(きんりょう)で表す。

食パンを**一斤**(いっきん)買う。

彼の発言を**擁護**(ようご)する立場をとる。

再会を喜んで**抱擁**(ほうよう)する。

王が**賊臣**(ぞくしん)のわなにはまる。

海賊(かいぞく)が多く出る場所。

畜産(ちくさん)のうかの手伝いをする。

牛や馬は代表的な**家畜**(かちく)だ。

自治体が**施策**(しさく)を打つ。

キャンペーンを**実施**（じっし）する。
潤沢（じゅんたく）な資源を持つ国。
湿潤（しつじゅん）な土地に育つ植物。
郊外（こうがい）にある住宅地に住む。
都市**近郊**（きんこう）の自然を守る。
何か**魂胆**（こんたん）があるかもしれない。
一球**入魂**（にゅうこん）の姿勢で臨む。

3級⑫

本冊 P78

労働者が**搾取**（さくしゅ）される。
ブドウを**圧搾**（あっさく）する。

文学の**該博**（がいはく）な知識を持つ人。
当該（とうがい）の資料を参照する。
となり村まで**産婆**（さんば）を迎えに行く。
突如現れた**老婆**（ろうば）の姿に驚く。
大規模な**娯楽**（ごらく）施設が完成する。
けんかの**遺恨**（いこん）は残さない主義だ。
寝坊したのは**痛恨**（つうこん）の極みだ。
慈愛（じあい）に満ちた表情。
仁慈（じんじ）の心をもって人に接する。
読書週間の標語を**募集**（ぼしゅう）する。

新人賞に**応募**（おうぼ）する。
糧食（りょうしょく）を全員に配付する。
敵を**兵糧**（ひょうろう）攻めにする。
あえて未経験者を**雇用**（こよう）する。
職務怠慢で**解雇**（かいこ）される。
硬筆（こうひつ）で文字を書く。
強硬（きょうこう）な態度を崩さない。
待遇（たいぐう）のよい仕事を探す。
恵まれない**境遇**（きょうぐう）の老人。
アパートを賃貸**契約**（けいやく）する。

彼との出会いを**契機**（けいき）に改心した。
塊状（かいじょう）の物質を掘り出す。
私の祖父母は**団塊**（だんかい）の世代だ。
教室をていねいに**掃除**（そうじ）する。
住民の不安を**一掃**（いっそう）する。
きれいな**水晶**（すいしょう）を鑑賞する。
液晶（えきしょう）テレビを買う。
先代の**藩主**（はんしゅ）にも仕えた人物。
徳川御三家は**親藩**（しんぱん）大名だ。

3級⑬

本冊 P80

国内では**無双**(むそう)の強さを誇る。

私の学校には**双子**(ふたご)が三組いる。

試合で**審判**(しんぱん)をする。

弟の行動に**不審**(ふしん)な点がある。

又聞(またぎ)きの話は信じない。

大木を**伐採**(ばっさい)する。

桃太郎は鬼の**征伐**(せいばつ)にでかける。

壇上(だんじょう)から皆を見渡す。

講師の先生が**登壇**(とうだん)する。

炊飯(すいはん)器のスイッチを入れる。

鍋の最後に**雑炊**(ぞうすい)を食べる。

申し入れの**諾否**(だくひ)を問う。

親に合宿参加の**承諾**(しょうだく)を得る。

鎮魂(ちんこん)の碑を建てる。

財界の**重鎮**(じゅうちん)と言われる人。

潜水(せんすい)して海底を調査する。

交響曲の制作に**沈潜**(ちんせん)する。

植物は**気孔**(きこう)を通して呼吸する。

甘い香りが**鼻孔**(びこう)をくすぐる。

明治時代の**一厘**(いちりん)銅貨。

七厘(しちりん)でサンマを焼く。

霊感(れいかん)の強い友達がいる。

悪霊(あくりょう)がでてくる映画。

二人の実力は**甲乙**(こうおつ)つけがたい。

甲板(かんぱん)に出て海をながめる。

鯨油(げいゆ)からせっけんを作る。

捕鯨(ほげい)に反対する国もある。

簿記(ぼき)の資格取得をめざす。

出席者の**名簿**(めいぼ)を作る。

夜ふかしの**悪癖**(あくへき)を改める。

登校前に**寝癖**(ねぐせ)を直す。

3級⑭

本冊 P82

民衆の心を**掌握**(しょうあく)する。

食事の前に**合掌**(がっしょう)する。

保護者**同伴**(どうはん)で説明会に行く。

クラスの合唱の**伴奏**(ばんそう)をする。

予選敗退の知らせに**落胆**(らくたん)する。

勝つために**大胆**(だいたん)な作戦に出る。

漂流(ひょうりゅう)中の船を発見する。

毎日、ふきんを**漂白**(ひょうはく)する。

粗雑(そざつ)な扱いを受ける。

映画の**粗筋**(あらすじ)を紹介する。

証言と現場の状況が**符合**(ふごう)する。

音符(おんぷ)が五線紙の上に並ぶ。

酔狂(すいきょう)が過ぎるとしかられる。

クラシック音楽に**心酔**(しんすい)する。

多数の**邦人**(ほうじん)が海外に居住する。

ロシア**連邦**(れんぽう)の成立。

武芸の**真髄**(しんずい)を極める。

科学の**精髄**(せいずい)を集める。

粘着(ねんちゃく)力の強いシールをはる。

粘土(ねんど)をこねてろくろに載せる。

今後のことを**憂慮**(ゆうりょ)する。

心の底に**深憂**(しんゆう)を抱える。

孤独(こどく)な身の上を明かす。

その作家は**孤高**(ここう)の人だった。

商品の**魅力**(みりょく)を説明する。

観客を**魅了**(みりょう)する歌声。

情景が**躍如**(やくじょ)として描かれた絵。

愛情が**如実**(にょじつ)に表れている。

顔面を**殴打**(おうだ)される。

サンドバッグを**殴**(なぐ)る。

る　る

今年**締結**(ていけつ)された協定。

外国と同盟を**締約**(ていやく)する。

3級⑮

本冊 P84

変装して敵の目を**欺**(あざむ)く。

く　く

世界的な**恐慌**(きょうこう)が起こる。

忘れ物に気づいて**慌**(あわ)てる。

てる　てる

彫刻(ちょうこく)が美しい家具。

木彫(きぼ)りの熊をお土産にもらう。

り　り

市内の高校に**在籍**(ざいせき)する。

結婚すると新しい**戸籍**(こせき)ができる。

画家の**工房**(こうぼう)を取材する。

花房(はなぶさ)の香りをかぐ。

獄中(ごくちゅう)で職業訓練を受ける。

地獄(じごく)を描いた絵本を読む。

若者が平和な国の**礎石**(そせき)となる。

英文法の**基礎**(きそ)を復習する。

イベントで**棋士**(きし)と対戦した。

将棋(しょうぎ)部が大会にでる。

サケの**稚魚**(ちぎょ)を放流する。

幼稚(ようち)な悪ふざけはやめなさい。

データ入力を**嘱託**(しょくたく)する。

講師を外部に**委嘱**(いしょく)する。

車に**擦過**(さっか)したきずがついた。

転んで**擦**(す)り**傷**(きず)ができた。

□り□□り□

空き巣の手口が**巧妙**(こうみょう)である。

素晴らしい**技巧**(ぎこう)に目を見張る。

高揚(こうよう)した気分で歩く。

苦労した**揚**(あ)げ**句**(く)に失敗した。

□げ□□げ□

母が**陶芸**(とうげい)教室に通う。

美しい音色に**陶酔**(とうすい)する。

しっかりとした**縫製**(ほうせい)の服。

私の友達は**裁縫**(さいほう)が得意だ。

いつも雨具を**携帯**(けいたい)している。

この本は高校生**必携**(ひっけい)の書だ。

3級⑯

本冊P86

地元の**猟師**(りょうし)から肉を仕入れる。

採集や**狩猟**(しゅりょう)で生活する。

公務員の**綱紀**(こうき)を引き締める。

横綱(よこづな)の土俵入りを見る。

墾田(こんでん)永年私財法が定められた。

協力して**開墾**(かいこん)した土地。

ジュースを我慢して**倹約**(けんやく)する。

日々の暮らしで**節倹**(せっけん)している。

餓鬼(がき)の世界に落ちる。

ききんで**餓死**(がし)する人が増えた。

悪天候の山で**遭難**(そうなん)しかける。

数年ぶりに知人に**遭遇**(そうぐう)する。

冷夏で作物の生長が**阻害**(そがい)される。

サッカーのシュートを**阻止**(そし)する。

むだ話をして時間を**浪費**(ろうひ)する。

世界中を巡る**流浪**(るろう)の旅に出る。

束縛(そくばく)から解放される。

路上で犯人を**捕縛**(ほばく)する。

時代を**超越**(ちょうえつ)した美しさ。

出口で**超過**(ちょうか)料金を払う。

植物の**促成**(そくせい)がうまくいく。

編集者に原稿を**催促**(さいそく)される。

空虚(くうきょ)な生活を送っている。

3級 ⑰

本冊 P88

ぼんやりと**虚空**（こくう）を見つめる。
自分のうそに**悔恨**（かいこん）の念を抱く。
いまさら**後悔**（こうかい）しても遅い。
珍しく**殊勝**（しゅしょう）なことを言う。
殊更（ことさら）に言うことはない。
紺青（こんじょう）の海に船出する。
紫紺（しこん）の優勝旗を手にする。
犯人の身柄を**拘束**（こうそく）する。
彼は**拘置**（こうち）所に入れられた。

疾風（しっぷう）のごとくはしり去る。
馬に乗って**疾走**（しっそう）する。
福祉（ふくし）団体に所属する。
友達と**奉仕**（ほうし）活動に参加する。
有名な占い師を**信奉**（しんぽう）する。
ひそかに**謀略**（ぼうりゃく）をめぐらす。
裏切り者の**陰謀**（いんぼう）をあばく。
冬は**零下**（れいか）になる土地。
零細（れいさい）企業を経営する。
納期の**遵守**（じゅんしゅ）につとめる。

遵法（じゅんぽう）の精神を育む。
海底が**隆起**（りゅうき）してできた山脈。
王国の**興隆**（こうりゅう）を描いた小説。
哲学（てつがく）に興味がある。
何の**変哲**（へんてつ）もない石ころ。
紛争（ふんそう）地域を訪れる。
世継ぎをめぐる**内紛**（ないふん）がおこる。
ホルモンの**分泌**（ぶんぴつ）をうながす。
泌尿器（ひにょうき）科で検査を受ける。
虫が**忌避**（きひ）する成分のスプレー。

祖母の三**回忌**（かいき）法要を営む。
蛮族（ばんぞく）というレッテルをはる。
南蛮（なんばん）渡来の菓子を食べる。
体育祭の**企画**（きかく）を考える。
大きな**企業**（きぎょう）に就職する。
怠ることなく**鍛錬**（たんれん）する。
身体だけでなく精神力も**鍛**（きた）える。
［　］える　［　］える
思わず**詠嘆**（えいたん）の声がもれる。
有名な和歌を**朗詠**（ろうえい）する。
苦手科目の**克服**（こくふく）が課題だ。

これは**克明**(こくめい)な描写の手記だ。

3級⑱
本冊 P90

映画の**撮影**(さつえい)に参加する。

カメラで修学旅行の写真を**撮**(と)る。

□る □る

食後に**錠剤**(じょうざい)を二つ飲む。

門が**施錠**(せじょう)されていて入れない。

角膜(かくまく)は傷つきやすい。

網膜(もうまく)がはがれることがある。

窒素(ちっそ)は肥料にもなる。

窒息(ちっそく)しそうになり苦しむ。

鳥が獲物めがけて**滑空**(かっくう)する。

会議が**円滑**(えんかつ)に進む。

地軸(ちじく)の傾きが四季を生んだ。

山水画の**掛**(か)け**軸**(じく)がかかっている。

□け□ □け□

かつて**鋳造**(ちゅうぞう)された貨幣。

市内に**鋳物**(いもの)メーカーの会社がある。

従業員に**慰労**(いろう)金を支給する。

慰安(いあん)旅行を企画する。

図書館で新聞を**閲覧**(えつらん)する。

原稿を**校閲**(こうえつ)する。

能の**幽玄**(ゆうげん)な世界にひたる。

深山**幽谷**(ゆうこく)を訪ねる旅に出る。

彼は**愚直**(ぐちょく)な人だ。

言葉で**衆愚**(しゅうぐ)を欺く。

街で**偶然**(ぐうぜん)友達に会う。

女神と**対偶**(たいぐう)をなす男神。

狭い道を**徐行**(じょこう)する。

空の色が**徐徐**(じょじょ)に変化する。

既存(きそん)の設備を利用する。

皆既(かいき)日食を観察する。

事業が**軌道**(きどう)に乗る。

常軌(じょうき)を外れた発言をする。

裸眼(らがん)の視力をはかる。

全裸(ぜんら)でサウナに入る。

3級⑲・準2級①
本冊 P94

中国の**官吏**(かんり)登用制度の研究。

決して**卑屈**(ひくつ)になることはない。

卑劣(ひれつ)なやり方は許さない。

要所を**抜粋**(ばっすい)して説明する。

純粋(じゅんすい)な気持ちで応援する。

古代遺跡にそびえる**楼閣**（ろうかく）。

高楼（こうろう）からのながめを楽しむ。

恩赦（おんしゃ）により減刑された。

容赦（ようしゃ）なくたたきのめされた。

各国の**租税**（そぜい）について調査する。

明治時代に**地租**（ちそ）改正が実施された。

探査により**海溝**（かいこう）が発見された。

道路の**側溝**（そっこう）を掃除する。

司法**解剖**（かいぼう）で死因が判明する。

惰性（だせい）ではなく自覚をもって学ぶ。

怠惰（たいだ）な生活を反省する。

収賄（しゅうわい）には厳しい罰則がある。

贈賄（ぞうわい）の罪に問われる。

碁石（ごいし）を盤上に置く。

囲碁（いご）の名人戦が行われる。

疫病（えきびょう）の終息を願う。

免疫（めんえき）力を高める。

銀行から**融資**（ゆうし）を受けた。

金融（きんゆう）機関に勤める。

二位に一**艇身**（ていしん）差で勝つ。

準2級②

本冊 P96

巡視**船艇**（せんてい）の整備をする。

愉快（ゆかい）な曲に合わせて踊る。

読書は素晴らしい**愉楽**（ゆらく）の一つだ。

手紙を「**謹啓**（きんけい）」で始める。

「**謹言**（きんげん）」は改まったことばだ。

文章にグラフを**挿入**（そうにゅう）する。

新聞小説に**挿**（さ）し**絵**（え）をつける。

し　し

悠久（ゆうきゅう）の歴史を伝える。

悠揚（ゆうよう）迫らぬ態度を保つ。

犯罪を**教唆**（きょうさ）したと疑われる。

彼の話は**示唆**（しさ）に富んでいた。

亜鉛（あえん）と銅で電池を作る。

白亜（はくあ）の洋館が目を引く。

地殻（ちかく）変動を観測する。

海辺で**貝殻**（かいがら）を拾う。

新学期の**履修**（りしゅう）科目を登録する。

草履（ぞうり）をはいて街を散策する。

宰相（さいしょう）の座に着く。

学術会議を**主宰**（しゅさい）する。

武力による**威嚇**（いかく）を控える。

壊れたいすを**廃棄**（はいき）する。

建物が**朽廃**（きゅうはい）する。

彼は法学部の**准教授**（じゅんきょうじゅ）だ。

子どもの権利条約を**批准**（ひじゅん）する。

部員集めに**奔走**（ほんそう）する。

身ひとつで故郷を**出奔**（しゅっぽん）する。

剰余（じょうよ）金が繰り越される。

自意識**過剰**（かじょう）だと、さとされる。

恐竜（きょうりゅう）の化石を見る。

竜巻（たつまき）注意報が発令された。

外国からの**賓客**（ひんきゃく）をもてなす。

式の始めに**来賓**（らいひん）を紹介する。

蛇口（じゃぐち）をひねって水をだす。

大蛇（だいじゃ）を退治する。

始業式で校歌を**斉唱**（せいしょう）する。

一斉（いっせい）に拍手をする。

準2級③

本冊 P98

御**清祥**（せいしょう）のことと存じます。

ギリシアは五輪**発祥**（はっしょう）の地だ。

彼女の**繊細**（せんさい）さが表れた絵だ。

天然素材の**繊維**（せんい）を使用する。

せせらぎが**涼感**（りょうかん）を誘う。

荒涼（こうりょう）とした風景が広がる。

問題点を**把握**（はあく）することが先決だ。

大雑把（おおざっぱ）に計画を立てる。

人気作家の**逸品**（いっぴん）を公開する。

その俳優の演技は**秀逸**（しゅういつ）だ。

庶民（しょみん）の暮らしを豊かにする。

会社で**庶務**（しょむ）を担当する。

屋根の**杉板**（すぎいた）を張り替える。

結婚式で**誓約**（せいやく）をする。

開会式で選手**宣誓**（せんせい）をする。

子どもの考えを**肯定**（こうてい）する。

その意見は**首肯**（しゅこう）しがたい。

節電の効果が**顕著**（けんちょ）に表れた。

顕微鏡（けんびきょう）で観察する。

睡魔（すいま）と戦いながら勉強する。

熟睡（じゅくすい）してすっきり起きる。

考えの未熟さが**露呈**（ろてい）する。

先着十名に無料で**進呈**（しんてい）する。

人気の**銘柄**（めいがら）を食べ比べる。

小説の内容に**感銘**（かんめい）を受ける。

若者の**購買**（こうばい）意欲をかき立てる。

参考書を書店で**購入**（こうにゅう）する。

世相を風刺した**川柳**（せんりゅう）を詠む。

溶液から結晶が**析出**（せきしゅつ）する。

実験の結果を**分析**（ぶんせき）する。

準2級④

本冊
P100

詐欺（さぎ）の被害を防ぐ。

学歴**詐称**（さしょう）が明らかになる。

圧政下で自由を**渇望**（かつぼう）する。

天然資源の**枯渇**（こかつ）を案ずる。

厄介（やっかい）な仕事を押しつけられる。

様々な**災厄**（さいやく）に見舞われる。

自説を**頑強**（がんきょう）に主張する。

祖父は**頑固**（がんこ）な人だ。

癒着（ゆちゃく）の根絶に努める。

祖母の病気の**治癒**（ちゆ）をねがう。

憤怒（ふんぬ）の形相でにらむ。

試合に負けて**発憤**（はっぷん）する。

胆汁（たんじゅう）は脂肪の消化を助ける。

つぶしあんでお**汁粉**（しるこ）をつくる。

公然と人を**侮辱**（ぶじょく）するのは罪だ。

人権の**軽侮**（けいぶ）は否定されるべきだ。

併願（へいがん）する大学を決める。

隣の市と**合併**（がっぺい）した。

荘厳（そうごん）な音楽に心を打たれる。

避暑のため高原の**別荘**（べっそう）へ行く。

これは彼の最高**傑作**（けっさく）といえる。

戦国時代の**英傑**（えいけつ）を描いた小説。

刑の執行を**猶予**（ゆうよ）する。

不適切な意見を**撤回**（てっかい）する。

最前線から**撤退**（てったい）する。

規則違反者に**懲罰**（ちょうばつ）を与える。

公務員が**懲戒**（ちょうかい）処分を受ける。

ツルが湖の上空を**旋回**（せんかい）する。

政界に**旋風**（せんぷう）を巻き起こす。

岬（みさき）に建つ灯台を見上げる。

準2級⑤

本冊
P102

詩、短歌、俳句は**韻文**（いんぶん）だ。

押韻（おういん）はリズムを生みだす。

累積（るいせき）赤字の解消が急務だ。

係累（けいるい）が多いと気苦労も多い。

試験の結果に**拘泥**（こうでい）しない。

議論が進まず**泥沼**（どろぬま）化した。

囚人（しゅうじん）を釈放する。

宵寝（よいね）をしたので朝早くめざめた。

今宵（こよい）は満月なので楽しみだ。

近年、**疫痢**（えきり）はあまりみられない。

下痢（げり）が続くと体力がなくなる。

作品全体に**懐古**（かいこ）の情が漂う。

創立当時のことを**述懐**（じゅっかい）する。

機械の使用**頻度**（ひんど）が上がる。

頻出（ひんしゅつ）問題を解く。

便宜（べんぎ）的にグループに分ける。

生徒の要望に**適宜**（てきぎ）対応する。

北海道で**酪農**（らくのう）を営む。

乳酪（にゅうらく）を作っている。

親族が集まって**慶事**（けいじ）を祝う。

自薦（じせん）を含め複数の候補者を募る。

推薦（すいせん）入試に合格する。

子どもの成長を**泰然**（たいぜん）と見守る。

国の将来の**安泰**（あんたい）を願う。

音訓**索引**（さくいん）で漢字を探す。

美について**思索**（しさく）にふける。

一升（いっしょう）びんの酒を買う。

升目（ますめ）の中に言葉を書き入れる。

数字を思いつくまま**羅列**（られつ）する。

好きな作家の著作を**網羅**（もうら）する。

準2級⑥

本冊 P104

壮大（そうだい）な夢を思い描く。

強壮（きょうそう）剤を服用する。

不適切発言に**遺憾**（いかん）の意を表する。

ギターの音色が**旅愁**（りょしゅう）を誘う。

潮の香りに**郷愁**（きょうしゅう）を覚える。

自分への**褒美**（ほうび）にお菓子を買う。

優勝選手に**褒賞**（ほうしょう）が贈られる。

情報の提供に**懸賞**（けんしょう）金を出す。

懸命（けんめい）な努力が実を結んだ。

有名な**渓谷**（けいこく）を訪れる。

長野県の大**雪渓**（せっけい）に行く。

誘拐（ゆうかい）された子どもを保護する。

陥没（かんぼつ）した道路を補修する。

制度の**欠陥**（けっかん）を指摘する。

すらっとした**肢体**（したい）をもっている。

四肢（しし）を伸ばして湯船につかる。

復興のため粉骨**砕身**（さいしん）する。

機械で不燃物を**粉砕**（ふんさい）する。

公僕（こうぼく）として真面目に働く。

古くから**忠僕**（ちゅうぼく）として働く。

数本の**繭糸**（けんし）をより合わせる。

新年に**繭玉**（まゆだま）を店先に飾る。

拷問（ごうもん）は人権侵害だ。

白い**開襟**（かいきん）シャツを着る。

襟足（えりあし）を長く伸ばす。

衷心（ちゅうしん）からの祈りをささげる。

協議して**折衷**（せっちゅう）案を導き出す。

工芸家が**漆器**（しっき）を制作する。

乾漆（かんしつ）の技法でうつわを作る。

準2級⑦

本冊P106

逓信（ていしん）省時代の切手を集める。

消耗（しょうもう）品を定期的に買い足す。

よく使う道具は**損耗**（そんもう）が激しい。

問題の**核心**（かくしん）に迫る記事を読む。

市民運動の**中核**（ちゅうかく）をになう。

医療上の**倫理**（りんり）的課題を検討する。

その行為は**人倫**（じんりん）に背く。

とうもろこしを**栽植**（さいしょく）する。

丹念に**盆栽**（ぼんさい）の手入れをする。

猫舌（ねこじた）なのでお茶を冷ます。

山猫（やまねこ）のように素早く動く。

当時のことを**叙述**（じょじゅつ）する。

叙情（じょじょう）的な曲を聴く。

葉に**褐色**（かっしょく）のはん点が出る。

艦隊（かんたい）を組んで警備する。

各国の**戦艦**（せんかん）を比較する。

唯心（ゆいしん）論を批判する。

丈夫なのが**唯一**（ゆいいつ）の取り柄だ。

警察が事件について**捜査**（そうさ）する。

警察犬が遭難者を**捜索**する。

渦中のひとに取材を申し込む。

故郷が**戦渦**に巻き込まれる。

吟味した食材を用いて料理する。

仲間たちと**詩吟**を楽しむ。

決勝で**塁審**を務める。

本塁に頭から滑り込む。

不要なデータを**抹消**する。

一抹の不安が頭をよぎる。

丙種危険物取扱者資格を取る。

丙午の年にまつわるめいしん。

準2級⑧

本冊P108

作家の自伝が**江湖**の評判を呼ぶ。

江戸時代の文化について学習する。

紡績技術が向上する。

この服は毛と綿の**混紡**だ。

妊婦に電車の席を譲る。

懐妊の兆候が見られる。

この世の**禍福**は予測できない。

地震の**災禍**を語り継ぐ。

終戦後、**虜囚**を解放する。

捕虜が収容所から脱走する。

派閥争いからは距離を置いた。

財閥による富の独占を禁じる。

新しいクラスは明るい**雰囲気**だ。

予算の**枠外**の支出を計算する。

別枠で中途採用者を募集する。

淑女らしく振る舞う。

私淑する学者の著書を読む。

その詩は心の**琴線**に触れた。

音楽会で**木琴**を演奏する。

盲目的に信じてはいけない。

文盲率を下げるため教育する。

両選手の力は**伯仲**している。

著名な**画伯**の個展を見る。

彼は**俊敏**な動きをする。

彼は**英俊**として有名だ。

邸宅の庭を散策する。

首相が**官邸**から指示を出す。

畝織の布で着物を仕立てる。

附属（ふぞく）の中学校から進学する。

新たな**附随**（ふずい）業務が増える。

準2級⑨

本冊 P110

叔父（しゅくふ）の元で仕事をする。

叔母（しゅくぼ）と共に暮らす。

気圧の影響で**酷暑**（こくしょ）となる。

彼の言葉はあまりにも**残酷**（ざんこく）だ。

告別式で**弔辞**（ちょうじ）を読む。

慶弔（けいちょう）電報を送る。

彼女は**寛大**（かんだい）な心の持ち主だ。

多様性に**寛容**（かんよう）な社会を目指す。

差別的な言動に**嫌悪**（けんお）感を抱く。

試合に勝って**機嫌**（きげん）がいい。

門扉（もんぴ）を開いて客を迎え入れる。

扉絵（とびらえ）で読者をひきつける。

拙速（せっそく）な対応を戒める。

稚拙（ちせつ）だが味のある字だ。

禅定（ぜんじょう）をして対象に集中する。

精神を鍛えようと**座禅**（ざぜん）を組む。

公園の**一隅**（いちぐう）に木を植える。

店の**片隅**（かたすみ）で音楽に耳を傾ける。

自宅に**坪庭**（つぼにわ）をしつらえる。

家の**建坪**（たてつぼ）を調べる。

政府の政策が地価の**騰貴**（とうき）を招く。

食品価格の**高騰**（こうとう）で頭が痛い。

商船が**暗礁**（あんしょう）に乗り上げた。

岩礁（がんしょう）で鳥が羽を休めている。

人々の**安寧**（あんねい）と幸せを祈る。

心をこめて**丁寧**（ていねい）な字で書く。

気候変動の**弊害**（へいがい）を案じる。

語弊（ごへい）を恐れず意見を述べる。

野党が長官の**罷免**（ひめん）を要求する。

市役所に**婚姻**（こんいん）届を提出する。

準2級⑩

本冊 P112

世界選手権の**覇者**（はしゃ）となる。

全国**制覇**（せいは）を目指して戦う。

国内でワインを**醸造**（じょうぞう）する。

純米**吟醸**（ぎんじょう）酒を販売する。

凶刃（きょうじん）に倒れた友の志を継ぐ。

刃物（はもの）の扱いには気をつける。

彼は**紳士**(しんし)的な態度で話し出した。

和歌は**貴紳**(きしん)のたしなみの一つだ。

呉服(ごふく)屋でふりそでを選ぶ。

呉音(ごおん)は仏教用語に多く見られる。

伝染病の**撲滅**(ぼくめつ)を目指す。

階段で転んだが軽い**打撲**(だぼく)ですむ。

古い**土塀**(どべい)を修繕する。

運動会で**鉢巻**(はちま)きをまいて走る。

植木鉢(うえきばち)で朝顔を育てる。

水を**浄化**(じょうか)する設備を作る。

傷を**洗浄**(せんじょう)して手当てする。

白菜の**漬**(つ)け**物**(もの)を食べる。

祖母の**梅漬**(うめづ)けを送ってもらう。

眼鏡で視力を**矯正**(きょうせい)する。

奇矯(ききょう)な振る舞いが人目をひく。

壁の中に**空洞**(くうどう)がある。

洞穴(ほらあな)にコウモリがすむ。

新しい**化粧**(けしょう)品を買う。

ひと仕事終わって**閑暇**(かんか)を得る。

学生の苦情を**等閑**(とうかん)に付す。

口唇(こうしん)に薬を塗る。

彼は**下唇**(したくちびる)をかんだ。

多様な**肌色**(はだいろ)の人がいる。

素肌(すはだ)に優しいシャツを着る。

準2級⑪

本冊 P116

洪水(こうずい)に備えて対策を取る。

この台地は**洪積層**(こうせきそう)からなる。

法曹(ほうそう)を目指して勉強する。

重曹(じゅうそう)を使って入浴剤を作る。

参列者が**出棺**(しゅっかん)を見送る。

納棺(のうかん)は通夜の前に行われる。

暁天(ぎょうてん)に鶏が時を告げる。

旅びとが**早暁**(そうぎょう)に宿をたつ。

えのきは群生する**菌類**(きんるい)だ。

体内の**細菌**(さいきん)の検査をする。

仙人(せんにん)が現れそうなけはいの山。

水仙(すいせん)が見頃を迎える。

気泡(きほう)の入ったガラスは趣がある。

泡雪(あわゆき)のように溶けるお菓子。

丘の上を**薫風**(くんぷう)が吹き抜ける。

- 肉を**薫製**（くんせい）にして保存する。
- 契約条項に**但**（ただ）し**書**（が）きをつける。
  - し　き
  - し　き
- 夫婦として互いに**貞潔**（ていけつ）を保つ。
- **貞操**（ていそう）観念を身に付ける。
- 活性炭が**臭気**（しゅうき）を吸着する。
- トイレに**消臭**（しょうしゅう）剤を置く。
- 厳しい**錬磨**（れんま）を通じて上達する。
- **研磨**（けんま）された石器が見つかる。
- **軟水**（なんすい）は洗たくに適している。
- 運動前に**柔軟**（じゅうなん）体操をする。
- 公正**且**（か）つ適正に選挙を行う。
  - つ
  - つ
- **酢酸**（さくさん）を食事で効果的に取る。
- **黒酢**（くろず）を使った料理を食べる。
- 旧友への**悼辞**（とうじ）が心に響く。
- 作家の**追悼**（ついとう）特集を組む。

準2級⑫

本冊 P118

- **水槽**（すいそう）で熱帯魚を飼う。
- **浴槽**（よくそう）につかって疲れを取る。
- 損害を受ける**虞**（おそれ）がある。
- 旬の果物を安価で**頒布**（はんぷ）する。
- **塾生**（じゅくせい）の寄宿舎をつくる。
- 彼は郷里で**私塾**（しじゅく）を開いた。
- **嫡男**（ちゃくなん）が家を継いだ。
- 病弱の長子は**廃嫡**（はいちゃく）された。
- **漸進**（ぜんしん）的に政治改革をすすめる。
- 労働者の待遇は**漸次**（ぜんじ）改善された。
- **昆布**（こんぶ）でだしを取る。
- 捕まえた**昆虫**（こんちゅう）を標本にする。
- 政党政治の本質を**喝破**（かっぱ）する。
- 怠けている子どもを**一喝**（いっかつ）する。
- 大学の図書館で**文献**（ぶんけん）を探す。
- 毎日の**献立**（こんだて）を考える。
- 彼がこの店の**亭主**（ていしゅ）だ。
- **料亭**（りょうてい）で会合をもつ。
- 書類に**印璽**（いんじ）を押す。
- 侍従職が**国璽**（こくじ）を保管する。
- 彼は**純朴**（じゅんぼく）で欲のない人だ。
- **素朴**（そぼく）な演説が人の心を打つ。
- 旧日本軍の**尉官**（いかん）の話を聞く。

彼は陸軍の**少尉**（しょうい）を務めた。

この辺は**硝石**（しょうせき）を産出する。

辺りに**煙硝**（えんしょう）のにおいが漂う。

災害対策で**缶詰**（かんづ）めを備蓄する。

□め　□め

空（あ）き**缶**（かん）をくずかごに捨てる。

□き　□き　□

紅茶は**沸騰**（ふっとう）した湯でいれる。

ふきんを**煮沸**（しゃふつ）消毒する。

準2級⑬

本冊 P120

山頂からの**眺望**（ちょうぼう）を楽しむ。

眼前に広がる田園風景を**眺**（なが）める。

□める　□める

この絵画は**駄作**（ださく）といわれている。

電気の**無駄**（むだ）づかいに気をつける。

逃げだした**痴漢**（ちかん）を捕まえる。

方向**音痴**（おんち）なのでよく道に迷う。

凸版（とっぱん）は昔からある印刷方法だ。

凸面（とつめん）鏡は視野が広い。

保険を解約し**返戻**（へんれい）金をもらう。

就職を機に生まれた街へ**戻**（もど）る。

□る　□る

儒家（じゅか）の思想について学ぶ。

儒教（じゅきょう）は仁と礼を根本とする。

硫化（りゅうか）すい素は悪臭がする。

硫酸（りゅうさん）を使った実験をする。

友達を**醜聞**（しゅうぶん）から守る。

外見の**美醜**（びしゅう）にこだわらない。

伝染病は**甚大**（じんだい）な影響を与える。

恩師に**深甚**（しんじん）なる謝意を表する。

その詩人は**寡作**（かさく）だが人気がある。

金額の**多寡**（たか）は問題にならない。

水筒（すいとう）に麦茶をいれてもらう。

封筒（ふうとう）に手紙と写真をいれる。

銃口（じゅうこう）を空に向ける。

猟銃（りょうじゅう）の所持は許可制だ。

寮母（りょうぼ）として学生の世話をする。

県外から**入寮**（にゅうりょう）する。

海藻（かいそう）サラダを好んで食べる。

転居先のガスの**元栓**（もとせん）をあける。

開栓（かいせん）前なら常温で保存できる。

遮光（しゃこう）のため窓を暗幕で覆う。

踏み切りの**遮断**（しゃだん）機がおりる。

準2級⑭

本冊 P122

豊かな自然を**享受**（きょうじゅ）する。

享楽（きょうらく）的な生活を改める。

英雄を**崇拝**（すうはい）する人もいる。

ローマ教皇に**尊崇**（そんすう）の念を抱く。

妻が**妊娠**（にんしん）している。

商品の価格を**据**（す）え**置**（お）きにする。

□え□き

□え□き

弦楽（げんがく）四重奏曲を聞く。

下**弦**（かげん）の月は夜中に昇る。

調査の過程を**逐一**（ちくいち）報告する。

暴君が民衆に**放逐**（ほうちく）される。

負債を全て**償却**（しょうきゃく）する。

保険で損害が**補償**（ほしょう）される。

この道は**凹凸**（おうとつ）が激しい。

凹面（おうめん）の反射鏡を使う。

堀端（ほりばた）を伝って歩く。

城の**外堀**（そとぼり）の周りの桜が咲く。

新しい曲の**譜面**（ふめん）をもらう。

初めは**楽譜**（がくふ）通りに歌う。

幣制（へいせい）改革を試みる。

昔の**貨幣**（かへい）を収集する。

多くの会社を**傘下**（さんか）に入れた。

美しい**唐傘**（からかさ）を手に入れた。

勢力の**均衡**（きんこう）が破れる。

平衡（へいこう）感覚を鍛える。

この事務手続きは**煩雑**（はんざつ）だ。

煩悩（ぼんのう）を断つのは難しい。

斎場（さいじょう）への行き方を尋ねる。

作家が**書斎**（しょさい）で原稿を執筆する。

製靴（せいか）業が発展する。

白い**靴下**（くつした）をはく。

準2級⑮

本冊P124

殉教（じゅんきょう）する覚悟で伝道する。

殉職（じゅんしょく）した消防士を悼む。

法によって社会の**秩序**（ちつじょ）を保つ。

謙虚（けんきょ）な態度で話を聞く。

謙譲（けんじょう）の心で話し合いに臨む。

人権問題に**妥協**（だきょう）の余地はない。

その商品の価格は**妥当**（だとう）だ。

車両にカメラを**搭載**（とうさい）する。

飛行機の**搭乗**（とうじょう）手続きをする。

生活保護は公的**扶助**（ふじょ）の一つだ。

親には子どもの**扶養**（ふよう）義務がある。

理論と**実践**（じっせん）の両面から学ぶ。

元帥（げんすい）は軍隊における最上位だ。

財閥の**総帥**（そうすい）として権力を握る。

日本記録に**挑戦**（ちょうせん）する。

冷静に敵の**挑発**（ちょうはつ）をかわす。

仲間たちと**釣果**（ちょうか）を競う。

休日は**釣り堀**（つりぼり）でのんびり過ごす。

剛健（ごうけん）な気風を部の伝統とする。

ダイヤモンドを**金剛**（こんごう）石という。

漠然（ばくぜん）とした夢が目標に変わる。

砂漠（さばく）を農地に変える活動をする。

逆境でも**忍耐**（にんたい）強く努力する。

残忍（ざんにん）な事件の背景を探る。

規則が多くて**窮屈**（きゅうくつ）だ。

経済的に**困窮**（こんきゅう）する。

充実（じゅうじつ）した学生生活を送る。

医療施設を**拡充**（かくじゅう）する。

イギリス女王に**謁見**（えっけん）する。

国王に**拝謁**（はいえつ）を許される。

準2級⑯

本冊P126

政治家が民衆に**糾弾**（きゅうだん）される。

大会開催を巡り、**紛糾**（ふんきゅう）する。

公園に**塑像**（そぞう）を設置する。

粘土には**可塑**（かそ）性がある。

父から**舶来**（はくらい）の万年筆をもらう。

多数の**船舶**（せんぱく）が航行する。

皆が転校生に**興味津津**（きょうみしんしん）だ。

津波（つなみ）は多くの被害をもたらす。

差別や**偏見**（へんけん）に打ち勝つ。

彼は**偏屈**（へんくつ）だが悪い人ではない。

山の斜面を**棚田**（たなだ）として利用する。

戸棚（とだな）から食器を出して並べる。

台風で**桟橋**（さんばし）が壊れる。

切り立ったがけに**桟道**（さんどう）を作る。

彼は長年の**僚友**（りょうゆう）だ。

1. **同僚**（どうりょう）と共に出張する。
2. 授業参観後に**懇談**（こんだん）会がある。
3. **懇意**（こんい）にしている医師を訪ねる。
4. ワサビの**根茎**（こんけい）をすりおろす。
5. サルが**歯茎**（はぐき）をむき出す。
6. 結論を出すのは時期**尚早**（しょうそう）だ。
7. **高尚**（こうしょう）な理想を掲げる。
8. **摩擦**（まさつ）で車のタイヤがすり減る。
9. 大都市に**摩天楼**（まてんろう）がそびえたつ。
10. 優勝チームに**賜杯**（しはい）が授与される。
11. 工芸品が皇室から**下賜**（かし）される。
12. チームの監督を**更迭**（こうてつ）する。
13. 国王が「**朕**（ちん）は国家なり」と言う。
14. 深刻な**飢餓**（きが）問題に胸を痛める。
15. 野草を食べて**飢渇**（きかつ）をしのぐ。

準2級⑰

本冊P128

1. 早寝早起きを**奨励**（しょうれい）する。
2. ワクチンの接種を**推奨**（すいしょう）する。
3. **予鈴**（よれい）が鳴る前に席に着く。
4. **風鈴**（ふうりん）が涼しげな音を立てる。
5. カマキリが花に**擬態**（ぎたい）する。
6. 大学入試の**模擬**（もぎ）試験を受ける。
7. 英国で**爵位**（しゃくい）を授与される。
8. 舞台で**伯爵**（はくしゃく）の役をする。
9. **裕福**（ゆうふく）な暮らしにあこがれる。
10. 時間に**余裕**（よゆう）をもって行動する。
11. 電気代滞納の**督促**（とくそく）状が届く。
12. **監督**（かんとく）の指示に従って練習する。
13. 連休で道路が**渋滞**（じゅうたい）していた。
14. **苦渋**（くじゅう）の決断を迫られる。
15. 敵国へ**偵察**（ていさつ）に行く。
16. **探偵**（たんてい）が事件を無事解決する。
17. **麻酔**（ますい）をかけて抜歯する。
18. 北海道で**亜麻**（あま）を育てる。
19. **玄翁**（げんのう）を振るってくぎを打つ。
20. 村の**老翁**（ろうおう）の話を聞く。
21. **粛然**（しゅくぜん）たる思いがする。
22. 外出を**自粛**（じしゅく）する。
23. 保険の**約款**（やっかん）に目を通す。
24. 社員に**諭旨**（ゆし）解雇を通告する。

小学校の司書**教諭**（きょうゆ）となる。

文化祭で優れた演奏を**披露**（ひろう）した。

非難の**応酬**（おうしゅう）はみっともない。

十分な**報酬**（ほうしゅう）を提示する。

ユスリカが**蚊柱**（かばしら）を作る。

押し入れから**蚊帳**（かや）を出してつる。

準2級⑱

本冊 P130

試験管内で細胞を**培養**（ばいよう）する。

家庭菜園でイチゴを**栽培**（さいばい）する。

功績を認めて**勲章**（くんしょう）を与える。

殊勲（しゅくん）を立てる機会をつかむ。

窯業（ようぎょう）の技術を伝える。

窯元（かまもと）をつぐため実家に戻る。

消防団の**屯所**（とんしょ）を移転する。

軍隊が都市に**駐屯**（ちゅうとん）する。

医師として社会に**貢献**（こうけん）する。

領主が厳しく**年貢**（ねんぐ）を取り立てた。

答えを**括弧**（かっこ）の中に書く。

委員会の活動内容を**総括**（そうかつ）する。

全国**津津浦浦**（つつうらうら）で公演を行う。

利用者にポイントを**還元**（かんげん）する。

宇宙から地球に**帰還**（きかん）する。

どうか**堪忍**（かんにん）してほしい。

彼は和歌に**堪能**（かんのう）な人だ。

ここは畑作に適した**土壌**（どじょう）だ。

豊壌（ほうじょう）な地で稲作をする。

嗣子（しし）に譲り隠居する。

継嗣（けいし）がないため孤児を引き取る。

他国との対話を**拒絶**（きょぜつ）する。

質問に答えることを**拒否**（きょひ）する。

家で**洗濯**（せんたく）できる服を買う。

言葉が通じず**疎外**（そがい）感を覚える。

過疎（かそ）地域の活性化を検討する。

彼女の功績を**顕彰**（けんしょう）する。

人を助けて**表彰**（ひょうしょう）される。

君主に**恭順**（きょうじゅん）の意を示す。

恭（うやうや）しい態度で一礼する。

□しい　□しい

準2級⑲

本冊 P132

紙幣の**肖像**(しょうぞう)が変わる。

不肖(ふしょう)の息子とあきれられる。

窃盗(せっとう)犯を追いかけて捕まえる。

単身で諸国**遍歴**(へんれき)の旅にでる。

普遍(ふへん)的なテーマの作品だ。

由緒(ゆいしょ)ある建物を見学する。

情緒(じょうちょ)あふれる町並みを歩く。

小児**病棟**(びょうとう)に勤務する。

棟木(むなぎ)に修理の記録の札をつける。

大統領が在職時に**弾劾**(だんがい)される。

極論に走らず**中庸**(ちゅうよう)を得る。

凡庸(ぼんよう)な人間をよそおう。

証人として**出廷**(しゅってい)する。

彼も**宮廷**(きゅうてい)画家の一人だ。

私は自信を**喪失**(そうしつ)した。

喪中(もちゅう)欠礼の葉書をだす。

蛍雪(けいせつ)の功を積み、卒業する。

海蛍(うみほたる)が青白く光る。

市役所で戸籍**抄本**(しょうほん)をとる。

小説を**抄訳**(しょうやく)して掲載する。

渉外(しょうがい)係として折衝を重ねる。

商品価格について**交渉**(こうしょう)する。

禅尼(ぜんに)が質素倹約の心を教える。

尼寺(あまでら)で静かに暮らす。

王妃(おうひ)として国民に慕われる。

左大臣の娘が**后妃**(こうひ)となった。

妄想(もうそう)を正すのは難しい。

虚妄(きょもう)の説を唱える。

天涯(てんがい)孤独だが明るい青年だ。

教育に**生涯**(しょうがい)をささげる。

準2級⑳

本冊P134

気楽な**稼業**(かぎょう)はどこにもない。

原子力発電所の**稼働**(かどう)を停止する。

かぜの**症状**(しょうじょう)が軽快する。

炎症(えんしょう)を抑える薬を使う。

手作りのジャムを**瓶詰**(びんづ)めにする。　（　　）め　（　　）め

花瓶(かびん)に桜の枝を挿して飾る。

衆議院解散の**詔書**(しょうしょ)を読む。

国会開設の**詔**(みことのり)が出された。

市内を**循環**(じゅんかん)するバスに乗る。

因循（いんじゅん）な主張に抗議する。

動機に**酌量**（しゃくりょう）の余地がある。

晩酌（ばんしゃく）は彼の楽しみだ。

第二次世界大戦の**枢軸**（すうじく）国だ。

新たに**中枢**（ちゅうすう）都市となる。

一里塚（いちりづか）を距離の目安にする。

各地の**貝塚**（かいづか）を発掘する。

国に対して**訴訟**（そしょう）を起こす。

患者（かんじゃ）に薬を処方する。

基礎**疾患**（しっかん）がある人は要注意だ。

南北から**挟撃**（きょうげき）される。

介護と仕事の**板挟**（いたばさ）みに苦しむ。　み　み

恩師の御**逝去**（せいきょ）を悼む。

作家が交通事故で**急逝**（きゅうせい）する。

産地表示を**偽装**（ぎそう）して糾弾される。

虚偽（きょぎ）の報告で事故を隠す。

彼は異常なしと**診断**（しんだん）された。

予防接種の前に**問診**（もんしん）を受ける。

災害時、**迅速**（じんそく）に避難する。

試合で**奮迅**（ふんじん）の活躍をする。

現代はさまざまな**媒体**（ばいたい）がある。

水を**溶媒**（ようばい）として用いる。

準2級㉑・2級①

本冊P138

長い**星霜**（せいそう）を経て文明が進歩する。

冬になると庭に**霜柱**（しもばしら）が立つ。

犬猿（けんえん）の仲の二人を取り持つ。

猿楽（さるがく）が神社で興行された。

戸籍**謄本**（とうほん）の交付を請求する。

昔は**謄写**（とうしゃ）版で印刷した。

国が**賠償**（ばいしょう）責任を負う。

国家の**垣根**（かきね）を越えて協力する。

崩れた**石垣**（いしがき）を修復する。

侯爵（こうしゃく）は華族制度の第二位だ。

王侯（おうこう）貴族の気分を味わう。

知事**直轄**（ちょっかつ）の対策室を設ける。

管轄（かんかつ）の保健所から連絡がくる。

明治維新で東京に**遷都**（せんと）した。

国際情勢の**変遷**（へんせん）に対応する。

堕落（だらく）した生活を立てなおす。

堕胎（だたい）は母体に負担をかける。

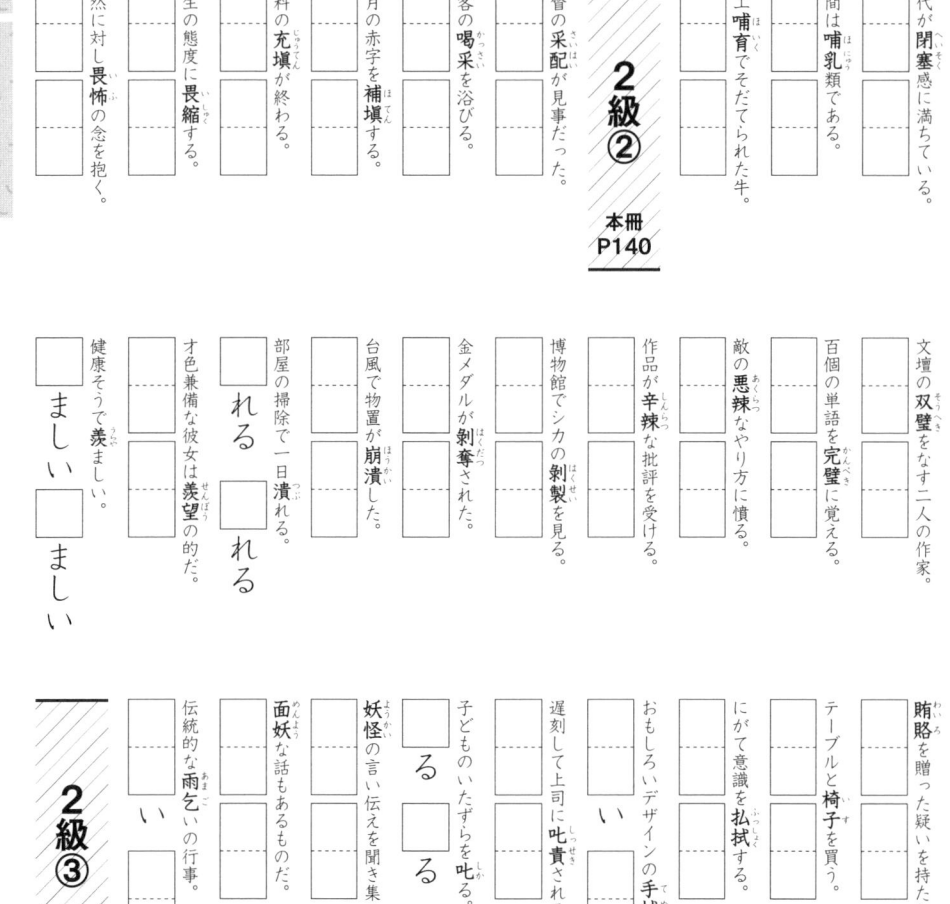

四歳から**珠算**を始める。
三重県は**真珠**養殖発祥の地だ。
徹夜でレポートを書きあげる。
不偏不党の精神を**貫徹**する。
私は**俸給**生活者だ。
プロ野球選手は**年俸**制だ。
天皇が**勅語**を発布する。
天皇の**密勅**を受ける。
渋柿は干すと甘くなる。
無人島に**要塞**を築く。

時代が**閉塞**感に満ちている。
人間は**哺乳**類である。
人工**哺育**でそだてられた牛。

2級②

本冊 P140

監督の**采配**が見事だった。
観客の**喝采**を浴びる。
先月の赤字を**補塡**する。
燃料の**充塡**が終わる。
先生の態度に**畏縮**する。
自然に対し**畏怖**の念を抱く。

文壇の**双璧**をなす二人の作家。
百個の単語を**完璧**に覚える。
敵の**悪辣**なやり方に憤る。
作品が**辛辣**な批評を受ける。
博物館でシカの**剝製**を見る。
金メダルが**剝奪**された。
台風で物置が**崩潰**した。
部屋の掃除で一日**潰**れる。
才色兼備な彼女は**羨望**の的だ。
健康そうで**羨**ましい。

賄賂を贈った疑いを持たれる。
テーブルと**椅子**を買う。
にがて意識を**払拭**する。
おもしろいデザインの**手拭**い。
遅刻して上司に**叱責**される。
子どものいたずらを**叱**る。
妖怪の言い伝えを聞き集める。
面妖な話もあるものだ。
伝統的な**雨乞**いの行事。

2級③

本冊 P142

巾着(きんちゃく)に小物をまとめる。

廊下を**雑巾**(ぞうきん)で拭く。

傲慢(ごうまん)な態度を反省する。

汎用(はんよう)性の高いコンピューター。

広汎(こうはん)な知識を身につける。

デザートに**蜜豆**(みつまめ)を頼む。

糖蜜(とうみつ)はお酒の原料になる。

資料のあるページに**付箋**(ふせん)をはる。

便箋(びんせん)にお礼の手紙を書く。

服装には**頓着**(とんちゃく)しない方だ。

机の上をきれいに**整頓**(せいとん)する。

出藍(しゅつらん)の誉れと評判の弟子。

藍色(あいいろ)の傘をさした男性。

寒気がして**葛根湯**(かっこんとう)を飲む。

温かい**葛湯**(くずゆ)でほっとする。

緻密(ちみつ)に計画された作戦。

精緻(せいち)なスケッチに目を奪われる。

寺の**参詣**(さんけい)客にお土産を売る店。

近所の氏神様に**初詣**(はつもうで)に行く。

授業がいつも**脇道**(わきみち)にそれる。

本を**小脇**(こわき)に抱えた学生。

ここ数年兄から何の**沙汰**(さた)もない。

目の前の事故に**慄然**(りつぜん)とする。

事件の真相に**戦慄**(せんりつ)が走る。

2級④

本冊
P144

桁外(けたはず)れに強いチャンピオン。

□れ　□れ

井桁(いげた)におけが乗っている。

平和で穏やかな暮らしに**憧**(あこが)れる。

□れる　□れる

異国に**憧憬**(しょうけい)の念を抱く。

肘枕(ひじまくら)をして昼寝する。

肩肘(かたひじ)張らずにつきあえる友達。

失言して**嘲笑**(ちょうしょう)の的になる。

自嘲(じちょう)めいた言葉を吐く。

喉頭(こうとう)は発声に関わる。

喉元(のどもと)にナイフを突き付ける。

彼は**痩身**(そうしん)で背が高い。

健康のために**痩**(や)せる決心をする。

□せる　□せる

背骨の両側に**腎臓**(じんぞう)がある。

安全を確保することが**肝腎**(かんじん)だ。

代々続く**歌舞伎**(かぶき)役者の家柄。

蓋然（がいぜん）性が高い予測が出る。

決勝戦の**火蓋**（ひぶた）が切られる。

弥生（やよい）の空に浮かぶ月。

手紙の**宛先**（あてさき）を書く。

宛名（あてな）に間違いがないか確認する。

民衆が**蜂起**（ほうき）して反乱を起こす。

蜂蜜（はちみつ）を使ったお菓子を作る。

黒い**斑点**（はんてん）の模様がある虫。

肌には二種類の**汗腺**（かんせん）がある。

昔の写真を見て**涙腺**（るいせん）が緩んだ。

2級⑤

本冊 P146

左舷（さげん）方向に島が見える。

畿内（きない）にはたくさんの古墳がある。

近畿（きんき）地方にしんせきが多い。

私の心の**空隙**（くうげき）を満たす言葉。

ドアの**隙間**（すきま）から風が入ってくる。

河川の**氾濫**（はんらん）に備えておく。

折（お）り**鶴**（づる）に願いを込める。

り　り

大企業の**破綻**（はたん）のニュースに驚く。

休んだ理由を**詮索**（せんさく）される。

所詮（しょせん）人とはそういうものだ。

時代劇の**賭場**（とば）のシーン。

競馬や競輪は公営の**賭博**（とばく）だ。

彼は決して**愚昧**（ぐまい）な人ではない。

休日は映画**三昧**（ざんまい）で過ごした。

一旦（いったん）家に帰って荷物を置く。

元旦（がんたん）にその年の目標を立てる。

大河のそばには**沃地**（よくち）が広がる。

川が**肥沃**（ひよく）な土を運んでくる。

急な**勾配**（こうばい）の坂道を上る。

勾留（こうりゅう）が延長される。

美しい庭のある**古刹**（こさつ）を訪ねる。

あの寺は**名刹**（めいさつ）と言われている。

火山灰が**堆積**（たいせき）してできた地層。

畑の隅で**堆肥**（たいひ）を作っている。

2級⑥

本冊 P148

派閥の**領袖**（りょうしゅう）である議員。

シャツの**袖口**（そでぐち）をおり返す。

砂漠を走る**苛酷**（かこく）なカーレース。

王の**苛政**（かせい）に暴動が起きる。

2級⑦

本冊P150

毎週、空手の**稽古**（けいこ）に通う。

滑稽（こっけい）なしぐさに思わず笑う。

眉目（びもく）秀麗とはまさに彼のことだ。

父が**眉間**（みけん）にしわを寄せている。

禁錮（きんこ）刑を申し渡される。

この秘密は**冥土**（めいど）のみやげにする。

愛用されて職人**冥利**（みょうり）に尽きる。

栄転した同僚に**妬心**（としん）を抱く。

才色兼備の友達を**妬**（ねた）む。

□む　□む

挫折（ざせつ）した経験を語る。

文化祭の企画が**頓挫**（とんざ）する。

盛大な**戴冠**（たいかん）式が行われる。

お褒めの言葉を**頂戴**（ちょうだい）する。

師匠にも**遜色**（そんしょく）ない腕前だ。

作文を褒められて**謙遜**（けんそん）する。

何事にも**真摯**（しんし）に取り組む態度。

臼歯（きゅうし）ですりつぶすようにかむ。

転んで肩を**脱臼**（だっきゅう）した。

息子は若**旦那**（だんな）と呼ばれている。

ひとめ見た**刹那**（せつな）、心を奪われた。

台風が各地に**爪痕**（つめあと）を残す。

うっかり**深爪**（ふかづめ）してしまった。

火箸（ひばし）で炭をくべる。

菜箸（さいばし）で煮物を盛り付ける。

のどかな**山麓**（さんろく）の村に宿泊する。

筋腫（きんしゅ）を切除する手術を受ける。

足に**浮腫**（ふしゅ）がでて靴がきつい。

宇宙から見た**瑠璃**（るり）いろに輝く地球。

週刊誌をめいよ**毀損**（きそん）で訴える。

部長は**毀誉**（きよ）褒へんが相半ばする人だ。

ストレッチで**股関節**（こかんせつ）を伸ばす。

子どもの**内股**（うちまた）歩行を直す。

長じゅばんに**襟芯**（えりしん）をつける。

赤ペンの**替え芯**（かしん）を買っておく。

□え□　□え□

慣れない環境に**萎縮**（いしゅく）する。

串揚（くしあ）げにソースをかける。

□げ　□げ

竹串（たけぐし）に刺した三つの団子。

鍵盤（けんばん）の感触を確かめる。

鍵穴（かぎあな）が二つ付いている扉。

初夏の**鎌倉**（かまくら）を散策する。

蛇が**鎌首**（かまくび）をもたげている。

最後に**鍋蓋**（なべぶた）を取って煮詰める。

土鍋（どなべ）で炊いたご飯がおいしい。

丼鉢（どんぶりばち）にうどんを入れる。

父の好物は**天丼**（てんどん）です。

虹色（にじいろ）のバッグを持っている。

2級⑧

本冊 P154

詩の**直喩**（ちょくゆ）表現に注目する。

美しさを**比喩**（ひゆ）を用いて表現する。

椎間板（ついかんばん）ヘルニアを発症する。

胸椎（きょうつい）は十二のほねからなる。

子どもは好奇心**旺盛**（おうせい）だ。

旺然（おうぜん）としてやる気が出る。

質問して**貪欲**（どんよく）に知識を求める。

貪（むさぼ）るように本を読む。

人気漫画が残部**僅少**（きんしょう）となる。

健闘したが**僅差**（きんさ）で勝利を逃す。

お化け屋敷の**骸骨**（がいこつ）に驚く。

条約が**形骸**（けいがい）化してしまう。

ついに隣国との**和睦**（わぼく）がなった。

新しいクラスの**親睦**（しんぼく）を深める。

おいしそうな**匂**（にお）いが漂ってくる。

三階に**玩具**（がんぐ）売り場がある。

趣味は**食玩**（しょくがん）を集めることだ。

様々な**臆測**（おくそく）を呼んだ事件。

いざとなると**臆病**（おくびょう）になる。

拉致（らち）された人質が解放される。

魔法使いが**呪文**（じゅもん）を唱える。

原住民の村の**呪術**（じゅじゅつ）師に会う。

邪淫（じゃいん）は仏教の五戒の一つだ。

淫（みだ）らな雰囲気をかもし出す。

母の**膝枕**（ひざまくら）で横になる。

2級⑨

本冊 P156

蹴球（しゅうきゅう）部と書いたTシャツ。

反論を**一蹴**（いっしゅう）する。

俺（おれ）の話も聞いてほしいと思う。

詐欺師の**毒牙**（どくが）から高齢者を守る。

象牙（ぞうげ）を求めて密猟が横行する。

子どもと**謎謎**（なぞなぞ）をして遊ぶ。

汚職により政党が**瓦解**(がかい)する。

鬼瓦(おにがわら)のような顔をして怒る。

柵門(さくもん)の前で記念撮影する。

鉄柵(てっさく)にもたれかかる。

人間も**脊椎**(せきつい)動物の仲間だ。

脊柱(せきちゅう)は多くの骨からなる。

試行錯誤の**痕跡**(こんせき)が見られる。

戦時中の**弾痕**(だんこん)が残る建物。

味方は**籠城**(ろうじょう)して戦っている。

鳥籠(とりかご)の掃除と水替えをする。

祖母は**長唄**(ながうた)が趣味だ。

亀甲(きっこう)模様が入った小物入れ。

ペットショップに**陸亀**(りくがめ)がいる。

封筒に切手を**貼付**(ちょうふ)してだす。

石油の**湧出**(ゆうしゅつ)量が豊富だ。

湧泉(ゆうせん)がたくさんある水の里だ。

恣意(しい)的な行動は職場の迷惑だ。

彼の**放恣**(ほうし)な態度に腹が立つ。

2級⑩

本冊P158

私怨(しえん)から批判するのではない。

これまでの**怨念**(おんねん)を晴らす。

優美な**諧調**(かいちょう)にうっとりする。

俳諧(はいかい)が文芸として高められた。

枕元(まくらもと)のライトをつける。

亡き母が**夢枕**(ゆめまくら)に立つ。

ライオンの**餌食**(えじき)となる。

猫に**餌**(えさ)をやるために家に帰る。

父は**焼酎**(しょうちゅう)が好きだ。

本が好きな人は**語彙**(ごい)が豊富だ。

斬新(ざんしん)なアイディアを求める。

侍が町人を**斬殺**(ざんさつ)した事件。

体育の授業で足を**捻挫**(ねんざ)した。

節約して旅費を**捻出**(ねんしゅつ)する。

花粉症で耳鼻**咽喉**(いんこう)科に通う。

咽頭(いんとう)がはれて痛い。

父親が娘を**溺愛**(できあい)する。

ある作家の小説に**沈溺**(ちんでき)する。

僧侶(そうりょ)となって修行に励む。

人生の**伴侶**(はんりょ)を見つける。

名前を**楷書**(かいしょ)で記入する。

文章の要旨を**把捉**（はそく）する。

侵入者を**捕捉**（ほそく）する。

闇夜（やみよ）の中、車を走らせる。

宵闇（よいやみ）がせまる街を歩く。

2級⑪

本冊P160

梅干しを見ると**唾液**（だえき）が出てくる。

都市伝説には**眉唾**（まゆつば）ものも多い。

修学旅行で**韓国**（かんこく）に行く。

日韓（にっかん）の架け橋となる交流。

長い眠りから**覚醒**（かくせい）する。

和菓子と**煎茶**（せんちゃ）を楽しむ。

チョコレートを**湯煎**（ゆせん）して溶かす。

小さい脳**梗塞**（こうそく）が見つかる。

小説の**梗概**（こうがい）を紹介する。

ちらし寿司に**錦糸**（きんし）卵をのせる。

人気役者を描いた**錦絵**（にしきえ）。

ちゃ葉を**急須**（きゅうす）に入れる。

パソコンが使えることが**必須**（ひっす）だ。

旧友の突然の**訃報**（ふほう）に驚く。

叔父が**失踪**（しっそう）して半年が経つ。

餅米（もちごめ）をせいろで蒸す。

葛餅（くずもち）にきな粉と黒蜜をかける。

彼女の絵の才能に**嫉妬**（しっと）する。

電車で見知らぬ人に**罵倒**（ばとう）される。

混乱する現場に**罵声**（ばせい）が飛び交う。

きわどいところで**虎口**（ここう）を脱した。

ふすまに**猛虎**（もうこ）が描かれている。

誰彼（だれかれ）となく笑い始める。

2級⑫

本冊P162

曖昧（あいまい）な表情を浮かべる。

顎関節（がくかんせつ）に痛みがある。

上顎（うわあご）に舌をつける。

曽祖父（そうそふ）はまだ存命している。

未曽有（みぞう）の災害から復活する。

第二次世界大戦が**勃発**（ぼっぱつ）した。

モンゴル帝国が**勃興**（ぼっこう）した時代。

村じゅうが**姻戚**（いんせき）関係にある。

夏には**親戚**（しんせき）の家に遊びに行く。

決勝は**凄絶**（せいぜつ）な試合となった。

凄惨（せいさん）な光景に目を覆う。

1. 良性の**腫瘍**(しゅよう)が見つかった。
2. ストレスで胃**潰瘍**(かいよう)になった。
3. 役者が**容貌**(ようぼう)の衰えを気にする。
4. 街が驚きの**変貌**(へんぼう)を遂げる。
5. 人生を**諦観**(ていかん)したような態度。
6. 経営の**要諦**(ようてい)について講演する。
7. **艶美**(えんび)な雰囲気の女性と目が合う。
8. 普段とは違う**凄艶**(せいえん)な姿に驚く。
9. 犬は**嗅覚**(きゅうかく)が優れている。
10. 庭に咲いたバラの香りを**嗅**(か)ぐ。　□ぐ　□ぐ
11. グラフを見ると一目**瞭然**(りょうぜん)だ。
12. **明瞭**(めいりょう)な話し方が好印象だ。
13. 急に**山嵐**(やまあらし)のような風が吹く。
14. **砂嵐**(すなあらし)で身動きが取れない。
15. 新基準は四月まで**遡及**(そきゅう)する。
16. サケが**遡上**(そじょう)する時期になった。

2級⑬

本冊P164

1. 天気がよくて**爽快**(そうかい)な気分だ。
2. **爽**(さわ)やかな秋晴れの日に散歩する。　□やか　□やか
3. 本を入れるのに**頃合**(ころあ)いの袋。　□□い　□□い
4. **手頃**(てごろ)な値段のかばんを買う。
5. 庭の木に**駒鳥**(こまどり)がとまっている。
6. 周囲を**手駒**(てごま)に取ってのし上がる。
7. **危惧**(きぐ)していた通りの問題が起きた。
8. **洞窟**(どうくつ)を探して雨宿りする。
9. 犯罪者の**巣窟**(そうくつ)となっている町。
10. 彼の**狙撃**(そげき)の腕前は素晴らしい。
11. おいしそうな料理が**御膳**(ごぜん)に並ぶ。
12. 給食当番が**配膳**(はいぜん)する。
13. 昼食は名物の**釜飯**(かまめし)を食べる。
14. 社長の**後釜**(あとがま)に座る。
15. **語呂**(ごろ)が悪い商品名は覚えにくい。
16. **風呂**(ふろ)掃除は自分の担当だ。
17. **麺棒**(めんぼう)を転がして生地を伸ばす。
18. **乾麺**(かんめん)のうどんをゆでて食べる。
19. 祖父は少林寺**拳法**(けんぽう)の師範だ。
20. 昔は父親の**鉄拳**(てっけん)が飛んだ。
21. 観光名所の**断崖**(だんがい)に行く。
22. **崖下**(がけした)の川をのぞき込む。
23. 母に似て**頬骨**(ほおぼね)が高い。

化粧して薄く**頬紅**（ほおべに）をつける。

富士の**裾野**（すその）に別荘がある。

山裾（やますそ）にある小さな村。

2級⑭

本冊 P166

女性**蔑視**（べっし）の発言が問題になる。

侮蔑（ぶべつ）の言葉を投げつけられる。

長年**隠蔽**（いんぺい）されてきた事実。

光を**遮蔽**（しゃへい）するカーテン。

羞恥（しゅうち）心を忘れないようにする。

顔に**含羞**（がんしゅう）の笑みが浮かぶ。

元気な**挨拶**（あいさつ）が気持ちいい。

鬱屈（うっくつ）した感情を抱えている。

月曜日の朝は**憂鬱**（ゆううつ）だ。

人前で**愚弄**（ぐろう）されて我慢できない。

主人公が運命に**翻弄**（ほんろう）される。

作業の**進捗**（しんちょく）状況を報告する。

暗いところでは**瞳孔**（どうこう）が開く。

子どもがつぶらな**瞳**（ひとみ）で見る。

冶金（やきん）の技術を伝える。

人格の**陶冶**（とうや）に励む。

スケートに行って**尻餅**（しりもち）をつく。

孫の笑顔に**目尻**（めじり）を下げる。

親子の間に**葛藤**（かっとう）を抱えている。

藤棚（ふじだな）が有名な公園に行く。

4級漢字実践問題

次は、文化祭のクラスの出し物について話し合っている場面である。【話し合い】を読み、後の問いに答えなさい。

【話し合い】

生徒A―次の文化祭について、クラスごとに展示や出店をすることになりました。どんなことをやりたいか、意見を出して下さい。

生徒B―私は、クラスメイトの写真の展示が良いと思います。なぜなら、私たちの仲の良さや、結束力の強さを見てくれた人たちに知ってもらえるからです。

生徒C―ぼくは、食べ物のお店がやりたいです。お祭りらしく、焼きそばやたこ焼きが良いと思います。食べ物なら、お客さまもたくさん来てくれるのではないでしょうか。

生徒D―ぼくも食べ物のお店には賛成ですが、ごみのポイ捨てが心配なので、提供したものを教室内で食べてもらえるように喫茶店をするのが良いと思います。お茶やジュースなら、出す手間もかかりません。

生徒E―［　①　］

生徒B―なるほど。Eさんの意見、すごく面白そうですね。

生徒D―たしかに、とても良い案ですね。それをやることで、クラスにはどんな成果が期待できるでしょうか。

生徒E―［　②　］

生徒C―みんなで団結して取り組めそうですね。賛成します。

生徒A―では、今回の文化祭は、私たちのクラスはEさんの案でいきましょう。

問一

空欄①に、あなたが考える文化祭のクラスの出し物を、それが良いと思う理由とあわせて百字程度で書きなさい。その際、次の括弧内の語を一つ以上用いること。

【援助／状況／需要／反響／堅実／趣向】

問二

空欄②に、あなたが考える①によって得られるクラスにとっての成果や利点を百二十字程度で書きなさい。その際、次の括弧内の語を一つ以上用いること。

【相互／尽力／屈強／信頼／傍観／活躍】

3級漢字実践問題

次は、高校生が中学校の担任の先生宛てに出した手紙である。手紙文を読み、後の問いに答えなさい。

拝啓

いつも温かいご厚情をたまわり、心より感謝いたしております。先生におかれましては、お元気にお過ごしのことと存じます。

中学生の頃は、たいへんお世話になりました。受験期に、先生が高校の楽しさをご教示くださったおかげで、とても充実した高校生活を送っております。

私は、高校在学中に頑張りたいと考えていることがあります。

［　①　］

これに一生懸命取り組むことで、自分に自信が持てると思うので、諦めずにやり遂げたいです。

また、高校生になってから深い学びになったことがあります。

［　②　］

学びの姿勢を忘れずにいなさいと教えて頂いたことが、高校生活に生かされていると実感しています。素晴らしい教えをありがとうございます。

これからも、先生の言葉を胸に刻み、成長を止めない精神で過ごして参ります。引き続き、ご指導のほどどうぞよろしくお願いいたします。

敬具

問一

空欄①に、あなたが考える高校で頑張りたいことを、その理由とあわせて八十字程度で書きなさい。その際、次の括弧内の語を一つ以上用いること。

【気概／遂行／励行／果敢／殊勝／克服】

問二

空欄②に、あなたが高校生活で学んだことと、その学びのきっかけになった出来事を百五十字程度で書きなさい。その際、次の括弧内の語を一つ以上用いること。

【清廉／感慨／卓越／付随／契機／円滑】

準2級漢字実践問題

次は、高校生が作成した【プレゼンテーション資料】と、資料をもとにした【話し合い】である。これらを読み、後の問いに答えなさい。

【プレゼンテーション資料】

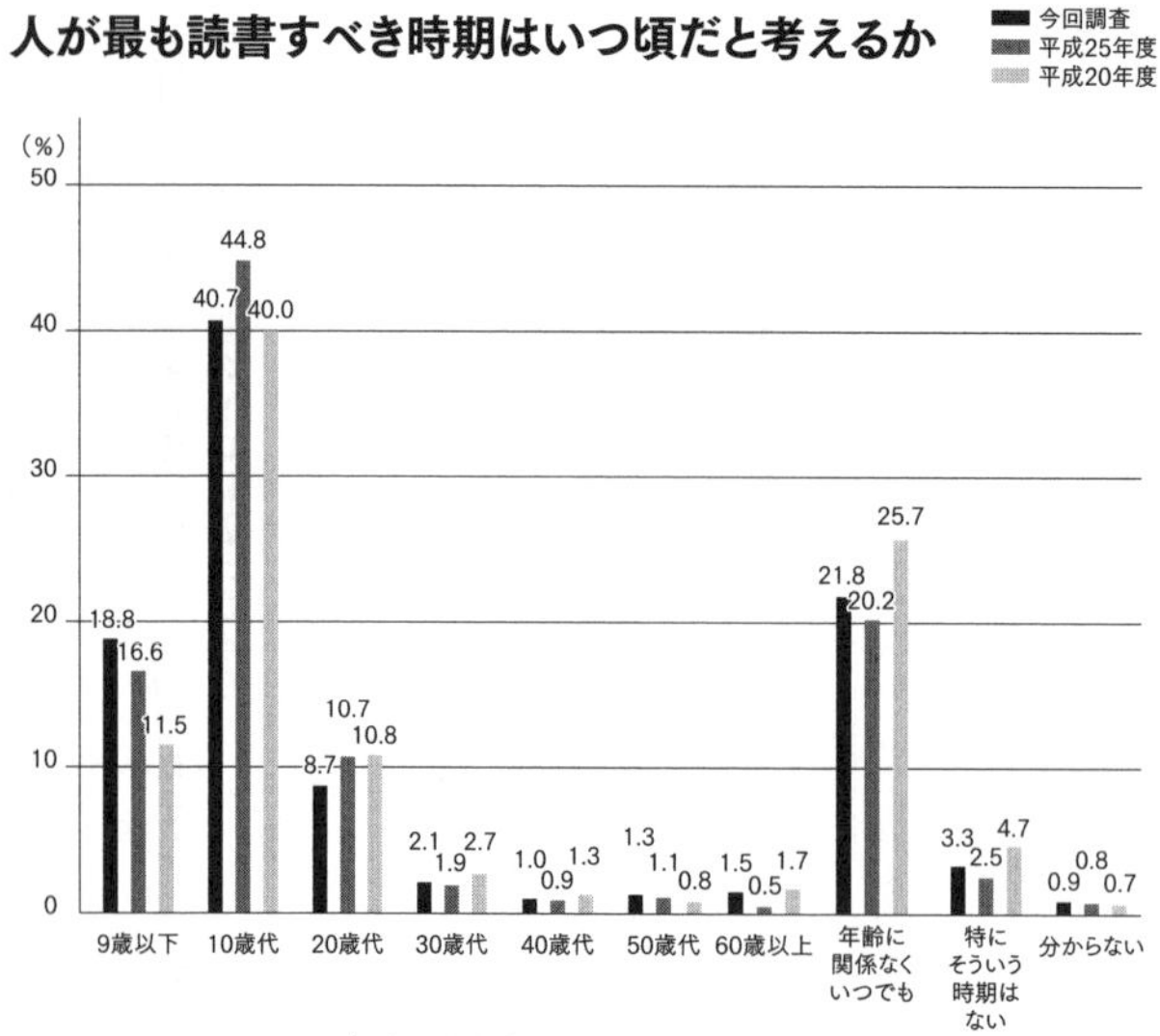

(平成 30 年度「国語に関する世論調査」より)

最も読書すべき時期として、10 歳代と回答する割合が高かった。
自分自身の読書量について、改めて見直していきたいと感じた

【話し合い】

生徒A―私たちの年代こそ、最も読書すべきと多くの人が考えている時期なんですね。

生徒B―実際のところ、ぼくは部活動が忙しくて読書をする時間がほとんど取れません。

生徒C―私は、いつも時間があるとスマホばかり触ってしまって、本を読む習慣はありませんでした。

生徒A―読むべきなのは分かっていますが、なかなか読書に時間を費やせないのが現状かもしれませんね。どうすれば私たち学生の読書時間を増やせるでしょうか。

生徒D―［　　　　］

生徒B―なるほど。まずは読書時間を増やす努力が必要ですね。

問

空欄に、あなた自身の生徒Aの発言に対する意見を百字程度で書きなさい。その際、次の括弧内の語を一つ以上用いること。

【愉楽／示唆／多寡／偏見／高尚／奨励／情緒】

2級漢字実践問題

次は、高校生が作成した学校新聞である。この記事を読み、後の問いに答えなさい。

S高校新聞

6月30日（水）
S高校新聞部

六月二十五日（金）、第八十八回目となる我が校の体育祭が開催された。赤軍と白軍での戦いとなった今回の体育祭は、新しい種目も取り入れられ例年以上の盛り上がりを見せ、最後は僅差で白軍に軍配が上がった。

晴天の中の大歓声

全員で築き上げたチームワーク

勝利した白軍の応援団長に、体育祭当日までにチームの団結力を高めるためにどのようなことを意識したかインタビューしたところ、「特別に自分自身が何かをしたわけでなく、皆がお互いのために尽力してくれた。良い結果を得られて感謝している。」と答えてくれた。

A

問一

空欄Aに、あなた自身がインタビュアーだったと想定し、応援団長の言葉を受けての感想を六十字程度で書きなさい。その際、次の括弧内の語を一つ以上用いること。

【喝采／傲慢／憧憬／謙遜／真摯／明瞭】

問二

次の会話中の空欄に、あなた自身が考える学校行事の目的を百四十字程度で書きなさい。その際、次の括弧内の語を一つ以上用いること。

【閉塞／旺盛／形骸／親睦／放恣／沈溺】

生徒A―ぼくは赤軍だったので負けてしまいましたが、良い勝負になりましたし、とても楽しかったです。

生徒B―勝敗よりも大切なことがあるのかもしれません。応援団長のインタビューからも、それが学べますね。

生徒C―［　　　　］

生徒B―なるほど。その意見、すごくよく分かります。

文学的語彙実践問題

次の【文章】は、高村光太郎「書について」の一部、【ノート】は【文章】を読んで生徒がまとめたものである。これらを読み、後の問いに答えなさい。

【文章】

この頃は書道がひどく流行して来て、世の中に悪筆が横行している。なまじっか習った能筆風な無性格の書や、擬態の書や、逆にわざわざ稚拙をたくんだ、ずるいとぼけた書などが随分目につく。

一

絶えて久しい知人からなつかしい手紙をもらったところが、以前知っていたその人の字とは思えないほど古法帖（ちょう）めいた書体に改まっている、うまいけれどもつまらない手紙の字なのに驚くような事も時々ある。しかしこれはその人としての過程の時期であって、やがてはその習字臭を超脱した自己の字にまで抜け出る事だろうと考えてみずから慰めるのが常である。やはり書は習うに越した事はなく、もともと書というものが人工に起原を発し、伝統の重畳性にその美の大半をかけているものなので、生れたままの自然発生的の書にはどうしても深さが無く、その存在が脆弱で、甚だ味気ないものである。

【ノート】

○書道の流行により、悪筆が横行している。
・中途半端で能筆風な無性格の書
・擬態の書
・わざわざ稚拙をたくんだ、ずるいとぼけた書

一、書は習うに越したことはない
〈理由〉
書…人工に起原を発している
↓伝統の積み重なりに美の大半がある
自然発生的の書…深さがない、もろくて弱い、味気ない

［感想］
書き文字が人に与える（　①　）は大きい。書かれている内容は同じであったとしても、丁寧な字で伝えてくれる人には好印象を持つが、汚い文字で書かれた文章にはつい（　②　）してしまう。筆者は、文字そのものの美しさを重視しているわけではなく、心を込めて書かれたものかどうかを重視しているようだが、やはり無感情に、（　③　）に書いた文字は、（　④　）見た目も美しくはないと思う。私もつい文字を雑に書いてしまう（　⑤　）が、せめて丁寧な字を書くことを常に心がけたい。さらに、書き手の個性を（　⑥　）とさせるような字が書けるようになれば最高だ。

問一

【文章】中の傍線部A〜Cの語の意味を答え、それぞれの語を用いた短文を二十字程度で作りなさい。

A. なまじっか（なまじ）

〈意味〉

〈短文〉

B. 重畳

〈意味〉

〈短文〉

C. 脆弱

〈意味〉

〈短文〉

問二

【ノート】内の［感想］空欄①〜⑥に当てはまる語を後の選択肢の中からそれぞれ一つずつ選びなさい。

①	②	③
④	⑤	⑥

〈選択肢〉

ア. 言わずもがな　イ. 御座成り　ウ. きらいがある
エ. 心証　オ. 閉口　カ. 彷彿（ほうふつ）

問三

あなたが手紙を書くとき、字の書き方として心がけたいことを百四十字程度で書きなさい。その際、次の括弧内の語を一つ以上用いること。

【不遜／ぞんざい／尊大／逐次／ねんごろ】

論理的語彙実践問題

次は、二〇一六年と一九九六年の「高校生の趣味・娯楽」に関する調査結果を表した【グラフ】と、高校生同士の【話し合い】である。これらを読み、後の問いに答えなさい。

【グラフ】

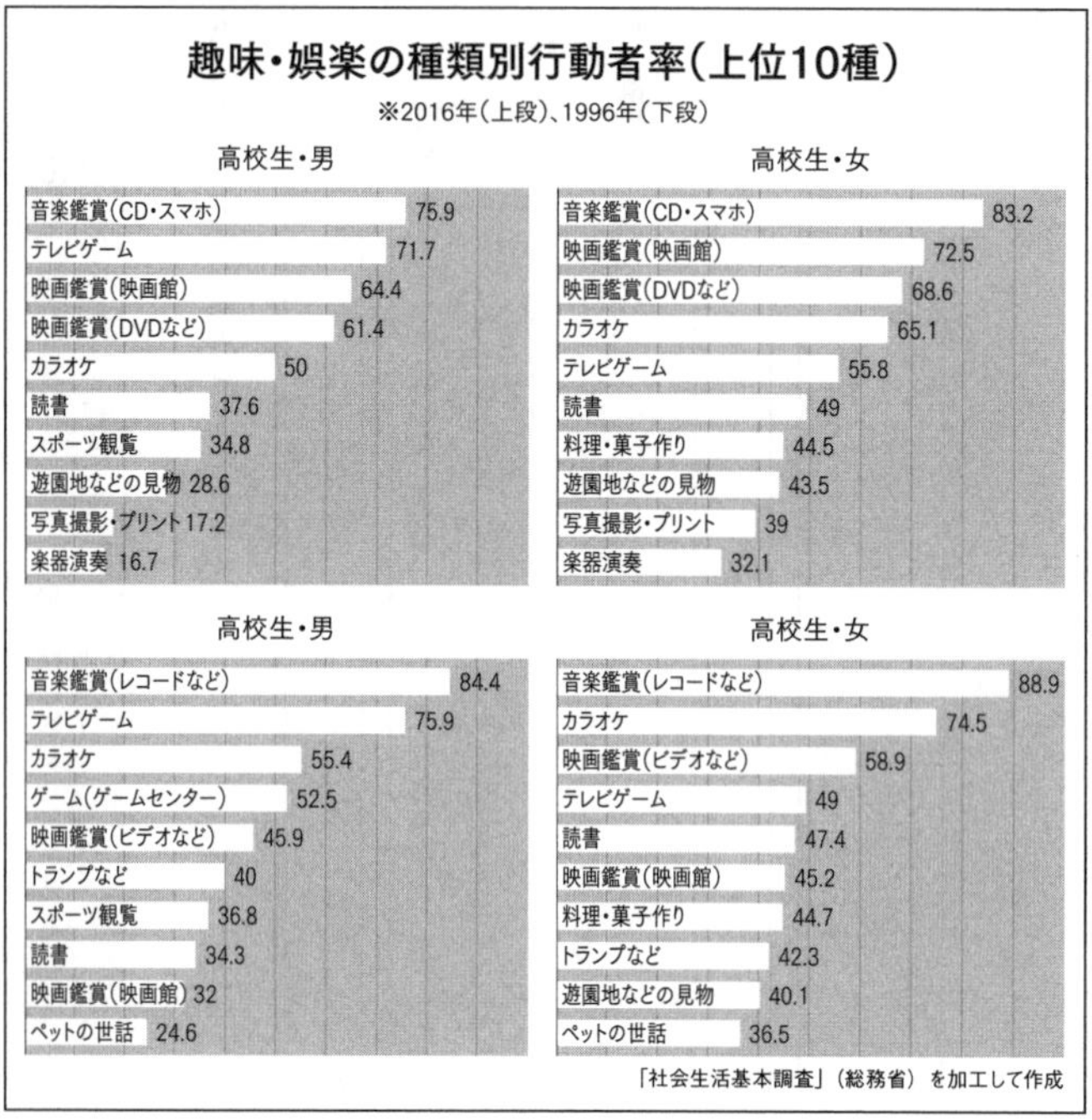

【話し合い】

生徒A―二〇一六年以降、スマホやタブレットの（ ① ）によって、それらを用いた趣味が上位を占めていますね。

生徒B―ぼくも、休日はタブレットで映画を観たり、オンラインゲームをしたりしています。

生徒C―私はお菓子作りをしていることが多いですが、レシピはスマホで検索することがほとんどですね。

生徒A―デジタル機器は（ ② ）性が高いので、アナログな趣味は（ ③ ）されつつあるようですね。

生徒C―たしかに、一九九六年には男女共に「トランプなど」がありましたが、二〇一六年には入っていません。（ ④ ）な考えかもしれませんが、友達と対面で楽しむ趣味が無くなってしまったのは残念な気がします。

生徒A―社会の（ ⑤ ）によってデジタル機器が広がり、コミュニケーションが希薄になってしまったのでしょうか。

生徒B―たしかに、「トランプなど」はランク外ですが、二〇一六年のグラフで、新しくランキング入りしている「写真撮影・プリント」は、SNSへの投稿を目的として楽しんでいる人が多いのではないでしょうか。友達だけでなく、世界に向けて発信できる良い趣味だと思います。

生徒C―私も、完成したお菓子の写真をSNSにアップすると、たくさんの人から反応があって楽しいので、よく写真を撮っています。

生徒A―そう考えると、趣味を通して関わる人の幅が広がったといえるかもしれませんね。SNSを通してコミュニケーションを（ ⑥ ）する人が増えているということでしょう。

問一

【グラフ】から読み取れる二〇一六年と一九九六年の高校生の趣味に関する**共通点**を一つあげ、そのような特徴が見られる理由としてどのようなことが考えられるか、あなたの考えを二百字程度で書きなさい。その際、次の括弧内の語を一つ以上用いること。

【通念／臨場／語弊／端的／如実／示唆／自明／拘泥】

問二

【話し合い】内の空欄①～⑥に当てはまる語を後の選択肢の中からそれぞれ一つずつ選びなさい。

①	②	③
④	⑤	⑥

〈選択肢〉

ア．謳(おう)歌　イ．趨(すう)勢　ウ．台頭
エ．短絡的　オ．淘(とう)汰　カ．汎用

問三

あなたの趣味と、その魅力を二百字程度で書きなさい。その際、次の括弧内の語を一つ以上用いること。

【感化／自負／陶然／凌駕(りょうが)／幽玄／所以(ゆえん)／感興／享受】

書いてみよう①【御礼状】

入学祝いを贈ってくれた親戚に向けて、御礼の手紙を書いてみよう。

○縦書きで、手紙の様式（前文・主文・末文・後付）に合わせて書くこと。
○本冊に掲載されている語を用いること。

〈例〉（本冊掲載語に傍線を付しています。）

拝啓

うららかな春の日差しが心地よいこのごろ、ご家族の皆さまにおかれましては、ますますご清祥のことと存じます。

このたびは、私の高等学校入学に際し、御祝いをお送り下さいまして、誠にありがとうございました。

叔父さんからお送り頂いたお祝いは、部活動で使用する道具を購入する際に使わせて頂こうと思います。部活動は、中学時代に引き続きテニス部に入部する予定です。進学を機に新しいラケットを買おうと思っていたので、とてもうれしいです。三年間使い続けられるように、大切にします。

もちろん部活動だけでなく、勉強も精一杯頑張りたいと考えています。卒業する頃には、心身共に成長したと実感できるくらいに、高校生活を充実したものにできるよう努力していきますので、是非応援してくださいね。

また、夏休みには、叔父さんのところへ遊びに行って、いろいろな話ができればと思います。次にお会いできる日を心から楽しみに待っています。

敬具

令和四年四月二十日

桐原　花子

桐原　一郎様

書き方のポイント（御礼状）

①書き始めは「前文」から

気候の変化や季節の話題に触れた後で、御礼の言葉を続けます。

②用件は「主文」で述べる

頂いたお祝いの感想や、現金を頂いた場合は使い道を報告するなど、喜びを素直に表現し、感謝の気持ちを伝えます。そのほか、新生活に向けての抱負や希望など、心境を伝えましょう。

克己　鼓舞　堅実　歓喜　寸暇　気概
満喫　入魂　沈潜　充実　など

③手紙を締めくくる「末文」

親戚の方への手紙の末文は、次に会える日を楽しみにしていることや、相手方の健康を祈る内容で締めくくりましょう。

安寧　活躍　繁栄　など

④「後付」

日付や手紙の差出人、宛名を書きます。

書いてみよう②【近況報告】

卒業した中学校の先生に向けて、近況報告の手紙を書いてみよう。

○縦書きで、手紙の様式（前文・主文・末文・後付）に合わせて書くこと。
○本冊に掲載されている語を用いること。

〈例〉（本冊掲載語に傍線を付しています。）

謹啓
　盛暑の候、ますますご健勝にお過ごしのことと存じます。
　早いもので、中学校を卒業してから三ヵ月が経ちました。まだまだ高校生活に慣れておりませんが、新しい友達もでき、少しだけ心にゆとりが生まれてまいりましたので、先生にお世話になったお礼と近況をお伝えしたくお手紙を書かせていただきました。
　中学校の頃、先生からは勉強だけでなく、物の考え方や解決法、さらに人としてのあり方や礼節までも教えていただきました。そのおかげで、高校の先生や先輩から好印象を持っていただくことができました。中学生の頃は苦手意識のあった数学も、ようやくおもしろさを感じはじめ、毎日楽しく通学しています。
　まだまだ未熟な私が、学ぶことの楽しさを感じられるようになりましたのも、先生のご指導のおかげだと心から感謝しています。先生のおかげで今の私があるということを忘れず、高校生活を充実したものにしてまいります。これからも、どうか温かく見守っていただけますと幸いです。
　先生も、お忙しい毎日かと存じますので、どうぞご自愛ください。また、中学校にも遊びに行かせていただきます。

謹白

令和四年七月一日

中島　優太

佐々木　和子先生

書き方のポイント（近況報告）

近況報告の場合でも、手紙の様式は基本的に同じです。どのような内容を書き記すと良いかを確認しましょう。

①感謝の気持ち
先生にさまざまなことを教わっていた頃、どれほど多くのことを学べたか、現在どれだけ役に立っているか、そして、どれほど自分が成長できているかを伝えましょう。

御礼　感謝　など

②近況報告
感謝を伝えてから、先生から教わったことが生かされていると感じた経験があれば書きましょう。

修錬　貫徹　満喫　充実　克服　など

③手紙を締めくくる「末文」
先生への手紙の末文は、今後もお付き合いを願う言葉や、体調や健康を気遣う言葉で締めくくりましょう。

鞭撻　自愛　など

書いてみよう③【紹介文】

あなたが人にすすめたい本の紹介文を書いてみよう。

○横書きで、紹介文の様式（タイトル・粗筋・見所・結び）に合わせて書くこと。
○本冊に掲載されている語を用いること。

〈例〉（本冊掲載語に傍線を付しています。）

私が皆さんにおすすめしたい本は、中島敦の『山月記』です。この小説は、1942 年に発表された、作者のデビュー作です。

物語の舞台は中国の唐の時代です。主人公の李徴は<u>官吏</u>試験に合格しますが、満足できずに詩人として名声を得ようとします。しかし、経済的に<u>困窮</u>して志半ばで<u>挫折</u>し、地方の下級官吏の職に就くのですが、出張先で<u>発狂</u>し、そのまま山へ消えて行方不明になるのです。その後、人食い虎が出るといううわさがささやかれるようになります。

ここまでがこの物語の<u>粗筋</u>です。この作品のテーマは、「自意識」だと思います。誰しも、自分自身に<u>執着</u>してしまったり、他人の目を気にしてしまったりという経験があるのではないでしょうか。これこそが、自意識であり、人間にとって苦しみや悩みの<u>元凶</u>となるものだと思います。

この物語は、まさにこの自意識を抱え、苦しみを抱く者を描いた作品です。李徴が苦しい心境を吐露する場面では、誰もが少なからず共感を覚えるのではないでしょうか。自分自身の<u>心奥</u>に潜んだ自意識と向き合い、自我について深く思案するきっかけになる<u>傑作</u>だと思います。

ぜひ、私がおすすめする中島敦の『山月記』を、みなさん一度読んでみて下さい。

書き方のポイント（紹介文）

①本の題名・著者
紹介したい本のタイトルと著者は必ず明記しましょう。

②簡潔な粗筋
本の内容を大まかに説明します。結末まで全て書いてしまうと、相手に読んでみようと思ってもらえない可能性があるので、あくまで簡潔に、登場人物と舞台程度を伝えるようにしましょう。

③本の見所と感想
あなたが伝えたいその本のおもしろいところや、読んだ際の感想を述べます。作者について紹介するのも良いでしょう。聞き手に「読んでみたい」と思われるように伝えましょう。

幽玄　寓意　含蓄　反芻　心奥
真骨頂　カタルシス　など

④終わりの決め文句
「ぜひ読んでみて下さい」などで締めましょう。

書いてみよう④【自己アピール文】

入試や就職試験に向けた自己アピール文を書いてみよう。

○横書きで、強み・体験談・今後の展望の順番で書くこと。
○本冊に掲載されている語を用いること。

〈例〉（本冊掲載語に傍線を付しています。）

　私は、子どもの頃からよく家族や友人に「責任感が強い性格だ」と言われています。私自身も、その言葉をありがたく受け止め、常に自分自身の言動に責任を持つように心がけています。また、その性格を武器に、高校のサッカー部でキャプテンを務めました。
　サッカーは小学校３年生から始め、中学高校とサッカー部に入部しました。炎天下や真冬のグラウンドでの練習は苦しいこともありましたが、現在まで 10 年間続けています。また、高校２年の秋にキャプテンになってからは、自分自身がレギュラーとして活躍することや、プレイスタイルを貫くことよりも、チームメイト全員が一丸となってサッカーと向き合うことが大切だと考えるようになりました。そこで、部員同士が、お互いの長所を認め合えるように、チームのスローガンを決めました。そして、練習や試合の前に必ずスローガンを全員で口にする習慣を付けることで、自然にチーム内のコミュニケーション量が増え、部員同士がお互いを認め合う関係を築くことができました。その結果、我が校サッカー部は全国ベスト４という結果を得ました。このような成果が得られたのは、チームの連携が強まったからだと思いますし、キャプテンという役割を遂行できたことに感謝しています。
　この大きな経験から、誰かのために行動することが自分にとっての誇りや自信につながることを学びました。これからは、御社の求める責任感とチームワークを発揮し、仕事に真摯に取り組んでいきたいと考えています。

書き方のポイント（自己アピール文）

自己アピールを書く際は、志望する学校や企業が求める人物像を知り、それと照らし合わせた内容にすることが大切です。では、具体的に盛り込むべきポイントを確認していきましょう。

①自分の強み

冒頭では、最もアピールしたいことを端的に述べましょう。自分の性格や、自信を持っていることを一言で伝えられると良いですね。

真摯　自負　謙虚　柔和　篤実
泰然自若　堅忍不抜　深謀遠慮　など

②具体的な体験談やエピソード

最初に記したアピールポイントがよく分かる具体的な体験を書きましょう。その際は、必ずしも成功体験でなくてもかまいません。挫折や失敗から、どのような努力を重ねて改善したり成長したりできたのかを記載することで、冒頭で述べたアピールポイントに深みが増します。

超克　果敢　矜持　遂行　尽力　など

③今後の展望

最後に、自分の強みを今後どのように生かしていくかを述べましょう。

付属ノートで実践する 高校生の語彙と漢字
ゴイカン 書き取り演習ノート実践問題

解答

4級漢字実践問題 P56

問一〔例〕私は、ステージ発表で演劇がやりたいです。趣向を凝らした大道具係や小道具係、場面の状況に合わせて音楽を流したり、照明を調整したりする音響係や照明係など、出演者だけでなく、クラス全員がお互いを援助して、準備段階から楽しめます。(111字)

問二〔例〕一つの舞台を作り上げるには、いろいろな要素が必要です。そのため、全員が自分の得意分野で活躍することができ、相互理解が深まり、信頼関係が築けます。また、自分の役割を持つことで、傍観する人がいなくなり、全員が参加できる良い文化祭になると思います。(121字)

3級漢字実践問題 P57

問一〔例〕不得意なものに果敢に取り組む姿勢を身につけることによって、気概がある人間だと自他共に認められるようになりたいため、英語の学習を励行し、苦手意識を克服したいです。(80字)

問二〔例〕入学してすぐ学級委員長に立候補したのですが、その際、「私が学級委員長になろうと考えたのは、卓越した力があるからではなく、みんなの協力を仰ぎながら、学んで成長したいからだ」と伝えました。それを契機に、クラスの協力体制ができあがり、円滑に話し合いが進み学級目標も「協同一致」に決まりました。(144字)

準2級漢字実践問題 P58

問〔例〕情緒を育んだり、高尚な価値観を身につけたりというような、大きな目的を一旦忘れて、愉楽に浸ることだけを考えて、電車での移動時間や、学校の休み時間など、短時間で気軽に読める本から読み始めてみると良いと思います。(103字)

2級漢字実践問題 P59

問一〔例〕明瞭な言葉で、白軍のメンバーに向けた感謝の気持ちを語ってくれた応援団長の真摯な態度に、心から喝采を送りたい。(54字)

問二〔例〕学校生活が行事もなく勉強をするだけのものだったとしたら、閉塞感が芽生えてしまい、貴重な三年間が放恣に流れてしまいかねません。また、行事を通して、学生同士だけでなく、先生や地域の方も巻き込んで親睦を深められることも、学生の旺盛な好奇心を刺激する良い機会になるのだと思います。(136字)

文学的語彙実践問題 P60

問一 A.〈意味〉中途半端な様子。できもしないのに無理にしようとする様子。
〈短文〉〔例〕なまじっか(なまじ)器用だったせいで努力を怠った。(20字)
B.〈意味〉いくつもかさなっていること。また、非常に満足なこと。
〈短文〉〔例〕重畳たる山脈が果てしなく続いている。(18字)
C.〈意味〉こわれやすく、もろくてよわい様子。
〈短文〉〔例〕すぐに諦めてしまう脆弱な精神を鍛える。(19字)

問二 ①エ ②オ ③イ ④ア ⑤ウ ⑥カ

問三〔例〕手紙は、送る相手に心を込めて書くことが重要だと思う。ぞんざいに書いた手紙では、悪い印象を与えかねないので、やはり姿勢を正して余裕を持って書くことも大切だ。そのため、不遜な印象を与えないように、一文字一文字をねんごろに書き、書き手である私の思いやりが文字を通して伝わることを心がけたい。(142字)

論理的語彙実践問題 P62

問一〔例〕二〇一六年と一九九六年どちらも、男女共に「音楽鑑賞」が行動者率第一位となっている。自明のこととして、音楽鑑賞は、他の趣味と比較しても所要時間が短く、思い立ったらすぐに楽しむことができるので気軽だ。そのため、音楽を聴く機械さえあれば環境に拘泥することなく存分に楽しめる。また、そのときの自分自身の感情を示唆したり、ゆったりと浸れたりする点も、音楽鑑賞が上位に入っている理由だと思う。(185字)

問二 ①ウ ②カ ③オ ④エ ⑤イ ⑥ア

問三〔例〕私の趣味は、博物館巡りをすることです。先日、土偶の展示を観に行ったのですが、太古の昔に思いをはせる経験ができ、陶然とした気持ちになりました。博物館で目にするものは、その場限りの楽しみで終わらず、図鑑や資料集を見返したり、歴史書を読んだりするきっかけにもなり、向学心を刺激してくれます。日常生活の中では到底及ばないけれども、現代につながっている確かな歴史に触れ、幽玄なものの魅力を享受できるところが、博物館巡りの大きな魅力だと思います。(217字)

桐原書店